泰康十五年
相伴一生缘

周年 1996-2011

泰康人寿企业文化丛书

梦想与通往的道路

DREAM AND PATH TO SUCCESS

《梦想与通往梦想的道路》
主　编：郑燕
统　筹：赵力文
编　辑：王传梅　石磊　彭燕飞

一切源于伟大的梦想

一个关于梦想的传奇，跨度24年！

时间回溯到1988年，时任国务院发展研究中心《管理世界》杂志社常务副总编的陈东升，怀揣着50后青年人的远大抱负和爱国情怀，主办了“百家最大工业企业”评比，开创了中国500大企业评比的先河。这条消息赫然登上了当年《人民日报》的头版头条。

正是这个评比，使陈东升的心头燃起了创业的激情，并把创建世界500强企业作为自己一生矢志不渝的梦想和追求。他从此踏上了创业筑梦之路。

源于这个梦想，有了中国第一家具有国际拍卖概念的嘉德拍卖，并成为中国最大的艺术品拍卖公司；有了泰康人寿从无到有，从小型保险公司到大型保险公司，再到两次入围中国500强百强企业的发展和跨越；有了无数泰康人为打造大型保险金融服务集团、入围世界500强企业而付出的不懈努力……

《梦想与通往梦想的道路》收录了1989年以来，媒体刊登的陈东升个人署名文章和媒体专访的大部分文章，以及部分综述类文章，从媒体的视角客观、真实地解读了一个伟大梦想的孕育与实现梦想的道路，从中也可以看到泰康人寿一步步的发展轨迹，以及陈东升作为两家企业的创始人，在这每一步的发展中所展现出来的韬略和智慧。

作为“92派”的领航人物，陈东升一直是一个“跨界”人物，活跃于学术界、企业界及艺术界。而陈东升率领的泰康人寿，历经15年的发展，已实现总资产近3300亿元、净资产超140亿元、累积客户超过6100万人。截至2010年，已累计为国家解决30余万人的就业问题，上缴超67亿元税收，累计赔付金额近70亿元，累计赔付客户近720万人次，累计用于公益事业的款项已达1.67亿余元，成为中国寿险行业内发展稳健、业务增长最快的保险公司之一。

本书收录的文章分为“中国梦”、“泰康路”、“偶像”、“艺术·感悟”四大篇章，包括早期文章两篇，创办嘉德时期两篇，以及创办泰康人寿时期84篇，共计88篇文章。

一个成功的企业家，在梦想与通往梦想的道路上，所走过的每一步坚实的步伐，所付出的每一份艰辛，以及所收获的掌声、赞誉，跃然纸上……

泰康人寿企业文化丛书编委会

2011年8月

泰康人寿董事长兼首席执行官 陈东升

目录摘要

从中国企业500强的最初构想，到呼唤商业文明的到来；从新“三大件”理念，到未来养老社区的雏形；从为工薪白领人群提供高品质的寿险服务，到让农村人过上城里人的生活；从关注国家社会命运到思考环境生态文明……陈东升的视角和事业从“中国梦”开始，用他的话概括：“因时而生、因时而兴、因时而变。”

泰康路

掀开泰康厚重的历史画卷，15年的发展历程一点一点映入眼帘。“一个企业的成长，三年决定生死，五年打下基础，八年站稳脚跟，十年小有品牌，二十年长成一棵参天大树。”历经15年风雨的洗礼和历练，一路走来，泰康人寿已经从初创时期的一棵嫩芽，成长为枝繁叶茂、硕果累累、生机勃勃的大树。

偶像

在无数媒体眼里，陈东升或儒雅博学，或潇洒倜傥，或激情四射……他的魅力为泰康人寿的品牌加了不少分，而泰康的30万代理人更是发自内心地将他视为自己的偶像。

艺术·感悟 337

艺术，是陈东升的浓厚兴趣和爱好，也是他心灵的“归宿地”。陈东升说，每每做企业比较疲倦或不开心的时候，他都会来到嘉德，在艺术的汪洋大海中任思绪纵横驰骋。

在这里，我们看到了一个金融企业家感性、率真的一面。

中国梦

Dream of China

从中国企业500强的最初构想，到呼唤商业文明的到来；从新“三大件”理念，到未来养老社区的雏形；从为工薪白领人群提供高品质的寿险服务，到让农村人过上城里人的生活；从关注国家社会命运到思考环境生态文明……陈东升的视角和事业从“中国梦”开始，用他的话概括：“因时而生、因时而兴、因时而变”。

人民日报
RENMIN RIBAO
我评出百家最大工业企业
大型企业在国民经济中发挥极为重要作用
大庆、鞍钢、武钢、上海石化和燕山石化列前五名
国务院领导同志听取建行工作会议汇报后指出
银行信贷主要支持重点建设
中国发

■1989年1月27日

■ **点评：**

陈东升这一代的企业家，都有着“大我”的梦想：为国家和民族的振兴奋斗不息。

源于这样的情结，1988年，刚步入而立之年的陈东升在《管理世界》主办了“百家最大工业企业”评比，开创了中国500大企业评比先河，在企业界影响深远。首届评选结果公布后，《人民日报》在头版头条进行了报道。

这是首次参照国际惯例进行的评比。对比《财富》榜单，中国与美国等发达国家大企业的差距，让陈东升萌生了创办企业、振兴中国的梦想，从此踏上了自己的创业筑梦之路。

我评出百家最大工业企业

国务院发展研究中心主办的《管理世界》杂志今天公布了我国100家最大工业企业及九大行业50家最大企业的评价结果。处在100家前10名的企业是：大庆石油管理局、鞍山钢铁公司、武汉钢铁公司、上海石化总厂、北京燕山石化公司、首都钢铁公司、胜利油田会战指挥部、第二汽车制造厂、吉林化学工业公司、上海宝山钢铁总厂。九大行业50家最大企业的第1名分别是：采矿业：大庆石油管理局；冶金业：鞍山钢铁公司；化工业：北京燕山石化公司；汽车及运输设备业：第二汽车制造厂；机械制造业：第一拖拉机制造厂；纺织业：上海石油化工总厂；电子电器业：万宝电器公司；轻工医药业：云南玉溪卷烟厂；建材业：河北省冀东水泥厂。

这次入选的九大行业的450家企业，1987年的工业总产值之和占国民生产总值的20.24%。这一结果表明，大型工业企业在我国国民经济中发挥着极为重要的作用。

从工业结构上看，我国大企业仍偏重在少数的几个基础工业行业。在入选的100家企业中，采矿业和冶金业就占了63家。这说明我国的工业主体结构还处在工业化的初期阶段。

从地区结构看，100家大企业主要分布在沿海大城市和原料产地。名列榜首的是上海，其次是辽宁。值得欣慰的是：广东万宝电器公司异军突起，1985年名落孙山，1986年刚好挤进100家，1987年则晋升为第43家。

这一研究成果的推出，为国家调整产业结构和制定产业政策提供了一个可靠的重要依据。

经濟日報

百家工业企业评价结果简析

■1989年2月25日

百家工业企业评价结果简析

国务院发展研究中心主办的《管理世界》杂志，于1989年1月26日在京发布了1987年中国100家最大工业企业、100家最佳效益工业企业及九大行业50家评价结果（《经济日报》1月27日已有报道）。这一评价结果引起社会与新闻界的关注。在此将本次评价的过程和初步分析简述如下。

参照国际惯例 以销售额排序

这次评价的目的不仅仅是列出企业排序，而是通过对企业各种排序的分析与研究，为国家调整产业结构和制定产业政策提供依据，同时也为企业决策研究提供服务。

这次评价参照国际惯例，以销售额排序（同时公布利润额）。当然，仅仅用一个指标来说明企业的大小和效益高低是不可能的，但从反映企业基本情况的众多指标中，销售额能够比较综合地反映企业的经营规模和经营状况。同时，在评价企业方面闻名于世的美国《幸福》杂志、日本《钻石周刊》和设在英国伦敦的《南方》杂志等刊物，都以销售额进行排序（同时还公布其他几项经济指标）。

在100家最大工业企业及九大行业评价过程中，我们着重分析了以下几个方面：

第一，大企业在国民经济中的地位和作用。这次入选的100家工业企业在1987年的工业产值之和为1061.7亿人民币，占全国工业总产值的7.7%。这次入选的九大行业450家企业在1987年的工业产值之和为2795.5亿人民币，占全国工业总产值的20.24%。全国工业企业超过747万个，450家企业占全国工业企业总数万分之六，而占工业总产值的1/5。这一结果可以直观地表明大企业在我国国民经济中的地位和作用。

第二，主体工业结构及其变动。随着时间推移，各大企业的排序会发生变动，这种变动可以生动地表现一国主体工业结构的变化。从1985年、1986年、1987年的排序看，除四家企业排序三年保持不变外，所有企业都有升降，其中变动最剧烈的是广东万宝电器公司。1985年，万宝电器公司名落孙山，1986年则正好为100名，1987年则一跃进入43家，而且是前45名中唯一生产耐用消费品的大企业。尽管我们可以预测到万宝这一颗新星的作用，但不容乐观的是，在进入100家的大企业中，采掘业为25家，冶金业为38家。两个基础行业之和就占了63家，同时尤其值得关注的是有十家卷烟厂进入100家大企业行列。其中，云南玉溪卷烟厂排名为24名。仅这几项再加上四家自行车厂，就占100家大企业的77家，分布在化工、机械制造行业、电子电器行业以及一些高构成产业的企业也就所剩无几了。

第三，企业规模。按销售额排序中国100家最大工业企业行业分布和企业规模，100家中销售额在4亿~10亿元之间的企业有71家，其中在4亿~7亿元之间的就有54家。美国《幸福》杂志公布的100家最大企业，榜首是通用汽车公司，1987年的销售额是1017.8亿美元（折合人民币3789.2亿元），是我国450家企业销售额之和的近两倍，排100名的斯密斯克莱因贝克曼公司1987年的销售额为43.3亿美元（折合人民币161亿元，是我国榜首大庆油田的2.5倍）。

从我国大企业规模上看，与第三世界大企业的规模相比差距相当大，与美国等发达国家大企业相比，差距更大。这一结论与当前理论界担心我国企业规模过大的观点是不相符的。

第四，企业组织形式。第三世界100家大企业中“财团”、“工业品集团”占有相当大的比重。我国的100家最大工业企业，基本上沿用“一五”时期那种细分化的大企业格局，有许多是“一五”时期156个项目中建立起来的专业性大企业。这一组织结构形式基本上延续了下来。

五项指标 综合打分

这次评价的最大特色是结合中国国情，以体现经济效益的五项指标，采取模糊评价方法进行综合打分。在评价100家最大企业的同时，用百分制的方式排出了中国100家最佳经济效益的大中型工业企业。把对工业企业的规模扩张和经济效益提高双重内容的追踪和评价结合起来。

我们以劳动生产率作为第一指标，人均利润率作为第二指标，然后进行综合评估。按行业进行比较，经济效益最好的是轻工医药行业，其次是化工、冶金、电子电器、纺织、机械制造、建材、汽车及运输设备和采矿业。其中轻工医药业有26家（其中卷烟厂21家、酒厂两家）、化工业21家（其中橡胶厂七家）、冶金业19家、机械制造业十家（其中自行车、手表七家）、电子电器业九家、建材业三家、汽车三家、纺织两家、石油两家。

在我国进行行业之间经济效益比较，很难说明问题。

第一，我国除农业领域之外，很难形成各行业之间的一个平均利润率。第二，由于我国价格体系的不合理，使行业之间的效益对比失去意义。

但进行行业内部以及地区之间的效益对比是具有可比性的。在经济效益的排序中，前20名就有14家卷烟厂，烟酒行业的高盈利可算我国的一大特色。如果我们剔除烟酒业，那么经济效益最佳的前20名企业是：北京燕山石化公司、吉林化学工业公司、华北制药厂、首都钢铁公司、吉林钢合金厂、上海正泰橡胶厂、上海大中华橡胶厂、天津自行车厂、上海石化总厂、东风轮胎厂、上海自行车三厂、上海自行车厂、上海电化厂、万宝电器公司、第二汽车制造厂、辽阳石油化纤总公司、北京化工二厂、重庆天原化工厂、天津化工厂、佳木斯造纸厂。20家中，化工企业就占了11家。

那么按行业排序：采矿业第一是大庆石油管理局，冶金业是首都钢铁公司，化工业是北京燕山石化公司，汽车及运输设备业是第二汽车制造厂，机械制造业是天津自行车厂，纺织业是上海石化总厂，电子电器业是万宝电器公司，轻工医药业是云南玉溪卷烟厂。

按地区排序：上海有23家、北京八家、天津八家、辽宁五家、湖北五家、云南五家。比较集中的省份还有广东、浙江、江苏、山东、河北等省市地区。从这一结果看，我国最佳经济效益100家企业，主要分布在上海、北京、天津等沿海和中部发达地区。其中上海占有23家。从规模排序（上海15家）和经济效益排序看，上海在各省市中都具有明显优势，这说明上海仍是我国最强大的工业基地。

（李克穆 陈东升）

金融时报
■1998年10月14日
寿险公司与中国养老保险体制改革

寿险公司与中国养老保险体制改革

一、中国养老保险改革的进展及面临的挑战

自1984年以来，我国开始在部分地区进行国有企业、部分集体企业职工退休费用统筹试点，建立了职工退休养老基金。1991年6月，国务院发布了《关于企业职工养老保险制度改革的决定》，要求逐步建立起基本养老保险、企业补充养老保险制度。1996年，企业平均缴费比例为20.33%，个人平均缴费比例为3%，企业基本养老保险基金收入1171.76亿元，支出1031.87亿元，累计滚存结余578.56亿元。我国的基本养老保险已覆盖城镇企业及其职工，并将逐步扩大到城镇个体劳动者。

经过10多年改革，一个适应市场经济体制、具有中国特色的养老保险制度已具雏形。但仍面临着许多问题：

一是人口老龄化的日益加剧。1990年60岁以上人口的比例，亚洲平均6.8%，我国为8.9%。2000年和2010年将分别达到10.2%和12%，到2026年将高达18%，届时全世界将有1/4的老人集中在中国大陆。

二是我国基本养老保险基金的平衡方式目前采用现收现付与基金积累相结合的部分积累制，这种平衡方式在我国人口老龄化到来时，造成资金需求的急剧增长。

三是社会养老保险费交纳标准和替代率过高，造成国家、企业负担过重。

四是目前养老保险制度与国民收入分配变动的趋势不相适应。自改革开放以来，我国的国民收入一直呈现向个人倾斜的趋势。从1980年到1995年，财政收入占GDP的比重由25.7%下降为10.9%。与此同时，城市居民的收入以平均15.9%的速度增长，城市居民存款余额也以年均34.3%的速度增长。与之形成鲜明对比的是，我国绝大部分的社会养老费用仍然由国家和企业承担。

二、寿险公司在中国养老保险体系中应扮演重要角色

在我国养老保险深化改革的过程中，要进一步减轻国家财政压力，鼓励个人的自我保障意识，充分发挥市场机制的积极作用，依据国际社会保险专家提倡的三支柱养老保险结构理论（三支柱为政府举办的基本年金、企业和行业举办的职业年金和个人储蓄性年金），从长远来看，我国养老保险制度应进行重新构造。而大力发展人寿保险事业，对于我国未来的养老保险体系建立具有十分重要的作用：

（一）寿险公司是养老保险体系的重要组成部分。受国力所限，我国目前的社会养老保险范围有限，远未达到覆盖全社会的程度，而寿险公司则在社会保险的空白地大有可为。同时，社会养老保险的保障水平有一定限制，收入水平较高的阶层，可通过寿险公司来确保富裕的晚年生活。

(二)养老基金可作出最佳投资策略，从而产生最佳的资本配置和最高的投资回报率。世界银行政策研究部首席经济学家艾斯黛乐·詹姆斯指出，政府并不是最好的投资者，许多国家的公积金结余很少，而且整个80年代多出现了亏损。在竞争性体制下，寿险公司开办的积累式养老金方案更有可能将基金投资与公债、公司债、股票和不动产进行组合，并通过加强管理，降低经营费用，从而更好地保护了养老金领取人的利益，促进养老保险制度公平与效率的有机统一。

(三)寿险公司的养老基金积累方式比较适应我国未来人口快速老龄化和城市化的发展趋势，符合世界各国制度养老保险由现收现付向基金积累方式改革的趋势，也与我国国民收入分配格局的变化相适应。与我国所处的发展阶段相似的智利等拉美国家在国家财力不足的情况下，实行完全的基金积累制度，促进了经济发展，推动了金融市场发育以及保险和银行机构的成长。

(四)由寿险公司承担一部分养老基金的管理，可促进金融市场体系的完善和发展。寿险公司作为机构投资者，进入资本市场，可增加市场的机构竞争主体，减少资本市场的过度波动。数量庞大的养老基金进入资本市场，将对我国规模经济的发展起重要的推动作用。

三、寿险公司开办养老保险业务的方式和应得到的政策支持

一般来说，寿险公司经营养老保险业务采取以下方式：

一是传统年金保险。这种方式以理财为主，兼顾保障，但由于其管理成本较高，且采用固定的预定利率，被保险人的利益受到限制，保险公司亦承担很高的利率风险。

二是在缴费期间根据一定的浮动利率进行基金积累，而在领取期间采用固定的年金给付。

三是为参与养老计划者设立保单基金，使投保人享有参与投资决策的机会，并提高保单基金管理的透明度。该方式为投保人提供更多的灵活性，同时使保险公司的投资风险降至最小。

养老金业务的经营目的显著区别于寿险公司的其他业务，为促进我国养老保险制度的进一步完善，政府应在税收、投资等方面给予寿险公司的养老金保险业务以政策支持，而寿险公司将继续接受政府有关部门的严格监管，以促进养老基金运行的安全性、收益性和流动性。

（一）税收方面：参照西方国家经验，对企业和个人合格养老保险计划的缴费免征所得税，即税前支付养老保险费。同时，为充分保障养老金领取人年老时领取到足够的养老金，基金的投资收益免征所得税和资本增值税，而在居民正常储蓄账户中的任何储蓄都需来自税后收入。雇员通过向养老保险计划缴费，使其在有生之年平均分配收入，在超额累进所得税体制下，缴费可使其收入从较高收入期间推迟到较低收入期间，使其实际税负得以大大减轻。投资收益的免税可使养老基金含投资毛收益在养老保险计划中滚动，最后在支付养老金时再交纳税金，实际上体现了政府对养老金领取人的税收优惠待遇，从而鼓励企业和个人为实现国家的政策目标作出贡献。当然国家也要制定措施，防止企业和个人滥用税收优惠。如英国规定，批准养老保险计划下信托人同意支付的死亡趸领养老金，可以免征所得税和遗产税；退休时一次性给付的现金也可享受免税待遇。

（二）投资方面：养老保险基金的资金来源为持续而稳定的长期交费，养老保险的给付责任为养老保险计划的长期负债，按照资产负债匹配的要求，资金运用也应为长期投资，以屏蔽通货膨胀，获得稳定的较高收益，避免短期投资造成的再投资风险。

根据西方国家的经验，股票和债券是最为适合养老保险基金投资的主要资产形式，如股票和债券占了美国养老保险基金的90%。在美国，过去20多年股票价格一直在稳步攀升，投资股市的退休人员，要比其他只投资债券或简单储蓄的人富裕得多。政府债券的安全性最高，而公司债券虽然安全性略低，但它们提供较高的收益率以弥补风险，使其成为寿险资金投资时最常采用的资产形式。

由于我国的金融市场还不十分完善，投资风险较大，为保证资金运用的安全性，《保险法》规定，寿险公司的资金运用限于银行存款、买卖政府债券和金融债券。而银行存款利率一再下调，国债市场的发育又很不完善，几百亿的寿险资金运用面临窘境。寿险公司作为机构投资者将寿险资金转化为现实的投资，对于促进金融市场发育，最大限度地保障养老金领取人的晚年生活，促进我国国民经济的持续发展，必将发挥不可替代的重要作用。

（陈东升）

中国保险报

宏观环境变化 寿险发展面临新契机

■1999年7月13日

宏观环境变化 寿险发展面临新契机

1997年以来，中国寿险业的宏观环境发生了重要变化，利率连续调降、市场监管加强、对外开放进程可能加快。新的宏观环境给一些公司的经营带来了一些暂时的困难，但是宏观环境的变革将推动中国寿险业在发展模式、竞争战略、销售组织、技术水平等方面发生深刻变革，中国寿险业正面临一次新的发展机遇。

经营模式变革

中国政府及时认识到了金融体系内在的不稳定因素，着手整顿金融秩序，推进以建立现代金融市场体系、现代金融监管体系和现代金融制度体系为核心目标的金融改革。1997年7月亚洲金融危机爆发以后，政府更是吸取周边国家的教训，加强金融监管的中央集权，设立保险监督管理委员会，推进金融监管的专业化进程。保监会成立以后，重视市场行为监管，强化保险公司的一级法人制和法人代表的个人责任。

金融改革和金融监管的变革，促使中国的寿险公司放弃过去忽视风险、盲目高速扩张的粗放经营模式，逐步转向稳健发展、重视经济效益的集约化经营模式。

竞争战略变革

自中国寿险业进入高速增长时期以来，市场竞争的主要工具是价格竞争，一些中资公司利用高预定利率、高储蓄性的产品展开了一场“圈地运动”，产品的预定利率基本上是取监管部门规定浮动范围的最高限，甚至有更高利率的违规协议。这种竞争方式，忽视市场利率的长期发展趋势，必然使一些公司的利率风险不断累积。

我国在利率连续七次下调以后，一些寿险公司的利差损问题也开始暴露。利率风险的实际教训促使寿险业转变竞争策略，注重资产负债匹配和利率风险管理，放弃高成本的团险业务，并将产品定价建立在对未来市场利率曲线的合理预期基础上，产品功能也从储蓄功能为主转向保障功能为主，服务竞争逐渐上升到市场竞争的主导地位，这是中国保险市场走向成熟的一个转折点。

销售组织变革

友邦将个人代理人的寿险销售模式引入中国，中资保险公司迅速仿效。在市场扩展初期，大多数公司对个人代理人的管理采用的是大规模增员、低人均产能的松散管理方式。这种销售组织管理方式，适应了市场发展初期的特点，但是随着消费者保险意识的成熟，市场的深度开发遇到了障碍。同时，松散管理方式下，代理人损害客户和公司利益的事件增加，损害了行业声誉。

1998年以来，一些公司对低产能、低素质的代理人进行了大幅度的淘汰，销售组织逐步转向稳定高效。同时，银行柜台等分销渠道也取得了初步发展。在这次调费以后，消费者接受新险种还需要一个市场培育时期，保单销售量会出现暂时的萎缩，保险公司必须改进销售管理，提高人均产能，销售组织专业化的进程将加速发展。

技术水平进步

外资公司在资金实力、技术实力方面具有中资公司难以匹敌的优势。在外资奉行本土化跨国竞争战略下，中资公司将面临严峻的人才竞争压力。但是，中资公司拥有独特的本土竞争优势，包括对客户的了解、已经建立的庞大销售网络等。

加入WTO对中国经济和寿险市场最深刻的正面作用是：有助于推进中国市场竞争规则的国际化，提升市场竞争的层次。如果中资公司能够发挥本土优势，并建立起保留人才的长期激励计划，就可以在未来的国际化的高层次竞争中，通过市场的“学习效应”迅速提高自身的技术水平。

总体上，我们判断，中国保险市场正处在一个关键的转折时期，困难是暂时的。在中国经济长期增长、经济制度市场化、人口结构老龄化等寿险业发展的长期“利好”因素支撑下，当前的宏观环境又出现了推动中国寿险业向更高层次迈进的重要变革，中国寿险业发展面临着新的契机。

（陈东升）

中国保险

构建科学的、与国际惯例接轨的法人治理结构

泰康人寿保险股份有限公司董事长兼CEO 陈东升

■2002年第2期

■ **点评：**

泰康人寿“专业化、规范化、国际化”发展战略完整地体现了陈东升治理企业的原则：理想主义、稳健诚信、国际视野等等。这种“做大事、成大业”的胸怀也决定了泰康人寿稳健而创新的发展路径。

以泰康人寿引入外资股东为契机，陈东升通过此文章，系统地阐释了企业如何建立、完善法人治理结构和最大化发挥其作用。这对当时刚加入WTO的中国企业如何构建核心竞争力、应对国际化竞争，具有深刻的理论意义和实践意义。

构建科学的、与国际惯例接轨的法人治理结构

中国已正式成为世贸组织的成员，大门一开，涌进来的不仅是产品、服务，更深层次的是观念的冲击。这意味着今后的竞争已不再仅仅是国内企业在国内市场的竞争，而是中外企业在国际市场上进行全方位的竞争。面对新的竞争态势，如何构建企业未来的核心竞争能力，提高自身的竞争实力，已成为摆在中国企业面前一个亟待解决的问题。从目前情况看，与国际先进企业相比，中国企业在技术水平、管理经验和人才培养等多个方面都存在着较大差距，其中的关键在于尚未完全建立起现代企业制度，即缺乏有效的法人治理机制。

一、法人治理结构的基本框架

法人治理结构指的是以处理公司中的各种合约，协调和规范公司中各利益主体之间关系的一种制度安排。从更广泛的意义上看，它是各类利害相关者和要素投入者对公司战略方向与管理的参与和影响，是组织战略管理——公司组织对其各类要素提供者和利害相关者关系的协调与管理。其核心是为了平衡各利益主体之间的关系，使企业内部运营达到动态、最优均衡。具体地说，法人治理结构包括股权结构、董事会结

构、监事会结构、经理来源、经理报酬、委托代理关系、授权授信制度和内部管理制度等。在发达国家，资本说话是天经地义的事，从家族化经营到股东与支薪经理阶层的分工，造就了一批成熟的职业经理人。他们受股东的委托，谋求利益最大化。企业的行业、地域、文化可能千差万别，但公司治理结构的根本规则是一样的，即股东大会、董事会和经营层互相制衡，按照既定的规矩和程序办事，谋求股东利益最大化。

二、如何建立科学有效的法人治理结构

泰康人寿保险股份有限公司（以下称“泰康人寿”）以增资扩股为契机，在建立现代企业制度、规范公司治理机制方面进行了许多有益的探索。

（一）调整股权结构

国际知名企业的股权结构分为两种情况。一类是英美企业，由于有健全的法律体系和充分竞争的资本市场，从而能有效保护股东权益，股权在高度分散条件下的运作效率依然很高；另一类则以日本和德国为代表，主要依靠大股东控制来保证公司的有效运作。

在中国，由于法律制度尚不够健全、执法力度偏弱、资本市场发育不成熟等原因，具有控股地位的大股东操纵企业行为、损害中小股东利益的现象不时见诸报端，即使是一些由大股东控制的上市公司表现出的财务效益好些，也存在大股东通过上市公司与其母公司之间的关联交易等手段“控制”上市公司财务效益的隐患。

作为新型的寿险公司，《中华人民共和国公司法》（以下简称《公司法》）中有关单个股东所持股份不得超过公司总股份10%的规定，为泰康人寿构建合理的股权结构奠定了良好的基础；同时，在不断成长的过程中，我们也注意学习英美企业的先进经验，通过一系列的措施保证了股权结构的合理性。

2000 年，通过增资扩股，泰康人寿成功地引进了瑞士丰泰人寿保险公司、新政泰达投资股份有限公司、卢森堡洛易银行和日本软库集团等外资股东，公司的股东数量由16家增加到20家，股权结构进一步分散，单个股东所持股份最多不超过公司总股份的10%，从结构上有效避免了从股东会、董事会到经理层“一言堂”局面的出现。

在向外资募股的过程中，我们在新老股东的全力配合下，通过积极运作，成功地降低了国有股在总股份中所占的比例。目前，在泰康人寿的总股份中，外资股份占到25%，国有股份已降至50%以下，原有的国有股份比例过大的局面已得到初步改变，有利于公司今后进一步在国际资本市场上筹措资金；同时股东的主人翁意识即参与意识进一步增强，也有利于增强企业对股东权益的保护，避免出现“所有者缺失”的现象。

外资股东的引进，增强了公司的资本实力，为公司逐步发展为金融控股集团打下了坚实的基础。作为世界上最好的人寿保险公司和年金最高的保险公司之一的瑞士丰泰人寿保险公司，有着丰富的现代化股份制企业的运作经验和先进的保险专业技术，大大推动了泰康人寿提升专业技术水准和在管理、运作水平方面向国际先进水平看齐的进程；另外，软库集团在电子商务领域的丰富经验，也为泰康人寿推动电子商务业务的发展带来了契机。

（二）完善董事会结构

国际知名企业大都建立了规范的公司治理结构，董事会处于中心位置，通过圆桌体制，作为一个会议体来行使权力，并采取集体决策、个人负责的方式来突出董事会的作用；同时，每一位董事都代表整个公司和所有股东的利益，在决策时都注重过程而非结果，从程序上避免决策的不负责任。同时，这些企业大都在董事会下设立一些独立的委员会或专业委员会，分别负责协助董事会做好工作，以便更为有效地发挥董事会的监督、制衡及决策作用，像奔驰—克莱思勒公司的董事会委员会有四个，英特尔公司有五个，通用汽车公司有七个。

另外，在单一董事会制国家，普遍存在要求增加独立董事的趋势，以引入二元制的监督和制衡机制。尤其是机构投资者，普遍要求在其所投资的上市公司中，董事会成员绝大多数应为独立非执行董事（执行董事指担任公司管理职务的董事）。目前，发达国家和地区普遍建立了完备的独立董事制度，独立董事在董事会中所占比例有不断上升的趋势。如香港联交所上市规则要求至少有两名独立董事，而美国加州公职人员退休基金组织（CaIPERS）等国外机构投资者关于公司治理结构的指导原则，普遍要求上市公司董事绝大多数应为独立董事。

在法人治理结构改革的过程中，泰康人寿始终以国际标准要求自己，通过以下措施完善了董事会结构：

1.改变董事会构成，突出董事会的决策地位，提高工作效率

2001年3月，经选举产生了公司第三届董事会。与以往相比，新一届董事会的人数减少，改变了所有股东均有一名代表进入董事会、使董事会变成“小股东会”的局面，真正突出了董事会作为权力主体的地位，使董事会成为最高决策机构；新的一届董事会的董事大都是保险专家、财务专家或管理专家，形成了较为合理的知识、经验结构，也进一步提高了董事会的决策效率。同时，经过系统的培训和学习，各位董事都深刻理解了董事的职责，明确了董事并非股东代表，而是代表整个公司和所有股东的利益来行使权力，参与公司的重大决策。

2.建立专业委员会，健全会议制度，提升专业经营管理能力

新一届董事会建立后，遵照既定的规则和程序，又选举产生了董事会下设的执行委员会、薪酬委员会和审计委员会三个专业委员会，并召开各专业委员会的会议，制定出各自的工作条例。工作条例明确了各专业委员会的职责和议事规则，同时详尽规定了各专业委员会委员的职责、权利和义务。执行委员会会议将为公司日常重要经营决策提供参考意见；而薪酬委员会的设立将避免公司管理层“自我考核、自定薪酬”；审计委员会的设立将避免公司管理层进行“自我审计”，以利于更为有效地发挥董事会的监督、制衡及决策作用。另外，受条件限制，目前公司还不能像国外优秀企业那样每年召开8~12次董事会会议，但各专业委员会的设立和按规则运作可以在很大程度上弥补董事会会议召开的不足，并提升公司专业化经营管理能力。同时，我们还按照《公司法》的要求改选了监事会，并制定了监事会工作条例，以便充分发挥监事会对公司董事和管理层的监督作用。

3.在非执行董事在董事会中占绝大多数的基础上，初步建立独立董事制度

在公司新一届董事会中，执行董事仅为一人，有效地避免了董事会与经理层的重合，即“内部人控制”问题，增强了投资者对公司董事会的信心。同时，我们还初步建立了独立董事制度，并聘请著名经济学家董辅礽先生出任公司独立董事。董辅礽先生有着丰富的专业知识和经验，将站在客观、公正的角度上为公司的经营决策提供建议，独立履行职责，维护公司整体利益，从而在一定程度上强化保护中小股东利益的机制。

当前的竞争是全方位的竞争，其实质是“优秀董事会”的竞争。建立起一个真正高效、专业的董事会，就等于在竞争中取得了一半的成功。

（三）引进国际概念，改革公司经营管理机构的设置

国际先进企业普遍设立了CEO（首席执行官）制度。在他们看来，任何一个组织作为一个命令和控制体系，需要有个“一把手”，CEO 就是将公司看作一个金字塔型的组织时处在塔尖地位的“一把手”。为了解决董事会的决策、监督和CEO 的决策、执行之间可能会有脱节的问题，美国企业一般由董事长（即董事会主席）兼任CEO，同时由董事会的执行委员会在董事会闭会期间代行董事会的权力。CEO 一般是执行委员会的主席，但CEO 不是一个法律上的概念，而主要是一个公司治理和管理实践上的概念。《公司法》中只有董事和经理（officer）的概念，CEO的法定权力则是在公司章程中确定的。美国的证券法和税法中特指“公司行政一把手”时，出于严谨往往会说“CEO或相当于CEO的那个人”。

在学习国际先进企业经验的基础上，泰康人寿引进国际概念，改革公司经营管理机构的设置，设立管理委员会，由首席执行官、首席运营官、首席财务官及由首席执

行官提名和董事会任命的3~5名成员（包括业务部门首席负责人）组成，初步形成以CEO制度为核心的专家开动型管理制度。

CEO（首席执行官）、COO（首席运营官）、CFO（首席财务官）等概念的引进，标志着公司在管理方面与国际惯例的进一步接轨。管理委员会的设立，并不仅仅意味着公司管理层称谓的变化，从更深的层次上看，它意味着一个新型的、权责明确的、具有更强凝聚力的管理团队的形成；管理委员会的设立，还意味着打破传统的、按职务高低建立起的等级体系，从而构建一个依托于岗位的、高效顺畅的汇报体系和指挥体系。

另一方面，我们还建立了完善的考核体系，强化了干部能上能下的机制，从而保证公司管理层以至各层级、各岗位员工都能为股东价值最大化服务。

（四）建立健全授权授信制度

健全科学的授权授信制度，是法人治理结构的重要组成部分，这是现代化社会大生产的分工协作原则给企业提出的要求，要求企业按照各层次的权利分工，全面授权，明确各级管理人员的职权范围，并给予管理者以活动空间，从而建立高效顺畅的汇报体系和指挥体系。目前，泰康人寿已按照“以CEO为中心，以业务为导向，以建立科学法人治理结构和内部管理制度为目标”的思路，建立了新的授权授信制度，其中既包括对公司高级管理人员的授权授信，也包括对公司其他岗位人员的授权授信。

三、如何进一步完善法人治理结构

法人治理结构的建立和完善是一个长期的过程。泰康人寿虽然已初步建立了与国际接轨的法人治理结构，但与国际先进企业相比，还有差距，需要进一步完善。一方面，我们将以上市公司的标准严格要求自己，尽快设立提名委员会，并逐步增加独立董事的人数，健全独立董事制度；另一方面，作为对法人治理结构改革的有益补充，我们将通过公司的人力资源改革，在建立有效的约束机制的同时，建立起有效的激励机制，激励公司管理层以至各层级、各岗位员工为股东价值最大化服务。

四、如何发挥法人治理结构的作用

评价法人治理结构是否合理，必须结合企业的具体情况，不存在截然的好与坏的问题；同时，并不是建立起法人治理结构，所有的问题都可以解决了。法人治理结构的建立只是增强企业核心竞争能力的一个方面，只是提供了一个好的框架和制度，如何真正使这个制度行之有效，从而最终达到企业的经营目的，需要企业中每一个员工不遗余力地努力。

法人治理结构建立之后，企业的每一位员工都应该做到明白自己的责任（不要干自己不能承担责任的事情）、用好自己的权利（避免滥用权利及不用权利）。

在建立现代企业制度方面，欧洲的足球俱乐部和美国的NBA篮球俱乐部给了我们很多有益的启示：他们明确划分了将俱乐部的管理人员（包括主席、总经理等）、球队“技术人员”（包括主教练、核心队员、替补队员等）的责权利，将他们应该干什么、应该怎么干、什么情况下出了什么问题应该由谁来负责、完成或完不成任务应得到什么样的奖励或处罚等都规定得清清楚楚。在这样的制度安排下，教练和球员自然能够为达到既定目标而努力，球员和球队自然能够受到市场的青睐。

回顾法人治理结构改革的过程，我们深切感受到改革的意义所在。虽然泰康人寿保险股份有限公司已初步建立了与国际接轨的法人治理结构，但这只是开始，在今后的工作中，我们将继续努力，不断完善法人治理结构，永远向国际先进水平看齐。

（陈东升）

中国企业家

■2004年第12期

服务业的本土保卫战打响了

今天(2004年12月11日)是一个好日子，中国加入WTO整整三年，但对我来说又是一个恐惧的时刻，保险业从明天(12月12日)开始全线放开，不但银行可以去做，而且地域也放开了。中国的制造业现在很火，他们是在突击战，而服务业的压力很大，我们则在进行保卫战。如果服务业保卫不了，制造业终究要垮台的。

今年年会的主题是中国企业如何冲破全球化的天花板，中国企业如何成为世界级的大企业，我在这里要讲五句话。

第一句话是中国用25年的时间，把基础设施做起来了，所以我们成了全球制造业的中心。上世纪90年代以来，我们国家的政治、经济、文化等运行非常稳定，中国终于搭上了全球化这趟班车，俄罗斯没有搭上，印度也没有搭上，中国搭上了全球化的班车后成为世界工厂。

第二句话是中国20年的建设，25年的改革开放，形成了新的中产阶级消费观。回顾我们的历史，毛泽东时代把一个农业社会变成了一个初步的工业社会，邓小平时代把初步的工业社会变成了新型工业化的社会，今天我们提出要过渡到中等发达社会，而中等发达社会老百姓的核心消费是“三大件”：买车、买房、买保险，这是现代中产阶级新的消费观。中国的中产阶级消费是一个很大的全球市场。其实我们用不着这么急进入WTO，应该他们追着我们的屁股给我们好处才对，可我们进入WTO后傻乎乎地把大门打开了，手上一张牌都没有了。

第三句话是要冲破天花板，要注意规模，没有规模不进入行业的前五名，要想成为世界领袖企业是不可能的。大家知道联想进入了世界500强，它是通过收购的方式成为行业前五名的。规模的好处是什么？有眼球效应，能够获得话语权。

第四句话是冲破天花板，要彻底地、不折不扣地与国际接轨。国际接轨的核心首先是治理结构，第二是增加企业的透明度。透明不是概念，而是活生生的现实。陈久霖先生刚刚闪耀了不几天，今天就出事了，很大程度上是没有做到决策的透明和对风险的控制。

第五句话很重要，虽然中国进入了世界工厂的链条，但中国本土市场足够造就世界级企业。中国正在成为世界上最有魅力的市场，联想收购IBM的PC业务是很值得骄傲的事情，但同时也不是很值得骄傲的事情，联想不收购还有其他中国企业收购，因为它们（外国企业）非得卖给中国不可。另外，由于中国中产阶级的崛起，形成了一个庞大的消费市场，我有一句名言叫“傍着中产阶级发大财”，中产阶级主导着国内市场，而且市场足够大。我认为像中国、巴西、日本、印度、美国、德国等国家，本土市场足够造就世界级企业。我判断中国再过五年时间，有50家企业走进世界500强并不是一件稀罕的事情，因为本土市场足够大，不需要国际化就能够实现。

我们当时“入世”政治的需求太大，忽略了本土经济这样的实力，现在服务业基本上都打开，受到的挑战太大。我不是骇人听闻，理想与现实隔着一道万里长城，要冲破天花板还须卧薪尝胆，励精图治。

（陈东升）

三联生活周刊
保险会不会成为“三大件”
■2003年12月

保险会不会成为“三大件”

前不久，泰康人寿静悄悄地度过了保费收入首次突破百亿这一历史性的时刻。泰康董事长陈东升清楚地记得，今年8月，公司账面上的保费收入才仅仅是80多亿，“到了10月12日，公司保费收入第一次突破了100亿”，实现保费从50亿元到100亿元的历史性突破，仅用了11个月的时间。这个成绩似乎对他的判断是一个佐证：“保险，我说的是保险产品，正在成为人们的又一个热门消费。”在保险业界，陈东升是一个传奇性人物，他创业之初的故事有一个经典的版本，据说是他自己亲口告诉记者的，“最初我设计这个公司的时候，我老跟他们讲笑话，铆足了劲说注册资本2000万美元。因为没见过钱，觉得2000万美元就是天文数字了”。

上世纪80年代末期，在国务院发展研究中心《管理世界》杂志社担任副总编的陈东升，在一个极偶然的机会听说国家将要鼓励发展寿险业，他察觉到机会来了。“第二天一大早，那是冬天也是阴天，我去王府井书店，只要是和保险沾边的书我就都买回来。”一个月后，陈东升向中国人民银行递上了专业寿险牌照的申请，取名“泰康”。四年后，1996年8月，泰康终于获准成为《保险法》颁布后的中国第一批股份制保险公司，而那时陈东升掌管的中国嘉德国际拍卖有限公司正如日中天。但陈东升决定转行。“在嘉德那个时候，出差都可以坐头等舱全世界跑了。我从零开始办泰康，跟大家一样到处去找房子租房子。两点钟还没吃饭，两块钱吃碗牛肉面，感觉很好。”

岁月如梭，今非昔比。如今的泰康董事长是保险业界名副其实的行家，作为曾经在国务院发展研究中心工作过多年的学者，陈东升的判断建立在他对中国经济最近几十年发展历程的分析上。

■ 陈东升的保险观

未来：保险将成为“三大件”

从上世纪70年代开始，“三大件”是中国经济发展水平的一个非常形象的物化标志，70年代是自行车、手表、缝纫机，80年代是洗衣机、电视、冰箱，我认为现在中国的消费已经进入“新三大件”——住房、汽车和保险时代。直观上我们看到了，住房、汽车已经成为人们消费的主要产品，另一件产品应该就是保险。这个判断绝对经得起时间考验，因为从西方发达国家的发展来看，保险在美国、德国、日本等经济发达国家中已占到收入的10%~20%，在瑞士这样典型的富有国家，比例更高一些。

中国经济的发展已经到了这样一个时期：以目前中国的发展速度，中国很快将成为世界经济发展的发动机。政府提倡小康生活，其实在几个大城市，人们的生活质量早就进入了小康，一个年轻、富有生活朝气、高学历、高薪的人群已经形成，这些人是经济发展的最大动力。一个庞大的中产人群将必然产生。住房和轿车已经成为他们的生活必需品，代表生活质量的另一个标志就是生活保障问题，这个保障在西方发达国家就是以保险形式体现的。所以我认为，在未来几年，中国的保险业要有一个非常大的跳跃式发展，对保险产品的需求也将成为人们继住房、汽车以后的第三大消费热点。

安全：资金安全永远是第一位

众所周知，与人们对保险产品的需求增长不同，近年来，由于保险资金的运作不理想，收益呈下降趋势。去年保险资金的平均收益率为3.14%，较2001年4.3%的平均收益率下降了1个多百分点。

放在保险公司的钱是否安全呢？投保人问我这样的问题是很正常的。泰康去年的投资收益率要比目前寿险业的平均收益率高，不过由于有规定，我这里不便透露具体的数据。相对来说，船小好掉头，百亿以上资产规模的中型保险公司，其收益率预计较大公司应该会高出1%。我可以负责任地说，对我们的保险公司来说，资金的安全永远是第一位的，我们是国内不多的三A级保险公司，我们的精算师和财务总监都是在全球招募的，同时我们还有四个国际金融公司股东。人寿保险在赔付时往往需要很大的资金，如果资金流动性不好，自然会影响理赔服务。评估保险公司好坏的标准是赢利，我们在业务开展以来的七年时间里，一直是赢利的保险公司。

产品:一定不能只图便宜

如何选择保险产品呢？我的回答是购买自己需要的产品，首先要有最基本的保障，购买保险与其他商品的不同在于，保险不是一次性消费，所以一定不能只图便宜，首先要看清楚您需要的服务产品里面有没有；其次，要了解保险公司的信誉等级，信誉等级越高的公司产品保障内容就越详细，范围也更宽泛；再次是财务状况，财务状况主要包括资本金储备状况、公司经营状况、公司管理风格以及人员素质等。在国内购买保险，还需要看看这家公司有没有呆坏账。保险公司规模的大小与产品好坏没有直接的关系，好的产品价格自然不会是最低的。

用人:“高管”必须是华人

我有这样一个宗旨，在高层管理人员方面更多使用有国际管理经验的人员，例如财务总监、人力总监等，但是他们必须是华人。为什么有这样的要求呢？国外有很多优秀的高级华人管理人员，他们往往不会得到很高的位置，在国外时间比较长的人，都知道给洋人打工的滋味。现在中国开放了，市场在不断做大，尽管我们目前还不能提供最好的待遇，但是，我们的企业要自强，非常需要有国际管理经验的人才。招聘这些人来做高级主管，比较容易与本土员工交流，这些人也不用费很大的力气了解中国文化，他们本来就是中国文化的一部分。

经营：本土公司一定要国际化

国外保险公司与国内保险公司的竞争，实际上是国外公司本土化与国内公司国际化的竞争，实际上也是民族资本与国际资本的竞争，我们必须学会与狼共舞。我这里说的国内公司国际化不是指中国的保险公司要到国外去拉业务。要提高服务水平，对于我们这样的中资保险公司来说，首先是要立足于国内市场。中国公司要国际化，最重要的是要有规范的技术、规范的产品、国际化的人才和与国外公司一样的规范化管理体系。

（记者 李三）

人民日报

保险：跻身新世纪“三大件”

陈东升

■2004年2月16日

■ **点评：**

从上世纪70年代开始，“三大件”就成了中国经济发展水平和百姓生活水准的代名词。

陈东升基于对当时国内宏观形势的判断、国外发达国家发展情况的研究，创造性地提出“住房、汽车和保险”将成为21世纪国人的新“三大件”，形象、准确地总结出保险的“财富”特征和“消费”特征，确定了保险在人们日常生活中不可或缺的地位。

保险：跻身新世纪“三大件”

新中国成立之后，“三大件”成为百姓生活水准的代名词。改革开放前有老“三大件”，指的是手表、自行车、缝纫机。上世纪80年代有了新“三大件”：洗衣机、电视和冰箱。我认为21世纪汽车、住房、保险将成为人们消费的新“三大件”。

目前，我国居民已经大部分解决温饱问题，过去所说的“三大件”基本上是衣食住行范畴。这部分需求满足后，人们开始追求生活稳定、防灾免灾、希望未来有保障等，如失业、意外事故、养老保障等。而人寿保险正好满足人们这些需要：在意外发生时，在自己年老时，都能生活得很有尊严，不会成为别人的负担。此外，人们选择人寿保险，从更高层次看，也是选择了一种新的生活方式：不论把人寿保险当作投资还是消费，它的实质是用今天的钱做未来的消费，可以说是用今天投资未来。寿险涵盖了保障、投资、教育基金、养老等各种功能，人一生中的每个阶段，都可利用寿险进行安排，寿险充满了对人一生的关爱。

近几年来，人寿保险产品创新、服务创新的能力不断提高，速度不断加快，能满足并不断挖掘、提升全社会的保险需求。人寿保险保费已连续几年保持两位数的增长速度。另一方面，中国经济保持持续健康快速发展，中国老百姓的生活水平不断提高，消费能力有了很大改善；随着市场经济体制的完善，越来越多的人从依赖国家、集体转向倚重市场，寻求自我保障。目前我国中高收入居民的消费倾向已出现明显变化，投资和保障意识明显增强。而且，中高收入人群的生活观、价值观代表着未来中国的大多数居民的消费方向。

可以预见，随着经济的发展和社会主义市场经济体制的完善，保险将进一步融入中国人的生活，改善中国人的生活，成为中国老百姓在新世纪的“三大件”。（陈东升）

北京晚报

■2004年1月24日

保险入围新生活的“三大件”

——泰康人寿董事长兼首席执行官陈东升一席谈

保险入围新生活的“三大件”

——泰康人寿董事长兼首席执行官陈东升一席谈

相对于国外寿险业成熟的发展历程，中国的保险业仍处于初级发展阶段，但潜力巨大

寿险在西方已经有200多年的发展历程，目前，西方国家仍然明显主导世界保险市场，占全球寿险总保费的90%以上，远远超过他们占全世界人口14%的比例。

全球保险业最重要的国家是美国和日本，这两个国家的保费收入占全球总保费收入的50%以上。之后是四个西欧国家：英国、德国、法国和意大利。在许多发达国家，保险已经进入成熟阶段，成为人们生活中不可缺少的一部分。在美国，85%以上的家庭都参加寿险。

2001年，世界总保费规模为24083亿美元，中国只有255亿美元，我们仅占世界保费总规模的1.06%。2002年，我国的国内生产总值为10.2万亿元，而保费仅为3053亿元，占国内生产总值的2.98%，占居民储蓄存款的4%左右。

我们说美国是世界经济强国，实际上保险业是撑起这个经济强国的最重要的支柱之一。美国一个国家的保费占到世界总保费规模的1/3；在美国的个人金融资产中，现金和银行存款占15.5%，股票和股本投资占27.5%，保险和养老金占29.8%。

目前，中国保险业总资产仅占到GDP的2.2%，而发达国家比例在10%左右；中国的保险深度，即保费收入占GDP的比重为1.8%，相当于世界平均水平的1/4；中国的保险密度，即人均保费是15.2美元，不到世界平均密度的1/25。落后从另一个角度说明了中国保险业发展潜力巨大，所以，在中国保险业被称为朝阳产业。

融入全球化并持续快速发展的中国经济带来的蓬勃活力，将使包括保险业在内的各个行业迎来大发展

中国加入WTO之后，参与到新的一轮世界产业的结构调整中，成为新的世界工厂。中国的低成本、高素质的劳动力对国际资本非常有吸引力。中国的劳动力资源的丰富几乎可以说是无限的。过去的世界工厂为什么从日本转移到亚洲四小龙，再到泰国等亚洲国家？原因就是这些国家的劳动力是有限的，而在中国则不同，中国有庞大的劳动大军，有9亿农民做后备队伍。目前，我们已经看到，一些制造业开始转移到中国，特别是有一定技术含量的劳动密集型制造业，如集装箱、机电设备、纺织品等。国际资本的聚拢、就业机会的增加、出口的快速发展带来了中国经济的持续繁荣，而最显而易见的就是国人生活水平的提高和消费的不断升级。

未来20年，中国的社会结构由金字塔型向橄榄型转变，这为保险业带来巨大的商机

高水平的小康社会，会带来社会结构的根本性变化，简单说就是从金字塔型的社会结构转变为橄榄型的结构。金字塔型的结构表现为顶尖的少数人是富人，越往下穷人越多。橄榄型的结构则是中间人群占社会的大部分。橄榄型结构使社会更趋于稳定。

在中国，这个中间人群就是指工薪白领消费群体。“工薪白领消费群体”是指那些依靠出卖知识、劳动、技能来获得收益的特定人群，他们大多能够购买住房、汽车和少量的金融资产。他们的教育、素质以及职业技能都相当出色，在各自的行业中成为驾轻就熟的行家里手，其中有部分人已经拥有了成为资产者的财富。也许他们会选择一种平和、舒适的生活，不过，社会赋予他们的角色将使他们中的多数一如既往地奋斗下去。

工薪白领消费群体是中国社会的中坚力量，带有比较强的群体特征，他们希望拥有体面的职业、充足的闲暇、稳定的收益、健康的身体、幸福的家庭。而这种白领现代生活观体现了从低水平小康社会到高水平小康社会的转变。工薪白领消费群体的崛起，他们的价值观、生活方式和消费趣好等都会给社会带来种种影响。谁能跟随这个群体，与这个群体共舞，谁就能获得巨大的经济效益。

保险实际上是一种生活态度与生活方式，所以泰康的品牌突出的是时尚感和生活感

进入21世纪，无论是传统的制造业还是现代的服务业，发生了一个很耐人寻味的变化，就是品牌已经突破了产品本身固有的内涵，融进了许多感性的、精神的东西，如服务、微笑、高附加值，理想和追求都物化到产品中，形成品牌。可口可乐不只是一种饮料，它转化为美国文化的象征；手机不只是一款通讯工具，而变成时尚的代言载体，这种品牌在现代社会是最具有生命力的。说到人寿保险，除了产品本身具有的保障和储蓄功能外，从更高层次看是一种爱心的体现，再往高则是一种新的生活方式。生活方式就是在一个时期内，人们去趋同、追求的一种生活模式，包含精神和物质层面。生活方式会固化为一种模式，这个模式最后被主流社会认可为成功的象征。

工薪白领人群的生活方式或者说是成功的象征，就是拥有健康、幸福、美满的新生活，就是拥有体面的职业、充足的闲暇、稳定的收益、健康的身体和幸福的家庭。而通过寿险，这种美好的生活是可以安排的。寿险作为一个很好的载体，保障、投资、教育基金、养老，寿险涵盖了各种功能，人一生中的每个阶段，都可以由寿险进行安排，寿险充满了对人一生的关爱。我们讲健康不仅仅是一种纯医学的健康，我们还指出健康的生活方式，对生活的态度，健康的生活价值观，是广义的哲学意义的名词。

过去谈到金融保险，就想起华尔街，财大气粗、森严、神秘，实际保险是非常生活化的，离我们的生活非常近。在美国，人们离开保险寸步难行。中国的留学生到美国，第一件事是租房子，第二件事就是买保险。富人必备的三个“生活助理”就是私人医生、私人律师和私人寿险顾问。在美国，保险已经成为生活的一部分。

“三大件”成为中国百姓生活水准的代名词。保险进入“三大件”满足了人们对安全的需求

新中国成立以后，“三大件”成为中国百姓生活水准的代名词。而21世纪汽车、住房、人寿保险将成为人们消费的新“三大件”，从中也衍生出教育、娱乐、旅游等需求。但保险应该是最基础的需求。

著名的社会心理学家马斯洛曾经提出过“需求五层次”论，他认为人类的需求有五个层次：生理需求、安全需求、社交（爱与隶属）需求、受人尊重的需求、自我实现的需求。人类需求是从低层向高层逐步递进的。人们首先满足了低层次的生理、安全等需求，再逐步满足更高层次的归属、尊重和价值实现等需求。生理上的需求是人们最原始、最基本的需要，如吃饭、穿衣、住宅等等，它是最强烈的不可

避免的最底层需要，也是推动人们行动的强大动力。

当生理需求得到满足之后，安全的需要就会递升上去，也会成为一种基本的需求。在目前的中国，温饱已经大部分解决，我们看过去的“三大件”基本上是衣食住行范畴的，这部分需求满足后追求的是生活稳定、免于灾难、希望未来有保障等，如失业、意外事故、养老保障等。每一个在现实中生活的人，都会产生安全的欲望、自由的欲望、防御的欲望。而人寿保险正好满足的是这种安全的需要，还有部分就是尊重的需要，让自己年老的时候，能够老有所养，活得很有尊严，不会成为别人的负担。

不管把人寿保险当做投资还是消费，它的实质是用今天的钱做未来的消费，也可以说是用今天投资未来。保险可以让人的一生在自己的控制下平稳、安全地度过，所以保险对于一个人、一个家庭，甚至一个国家，作用都是非常巨大的。

从对美国家庭消费统计来看，税和保险的支出占年收入的33%。1997年，我清楚记得保险支出占家庭年收入的12%至20%，现在美国一人一年寿险支出2500美元左右，一家三口一年保险支出为7000~8000美元，按美国家庭年收入3万~5万美元来算，占年收入的10%~20%，汽车、住房、人寿保险一直是美国家庭支出的前三位。

中国如今生活宽裕的中高收入居民消费倾向也出现明显变化，恩格尔系数（食品支出占总支出的比重）非常低，投资和保障意识增强。调查显示，越来越多的高收入居民，在消费时追求精神消费和服务消费，而购买保险正属于这一消费范畴。1999年调查的中高收入家庭平均寿险支出2065元，财险支出1185元，其中购买保险的家庭占总样本的49.3%。经过这几年发展，这个群体一定会增加。这个人群是目前非常有影响力的人群，他们的生活观、价值观，代表着未来的消费方向，商机巨大。

我们针对这样的中高消费人群培训我们的销售人员，直至能为他们提供专业的寿险理财服务

我们告诉营销员不仅要卖保险，还要帮客户进行设计，按客户的收入和需求状况来设计保单，并且要告诉客户正确的保险观念，比如如何选择保险公司和保险产品等等。

保险属于金融产品，应以安全性为第一要素，关注资金的安全性，其次是流动性，第三是盈利性。选择公司同样要找安全性好的公司，看它的信誉，具体就是信用等级，信用等级体现了一家公司的财务状况，是评价一家公司安全性的根本指标。同时也要看公司的企业文化、经营风格和理念等等。具体说到泰康，我可以负责任地说，我们是国内为数不多AAA⁻级保险公司，首席精算师和财务总监都是在全球范围内招募的，我们连续七年一直没有呆坏账，泰康是一家值得信赖和依托的保险公司。

（记者 冯雨）

新财经

■2004年第3期

新新三大件是什么

新新三大件是什么

多年做企业，在宏观领域我也有一些长期的研究和思考。“十六大”提出一个很新的概念，以人为本。回过头来我讲，中国经济发展的动力是什么？根本的是人的消费的需求。

讲经济学无外乎就是供给、需求。我在研究保险的过程中发现需求非常有意思，不同的时代有不同的需求财富象征，这种象征对经济拉动的作用是不一样的。

我们50年代出生的人，都记得小时候的老三大件——手表、缝纫机、自行车。到了80年代又有了新三大件——彩电、洗衣机、电冰箱。那么，现在的新新三大件是什么？前两项当然是房屋、汽车。还有一项是什么？我说就是人寿保险。你看美国人的家庭消费支出、欧洲人的家庭消费支出，其中人寿保险支出是超过房屋和汽车的。三大保险支出中首位的是人寿保险，因为老了要有保障。当然，也有人说，教育也是三大件之一，旅游、休闲也是三大件之一，总之有一个新新三大件。老三大件、新三大件、新新三大件，正好是三代领导人，有一个时代的划分。

不同时代的人们有不同的生活方式和炫耀财富的方式。我刚工作时25块钱买了一块手表，两天都舍不得戴。到80年代，隔壁谁家有彩电，到有电视节目时家里挤得水泄不通，那也是一种财富的炫耀。今天呢？我认为，从今天开始，中国经济真正开始了结构转变，真正进入到一个新新三大件的消费结构，也就是汽车、住房、保险进入了北京、上海及各地的中产阶级家庭。我相信这样的潮流还会有10年、20年的时间，所以，我说中国还有20年的高速增长。中国过去20年经济增长的优势还可以保持20年，因为中国具有优质廉价的劳动力比重和优势。毛主席曾批马寅初的人口论，那是穷的时候，人都是包袱。现在13亿的人寿保险市场，不赚钱、不成为世界500强才怪！

有意思的是，三大件的价格也很具代表性。老三大件是以百元计算的，我家里最好的财富只有100块钱，这100块钱对中国经济的拉动有多大力量？到新三大件是千元计，这1000块钱又对中国经济的拉动有多大力量？那新三大件以什么计呢？我认为是10万元左右。如果买一个长期的养老金，比如说是20年，一年5000块钱，也是10万块钱——这对中国经济的拉动相当大。

我统计了一下世界500强企业：按照收入排序，银行业占整个500强销售额的10.81%；第二位是保险，占整个销售额的10.04%；汽车占10.19%；炼油业占9.33%；第五位是零售业占5.16%。你有没有发现，经济活动中不是最大就是最好，经济活动中只有两端才能成为最好。两端就是最基本的原材料和最终消费品。比如造飞机的，他最核心的零部件是发动机，但世界上造飞机发动机的利润比造飞机的高。所以我认为，利润并不一定都集中在最高端的行业中，只要能满足人的需求，三百六十行，行行出状元。希望大家抓住新新三大件的历史机遇，跟着中产阶级增长。谁跟着中国的企业走，谁就会发达。

（陈东升）

国际金融报
■2005年3月10日
让保险成为小康生活的幸福使者
——访泰康人寿董事长兼首席执行官陈东升

让保险成为小康生活的幸福使者

——访泰康人寿董事长兼首席执行官陈东升

泰康人寿和嘉德拍卖，中国知名的人寿保险公司和中国最大的艺术品拍卖公司，一个是严谨而富于使命感的金融企业，一个是充满享受价值并富于想象力的收藏艺术企业，这二者属于完全不同的两个行业，却诞生于一个人之手。他就是被《财富》（中文版）评为“2004年度中国商人”的陈东升。这位管理着全国29个分支机构、14万员工的首席执行官经常奔走在各个省份，向社会推销保险，向客户推销泰康人寿，向员工推销经营的理念和文化。

陈东升最爱向外界推销的观点是：“党中央提出创造和谐稳定的社会环境，全面建设小康社会。我认为建立和谐稳定的社会，离不开保险的保驾护航，保险是和谐幸福的小康社会的基础，是小康生活的幸福使者。”

近年来，中国保险业的快速发展也印证了保险，尤其是寿险，在人们消费结构中日益增长的重要地位。自改革开放以来，保险业保持了30%以上的年均增长速度，2001年中国保险总资产为4591亿元，2002年为6494亿元，2003年达到9122.84亿元，增长41.45%。2004年5月，中国保险业总资产成功超越10000亿元。从现代发达国家的历史来看，寿险已经成为生活的一部分。随着中国经济的持续、快速发展，人们消费结构、消费关注对象的变化，具有保障、资金积累、提升生活质量等多种功能的寿险必将成为人们越来越迫切的需求。

陈东升说，党中央提出的以人为本、和谐发展的科学发展观得到人们的普遍认同。在“人”的发展中，生活质量的不断提升和个性的解放是人的发展的核心内容。生活质量是对需求的满足感，如爱的需求、自我实现等。著名社会心理学家马斯洛提出过“需求五层次”论，当生理需求得到满足之后必然要追求安全、社交、受人尊重的需求。小康社会的基本条件是安全，没有安全感的社会，无论多么富足，也不能称之为幸福。而保险正好满足的是对安全、尊严的需求。

在陈东升的判断里，拥有有保障的生活是小康社会必不可少的标志之一。保险体现的是高水准的生活质量，保险体现的是对未来生活的掌控与安排。保险不仅是一纸“契约”，实际上是一种生活态度与生活方式。陈东升举例说：“在美国，人们离开保险寸步难行。中国的留学生到美国，第一件事是租房子，第二件事就是买保险，富人必备的三个‘生活助理’就是私人医生、私人律师和私人寿险顾问。所以我认为保险离我们的生活将越来越近，会成为小康社会的幸福使者。”

陈东升断言：“现在中国的消费已经进入‘新三大件’时代——住房、汽车和保险。”说“保险”会成为“新三大件”，是因为随着人们生活水平的提高，人们越来越认识到让自己和家庭拥有安全和保障是建立健康、幸福、美满新生活的前提。

两年前，泰康人寿曾经进行过一次命名为“爱家行动”的路演。那次路演的规模之大、形式之新、动静之响在业界恐怕无出其右。陈东升说全国29家机构同时向公众传达一种声音——“爱家，需要行动”。这不仅是市场和产品推广概念，实际上也是推崇一种新的价值观和家庭生活观。陈东升称那次路演是泰康从模仿到全面创新的“出徒”标志。随后，“一张保单保全家”的家庭保障计划、色彩亮丽的“新生活广场”成为泰康人寿的创新亮点，特别是“保险代表的是健康幸福美满的新生活”的理念引得市场关注。2004年在中国保险业普遍增长7%的情况下，泰康人寿仍然保持了34%的强劲增长势头，并获得最值得信赖的寿险公司的称号。

自称为泰康人寿首席形象大使和首席推销员的陈东升，几乎一个星期一家分公司地到全国各地进行演讲和宣导。陈东升认为，作为一家全国性的公司，必须把最先进的保险文化和保险经营理念传递给他们，使泰康人寿14万员工都能把正确的保险理念传播给更多的人群。

（记者 罗嘉）

经济观察报

“三大件”的演进与消费结构升级

■2006年1月2日

■ 点评：

在泰康人寿2005年轰动全国的“品质生活——中产人群在中国巡演沙龙”结束不久，权威媒体《经济观察报》以整版篇幅刊发了陈东升的长篇署名文章《“三大件”的演进与消费结构升级》。

两者前后呼应，使“保险是中产人群品质生活的标志”的理念得到大众认同，强化了泰康人寿面对中产人群的话语权，进一步提升了中国保险业的整体形象。

社会主义建设初期——老三件：自行车、手表和缝纫机

改革开放初期——新三件：电视机、电冰箱、洗衣机

小康和谐社会时期——超级“三大件”：住房、汽车、保险

“三大件”的演进与消费结构升级

新中国50多年的经济发展史，实际上是消费结构不断升级的过程。消费结构的不断升级，带动了产业结构的升级；消费结构升级与产业结构升级形成的良性互动，成为中国经济成长的结构性推动力。通俗为“三大件”的财富象征，由具象产品到抽象服务，从百元等级向千元等级再到万元、十万元等级的演变，反映的不仅是一个国家和民族所发生的沧海桑田的巨

变，而且也投射出百姓生活方式的变迁历程。

第一阶段：社会主义建设初期。1949年，新中国成立。面临着复杂的国际环境和凋敝的国民经济，百废待兴的新中国要“站立”起来，必须在经济上不仰人鼻息，走自己的道路。从1949年到1978年改革开放前，中国的社会主义建设完成了从农业国家到初步工业化国家的历史性过渡。

如果用国际上通用的指标来分析，1978年我国人均GDP虽然只有205美元，但制造业比重却高达31%，这比人均GDP300美元的低收入国家高13个百分点，甚至比人均GDP1200美元的中等发达国家还高近九个百分点。这表明，中国人民是在极低的收入水平上以极高的代价达到较高的工业化水准的。这个代价就是全国的老百姓都“勒紧裤腰带过日子”。此阶段，是非常典型的高积累低消费阶段，国家基本包揽了城市居民所有的生活消费，全体中国人都过着整齐划一的“票证”生活。当时人们省吃俭用追求的家庭财富梦想是：自行车、手表和缝纫机，也就是俗称的“老三件”。“老三件”的消费量级基本上是“100元”左右。这一阶段属于“供给决定型”——百姓的消费需求受限于整个社会能够供给的产品种类、数量的刚性制约。

第二阶段：改革开放后的20年。以1978年党的十一届三中全会召开为标志，中国开始了改革开放的历史进程。这一时期所发生的变化成为我国经济史上的第一次消费革命。从消费的内容和性质，特别是居民选择偏好的变化来判断，1984年是一个重要的历史拐点：在此之前可以称为消费数量的扩张阶段，此后则是消费质量的提升阶段。

在数量扩张阶段，消费是为了解决温饱问题，对改革前长期未能得到满足的消费需求进行“量”的补偿。整个国民经济长期积蓄的潜能，特别是生活必需品生产方面所积蓄的潜能，得到了空前的释放，消费对经济的拉动作用开始彰显。

1984年以后，我国居民开始进入以追求消费质量、档次为中心内容的消费提升阶段。这一阶段以恩格尔系数持续走低为特征，2000年，恩格尔系数降至39.2%。正是在这个阶段，居民的消费选择真正具有了独立的意义；它不仅摆脱了传统体制强加的行政性约束，也摆脱了数量扩张阶段由于收入水平低而形成的消费质量约束。随着收入水平的上升和选择空间的不断扩大，消费者对国民经济的发展提出了新的更高的要求。因此，消费成为产业结构升级、国民经济结构变革的基本力量，并对中国经济增长起决定性的带动作用，如上世纪80年代消费对GDP的贡献平均高达68%，90年代后，投资和外需增加很快，消费需求的作用下降，但消费需求依然举足轻重，平均达到55%。

这一阶段是中国居民向小康生活跃进的一个重要阶梯，电视机、电冰箱、洗衣机“新三大件”成为这个时代的财富宠儿，消费量级已经上升到了“1000元”，是第一阶段财富宠儿的10倍，这也意味着消费对经济的拉动效应显著增强。

扩大内需国策和新一轮消费潮将带给中国更长久持续的发展

从上个世纪末开始，中国净出口对经济增长的带动作用减弱甚至为负带动，消费重新成为最为关键的带动力量。经济学家们认为，21世纪中国进入到了新的自主性的经济增长周期，其动力源于居民消费结构的进一步升级和消费主义浪潮的兴起。而这一切则依赖于中国中等收入群体的产生和崛起。

经过建国初期的初步工业化建设和20多年的改革开放，中国的经济总量和实力已经向大国迈进。2000年GDP已经突破1万亿美元，人均GDP超过800美元，整体上已从“八五”时期的世界低收入国家跃入世界中下收入国家行列，经济规模超过意大利跃居世界第六。“十五”期间，中国财政收入有了飞跃的增长。2003年突破2万亿元大关，2005年预计要突破3万亿元。全国财政收入占GDP的比重也由“九五”末的15%提高到2004年的19.3%，国家财政对宏观经济的调控能力显著增强。

中央关于制定“十一五规划”的建议明确提出：我国处于工业化、城镇化、国际化加速的时代，市场潜力巨大，坚持以扩大内需为主是我们发展经济的长期指导方针。这个时期被称之为“黄金发展时期”。黄金发展期，意味着中华民族迎来了唐宋鼎盛后的再次崛起。这次崛起，是在融入全球化的宏大背景的崛起，是以中国经济、社会的全面和谐发展为目标的崛起，是更加主动、开放、自如的崛起。

归结起来，在全球化浪潮的挟裹下，中国已经显现了城市化和服务产业的快速发展态势，将在社会结构、经济结构和人们的生活方式方面，带给中国巨大转变。最直接的转变就是中国的社会结构将由金字塔型向橄榄型转变——农民变市民，蓝领变白领，中产人群或者说工薪白领人群的数量将极大地增加。中国社科院和国家统计局都曾经做过全国社会阶层抽样调查，调查结果基本上认定，中国的“中间阶层”人群数量已经占总体人口的15%~8%。

法国巴黎百富勤公司将中国的中等收入群体界定为：人均年收入2.5万~3万元、家庭年收入7.5万~10万元、受过高等教育、参与企业决策管理或从事脑力劳动的专业技术人员及白领。符合上述标准的人数占中国总人口的比例约为13.5%。据该公司测算，2002年中国达到中等收入阶层标准的家庭为5000万个，家庭平均年收入为7.5万元，家庭平均拥有31万元资产。而到2010年，以上数字均将翻番，家庭总数将达1亿个，户均收入15万元，户均拥有资产达62万元！1亿中产阶级家庭意味着潜力巨大的消费市场。

按照调查结果，中等收入人群的边际消费倾向最高，为1.1，即每增加1元收入，可带动1.1元的消费。其后依次为：中高收入人群、最高收入人群、最低收入人群、中低收入人群。

迅速增长的中等收入群体的消费倾向是购买高端、新型商品，从而推动消费结构和产业结构的升级。去年我国人均GDP超过1000美元，正是消费升级的起跑线。目前在人均GDP逾3000美元、中等收入阶层“扎堆儿”的沪、京、粤、浙等沿海发达地区，消费升级表现尤为明显。“消费主义”这一概念开始出现在学者、商家和媒体的话语中。

商品的极大丰富与流通方式的发展，是形成消费主义文化的重要基础；广告和信用消费带来新的生活方式和新的价值观，助长了消费主义的兴起；日益壮大的中产人群则成为消费主义的身体力行者。人们在住房、汽车、保险、旅游等消费中，寻找价值认同和身份认同。物质消费与精神追求从来没有像今天这样，联系得如此紧密。

中国正在出现和不断加温的这股消费热潮，和美国上个世纪五六十年代的情形非常相似。

《光荣与梦想》的部分章节浓墨重彩描绘了“二战”结束后那种蓬勃新鲜的中产阶层的生活方式：

有不少令人眼花缭乱新发明的小玩意儿，人们惊异地谈论着生活的每一天新变化。日趋富裕的迹象随处可见，美国的生活水平提高到了世界其他地方难以理解的程度。近60%的家庭自报工资收入属于中产阶级。

麦迪逊大道的广告业为消费潮摇旗呐喊：宣称“希望有朝一日能够购买和享受各种奢侈品，这岂不是对勤劳的推动力吗？如果没有这种推动力，大家都会自然地趋向懒散？”

50年代的美国人，特别是新兴的中产阶层都把大房子购买在了郊区，那种郊区生活被称为“幸福生活”。“到郊区去！”是振奋人心的向往。城市成为半日城市，汽车和铁路班车开道时，全城像涨潮，为人群所淹没，入夜落潮时，人群又退走了。城市成为穷人的聚居区和富人的经营点。

《华尔街史》也印证了1954~1969年消费主义带给美国的欣欣向荣，“在这个全新的消费者世界里，每个人的生活都开始变得相似，美国正在变成一个无阶级的社会”。

保险等享乐、发展型消费将成新宠

进入21世纪，出生于70年代末的独生子女一代开始进入消费人群的主流。他们接受的是完全不同于父辈的消费观念，他们更愿意投资未来，认同社会普遍的价值观，敏感于日新月异的消费潮流。更年长的一代人，开始进入事业的收获期，他们在盛年赶上了物质生活和消费时代的“班车”，“品质生活”是他们的追求，也是他们的标签。这两代人构成了中国的中等收入阶层，成为中国未来消费的主力，他们的消费呈现以下特点：

1.消费支出中，2002年与1992年相比，食品、衣着等生存型消费倾向下降了22个百分点，而医疗保健、交通通信、娱乐文化教育、居住等享受型和发展型消费倾向却显著上升，提高了17个百分点。

2.不动产、金融和保险类投资成为时尚，城市投资者渐次浮出水面。依据马斯洛的需求层次理论，这群人已经开始追求安全、享乐和发展，一个稳健的投资理财计划对他们会很有吸引力。中等收入阶层的储蓄性支出正向投资性支出转变，股票、教育、保险等成为他们的消费热点。

3.普遍对品牌的忠诚度较高，消费理念非常成熟。零点调查公司对中等收入群体的理财情况进行调查，结果表明在理财工具价值的认同方面，风险较低的保障类工具如子女教育基金、保险、国债等增长幅度最大。

近年来，一种新的发展观——以人为本的发展观得到人们的普遍认同。在“人”的发展中，生活质量的不断提升和个性的解放，是人的发展的核心内容。安全是小康社会的基本条件，没有安全感的社会，无论多么富足，也不能称之为幸福。如果人们在消费的过程中，能够满足追求个性解放、自由、安全、爱等等的需求，这样消费产品无疑会成为新世纪的主力消费品。住房、汽车、保险俗称的“三大件”。住房，是个人和家庭最私密的空间，是体现生活质量的标志。汽车，让人们享受到了长距离驾驶的自由的乐趣。保险，是自由、安全、尊严和爱的体现。作为一种新兴投资型消费品，同信贷消费的住房、汽车最大的不同：保险是用今天的钱为未来买单。保险消费具有保值性，历来被认为是即期消费和信贷消费的基础，是保持生活品质的必不可少的工具。

从欧美国家家庭消费结构来分析，保险消费占有非常大的比重。2001年美国家庭

美国家庭消费支出前六位　　　　单位：美元

	2001年	占比	2002年	占比
总支出	39518	100%	40677	100%
住房	13011	32.9%	13293	32.7%
交通	7633	19.3%	7759	19.1%
保险	6738	17.02%	7143	17.58%
车辆保险	819		894	
人身和养老金	3737		3899	
医疗保健	2182		2350	
食品	5321	13.46%	5375	13.21%
个人税收	2920	7.39%	2496	6.14%

根据《美国统计摘要》

消费中，保费支出达到15%以上，和交通、住房消费一起成为家庭“大件”消费的前三位。在美国的家庭服务领域，私人理财师（含保险理财）和私人律师、医师并称为“三大师”。

近些年来，美国“中产”的工作呈现不稳定的状态，即使是中高层的MBA也可能轻易遭到淘汰。这更使得美国人更加重视对未来的筹划，重视购买保险。另外，西方一些国家不同于中国的税费政策，使得许多人把购买人寿保险作为合理避税、积累家族财富的重要理财工具。 现阶段，中国保险业总体发展水平仍较低。2004年我国保险深度为3.4%，保险密度332元，低于全球平均深度4.73个百分点，低于全球平均密度471.3美元。这种差距的存在，预示中国保险业有不断做大的空间。保险作为人民生活的最终消费品，必将伴随建设高水平小康社会的历史进程而不断发展。

乐观地预言，随着中等收入群体的崛起，中国消费率将不断上升。学者预测，将从2002年的58%上升到2010年的65%，并于2020年达到71%，接近发达国家水平。在这个全球化、城市化和服务产业快速发展的时代背景下，和百姓生活密切相关的汽车、住房、保险必将成为老百姓21世纪生活的超级“三大件”，他们的消费量级已经达到了10万元，这对经济的拉动作用将更为强劲。

（陈东升）

■2005年11月7日

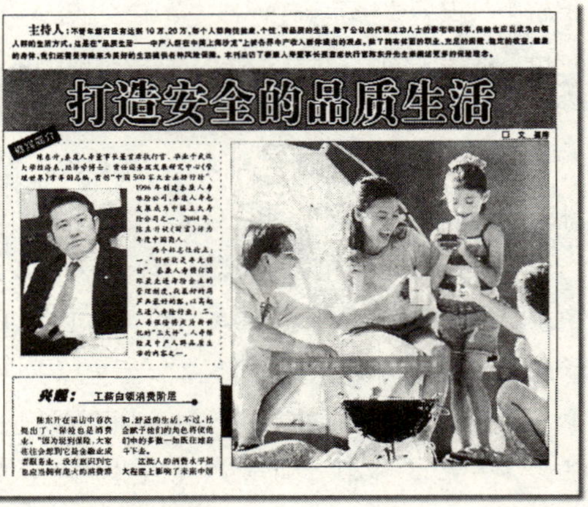
打造安全的品质生活

打造安全的品质生活

主持人：每个人都向往健康、有品质的生活，除了公认的豪宅和轿车，保险也应当成为白领人群的生活方式。这是在"品质生活——中产人群在中国上海沙龙"上被各界中产收入人群提出的观点。

兴起：工薪白领消费阶层

陈东升在采访中提出了："保险也是消费业。"因为说到保险，大家往往会想到它是金融业或者服务业，没有意识到它也应当拥有庞大的消费群体。

"城市化进程让农民变成了市民，而经济结构服务化的过程则让蓝领市民变白领。"当大批的农民进入城市以后，要立志扩大"工薪白领消费群体"，陈东升说。

"工薪白领消费群体"是那些依靠出卖知识、劳动、技能来获得收益的人群，他们大多能够购买住房、汽车和少量的金融资产。他们的教育、素质以及职业技能都相当出色，在各自的行业中成为驾轻就熟的行家里手。这批人的消费水平很大程度上影响了未来中国的经济增长水平。

围绕着对中产阶级的生活、消费方面的服务，陈东升认为这能够带来经济的乘数效应——回忆我们曾经代表品质生活的"老三件"：缝纫机、手表、自行车，价格在百元，后来变成洗衣机、电视、电冰箱，提高到了千元，而"新三件"：买房、买车、买保险已经提高到万元甚至十万元以上。

答疑：为何保险是“新三件”

陈东升有深厚的经济学理论基础，他说：中国从一个新型工业化社会迈向中等工业化社会，现在就是提出科学发展观，建设和谐社会，向中等发展中国家过渡的时候，这时一个阶层构成了，即中产群体。这个群体的生活观、消费观、家庭观将发生根本变化，买车、买房、买保险是大家投资的趋向。有人会问为什么是保险，为什么不是教育、旅游？教育、旅游、休闲是同时刺激消费，但是因为汽车、住房、保险不仅是消费，还有一定的保值性。在各种消费中，西方中产阶层人寿保险是占第一位。

从结构看，它们都属于财产，是投资。买车、买房、买保险是总体的勾画中产人群的形象。从保险方面看，中产人群买保险比普通居民高很多，中产人群是一个十分热衷于投资保险的群体，储蓄养老方面投入更多，尤其是投资理财，比普通人员高出4~5倍。

概念：保险成为品质生活标志

工薪白领消费群体是中国社会的中坚力量，带有比较强的群体特征，他们希望拥有体面的职业、充足的闲暇、稳定的收益、健康的身体、幸福的家庭。而这种白领现代生活观体现了从低水平小康社会到高水平小康社会的转变。

基于这样的基础，陈东升把话题转回保险：“保险是物质生活和精神生活的一个过渡。”保险解决了人在安全方面的需求。为什么现在老百姓的储蓄率那么大？实际是储蓄把养老、医疗、投资的功能集中到了一起。所以未来十年内，保险业的资产会大大增长。而在美国，银行资产与寿险公司的资产是差不多的。

根据社会心理学家马斯洛曾经提出的“需求五层次”论，他认为人类的需求有五个层次：生理需求、安全需求、社交（爱与隶属）需求、受人尊重的需求、自我实现的需求。人类需求是从低层向高层逐步递进的。人们首先满足了低层次的生理、安全等需求，再逐步满足更高层次的归属、尊重和价值实现等需求。生理上的需求是人们最原始、最基本的需要，如吃饭、穿衣、住宅等等，它是最强烈的不可避免的最底层需要，也是推动人们行动的强大动力。当一个人为生理需要所控制时，那么其他一切需要都被推到幕后。

当生理需求得到满足之后，安全的需要就会递升上去，也会成为一种基本的需求。在目前中国，温饱已经大部分解决，我们看过去的“三大件”基本上是衣食住行范畴的，这部分需求满足后追求的是生活稳定、免于灾难、希望未来有保障等，如失业、意外事故、养老保障等。每一个在现实中生活的人，都会产生安全的欲望、自由的欲望。而人寿保险正好满足的是这种安全的需要，还有部分就是尊重的需要，让自己年老的时候，能够老有所养，活得很有尊严，不会成为别人的负担。

（记者 崔烨）

金融时报
■2006年4月6日

“新三大件”承载国人财富梦想

“俗称为‘三大件’的财富象征，由具象产品到抽象服务，从百元等级向千元等级再到万元、十万元等级的演变，反映的不仅是一个国家和民族所发生的沧海桑田的巨变，更投射出百姓生活方式的变迁历程。”这一敏锐的视角、独特的观点，出自泰康人寿保险公司董事长兼首席执行官陈东升，记者日前就这一话题采访了他。

陈东升认为，新中国50多年的经济发展史，实际上就是一个消费结构不断升级的过程；消费结构的不断升级，又带动了产业结构的升级；消费结构升级与产业结构升级形成的良性互动，成为中国经济成长的结构性推动力。进而，他以三个明显的阶段划分出了这种变化过程。

第一阶段，从1949年到1978年改革开放前，中国的社会主义建设完成了从农业国家到初步工业化国家的历史性过渡。当时人们省吃俭用追求的家庭财富梦想不过是自行车、手表和缝纫机，也就是俗称的“老三件”。“老三件”的消费量级基本上是100元左右。这一阶段属于“供给决定型”——百姓的消费需求受限于整个社会能够供给的产品种类、数量的刚性制约。

第二阶段，以1978年党的十一届三中全会召开为标志，中国开始了历时20年的改革开放进程。这一时期发生的变化成为我国经济史上的第一次消费革命。这一阶段是中国居民向小康生活跃进的一个重要阶梯，电视机、电冰箱、洗衣机这“新三大件”成为这个时代的财富宠儿，消费量级已经上升到了1000元，是第一阶段的10倍，意味着消费对经济的拉动效应显著增强。

回顾过去，陈东升乐观地认为，扩大内需国策和新一轮消费潮，将带给中国更长久持续的发展。他表示，在全球化经济浪潮的带动下，中国的城市化和服务产业快速发展，在社会结构、经济结构和人们的生活方式方面带来巨大转变。

陈东升预言，去年我国人均GDP超过1000美元，正是消费升级进入第三阶段的起跑线。在不久的将来，保险等享乐、发展型产品，必将成为消费新宠。进入21世纪，中国的中等收入阶层成为中国未来消费的主力，他们的消费呈现以下特点：消费支出中，食品、衣着等生存型消费继续下降，医疗保健、交通通信、娱乐文化教育、居住等高端享受型和发展型消费倾向显著上升；不动产、金融和保险类投资成为时尚，城市投资者渐次浮出水面。中等收入阶层的储蓄性支出正向投资性支出转变，股票、教育、保险等成为他们的消费热点；普遍对品牌的忠诚度较高，消费理念非常成熟，比如在理财工具价值的认同方面，风险较低的保障类工具如子女教育基金、保险、国债等增长幅度较大。

具体到保险产品的消费，陈东升同样阐述了自己独特的观点。他认为，近年来，一种新的以人为本的发展观得到人们的普遍认同，生活质量的提升和个性的解放是其核心内容，而安全则是小康社会的基本条件，没有安全感的社会，无论多么富足，也不能称之为幸福。如果人们在消费的过程中，能够满足追求个性解放、自由、安全等需求，这样的消费产品无疑会成为新世纪的主力消费品——俗称的“三大件”：住房，是个人和家庭最私密的空间，是体现生活质量的标志；汽车，让人们享受到了长距离驾驶的自由乐趣；保险，是自由、安全、尊严和爱的体现。作为一种新兴投资型消费品，同信贷消费的住房、汽车最大的不同，保险是用今天的钱为未来埋单。保险消费具有保值性，历来被认为是即期消费和信贷消费的基础，是保持生活品质必不可少的工具。

陈东升进一步分析说，从欧美国家家庭消费结构来分析，保险消费占有非常大的比重。2001年美国家庭消费中，保费支出达到15%以上，和交通、住房消费一起成为家庭大件消费的前三位。在美国的家庭服务领域，私人理财师（含保险理财）和私人律师、医师并称为“三大师”。近些年来美国“中产”的工作呈现不稳定状态，即使是中高层的MBA也可能轻易遭到淘汰，这使得美国人更加重视对未来的筹划，重视购买保险。另外，西方一些国家不同于中国的税费政策，使得许多人把购买人寿保险作为合理避税、积累家族财富的重要理财工具。

现阶段，中国保险业总体发展水平仍较低。2004年我国保险深度为3.4%，保险密度332元，低于全球平均深度4.73个百分点，低于全球平均密度471.3美元。陈东升表示，这种差距的存在正预示着保险业在我国有不断做大的空间。保险作为人民生活的最终消费品，必将伴随建设高水平小康社会的历史进程而不断发展。他最后乐观地预言，在这个全球化、城市化和服务产业快速发展的时代背景下，随着我国中等收入群体的崛起，和百姓生活密切相关的汽车、住房、保险必将成为老百姓21世纪生活的超级“三大件”，并对国民经济起到更强劲的拉动作用。（记者 魏雅婷）

国际金融报

陈东升：
将幸福新生活进行到底

国际金融报

■2004年3月24日

陈东升：将幸福新生活进行到底

在为数众多的寿险公司中，泰康的风格有点与众不同——在分享时代发展赋予中国保险业特有的机遇过程中，总能旗帜鲜明地提出自己的目标和口号，而这些口号每次被人细想来又恰恰是对这个时代趋势最精确的特点概括。

比如在中国小康社会的战略目标确定之后，泰康立即不失时机地将白领定位为目标客户，提出“新生活”理念，这一定位的确立带动了泰康业绩的突飞猛进；再向前追溯，泰康在业内第一个提出“创新就是率先模仿”的理论。事实证明，这一理论是带动泰康甚至中国寿险业快速发展并向国际化大跨步的最重要特点之一。

一直找不到泰康这些创新举动的根源，直到有机会和泰康人寿股份有限公司——这家占有了无数个“第一”的中国本土寿险企业的董事长陈东升面对面地交谈时——此人的风格和泰康有惊人的相似——心中的疑问方被解开。

经历成就思想

这些经历对他后来创办企业产生了极大的影响，感觉上陈东升后来办企业的很多思想均可以在他这段经历中找到根源不管竞争者们愿不愿意，也不管媒体如何惊异，2003年陈东升的确以行动证明了他不仅是一个保险业内新锐的思想者、鼓动家，还是一个相当扎实的实干者。2003年，泰康分公司数量达到29家，寿险营销队伍发展到超过15万人，当年保费收入突破133亿元，较上年收入增长超过一倍，税前盈利超过一亿元。

这些对于理论上尚处于大投入阶段的泰康人寿来说具有极其重大的意义，在目前保险业大发展的环境下，这样的业绩意味着该公司巨大的现金流增长潜力和不可估量的融资潜力。陈东升和他的公司前景很是光明。

陈东升，46岁，成长于被马克思、毛泽东思想深刻影响的时代。中学时代，他就为别人辅导马克思列宁主义，喜欢研究马克思主义是如何成为青年黑格尔主义，如何走向社会主义，最后到共产主义的。20世纪七八十年代之交，这位从一个湖北小县城出来的中学生走进都市，在大学里一下子进入了一个更广阔的世界。这时，陈东升开始真正接触和吸收西方各种各样他认为有趣和有用的内容。在那个充满矛盾和希望的学习过程中，他第一次感受到了中国和世界的差距。激荡、多彩的大学生活后，他进入外经贸部国际贸易研究所做研究，每天研究大量西方的最新动态，随着接触外界，追踪先进，“师夷长技以制夷”的强国之愿随之根深蒂固地植根于他的脑海中。这些经历对他后来创办企业产生了极大的影响，感觉上陈东升后来办企业的很多思想均可以在他的这段经历中找到根源。

泰康梦想成真

正是在日本，陈东升以其敏锐的眼光，产生了强烈的创办企业的冲动，并在心中埋下了创建人寿保险企业的梦想

商业领袖成功的一个必不可少的条件就是目光敏锐。从筹建至今12年时间，泰康实际上是中国金融改革的见证者。

中国的人寿保险在停滞了几十年之后，于上世纪80年代开始恢复，虽然赶不上财产险的增长规模，但市场的极大潜力让人乐观，国家的宏观金融政策开始关注寿险市场的发展，许多具有敏锐市场感觉的机构和人士也跃跃欲试。1988年，平安保险公司成立。

1990年，刚过而立之年的陈东升，作为《管理世界》杂志的主要负责人随中国青年代表团到日本访问。这是一次对发达国家大企业近距离的考察，一次对“泰康人寿”历史发生重大影响的旅行。陈东升漫步在东京新宿街头沉思日本的复兴与腾飞，日本人寿保险业对国民经济的输血功能给他留下了深刻的影响。正是在日本，陈东升以其敏锐的眼光，产生了强烈的创办企业的冲动，并在心中埋下了创建人寿保险企业的梦想。

1992年5月，国家体改委下发《股份有限公司规范意见》和《有限责任公司规范意见》，自此定向募集从而建立股份公司真正可以成为现实。“成立股份制寿险公司”，这个想法让陈东升激动不已，在他的眼里，这两个文件的分量甚至可以与十一届三中全会的精神相提并论。当年，陈东升就怀揣着筹建人寿保险公司的计划四处奔波了。

1996年，历经四年的批筹之旅后，中国人民银行批准泰康人寿保险股份有限公司筹建。在北京保利大厦，一个新型的人寿保险公司终于从纸上翩然落地生根，并以“专业化、规范化、国际化”的全新理念进入21世纪的中国大众生活。

专业化的成功

创办企业这么多年，如果说陈东升还有点收获，那就是要做好一个企业，一定要专业化

《国际金融报》：您看上去是一个爱好极其广泛的人，不仅做过媒体，还做过拍卖，现在做保险。但您目前对公司高度的专业化要求又特别看重，您是否认为个人爱好和办企业不同，企业必须专注一件事？

陈东升：做一个形象的解释吧，一个人做一件事和一个人做三件事，是不一样的，一个脑袋聪明的人做三件事情和一个脑袋一般的人做一件事情，也不一样。拿那个脑袋聪明的人做的三件事情中的一件事情和前面的那个脑袋一般的人做的一件事情一对比，肯定是比不过的。创办企业这么多年，如果说我还有点收获，那就是要做好一个企业，一定要专业化。比如说我做泰康，马上把拍卖忘掉。

我们有一句话，稳健是本，创新是源。稳健不是保守，不是故步自封，是科学，核心是规避风险、规范经营，强调专业化，强调专业化的目的是提高经营管理能力，专注一项事情的时候，容易提高水平。最专业的企业就具备了成为所在行业NO.1的潜质，专业化再加上规范经营，企业就一定会成功。专业和规范这两个词是相辅相成的。

《国际金融报》：中国保险业的市场潜力非常大，因为相当多数的人都没有保单。但是在这种情况下，泰康却将寿险客户进行了细分，鲜明地将泰康客户定位在白领上，舍弃了一部分人群，这是否也源于您对专业化的理解？

陈东升：人是最活跃的生产要素。机器可以制造，物资可以重新配置，但是人的创造力是不可复制的。13亿人是宝贵的，为什么跨国公司都要来中国，因为中国的劳动力资源丰富，具有明显的数量优势和成本优势。过去有个雁型理论，一只大雁往前飞，后面

的跟着飞，比如日本劳动力成本发展起来了，他的制造业就往台湾转，台湾成本高了，就转到泰国，就这样一个接着一个转，但是这个“雁”转到中国就转不动了，因为中国的市场太大了，中国的劳动力资源非常丰富。

泰康2003年度保费过百亿，就像2003年中国人均GDP过1000美元，用一句话概括这种变化，由温饱社会进入小康社会，汽车住房就会进入，新的消费三大支柱是什么呢，汽车、住房、人寿保险。我认为中国社会过去20年，就是从初级工业社会，过渡到新兴工业化社会，以经济学的角度来说，完成从初级工业体系的传统社会到加入世界分工的新兴工业化社会的过渡。这一段历史时期的改革开放基本上是以GDP增长为核心的，社会结构没有发生根本变化。那么再用20年的时间，我们的基本目标是要全面建设一个高水平的小康社会，这段时期的核心是把新兴工业化国家变成中等发达国家。这个革命性的变化的深刻性，在于生活质量将成为人们追求的重点。也就是中国将不仅仅是纯粹GDP增长，中国将发展成一个经济、社会、人、自然四位一体协调发展的社会，将创造一个美好的生活、经济增长和人们富有。

中国正在从金字塔社会向橄榄型社会发展，中产阶级不断壮大，将逐渐成为社会的主体。那么一个庞大的工薪白领阶层的崛起才是未来中国社会真正的主流，这个阶层追求品质，他们的喜怒哀乐将影响社会的取向，他们的消费将决定中国的经济。我们去年大面积推广家庭保障计划，就是专门针对这部分人群。

《国际金融报》：保费收入多了其实也有压力。泰康2003年盈利了是否会加快上市的进程？

陈东升：关于上市，我认为一个原则是不为上市而上市，当然上市肯定是要上的。上市也是一个里程碑意义的事件。上市的关键是要有一个好的时机，当然我们还是有计划的，比如盈利10个亿的时候，上市的股票才会有好的收益。当然，从泰康现在的发展速度看，盈利达到10亿不需要太长的时间。

创新需要人才

过去，陈东升提出“创新就是率先模仿”，但是泰康现在已经从模仿走向自主创新。“一张保单保全家”是泰康独创的。

《国际金融报》：刚才您也提到创新是一个企业很重要的发展源动力，在很多人的眼中，泰康是一个“事事抢先”的公司，比如2003年“非典”期间贵公司的动作，和“一张保单保全家”的业务，您能不能再谈谈您对创新的理解？

陈东升：在“非典”期间，泰康表现非常优异，无论是产品创新还是社会责任意识，都走在了前面。“非典”考验了我们的危机处理机制，面对危机的应变能力得到了检验和锻炼。2003年我们几乎没有做宣传，但还是很亮丽的一年。这一年我们的收获很大，保费突破了133亿元，过百亿是一个标志，标志着泰康进入中大型保险公司行列。

人寿保险是一种新的生活方式，人们除了物质追求，除了衣食住行之外，还应该有安全保障。我们认为中国已经进入住房、汽车、人寿保险这“新三大件”时代。泰康的五大定位：客户定位、工薪白领阶层、产品定位、一张保单保全家，完全是泰康的自主创新，不完全是模仿。过去我提出“创新就是率先模仿”，但是我们现在已经从模仿走向自主创新。“一张保单保全家”是我们独创的。

我们的家庭保障计划，销售非常成功。去年开始创新，然后推广销售，到现在已经占到我们个人险保费收入的30%。大概全国有近30万个家庭投保。“一张保单保全家”是我们到任何地方打广告的宣传口号。我们的定位、品牌、销售特色、产品特色非常清楚地和其他寿险公司分开了。我们选择的是差异化的经营方式，不做同质化的竞争。

《国际金融报》：您如何看待保险业竞争中的人才问题，以及中国独缺的企业家群体，保险业中是否也需要大量充实顶尖的CEO?

陈东升：今天在中国的保险业非常大程度地依赖于人。你用了好的干部，你就可以成就一片天下，用了一个不适当的人，扭转起来就很困难，跨国公司也一样。用人是最根本的，虽然健全的制度非常关键，但用对一个人就活了一片天。

人才问题要注意处理好执行力、向心力和凝聚力的问题，尤其是执行力。抓住核心骨干，并且要正确看待人才流动。

中国历史五千年，有国家就有政治家，就有历史学家、哲学家、文学家。但是真正的企业是从大工业革命开始起来的，有了企业才有企业家，工业革命有两百年历史，企业家历史只有一百多年，中国企业家的历史就更短了。

1992年颁布的《股份有限公司规范意见》和《有限责任公司规范意见》两个文件非常值得纪念，具有划时代意义。没有这两个文件，就不会有中国的股份制、有限责任公司，而在此之前只有个体户和国有企业，没有社会集资的概念，这两个法律文件奠定了中国现代企业蓬勃发展的法律基础，从某种意义上说，1992年是个分水岭。《股份有限公司规范意见》和《有限责任公司规范意见》，中国应该把它载入史册。没有股份制，没有混合经济，就不会有“混合所有制是公有制的主要实现形式”的提法。

中国企业家出现的时间很短。这个阶层正在成长。美国基本上是2000个人在控制：500个参议员，450个众议员，50个州长，500家大企业的CEO，还有总统啊、经济学家、社会学家等等。我认为，中国现在需要培养造就一个顶级的CEO、CFO阶层。这一批人直接面向市场，中国至少需要500个CEO。

■记者手记

感受陈东升的保险理想

除了伟大变革时代的历史因素外，泰康人寿的诞生，显然是源于陈东升这样一代人中有心者独特敏锐的眼光，而公司的高速增长，则源于陈东升对宏观经济环境准确的把握，以及这样一个朴素的简单判断："中国能够产生伟大的企业，我认为未来大家最相信的一定会是本土的公司，最大的一定是本土的公司。"

陈东升认为，"由于人口基数和受教育情况的不断提高，未来中国一定会有两个大的成功，一个是走国际化分工的路子，也就是制造产业的成功，生产物美价廉的制造业产品销售到全世界。另一个是国内市场针对不断扩大的中产阶层的服务产业，并且这个产业会迅速崛起。"

陈东升以他这一代人特有的审慎和乐观，以及对时代和行业的深刻理解，这样去解释人寿保险：人寿保险是一种新的生活方式，人们除了物质追求，除了衣食住行之外，大家还需要有安全保障。中国温饱型社会不仅要讲衣食住行，还要加上保险。他提出一个崭新的"新三大件"理论——住房、汽车和人寿保险。

1988年时，陈东升和他的同事们在《管理世界》杂志开创中国的"财富（Fortune）500强"评选时，大概没有完全想到近15年后他会用严格的专业化经营要求，以泰康人寿的产品将人们和家庭的未来幸福（Fortune）进行到底。

2003年12月底，长安街旁，在被北京市民评为20世纪90年代北京最受欢迎的十大建筑之一的泰康人寿大厦，9层，一间摆放着陈东升最为欣赏的嘉德拍卖实品——近两人高的明代木质屏风，硕大的贵宾室内，我们与这位中等身材，稳健、乐观的董事长进行了超过原计划100分钟的交谈，他的健谈程度远超过了我们的想象。

陈东升坦诚地与我们分享了他个人成长历程与中国社会思想界变迁的联系，及他在事业发展中对中国经济现实的特殊感悟，也正是在这样的视角中，使得人们能真切体会他所谓"创办嘉德，创办泰康，根本上是缘于对国家、对民族的一种责任感"，和陈东升这一代人不断追求的源动力所在。

（记者 赵冰 徐辉）

经济观察报

■2005年2月21日

陈东升：
“92派”企业家的价值观

陈东升：
“92派”企业家的价值观

我们的思维模式定义我们的世界。对于变动中的中国商业界，由于思维模式的不同每个人看到的并不相同，因而采取的是不同的行动。刚刚被《财富》（中文版）评为“年度中国商人”的陈东升也看到一个不同的世界：他相信1992年的两个文件之后才有了真正的中国现代企业，它们给中国企业带来的影响被严重低估了。1992年陈东升创办了嘉德拍卖，1996年又创办了泰康人寿，和当时的大批依照这两个条例新创的企业一样，都是产权明晰的股份公司。

陈东升自称“92派”，现在他是1992年从体制内向商界移动的那批人中最成功的一位。被归纳在1992年的这一代企业家如今处在先驱者如张瑞敏、王石、柳传志以及互联网时期的数字英雄中间，他们开创了一大批广义的服务业企业。在创办企业之前，他们是社会的“主流精英”，率先引进各种观念，譬如陈东升引进了500强企业评选；进入企业界之后，这一批人大多建立了行业标杆性企业，引进了新的行业。

陈东升相信“市场经济是企业和政府互为推动、互为学习、互为交流的结果”，因而做艺术品拍卖的时候他选择与文物局持续沟通，帮助建立行业的规则；作为泰康人寿CEO的他一直与保监会保持良好沟通，在2004年相关条例颁布后，得以在保险公司中第一个发行次级债。他相信“创新就是率先模仿”。他最初创办艺术品拍卖公司是基于这样的朴素概念“美国今天火的，中国明天一定会火”，他建立了“中国的索斯比”。1992年，他第一个向中国人民银行非金融管理司提交创办人寿保险公司的申请，直到1995年国务院将要批准成立保险公司时，大家才蜂拥而至，他很自得地说：“之前，大概只有我一家在申请。”

问：为什么在1992~1993年间你会选择去创办企业？

答：当时大家感觉该是下海的时候了。1993年我下海时讲过，要是五年前下海，我可能是一个犯了错误的人；三年前下海可能是无能的人；而现在下海，人家就认为你很行。这里面隐含的是中国社会主流价值观对经商的判断变化的三个阶段。当一个社会确定“只有顶级人才去从事商业”这样的主流价值观，才是一个国家的市场经济真正走向成熟的时候。价值观的转变需要一个过程，在这个过程里，有一些人成功、发财，之后大家才把他们当成榜样来追逐。

问：你刚才的叙述中有一个关键的部分就是1992年的时候，社会价值观认为最优秀的人应去从事商业，造成这种价值观变化的原因是什么？

答：第一个因素是国际政治环境。在20世纪80年代，参与中国经济改革的那一批社会精英都在探讨体制问题、借鉴国际的经验等。20世纪90年代初，这批精英开始分化，寻找出路，其中一部分人选择了从事商业。1991年苏联解体，接着东欧剧变，在《参考消息》上我们经常会看到说，东欧国家原来的部长在地铁口摆报摊。正是这些事件加速了群体的分化：经商、从政、到海外、做学问，或者干脆无声无息，做了老百姓。

第二个因素是邓小平南巡。这是这个群体分化的基础，邓小平南巡讲话是强大的助推剂。

第三个因素是1992年出台了两个重要文件——《有限责任公司暂行管理条例》和《股份有限公司暂行条例》。这两个文件出台后，真正的中国现代企业才出现。在之前没有股份公司，只有国有企业、乡镇企业、外资企业、个体工商户这四种企业类型。真正最核心的公有制的主体形式以及混合各种所有制形式的企业形式——股份公司——到1992年才开始出现。我认为，这两个文件在中国历史上的地位相当于1978年关于农村经济体制改革的文件，只不过是因为各种因素，没有被大家关注。这两个文件掀开了中国企业进步的革命性的篇章，真正地影响了中国企业。

问：你在去年的一次演讲中说，“中国真正拥有企业家只有12年的历史”，你似乎认为到1992年中国才真正拥有第一代企业家？

答：我是指企业形态，是说没有真正的跟国际接轨的企业形态，怎么能有真正的企业家呢？也不能说过去没有，但都还不是完全状态。去年的郎顾之争，就是因为只看到皮毛。从历史走过的人，是不会去争这些问题的。那个时候不戴红帽子不能生存，但是戴上红帽子就把产权变成别人的了，财富也就变成给别人创造的了。

问：那如何解决产权问题呢？

答： 仰融事件是产权纠缠不清的典型问题，更早的褚时健事件，那是承认企业家价值的问题。在仰融事件中，说是国家产权，国家没有投钱；说是私人产权，但如果当时国家不给你政策，你不戴红帽子，你做不大。严格地讲，当时就是一个产权不清的混合体，现在就有纠纷。有很多人讲，国家现在不能够把企业创始人一脚踢开，企业创始人也别一点不承认国家的作用，应该是协商解决。

问：如果政府不跟你谈判，或者采取的是非常强硬的态度呢？

答： 为什么不学习李东生呢？李东生是在产权很清晰的时候，跟政府谈判、得到政府的承认，从而获得企业的经营权和股权。

在今天的中国，因为中国企业都是在初级创造阶段，并且中国开放这么快，面对跨国公司全方位的竞争，企业家精神仍然起主导作用。只有造就一个真正的、有价值的、市场化的CEO阶层，国有企业改革、中国企业走向社会化、公众化才能实现。

问：你所说的"92派"创办企业时采取的主要是组建股份公司的形式，后来到了互联网热潮时期，就以更明确的产权实现了创始人的价值了。

答： 中国过去没有什么创始人的概念。什么叫创始人，就是企业家精神应得价值的法律形式、合同形式，就是在建立企业之时，就认同创始人的价值，出钱的股东用一块钱买一股，创始人用一分钱买一股，甚至如果出钱的股东同意，送股都可以。过去我们创办企业，只有出钱的人才有股权，而对于企业家、创始人，只不过在情感上、精神上、企业经营权的控制上支持你。

互联网革命，中国互联网公司的这些海归派的崛起，对中国企业最大的贡献就是引进了最核心的两个制度：创始人制度和期权制度。两个制度就是不仅仅承认一个企业家的价值，也承认团队的价值，个人英雄主义变为团队的共创价值。创始人制度、期权制度和团队价值，这三个是互联网革命为中国企业注入的最具有革命性的价值。

"92派"企业家的价值就是使得以现代企业制度的形态建立企业，然后找世界上最好的企业模仿。"92派"的核心，一个是现代企业形态的引进，二是把西方先进行业在中国的空白填补上，通过模仿、学习世界上的先进企业，形成这些标杆性企业带动行业的发展。

"92派"还有一个核心特点是，它的主体都是过去社会的主流阶层，他们开始在价值观上认同商业是最好的，也是最好的选择之一。这意味着社会的主流精英进入商界，之前，他们要么在政府机构，要么在研究机构。

而像王石、张瑞敏、柳传志、鲁冠球等企业家是先驱者中硕果仅存的几个，先驱者的价值在于他们在茫茫的黑暗中的摸索，更具有不确定性和先知的作用。

问：我注意到几个事情：一个是你开始从事拍卖行业的时候中国没有《拍卖

法》，有报道说后来许多拍卖的规定都是嘉德与相关部门一起研究的；泰康2004年能发行13亿次级债，也源于你和保监会一年多的沟通，最终能在相应条例颁布后第一个发行次级债。请问你是如何每次都走在政策与潮流之前的？

答：学习市场经济是一个整体的概念，政府在学习市场经济的监管方法，企业在学习市场经济如何经营企业的方法。完善的市场经济，一定是政府的监管行为、企业的经营形成一个整体，形成企业和政府互动的关系。政府不要看不起企业，企业更不能蔑视和诋毁政府，大家都是互相需要、互相学习、互相促进。

当年我和文物局就是一个互动的关系。拍卖文物有很大阻力。首先，有很多比较守旧的想法、简单的逻辑就是文物不能卖。第二，过去我们老讲“好玉无价”，但是好的东西是一定有价的，正因为有价，大家才保护它。第三，是在国内建立中国艺术品市场，还是让市场永远在国外的问题。过去由于传统观念，国内没有市场，有人就把文物走私到香港、纽约去拍卖。10年后，北京的交易额大概达到36亿元，北京已经是中国艺术品拍卖的龙头地位了，交易总量已经超过了香港，更超过了纽约。

当年就是说能不能使得海外的文物流回来？当年还害怕文物流出去。如何建立制度避免这样的问题？我们与文物局一起研究，协助政府来定一些制度。很多制度都是当年在嘉德拍卖过程中遇到的情况，然后跟国家文物局协商制定的，总之是让好文物回流，好的文物留在中国。我们制定的拍卖规则是，只要定位为一级文物就只允许国有企事业单位和博物馆来买。

问：你这几年强调得很多的观点是“创新，就是率先模仿”。我们很认同你的思路，即“模仿、借鉴、消化、改良、创新，逐渐形成自己的独特道路、企业逻辑”。但对此的疑问是，绝大部分人做企业就是这样做的，为什么还需要不断地强调？

答：后来我进一步发展了这个观点，给它加了三个限定：创新就是率先模仿，企业要善于、要率先、要找到最好的模仿。

经济学中有一种后发理论，譬如“雁型理论”。日本开始工业化、产业化升级，劳动力价值升高了。它就把技术含量低、劳动力成本高、竞争力不强的企业转到下一个国家。下一个国家再重复这个过程。大雁领二雁，二雁领三雁……这就是雁型理论。当年我们中国的进口替代理论也是典型的后发优势理论。

但是，经济后发理论的基石是企业后发。譬如说没有索尼，就没有三星，现在学生三星正想超过老师索尼。嘉德、中诚信、中期都是典型企业后发，率先找一个最好的目标模仿，然后带动中国行业的发展。它们的意义在于，首先带动了一个行业，然后再在这个行业里进行国际竞争。我认为，“创新就是率先模仿”是一种企业发展的后发理论，是后发国家企业发展的一块基石。 **（记者 方军 张冰）**

■2004年第4期

从商业保险制度安排看保险的社会管理功能

本文试图从制度安排的角度，来重新认识保险的社会管理功能这样一个理论问题。管理强调的是制度安排。一提到管理大家很容易混淆，马上就会想到英文的management，想到的是计划、组织、领导、控制，甚至想到强调管理者和被管理者之间的关系。实际上英语里还有另外一个单词administration，讲的是行政、制度这样一种管理，强调的是制度的安排。在管理的概念上，我认为还是值得重新认识和区分的。在保险的三大功能里，所说的“社会管理功能”，我觉得这个词是非常深刻、准确的，它讲的是社会的管理协调，是一种制度安排，是一种主动和被动的相互关系，这样的一种管理功能，并非强调传统意义上的管理和被管理这种关系。所以我们有必要重新认识和定义所谓的管理功能。

制度安排是实现社会管理功能的一个重要的手段。关于制度，实际上有两种：一种是社会政治法律制度，这带有很强的强制性；还有一种是社会的商业经济制度。而社会商业经济制度大部分都是在商业社会的发展过程中逐步演变出来的，所以商业在前，制度在后。我们强调的是，要建设社会主义的市场经济，其核心实质上也是一种制度经济。市场经济是现代社会的主要经济模式，这种制度经济是以产权清晰、商品自由交换、对社会有效管理为特征的。需要强调的是，社会资源可通过市场配置来达到一种高效率的结果，为社会创造更多的财富。在市场经济的过程中，其实从凯恩斯开始，政府对经济发展的宏观调控作用越来越明显。政府通过各种税收、社会保障制度以及一些商业制度等方式来调节社会收入的不公平，减少社会贫富的差距，缓和社会经济和政治的矛盾，以保障经济平稳、健康的发展。所以，本质上市场经济也是一种制度经济。

金融本身是经济的核心，发挥了巨大的制度作用和社会管理功能。金融属于服务业，是“现代经济的核心”。政府对经济的调控主要通过两大杠杆，一个是金融货币杠杆，一个是财政杠杆，如政府采购。通过这两大杠杆可以调节社会经济的发展。实际上，整个经济就像一个大合唱或者一个大的交响乐团，指挥的两只手，一只是金融资本，一只是财政，这样来指挥整个经济的协调运营和发展。所以金融在经济运行中实际上具有一个特殊的核心作用，有相当强的社会管理功能。银行制度、证券制度、保险制度这三大金融制度，都具有很强的社会管理功能。对于保险业在社会主义市场经济发展中如何发挥其作用，我们应重新认识。

商业保险制度是一次伟大的制度创新。我们经常讲创新，创新有理论创新、技术创新与制度创新。我认为这一商业保险制度是人类社会、经济社会发展过程中一次伟大的社会制度的创新，反之制度创新也会极大地促进社会经济的协调发展。我们国家在未来20年建设小康社会的发展战略中，要实现社会经济和保险平衡、协调发展，保险就要发挥其巨大的管理作用。

工具的创新也是制度创新。比如说，我们使用个人信用卡，这是一个什么创新呢？这是高技术的运用，实际上是工具的创新。没用信用卡，就不会有当今世界上这样一个信用制度，其对人类社会进步的促进不亚于技术的创新，我甚至认为不亚于蒸汽机的创新。其大大扩张了社会信用的能力，使今天的社会经济空前繁荣。所以工具创新、制度创新方式也是一种创新。

保险也是一种方式，或是一种制度。制度创新是非常具体的。创新流程也是创新，创新标准也是创新，创新一种规范行为也是创新，所以我认为制度创新的核心是社会创新的一个重要的部分，是促进社会经济发展的一个很重要的推动力。制度实际上就是建立一种秩序。我们讲制度创新，那么制度是什么？制度实际上就是建立一种秩序，这种秩序是由标准、规范来度量的，这种秩序是要人们去遵守。不遵守秩序的时候，就会受到约束。这种约束就是一种管理。当然这种管理与刚才讲的社会管理又有本质的不同，不是讲宏观的，而是微观的，这种管理很有意思。当一种制度创新被人们接受的时候，会出现两种管理形式，一种是自觉地接受管理。我们从事一种商业行为，大家都讲规矩，都讲信誉。在商业活动中，自觉地遵守这种规范，自动地接受这种秩序和这种行为，你就会游刃有余，就会在社会商业活动中得天独厚，就会很顺利。如果你不执行，不接受这种规范，不接受这种约束，就会受到挫折，社会就不会允许。这时社会就会发挥另外一种管理功能，甚至强制地、让你被动地来接受这种管理。

不是所有的商业行为都具有制度功能，只有一部分商业行为才具备这种制度功能。比如历史上的招标制度、专利制度、保险制度的诞生，都是一开始便具有很强的制度功能。像专利制度的诞生，当时为了要保护发明者，保护专有权，所以诞生了专利制度。尔后又有专利的商业，有专利的代理公司和专利的买卖，是一种商业行为，同时又是一种制度的约束。再看政府采购的招标制度，招标制度的目的是体现一个公正的制度要求，因为这是用纳税人的钱去进行采购，怎么能够保证纳税人的钱没有被浪费？这就产生了一种公平、公开的要求，就诞生了招标制度。但是，招标的行为同时又是一个商业行为，而且招标公司的标书是可以买卖的。所以保险制度也是这样一个为了防范风险的制度，本来就是一种运用大数原理的风险买卖。实际上，现代化的保险制度是由于补偿功能而诞生的。招标、专利和保险非常相像，具有很强的社会管理功能。如果是一种制度性的商业行为，有很强的制度功能，不是一种纯粹的商业行为，那么它对社会的管理功效就会很强烈地表现出来，反之，其社会管理功能就体现不出来，或者说没有社会管理功能。

一种是商业型的经济制度，一种是制度性的商业行为。我认为制度安排是实现社会管理功能的重要手段。有两种形式，一种是商业型的经济制度，一种是制度性的商业行为。

什么叫商业型的经济制度呢？保险的社会管理功能主要体现在社会保障制度。还有一个社会稳定的内在作用，补偿功能和融通功能带来了社会的管理功能。实际上社会保障体系的诞生是晚于商业保险的，是先有商业保险后又逐步演化、诞生的社会保障制度。今天我们讲的现代保障制度三大支柱的含义就是社会保障制度、企业养老和商业保险三大支柱来实现对社会管理的功能，实现社会的稳定和协调发展的保障作用。所以我认为这样一种商业型的经济制度，像社会保障功能来源于商业，这种经济制度后来成为一个国家的强制性的制度。而这种强制性制度又是根据商业的原理、商业的规则和商业的习惯来制定的一种制度，所以我认为这是一种商业型的制度。

还有一种，我认为是制度性的商业，比方说商业保险，有很强的社会管理功能。我们的行业是一个公众性的行业。保险业提供公众服务，销售的是一种公众产品，它受到严格的监管，就是因为金融业是一个制度性商业，不同于一个传统的、普通的、纯粹的市场经济的商业行为。主动发挥商业保险制度管理功能，催化社会的结构变化。

2003年，我国提出要建设一个高水平的小康社会。我认为中国需要40年的高速增长，前20年的增长，我们实际上已经建成了温饱型的小康社会，使中国从农业社会过渡到一个新型工业化的社会。党的“十六大”提出再用20年时间建立一个高水平的小康社会。高水平的小康社会实际上是把我们今天新型的工业化国家过渡到一个中等发达的国家，其核心是带来社会的整个结构变化，也就是我们经常讲的有一个庞大的工薪白领阶层，即西方所谓的中产阶级。这样一个巨大的新的阶层，它的消费习惯、生活习惯，对家庭、社会、政治、经济的认识以及价值观会发生根本的变化。所以我们提出未来将是迎接中产白领阶层诞生的过程，将是一个汽车、住房、人寿保险，还有娱乐休闲这样一些产业的诞生和高速发展的时期。所以不应被动地看商业保险制度的社会管理功能，而应积极主动地促进社会发展各种延伸的功能。这个功能是现代人生活不可缺少的重要部分。

保险已成为生活必需品，一种新的生活方式。计划经济时代，大家对保险没有什么需要。这十年，保险是一个逐渐被大家认识的过程。1996年泰康人寿成立时，营销员到街上推销，不少人持怀疑态度。而今天，消费者关心的是什么时候买，买哪一家的保险这些实实在在的问题。现代的社会观念已经发生了很深刻的变化。保险已成为了一种基本需要，成为人们生活中重要的一部分。

将来保险还会成为工薪白领阶层的一种新的生活方式。为什么这么说呢？实际上人们炫耀自己的成功，无非是要显示自己拥有的财富、社会地位。拥有的财富，在上个世纪的60年代有老三件，那时谁家有手表、缝纫机、自行车，谁家就是有钱的，受到人们的尊重。到了80年代，所谈论的就是谁家拥有彩电、冰箱和洗衣机了，这是一种新的财富观念。进入21世纪，财富观念又发生了新的变化，主要看家里有没有汽车、洋房和人寿保单。所以我说汽车、住房和保险未来会成为三大消费支柱，为新的三件财富。实际上，从老三件到新三件再到现代新三件的发展，就是一种生活方式的变迁，是小康社会的体现。从以上可以看出，保险的三大功能将会越来越发挥其深刻的作用。

（陈东升）

中国保险报

■2003年12月24日

现代新三件和保险的社会管理功能

汽车、住房和人寿保险成为现代新三件
保险从诞生之日起就具有很强的制度功能
社保、企业养老和商业保险三大支柱实现对社会的管理功能

现代新三件和保险的社会管理功能

中国改革开放前20年的经济增长，实际上建成了温饱型的小康社会。从2000年开始，“十六大”提出再用20年时间建立一个高水平的小康社会，实际上是把今天新型的工业化国家过渡到一个中等发达的国家。这个过渡的核心是带来社会的整个结构变化，随之会产生一个庞大的工薪白领阶层，西方称中产阶级，他们的消费习惯、生活习惯，对家庭、社会、政治、经济的认识以及价值观会发生根本的变化。所以，理解商业保险制度的社会管理功能，还应看它积极主动的促进社会发展的功能。这个功能是现代商业保险的体现，是我们现代人生活不可缺少的一部分。这十年，保险是一个逐渐被大家认识的过程。1996年我们公司成立时，营销员到街上去，所有人都会问保险是不是骗人的，第二个问题是，保险公司会不会倒闭。今天再去问消费者，他一定不会说，保险是骗人的。这种概念没有了，只是保险买不买，什么时候买，买哪一家的。现代的社会观念已经发生了很深刻的变化。保险已越来越成为人们的需要，就像每天吃、穿，就像每天要呼吸空气一样。我认为未来保险会成为工薪白领阶层的一种新的生活方式。为什么这么说呢？实际上人们炫耀自己的成功，无非要显示自己拥有的财富、社会地位。拥有的财富，在过去的20世纪60年代有老三件，那时谁家有手表、缝纫机、自行车，这家就是有钱的，受到人的尊重，因为他拥有财富。到80年代，拥有彩电、冰箱和洗衣机，这又是一种新的财富观念。我认为进入21世纪，新的财富观念变化了，就是家里有没有汽车、住房和人寿保险的保单。所以我说汽车、住房和保险是未来三大消费支柱，为新的三件财富。实际上，从老三件、新三件、现代新三件的理解，我们讲现代保险会融入我们党中央提出来的再用20年的时间建设一个高水平的小康社会。在这个高水平的小康社会中，保险的经济补偿、资金融通和社会管理这三大功能会越来越发挥应有的深刻作用。

要认识现代保险制度的社会管理功能，必须明白不是所有的商业行为都是有制度功能的，招标制度、专利制度、保险制度从一开始就具有很强的制度功能，对社会的管理功效就很强烈地表现出来，保险的社会管理功能主要体现在社会保障制度。实际上社会保障体系的诞生是晚于商业保险的，是先有商业保险，然后逐步演化、诞生了社会保障制度。今天我们讲的现代的保障制度是指社会保障制度、企业养老和商业保险三大支柱来实现对社会的管理功能，实现社会的稳定和协调发展的保障作用。

我经常对员工讲我对保险的理解。我认为保险业是一个公众性的行业。我说保险业提供公众服务，销售的是一种公众产品，它受到严格的监管，就是因为金融业是一个制度性商业，是一个不同于传统的、普通的、纯粹的市场经济的商业行为。

（陈东升）

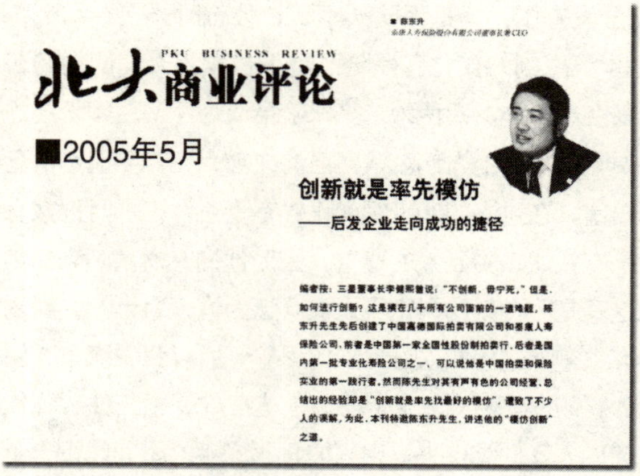

PKU BUSINESS REVIEW
北大商业评论

■2005年5月

■ 陈东升
泰康人寿保险股份有限公司董事长兼CEO

创新就是率先模仿
——后发企业走向成功的捷径

编者按：三星董事长李健熙曾说："不创新，毋宁死，"但是，如何进行创新？这是横在几乎所有公司面前的一道难题，陈东升先生先后创建了中国嘉德国际拍卖有限公司和泰康人寿保险公司，前者是中国第一家全国性股份制拍卖行，后者是国内第一批专业化寿险公司之一，可以说他是中国拍卖和保险实业的第一践行者，然而陈先生对其有声有色的公司经营，总结出的经验却是"创新就是率先找最好的模仿"，遭致了不少人的误解，为此，本刊特邀陈东升先生，讲述他的"模仿创新"之道。

■ 点评：

在陈东升的众多名言中，“创新就是率先模仿”是最早被人们熟知的一句。

它作为一种对后发优势的诠释，一个企业家对企业发展之道的提炼，融进了泰康人寿的企业文化，成就了泰康人寿15年的超常规发展，塑造了泰康人寿既稳健扎实，又勇于创新的独特企业形象。

三星董事长李健熙曾说：“不创新，毋宁死。”但是，如何进行创新？这是横在几乎所有公司面前的一道难题。陈东升先生先后创建了中国嘉德国际拍卖有限公司和泰康人寿保险公司，前者是中国第一家全国性股份制拍卖行，后者是国内第一批专业化寿险公司之一，可以说他是中国拍卖和保险事业的第一践行者。然而陈先生对其有声有色的公司经营，总结出的经验却是“创新就是率先找最好的模仿”，招致了不少人的误解。为此，本刊特邀陈东升先生，讲述他的“模仿创新”之道。

创新就是率先模仿

——后发企业走向成功的捷径

可以说，企业创新的历史构成了人类财富创造的历史。然而，创新因时因地而宜。相对于发达国家的成熟市场，中国现在还处于市场化的进一步培育过程中。这一阶段，企业自身的积累不足，在原发性的研发创新上进行大量投资，还不太现实。经过观察和摸索，在2000年的时候，我就明确提出：创新就是率先找最好的模仿，尔后标新立异。2002年，泰康人寿基于对市场及企业远景的独特认识，开始了以理念为先导的全方位创新。

率先模仿 少走弯路

创新就是率先模仿，其实是对后发优势的另一种诠释。所谓后发优势，是指后发者直接采用先行者的经验，这样可以避免许多实践摸索中的错误，既省时又节约，反而比先行者更有优势。它的最大特点是成本低、风险小、不走弯路。后发者不需要在研发和风险投资上大量投入，原创性投入相对较少。相对于先发者的创新成本，后发者的学习成本低廉，风险成本也较小。

后发优势最经典的实例是日本的发展之路。第二次世界大战后，日本在科技领域比欧美国家整整落后了20~30年。但是通过“引进技术-消化吸收-改进提高-开发独创”，仅仅用了20多年的时间，日本就赶上并在某些方面超过了欧美。1985年初，美国工业竞争力委员会发表了著名的《扬格报告》，明确告诫美国，其国际竞争对手就是日本。日本依靠引进、优先发展工业技术，走出了一条捷径，节省了基础性研究的大量人力物力，大大缩短了追赶时间。美国人说日本在发展科学技术上是“免费搭车”，此话一语中的。日本的经验给我们有益的启示：一个国家要善于学习和引进世界上的一切先进东西，善于拿来，善于模仿；率先模仿国际上最先进的东西，对于落后国家来说就是一种创新。

国家的发展如此，企业是经济的载体，道理也一样。韩国三星的案例便是明证。回顾三星的发展历程，三星也曾经经历过一段以模仿和学习为主导的阶段。也正是这么一段学习和模仿的阶段，使三星日后在诸多方面产生了超越，并成为别人模仿和学习的对象。20世纪七八十年代，在西方人心目中，三星只是一个模仿别人、制造廉价微波炉和其他廉价产品的公司。在美国，三星产品更是被看成了地摊货。但那个时候，三星确立了以三洋为标杆的战略，后来用10年时间超过了三洋；90年代，三星开始把目标放在索尼上，将索尼作为榜样来学习、模仿和赶超。现在的三星已经成为韩国人的代表。今年3月份，美国《财富》杂志公布了一份前50位“世界最受尊敬企业”的名单，三星在企业综合实力的排名中位列第39，首次跻身“世界最受尊敬企业”50强，并获得了全球电子行业单项评比第4名的殊荣。由此可以看出，韩国三星在企业发展的不同阶段学习、模仿不同的标杆企业，最终实现赶超，充分体现了后发优势的重要作用。

“模仿”是一种务实态度

后发优势，可谓后发企业超越先发企业的一个法宝，对于发展中国家的企业尤其重要。因此，对现阶段的中国企业来说，“模仿”是一种更加务实的态度，这既是对“为创新而创新”的反感与批判，又是一种操作性极强的实现企业跨越式发展的捷径。现阶段的中国企业，只有通过“模仿”，脚踏实地了解和掌握国际通行的游戏规则，融入全球主流经济圈，才能在模仿过程中实现自身的跨越发展，进而才能谈得上创新，这时的创新也才具有示范效应。

1992年我创办了中国嘉德国际拍卖公司，那时的想法就是一个：要做中国的索斯比（国际最大的拍卖公司）。但那时对拍卖还不太懂，只知道去香港向索斯比一点点认真地学，在学习中研究，在研究中模仿。10年过后，嘉德每年拍卖艺术品的交易总量，连续三年居全国第一，稳稳坐上了中国艺术品拍卖的头把交椅。

从保险业的情况看，国外的保险业已经有了几百年的发展历程，经历了很多坎坷，交了很多学费，总结了许多行之有效的规章制度和管理方法，比如核保、核赔、精算、风险控制以及个人营销制度等，已经演变成了非常成熟的行业。中国保险业只经历了短短20年的市场化过程，市场成熟度和企业成熟度都很欠缺。打个比方，国内保险企业和国外保险企业竞争，就如同与“高手”下棋，我们的段位不够，但在下棋过程中只要善于模仿学习，就会大大提高棋艺，提高中国保险业的整体素质。

泰康的“模仿创新”实践

必须清楚地认识到，创新是需要付出代价和成本的，企业需要承担相当大的风险。因此，在先发者已经存在的情况下，后发者的发展需要有一个学习、积累和创造的过程。学习是第一步，其次才是积累和创造。当然这种模仿不是东施效颦，机械、盲目地照搬照抄，而是一个能动的、创造新的过程，是在模仿基础上的创造。

“创新就是率先模仿”，是泰康人寿独树一帜的观点，泰康人寿也一直在实践这一观点，但模仿的目的是为了创新，形成自己企业独有的东西。

随着社会财富的积累、社会公平观念的普及、人员流动频率的加快，以及权力与财富的分离，传统农业社会的“金字塔”结构必将逐渐转变为“橄榄型”的社会结构。在收入和财富占有方面，出现了一个作为社会结构稳定基础的“城市中间人群”——工薪白领消费群，包括正在创业的新锐群体、公司白领、中小私营企业主、自由职业者等。工薪白领人群的人生梦想就是拥有体面的职业、稳定的收入、美满的家庭、健康的体魄和高尚的情操，他们代表着健康、幸福、美满的新生活形象。保险对于工薪白领人群来说，是一种全新的生活态度和生活方式。保险消费将同汽车消费、住房消费一道成为工薪白领人群的三大消费热点，成为新的消费“三大件”。

从2002年开始，泰康人寿围绕工薪白领的需求，对客户、产品、服务、品牌进行了重新定位，对公司企业文化进行了整合与发展，在保持传统金融企业的文化特色的基础上，增添了新生活的文化内涵：对内——勤奋工作，快乐生活；对外——为爱尽责，让家无忧。

为此，泰康人寿不断推出满足工薪白领需求的保险产品，以家庭保险产品为主打产品，以现实与虚拟相结合的四位一体的“新生活广场”为服务平台，为工薪白领人群提供全方位的寿险服务。2003年以来，泰康人寿的家庭保障产品“爱家之约”不断升级，组合更加灵活，保障更加全面。目前，“爱家之约”的产品销售占到新契约保单的1/3以上，以至于很多人想起泰康，就想到了“一张保单保全家”。

总结泰康人寿的实践经验，“创新就是率先模仿”在操作层面上要牢牢把握好四个“点”：

第一，视觉敏锐，善于发现。模仿要强调准确性和针对性，在把握公司核心发展战略的基础上，以全球的视野，在繁杂的信息中善于找到自己模仿的对象。

第二，把握时机，率先模仿。模仿要强调“时效性”，要快速果断，在国内同行业中最先模仿，从而实现在特定市场、特定时间领先的目标。

第三，寻找标杆，找世界上最好的模仿。模仿要找“最好的葫芦”，因为找最好的企业学习容易迅速提升自己，从而快速超越国内竞争对手，迅速建立自己的竞争优势，甚至成为行业的标杆性企业。

第四，超越模仿，实现创新。“画瓢”要为我所用，要在学习、研究、消化的基础上与本土、本企业的文化相结合。模仿的最高境界是将模仿的对象不留痕迹地融入企业自身的发展中，变成企业独有的东西。

（陈东升）

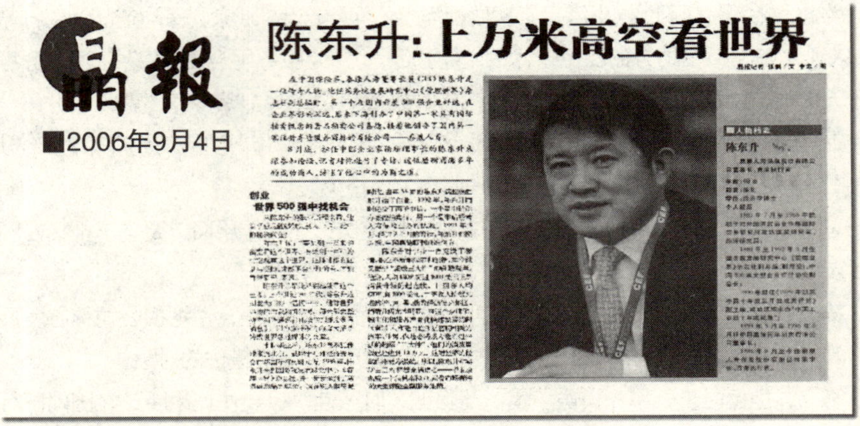

陈东升：
上万米高空看世界

在中国保险界，泰康人寿董事长兼CEO陈东升是一位传奇人物。他任国务院发展研究中心《管理世界》杂志社副总编时，第一个在国内开展500强企业评选，在企业界影响深远，后来下海创办了中国第一家具有国际拍卖概念的著名拍卖公司嘉德，接着他创办了国内第一家注册寿险服务商标的寿险公司——泰康人寿。

创业：世界500强中找机会

从陈东升的职业历程来看，他似乎总是能够领先别人一步。此中的秘诀何在？

陈东升说：“要站到一万米的高空看这个世界，身处到一百年的时空观察这个世界，这样才能有远见与坚持，才能不会出现偏差，才能看得更早、更远。”

陈东升总是能站到高处看这个世界。上个世纪70年代，陈东升是湖北天门的一名初中生，他对世界各地的信息如饥似渴，每天都要坚持看新华通讯社出版的报纸《参考消息》，因为该报纸的内容大多是转载世界各地媒体的文章。

本科毕业后，陈东升毫不犹豫地来到北京，就职于对外经济贸易合作部国际贸易研究所。1988年，陈东升来到国务院发展研究中心《管理世界》杂志社，并一步步做到了常务副总编的职位。这在别人眼里是一个值得艳羡的成就。可是，在当时的陈东升看来，这只不过是一个小小的过渡阶段。

在外经贸部国际贸易研究所工作时，陈东升阅读了大量西方书籍和杂志，开拓了自己的视野。陈东升最感兴趣的是《财富》500强排行榜，他发现每个国家的世界500强企业数量与其国家的整体实力成正比，因此他坚信国家强盛一定会表现为企业的强盛，中华民族要屹立于世界之林，就必须有世界级的企业。陈东升开始在《管理世界》搞国内500家大企业评选，开创了一个全国第一。

通过研究世界500强，陈东升发现这些企业里有许多保险公司，这为他后来创办泰康人寿埋下了伏笔。他说："我认为眼光最重要，要看到事业的发展方向。远见不是天生的，是后来培养的。很多人是没有这种方向感的，你看他很投入地在做一个事情，其实他并没有认准前路。我当时的朋友都记得我当时说过的话，'美国今天火的，就是中国明天将要火的'。"

此时，创业的激情开始在陈东升的心头萦绕。

商机：提出新"三大件"理念

陈东升说:能够带着足够的激情去做自己喜欢做的事业，是一种很有意义的人生。"举一个最简单的例子，我大学刚毕业时分配到外经贸部工作。当时，湖北有一个学生刊物叫《青年论坛》，我被委任为这份刊物驻北京记者站的站长。我每天骑着一辆女式自行车，穿梭于北大、人大、清华、中央党校等单位之间采访，经常是凌晨三四点才能回到宿舍。这份兼职工作连一分钱报酬都没有，很累，但我却总是乐呵呵的。"

1992年邓小平南巡讲话，中国社会和经济迎来了一个充满生机的时代。当年35岁的陈东升满腔热血地开始了创业。1992年，陈东升同时递交了两份申请，一个是申请创办嘉德拍卖行，另一个是申请经营人寿保险业务的执照。1993年5月，经过九个月的等待，陈东升如愿以偿，中国嘉德顺利获准创立。

陈东升对事业一直充满了激情，他在不断地探索和创新，如今他又提出"超级三大件"的前瞻观点。他说，人均GDP超过1000美元正是消费升级的起跑线，目前在人均GDP逾3000美元、中等收入阶层扎堆的沪、京、粤、浙等经济发达地区，消费升级尤为明显。在这个全球化、城市化和服务产业化快速发展的时代背景下，和老百姓生活密切相关的汽车、住房、保险必将成为老百姓生活的超级"三大件"，他们的消费量级已经达到10万元，这对经济的拉动作用更为强劲。所以，陈东升对实现自己的梦想充满信心——把泰康做成一个最具亲和力、最受市场青睐的大型保险金融服务集团。

经营：创新就是率先模仿

陈东升的一句名言广为人知，并且成为中国管理界的经典名言：“创新就是率先模仿”。通俗地说，就是要善于率先找最好的对象模仿。

回想起创办嘉德时，陈东升当时根本不知道拍卖的艺术品怎么来，也不知道怎么拍。但是陈东升选择了最好的模仿对象，国际最著名的拍卖公司索斯比。做中国的索斯比，嘉德成功了，这是中国第一家具有国际拍卖概念的拍卖公司。

1996年他创办了泰康。为了借鉴最优秀公司最优秀的管理经验，陈东升几乎走访了所有世界顶级的保险公司。它的营销体制来自东南亚和中国台湾、中国香港，同时借鉴国泰、安泰模式；而信息技术、精算、管理、财务和投资等内务方面则向欧美学习，精算师和财务总监在全球招募。“我甚至连别人公司里面饮水机的牌子都记下来了。”

2005年1月18日，全世界注目的《财富》（中文版）2004年度中国商人揭晓，泰康人寿董事长兼CEO陈东升获此殊荣，登上了2005年《财富》（中文版）第一期的封面。

在这次企业家论坛上，陈东升又在“制度创新与技术创新”对话中阐明创新观点：模仿的过程就是创新，创新就是将拷贝的东西变成自己的东西。这个过程不是机械的拷贝和模仿，而是一种企业实实在在的创新。他说，实事求是就是最大创新原则。时代的创新是100年一次、或是20年一次，微观企业的创新实际上是每天辛苦地面对竞争对手、面对市场的变化，不断地进行决策、不断在实践中增长才干，整个过程加起来就是一个伟大的创业过程。“一个企业的成长，三年决定生死，五年打下基础，八年站稳脚跟，十年小有品牌，20年才能成长为参天大树。”

■记者印象

用心经营他的事业

从湖北的一个小县城走到今天的位置，陈东升的人生轨迹让人钦佩。这次来深参加中国企业家论坛，他仍旧以他的招牌微笑与每个人打招呼。实际上，陈东升同样以这种谦和对待他的下属。他经常去看望泰康的代理人，与他们座谈。他经常挂在嘴边的一句话是“你们每个人都是我的亲人”。陈东升把每一个员工，尤其是一线的员工都当作他的衣食父母。

在访谈的最后，他引用了那句被人咏颂了千万遍的名言，“机遇垂青那些有准备的人”。他创办泰康的经历证明了这一点，“当时，我的内弟在家里说，有一家大公司要办财产险公司，监管部门说现在只鼓励办寿险公司，要是改成寿险马上就批牌照给他们。那家公司马上就放弃了，我说这么好的机会为什么不让我来做？我觉得这是一个很好的机会，一股热血立刻涌了出来，整晚睡不着，第二天就去王府井书店一楼买下所有的保险书。机遇就是这样来的。”

源于此道，泰康在十年之间成长迅速，成为国内保险业第一家获得ISO9001国际标准(UKAS)质量体系认证的全国性人寿保险公司，成为国内保险业首家采用国际惯例进行信用评级，并在三年内信用评级从AA跃居AAA级的寿险公司。在陈东升的带领下，泰康人寿成为寿险行业内业务增长最快的公司，连续三年年增长率超过100%。

■2006年第1期

陈东升：
伟大的中国梦开始了

陈东升一直在推广中国中产阶级的新消费主义梦想：汽车、住房、保险已经成为老百姓生活的新三大件，他认为以新三大件为特色的新的消费标志着今天中国人消费的崛起和梦想的开始。

泰康人寿保险有限公司
董事长兼首席执行官

陈东升：
伟大的中国梦开始了

毕业于武汉大学经济系，曾长期在对外经济贸易部、国务院发展研究中心等国家宏观经济研究部门工作，首创“中国500家最大企业”评价，陈东升在中国企业界影响深远。吸引人们眼球的不单单是陈东升在1993年创建的中国第一家具有国际概念的拍卖公司——中国嘉德国际拍卖有限公司，还有陈东升领导的泰康人寿保险股份有限公司。

如果说营销员的最高目标是成为连续的MDRT顶尖会员，那么陈东升的梦想就是率领泰康人寿进入世界500强。

上个世纪80年代，陈东升在《管理世界》杂志社做副总编时，做了中国500家大企业评价。他发现500强与拥有跨国公司多少是完全成正比的，为此他倍感震撼：如果中国成为世界强国，那么一定要有一大批跨国企业。

2005年，当泰康人寿再次入选“中国企业500强”时，陈东升信心十足地说：我们现在保持中国第四、第五的地位，不进入世界500强那是不可能的事情，随着中国走，十年、15年后一定会实现。

为了实现这个梦想，陈东升在2005年四处游走，不但全力推销着他和泰康的梦想，而且一直在推广中国中产阶级的新消费主义梦想：汽车、住房、保险已经成为老百姓生活的新三大件。他认为以新三大件为特色的新的浪潮，标志着今天中国人消费的崛起和梦想的开始。

为了圆中国人的梦想，陈东升亲力亲为，一直扮演着泰康人寿首席推销员的角色。在上海、北京等地的公共场合以及各大传媒上，不遗余力地宣扬“现代生活新三件”。与此同时，泰康人寿的主打产品“爱家之约”也不断升级；在客户服务方面，泰康人寿成功实现了网上续保；在信息管理方面，泰康人寿当选“2004-2005年中国IT管理标杆企业”；在管理方面，泰康人寿荣获中国企业形象管理杰出贡献奖；在资金运用方面，泰康人寿获得第一批企业年金账户管理人资格。在25万泰康人寿客户获赠“禽流感预防手册”的时候，泰康人寿获“2005中国企业客户关怀80强”的荣誉称号。在这些荣誉和成绩的背后，是陈东升和他稳定的合作团队。

2005年12月18日，已是岁末，尽管北京的街头寒意浓浓，但是由《经济观察报》和泰康人寿合作举办的“品质生活——2005中产人群在中国”巡演沙龙北京站却是刚刚拉开序幕。当主持人提出围绕中产品质生活请每一位嘉宾做一下总结作为论坛的结束时，陈东升说：伟大的中国梦开始了！

经济界
■2006年第4期

中国的商业文明时代到来了

——专访泰康人寿保险股份有限公司董事长陈东升

陈东升

中国的商业文明时代到来了

——专访泰康人寿保险股份有限公司董事长陈东升

与同时代人一样，陈东升青年时代受到马克思的影响，从小阅读《参考消息》的习惯使他比同龄人多了些国际眼光和全球化视野，武汉大学毕业后在对外经贸部、国务院发展研究中心的工作经历，使他对中国国情、宏观环境和行业发展趋势十分熟识，加上其开拓创新的精神和稳健扎实的作风——大事敢想、小事做好，在《管理世界》杂志社工作时首创中国500家最大企业评价，后来下海创办嘉德成功，迅即又创办泰康人寿，一路获得业内好评及赞誉。

泰康人寿的经营创新独领风骚，如泰康新生活广场、“泰康家庭保障计划”、售后服务中首先提出100%电话回访等举措，已经成为保监会监管行业服务质量的指标之一。回顾总结企业这些年来的进步，陈东升认为，一把手不学习、不创新是带不出团队的，而模仿就是最好的创新，要善于模仿、率先模仿、找最好的模仿。由模仿创新的引进、消化、吸收、借鉴，再到自主创新，对于中国这样的发展中国家，在赶超世界先进水平时具有重大的意义。陈东升这么说，也是这么做的。从泰康的卓然出众，我们也感受到了他不断学习和超越的意识和能力。

记者：上次在新华书店遇到您，看您推的车上几乎装满了书，大约有100多本吧。

您这么喜欢书，您一年得买多少书？都买什么书？

陈东升：没事时，我的嗜好就是去美术馆、三联书店、西单图书大厦，一年起码不会低于10次，每次肯定买1000块钱以上的书。另外一个嗜好就是走遍全世界看博物馆。我最爱读企业家的传记，因为企业家传记从侧面反映了一个国家、一个时代经济发展的状况，比读教科书、历史书要好得多，内容更丰富、更具体。比如我读《盛田昭夫传》才知道在日本，天皇来了人要背过脸去，“二战”日本宣布战败之前，人们从来没有听到过天皇的声音。盛田昭夫对我的影响很大，他40多岁开始学英文，短短几十年内将一个小厂发展成著名的国际性大企业。我也知道了索尼真正的创建者是当时的一个物理学家，是他把盛田昭夫招来的，不像比尔·盖茨和埃伦创建微软的模式，两个人合伙创建公司。我自认为个人最大的优势就是爱学习，平时关心的内容无非三个方面，一个是宏观经济政策、世界经济和国内宏观经济发展的情况。第二，我关注金融、保险业的动态，还有证券市场，公司每天要做大量的投资交易，所以我每天关注股市行情，注意金融市场的变化。第三，关注保险的销售，保险的专业性很强，产品销售、风险管理、人才培养，这是我每天都面临的课题，一定要花时间去关注。

记者：除了企业家传记外，还有哪些书对您的影响较大？

陈东升：中学时代读《马克思传》，几乎是决定了我一生的命运。所以我一直有个建议，国内的中学应该开名人传记课，中学生立志比知识更重要，立志了他自然会成才，有梦想才会去实践。直到现在我还可以背诵那句话：“在科学的道路上，没有平坦的道路可走，只有那些在崎岖小路攀登、不畏劳苦的人才有机会达到光辉顶点。”这本书对我的影响可以说是革命性的，让我有了远大的抱负。

记者：您现在主要的兴趣是读什么书？

陈东升：现在开始喜欢读史，读商业史。西方金融历史的发展有一个脉络，要深入研究，这样才能知道其中深层次的道理。原先我读华尔街、投资银行的历史、《伟大的博弈》，现在读《资本的挑战》、《资本之城》，全面了解西方商业的历史。我在亚布力企业家论坛的讲演是“中国的崛起”，里面有新意的观点就是提出资本和金融的崛起。我最不喜欢读所谓人力资源手册之类的东西，也不读国内写的有关商业的书，不是崇洋媚外，因为中国的商业积淀还太少，坦白讲，中国真正的商业积淀是从我们这一代开始，像柳传志这样的，一定是白手起家、创业，把一个公司从零带到大。商业和历史、和哲学是一个概念，是一门学科，商业理论最高层次的是商业思想，其次是商业哲学，第三是商业文化，第四是商业方法，把这四个加起来，也是人类的一门知识学科，这里面充满了智慧和哲理，不亚于哲学、历史。

记者：有一天在书店看到一本《改变人类生活的1000件事》让我眼睛一亮，中国近30年改革开放，发生了令世人瞩目的变化，应该也有这么一本书来记录中国企业的发展和创新带给人们生活的变化，可以说商业文明在某种程度上正不知不觉地改变、影响着我们的生活。

陈东升：商业革命对人类生活的改变不亚于科学技术的发展，就像信用卡的发明，我认为信用卡的革命不亚于互联网，不亚于信息技术。没有信用卡，今天世界的经济能够十倍、百倍、千倍的来扩张吗？不可能。有银行的汇兑，也不如信用卡，在全世界都可以使用，这是商业方式的转变和创新。当然，我读书也有赶时髦的事，比如读《谁动了我的奶酪？》，还有《致加西亚的信》、《羊皮卷》，这三本书是保险公司的人都要读的。

我在公司里推荐了三本书：《杰克·韦尔奇自传》、《执行》和《公司精神》。另外一本很早读的书《高盛文化》对我启发也很大，一个家族企业演变成世界头号投资银行，一百多年的历史中，曾经有五次在死亡的边缘徘徊。反观泰康十年的历史，记得有一次在九华山庄开全国分支机构的会，所有人在前面走，我一个人在后面，看着前面都是30出头的小伙子，一百几十个风华正茂、血气方刚的商业俊才，当时感觉世界就是属于我们的。但是这些人经历过风雨吗？他们失败过吗？没有。高盛是从死亡的边缘回来的，没有经风雨、见世面，怎么能说泰康是永远不可战胜的？所以，企业一定是要经历过磨难，受过挫折，当然不要死掉，这才是伟大企业最核心的价值。

记者：您从《管理世界》杂志社下海，1993年创办嘉德，1996年创办泰康，一路走来都很顺利、很成功，如何从自己、从别人的经历与实践当中反思、学习，这方面您有不少体会和感悟吧？

陈东升：现在看社会就是两个方法，一个就是显微镜的方法，就事论事，把毛病挑到极致。还有一种就是唯物史观，就是在一万米高空，在一百年的历史时空中来看这个世界，这样才不会有偏差。中国现在有哪些是伟大的企业？没有，中国真正意义的企业，是从1992年开始的，为什么我能下海？为什么我们能有三个“中国”字头的公司成立？当年要不是《有限责任公司规范意见》、《股份有限公司规范意见》的颁布，不可能有这样的开端。这是历史的机遇，只是我有幸把握住了，在合适的时间做了选择而已。因为社会价值观在这个时刻发生了转换。

1992年决定“下海”，对我个人而言是恰逢其时，如果倒退五年我这样做，可能是认为我因为犯了错误，倒退三年“下海”，可能是认为我因为没有本事，而1992年下海，是英雄。为什么？因为社会价值观在这个时刻发生了转换。

记者：在嘉德已经很成功的时候，为什么又选择做保险公司呢？

陈东升：当年筹划泰康人寿时，我还在《管理世界》杂志社，当时很多人认为这是天方夜谭的事情。从1992年申请到1996年成立，四年间有人建议我做信托公司，或者城市信用社，或者证券公司，我当时就是看好人寿保险公司，为什么？因为我发现，日本最大的公司是日本生命，台湾首富蔡万霖的国泰人寿，都是保险业，我看好的是这个产业。现在反过来看，我选择泰康这条路非常符合经济发展的趋势。全球经济一体化的核心就是由信息技术革命、互联网以及知识革命带来的全世界新的产业分工。商业社会人最重要、最有价值的资料是什么？一个是财务状况，第二是健康状况。基金公司、银行、寿险公司都可以掌握人的财务状况；寿险公司和医生同时分享人的健康信息，基金和银行就掌握不了。因此，保险公司做得好，能够通吃其他服务行业，人寿保险公司是未来最值钱的公司。

记者：当年您在《管理世界》杂志社当领导时总让大家看《财富》、学《财富》，而2004年您被《财富》评为年度中国商人，我发现在您所获所有奖项中您对这个最情有独钟。什么时候您开始有了企业家的梦想？

陈东升：我出生在湖北县城，初中的时候，我就到我妈妈的单位看《参考消息》，直到今天《参考消息》一直都是我的良师益友，从那时候我知道20世纪60年代开始是日本制假，70年代台湾制假，日本和台湾经济都上去了，现在是大陆制假，就是这样一个轮回。我的很多知识，如异化论、商鞅变法、对西方知识的解读，受《马克思传》的影响，马克思价值观、理想对我都有深刻的影响，也是我今天做事情不太功利的根源。你所说我的企业家梦想，我觉得这些事情来得很简单，根本不是挖空心思、突如其来的，感觉大家和我一样，随手拈来的事情，没觉得自己什么特别聪明过人之处。当时在《管理世界》做中国500家企业评价，后来做嘉德，做泰康，好像做一个成一个，也许这就是有梦想，有梦想一定有目标，有目标的人一定是坚定的，坚定的人一定是会成功的。当然，做企业不是为了个人赚钱，不是做生意，是做事情，我的理想是做一个有事业的人，这样才能实现个人的价值。

记者：除了不断提升您个人的学习能力，您是怎么带动公司团队学习的呢？

陈东升：刚才说我推荐的三本书，《杰克·韦尔奇自传》让大家学习怎么管理，《执行》的目标是建立泰康的执行文化，也就是绩效文化加会议文化，因为会议在金融服务业是执行文化的根本，泰康有会议手册，整个会议体系很完整。《公司精神》这本书对我的启发是如何做企业像宗教一样，实际上就是寻找泰康的品牌。

10年下来回头看，泰康在战略上还是很稳健的，没有犯错误。泰康的团队来自于不同的行业、不同的国家、不同的地区，有着不同的经历，所以硬性规定学习什么东西，实际上不太现实。比如业务上的学习，泰康请保险精算师讲保险的内嵌价值，请会计师讲预算体系，特别是2005年泰康内部开办了企业大学。

记者：你们的现代化培训中心门前两个醒目的标语给我留下了深刻印象："管理是最严肃的爱"、"教育是最大的福利"。泰康管理团队的学习有些什么特别的经验和方法？

陈东升：泰康现在的教育主要是放在销售上。现在保险公司都很重视销售训练，像友邦、平安、新华和泰康都差不多，不是说泰康就是一流的。当然整个行业的市场营销方式基本上是从台湾引进过来的，其他一些行业，像房地产、医药等也是如此，在这个方面台湾对大陆还是有很大帮助的。

在企业中当一把手不学习、不创新，是带不起这个团队的，不管一把手的文化素质高或低，他一定是这个团队里最爱学习的人。如果谁比他爱学习，这个人在企业是待不住的。因此，团队的学习跟一把手的学习是分不开的。

记得当外资入股泰康的时候，给了250万美元的援助费，我把这个钱拿出来办了两个班，让高层所有的经理人员进行完整的EMBA学习，花了一千多万的学费，当然还要支付学员全国各地飞到北京，吃、住等等。至于说对公司将来的边际收益有多大，很难计算得清，但我们非常重视这样的学习。因为保险业中很多人是从基层、中层一步步干上来的，最大的遗憾就是没有受到系统、正规的训练和学习，底气不足，当他们从市场上拼搏出来，而且能够读到武汉大学、北京大学EMBA，对他们来说是很重要的。

记者：关于您"创新就是率先模仿"的提法，怎么理解？

陈东升：管理企业，我的理念包括三点：创新、分享、公平，这也是过去在《管理世界》得到的启示，我觉得这是做企业家的核心三要素。为什么讲创新？15年前我真实的想法就是觉得创新对一个企业家来说是首要的、最重要的，就是要不断学习新东西。第二是分享。无论是当初在《管理世界》还是在泰康，利益分享，就是赚了钱后大家都要分享，包括泰康的中高层，都有股票的长期激励计划。最后是公平。反思过去所经历的一些波折，感觉做管理最重要的原则是公平。为什么创新就是率先模仿呢？当年评中国企业500大，和《财富》杂志评500强思路是一样的。我记得在第一次评出500大时所写的新闻稿里有一句话，"中国第一次采用国际惯例评出500强"。我们模仿国际惯例这个概念，就是觉得中国不要搞太多的概念，西方企业几百年不知道交了多少学费，走过来一定有道理，老老实实地学，那个时候我就是这么想、这么做的。由此，我们最早把国际惯例说出来，把它变成经济领域一个社会化的名词，一个社会现象。当年模仿的机会多、空间特别大，简单的理念就是两句话：今天美国火的，明天中国一定有；另一句是用计划经济的余威，抢占市场经济的滩头，也就是利用计划经济时期的人脉关系、社会资源关系获得好的起点，目标是走市场经济的道路，这太重要了。

我把中国生意场分成三种模式，一种是抱着政府赚钱，总抱着政府啃，越啃越小，最终被市场淘汰。第二种是在市场中赚了钱，怕自己出身卑微，本来是市场的儿子，非要回到体制中去，结果肯定好不了。最聪明的一种是靠政府起家，走市场化的道路。当年的工业产品展览也是模仿的产物，有一天我看电视，农展馆搞农产品展销会，请来了总理参观。我想，农产品都有这么多人关注，如果我们搞一个工业品的展览，比这个意义大多了，总理肯定也会来。所以，就有了当年中国工业40年展览。

记者：在您创办嘉德、泰康时，您是怎么实现在模仿中超越呢？

陈东升：模仿就是最好的创新源于后发优势理论。这不是我的创造，我对这个理论的诠释有三，一是善于模仿、主动模仿；二是率先模仿，在模仿中要做第一个；第三是找最好的模仿。这些不是说出来的，是在实践中证明有效的。嘉德拍卖成立的时候，世界上最大、历史最久的拍卖公司是索斯比，我们找到这个最好的葫芦来画瓢，学习他的组织结构和内部运作方式，嘉德的定位就成为第一家具有国际概念的拍卖公司，嘉德的拍卖流程设置、外部形象，包括手提袋都有索斯比的影子，这使得嘉德迅速成为中国最大的拍卖公司，成为中国拍卖界的楷模和龙头。做泰康期间，我走访了20多家国际知名的保险公司，不是走马观花，是认真地请教、学习、研究，这些企业的资产结构、经营模式和管理方式，在泰康都有所体现。但在行业经验、能力和管理的成熟度方面，泰康与这些跨国公司相比，还有相当的差距。我的反叛情绪是觉得过去我们标新立异太多。创新就是率先模仿，这是我1997年就提出了，当时并没有引起人们的注意，现在好像都形成一种观点了。我是希望把后发理论与企业的发展、超越联系起来，同时找到了通过模仿超越的三个前提条件，经过引进、消化、吸收，与本企业实际相结合，最终实现超越的过程。

记者：您在保险领域的创新具体体现在什么方面？

陈东升：泰康是第一批按照股份制公司定向募集设立的，是第一家经国务院同意、保监会批准吸收外资的全国性保险公司。在企业的经营管理中，泰康有很多的创新之举，比如在保险业第一家采用国际惯例进行信用评级，并在三年内完成从AA到AAA⁻，没有一笔呆坏账等。泰康也是国内第一家全系统获得ISO9001国际标准认证的寿险公司，从产品设计、服务环境、培训、内部监控等方面，各项流程符合国际标准质量管理要求。所有的保险公司都有两大功能，一是安排、控制未来的风险，提供保障；二是投资储蓄、家庭理财。如果泰康也是如此，怎么和同业竞争？所以泰康首先重新定义人寿保险，找到一种新感觉、新价值，泰康就把这种新生活定位在健康、幸福、时尚、充满活力的家庭价值观，以开发、沟通、融合重新定义公司的企业文化，这种精神价值观通过泰康出版的两本书《我们的家园》、《我们的新生活》以及《泰康人寿报》、《泰康新生活》杂志、网络等，让员工和客户了解，这也形成了泰康品牌的一个特色。

记者：保险的销售是公司成长最重要的环节，泰康在保险公司中，增长率是较高的，您有些什么具体经验和做法？

陈东升：保证公司的成长是我最重要的工作，要成为一流的企业，必须建立强大的营销力。董事长、CEO就是公司的首席推销员，每一个员工都是公司理念、产品、服务的推销员。先说泰康的理念创新，我们不仅仅是销售寿险产品，而是一种服务、一种以家庭价值观为核心的品牌，对于寿险的消费者，泰康的目标就是要成为一种必然的选择，一种值得信赖的服务，一种消费的时尚。因此，泰康的目标客户定位在中产人群或者说工薪白领人群，我们提供最优质的服务和品牌，而不是最便宜的价格。再说产品创新，这方面可说的很多，比如2002年泰康在全国范围内推广的“爱家行动”，这是一个家庭保障计划，将保险业传统的1对1营销，变成了一张保单保全家。家庭保险组合并不是泰康的首创，这种寿险产品在寿险业发达的美国和欧洲已经被人们所接受，泰康是国内第一个吃螃蟹者。这是模仿创新的产品。第二代产品“爱家之约”就是泰康自主创新的，集医疗、保障、养老、教育等多种险种于一体，让投保者实现“一站式”投保，随意组合自己想要的寿险产品，这里既有家庭的概念，也有爱心的概念。

记者：提到保险公司、金融机构，给人的印象就是刻板、理性，泰康给人的感觉好像有些温和、亲切，走进泰康，浓郁、雅致的艺术氛围的确让人惬意。企业是这样的形象定位吗？

陈东升：金融机构确实是古板、正统的形象，连着装都是黑色、蓝色，这是金融公司文化的内涵。泰康改变的是外在形象，亲和、清新、跳跃，是具有生命力的活跃。打个比喻，客户到了泰康的服务中心，就像到了夏威夷，感到的是舒适和放松。就像汇丰银行，今天是汇丰金融集团，过去的银行网点改为客户服务中心，在这里可以存款、取钱、买保险、买基金，还可以提供法律咨询、税务咨询，还能帮助客户请家政，消费者会觉得刻板、严肃吗？所以，泰康所倡导的全新服务模式——新生活广场，把门店、服务电话、网络服务和现场员工服务有机整合在一起，变成理财金融中心、服务中心、咨询中心，最终形成金融超市，同时配合“泰康在线”，客户可以在线投保，这就是泰康要塑造的新品牌。

记者：您觉得企业创新中最困难的是什么？

陈东升：是理念的创新。在创新的过程中会有很多的不同意见，也会有阻力，解决的关键是能不能坚持。比如泰康在客户服务方面提出“100%电话回访”，这个想法是在中仪大厦办公的时候就有了，因为这样打破了原有的工作流程，增加了工作量，而短期内又看不到效果，初期的执行不力是肯定的。2000年成都分公司成立，全面推行“100%电话回访”作为泰康服务差异化的一个品牌形象，收到了非常好的效果。同时，泰康把电话回访的内容“三个确认、两个核实、一个核对”流程标准化，不仅在泰康全国的机构推广，2001年还成为保监会的行业经验，在保险公司形成监管规定。泰康的成长一直伴随着创新在理念、机制、产品、服务四个方面，泰康有完善的创新体系。企业的生命力源于创新，在国际化、市场化的进程中，创新更是公司核心竞争力首要的原则。

记者：国家现在十分重视和鼓励创新，您觉得模仿创新和原创是什么样的关系？

陈东升：模仿创新是后发理论，对中国这样的发展中国家，在赶超世界先进水平上具有重大的意义。由模仿创新的引进、消化、吸收、借鉴，再到自主创新，也就是原创，现在是集成创新，实际上就有了一个清晰的思路，有了一个方式、方法。我对创新研究得很早，在经贸部的时候，接触到很多高层的人士，看国际上很多国家之间竞争的资讯，那个时候我提出创新的三个层面：个人创新、企业创新、国家创新。举个例子，我研究美国和苏联的竞争，为什么美国赢了、苏联输了？美、苏的竞争是在国家的层面上进行的，他们在这个层面上是差不多的，就是说美国、苏联在国家创新的体制、创新的精神上都是非常厉害的角色。但是苏联的企业和个人创新几乎没有，因为它依靠国家的创新体系。那为什么苏联还能够与美国竞争了几十年呢？就是美国的个人创新和企业创新的成果，被苏联人拿走，变成国家创新的基础。当年对创新的研究是基于研究国际关系，现在是站在企业的角度研究同样的问题。我觉得把创新分成这三个层次依然有意义，个人创新主要是以科技创新为核心，企业创新就是通过资源的组合创造财富，国家创新就是代表民族、宗教，代表文化和价值观，还有军事。国家的竞争是在这个层面创新的竞争。其实我对创新的理解，15年一直没有变，我现在讲模仿创新这样的观点，慢慢形成了一派。当然很多人反对我。我理解，模仿就是模仿，模仿怎么能成为创新？这是种带有反叛精神的理念。我依然坚信，把模仿的对象融到自己的企业当中，变成企业独有的东西，是创新的有效方法。

记者：中国之所以不像其他文明古国，能追赶着与国际接轨的速度，感觉到中国的现代商业文明已成为一股强大的推动力量。

陈东升：是啊，记得2001年，北青报评选十大财智人物，我是十个提名之一，当时要求每个人要有五分钟的感言。我说我是学经济的，读过萨谬尔森，读过凯恩斯，读过弗里德曼，但我最崇尚的是最简单的理论，就是熊彼特的创新理论。第二句话，我说纵观人类近代工业文明或者现代文明，实际上是一部创造财富的历史，创造财富实际上是企业创新的历史，企业创新的历史实际上是企业家创新的历史，企业家创新的历史就是企业家精神的历史，企业家精神就是创新。中国五千年文明，不缺伟大的政治家、军事家、哲学家、诗人和文人，唯独缺优秀的企业家。如果加上一大群伟大的企业家，这就是一个完美的民族。我为什么很骄傲成为《财富》的年度人物，因为我确信一个观点，社会价值观的变化是商业繁荣最核心的基础，在不同的历史时期，人们同样的行为一段时间里是犯错误，一段时间是没有本事，另一段时间是英雄，为什么？是因为没有形成共同的价值观，社会进步是社会价值观逐步认同的过程。20世纪80年代我说过一句话，哪一天所有的中国人都想发财的时候，就是中国有希望的时候。当时说这句话都觉得是不可能的事，中国人都想发财怎么可能呢？只是隐隐觉得应该是这样。2003年武汉大学110周年校庆，我回去演讲，数百名学生，我问大家毕业以后想当政治家的举手，十几人，我又问想做学问当教授的举手，只有三四十人，我说想学比尔·盖茨发财致富的举手，几乎全部的人都举手。这在20年前是不可想象的，所以说，中国商业文明的时代到来了。

记者：主动迎接开放，融入世界，融入国际社会，WTO对中国的影响还刚刚开始，整个中国的经济、社会、文化等都将会发生很多变化。这意味着中国企业家在未来现代文明的推进中，将发挥更加重要的作用。

陈东升：我们总讲三次历史机遇，前两次中国都没有赶上，这次融入了世界经济分工的环境中，是非常巧合的历史机遇。从历史上讲，鸦片战争不是中国落后的开始，是落后的结果，同时也是中华民族崛起的开始。"二战"后美国把德国和日本扶起来，日本的产业到20世纪70年代开始向外转移，移到"四小龙"，西方的产业转移，一定根据其价值观和社会制度。当"四小龙"产业向外转移时，情况发生了逆转，一个是中国正在改革开放，而马来西亚、印尼有宗教的问题，这是历史的巧合，同时这种巧合又是华人血缘和文化联接的结果，血缘和文化取代了社会制度和价值观这样的转移方式。中国改革开放建设社会主义市场经济是一个伟大的创新，社会主义市场经济是一个新的文明体，当年马克思看到的是罪恶的资本主义，现在变成了和谐的资本主义；当年社会主义是僵化的、计划经济的社会主义，今天走向了和谐的、市场经济的社会主义，所以未来基督教文明、中国的儒家文明，两个强大的文明体系一定是交相辉映、互相欣赏、共同繁荣的。而企业家将在此中承担和被赋予越来越重要的责任和使命。

记者：设想一下，20年后泰康会是什么样的？您个人又是什么样？

陈东升：20年后的中国和世界是融合的，背后是以巨大的经济力量、科技力量做支撑的众多优秀的企业，泰康也是其中的一个。泰康是以寿险为核心业务、真正具有国际竞争力的金融服务集团。20年后，我应该是回到嘉德了，那是可以放置精神的地方。

（记者 李兰）

经济观察报

■2006年6月12日

大国崛起的中国模式

■ 点评：

有媒体如此评论陈东升：他是企业家中的思想家，他将对企业发展的思考自觉地融入对国家发展的思考中。

2006年，在中国金融市场即将全面开放的前夜，就“中国和平崛起”这个热议的国际政治话题，陈东升系统、完整地进行了阐释，成为中国企业界的独家之言。

大国崛起的中国模式

美日两国是近现代西方和东方崛起国家的代表，在它们的崛起历程中，既把握了和平的机会，又利用了战争的因素。而中国的崛起之路表明，中国正在成为和平崛起的典范。尽管这种崛起与世界其他强国都不尽相同，但中国的经验大大丰富了大国崛起的模式。

美国的崛起实际是从南北战争到第一次世界大战，差不多是50年的时间。这50年是思想的孕育期、外资吸引期、经济的全面繁荣期、政治经济文化思想哲学的全面上升期。

19世纪末，美国在全国范围内完成了产业革命，奠定了经济腾飞的基础。相比英国、荷兰、西班牙，美国作为一个后起的资本主义国家，积极颁布土地优惠政策，吸引了大批欧洲移民和“过剩资本”，大量利用欧洲国家的技术成就，开发美国市场和经济。加上地理位置优越，自然资源丰富，美国资本主义经济从19世纪70年代急剧扩张。

第一次世界大战，美国在其他参战国的经济、军事实力严重削弱的背景下，大量出口武器和各种产品，获得了大量收入，由负债累累的债务国一跃成为各国的债主。“二战”期间，美国继续大发战争财，经济突飞猛进。战争结束后，美国一跃成为世界上最强大的国家，掌握了世界3/4的黄金储备，构建了以美元为中心的国际货币体系。战后，美国经济金融发展引领全球，形成了以美元、美国金融机构、美国金融市场为核心的国际金融体系，金融帝国称霸世界。

美国的崛起总体上也算是和平崛起，尽管其崛起过程中利用了战争因素，但是基本没有为崛起故意挑起战争。美国崛起也可以看做是英帝国文化的继承和延续，世界主导权在英国和美国之间进行了和平交接。

1868年日本开始明治维新，仿效西方资本主义，大力兴办近代工业，推行地税改革，实行“文明开化”教育，奠定了崛起的经济和人才基础，造就了一批大企业如三井、三菱财阀等。1894年甲午海战，日本占据了台湾、朝鲜、辽东半岛，并得到2.3亿两白银的战争赔款，相当于当时日本四年的财政收入。日本政府利用战争赔款扩充军备、确立金本位制、推行义务教育，成为继英、法、俄之后的第四海军大国，并迅速融入世界经济体系。1904年日本在日俄战争中获胜，并逐步在朝鲜、中国东北推行殖民统治，掠夺资源，国力迅速增强，进入帝国列强行列。

“二战”后，日本在美国的占领和扶持下，大力扶植本国的大企业，人为压低居民消费，增加企业积累；建立主银行制度，将银行和大型生产企业紧密联系在一起，使大企业可以方便地从银行得到资金支持。日本利用在美国朝鲜战争和越南战争期间，向美国提供工业品，迅速推进重工业发展。借助电子与汽车等工业，取得了对于以美国为主的欧美市场的贸易优势地位。20世纪80年代，日本贸易优势地位逐渐演化成日本的金融优势，日元在1985年的广场饭店会议后大幅升值。日本的金融实力跳跃增长，在全球金融市场上呼风唤雨。

中国与美国在市场和外资的引入上是极其相似的，而中国与日本在价值观、思想上有相似的地方，也有完全不同的地方。中国的崛起与美日崛起历程都不尽相同，中国没有利用战争的因素，而完全是一种和平的崛起，这种崛起，必将成为世界范围内和平崛起的典范。

中国的和平崛起是指中华民族全面崛起，包括经济崛起、政治崛起两个层面及其六个方面的内涵。其中，经济层面的崛起包括经济的崛起、自主技术与品牌的崛起、资本与金融的崛起。政治层面的崛起包括文化崛起、军事崛起、政治崛起三个方面。

中国的和平崛起大致可分为三个阶段：

第一阶段，从1840年到1949年新中国成立，中华民族寻求自立、解放和现代化。中国的落后始于明末，鸦片战争是中国落后挨打的结果，同时也是民族自醒的开始。

第二阶段，从1949年到1979年，新中国奠定国民经济基础。中国建立国民经济、工业、大学基础体系，制造出“两弹一星”。通过工农业产品价格剪刀差，为工业化积累资金。

第三阶段，1979年以来，改革开放，建立和发展社会主义市场经济。20世纪80年代，中国的发展可谓占尽“天时、地利、人和”，经济全球化谓之“天时”，“四小龙”崛起、产业转移谓之“地利”，经济体制改革、提出改革开放基本国策谓之“人和”。社会生产力和活力得到巨大解放，对外开放使港台小额资本进入中国，对于搞活流通、形成全国的商品流发挥了重大作用。

这一时期，国家恢复高考制度，重视教育和人才，提出“科学是第一生产力”的论断，为经济发展奠定了基础；20世纪90年代，邓小平南巡讲话后，中共“十四大”提出建立社会主义市场经济体系，中国出现基础设施建设大高潮，其为引进外资奠定了基础，跨国公司投资也因此大量涌进；2000年以来，中国经济国际化进程突飞猛进。跨国公司来中国开厂建厂，在珠三角、长三角形成世界级的产业集群，中国发展成为世界工厂。引进和走出并举，中国企业对外投资活动日趋活跃，中国经济大步推进国际化。

这三个阶段叠加起来，便构成了一幅波澜壮阔的中国和平崛起的历史画卷。

（陈东升）

当代金融家

■2006年第8期

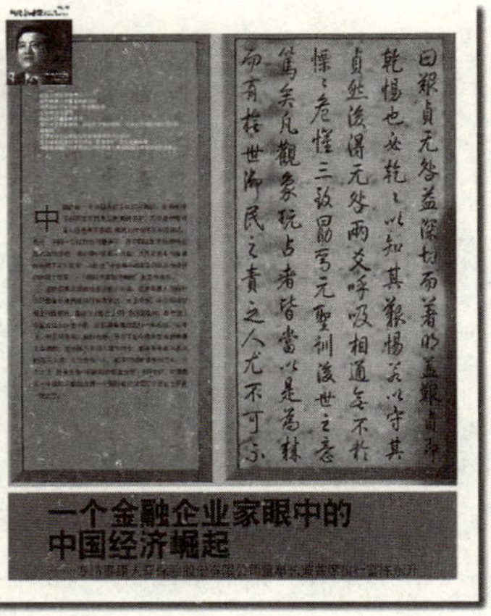

一个金融企业家眼中的中国经济崛起

——访泰康人寿保险股份有限公司董事长兼首席执行官陈东升

中国这样一个大国历经百年和平崛起，近些年成了东西方共同关注的高端话题，无论是中国领导人还是美国总统，都就此向全球发表过演说。最近，中国一位保险公司董事长，在中国金融市场即将全面开放的前夜，潜心就中国和平崛起，尤其是资本与金融崛起做了深入研究，并提出“中国和平崛起是包括从经济到政治两个层面、六个阶段全面和平崛起”的思维体系。

这位颇具宏观战略意识的企业家就是泰康人寿董事长兼首席执行官陈东升。10多年前，身为经济学博士的陈东升，曾任《管理世界》杂志副总编，参与创立中国企业500强评选，后创建嘉德拍卖行一举成功。10年前，他又只身闯入保险市场，创办了至今稳步发展的泰康人寿。无论陈东升介入哪个行业，都是备受市场关注的风云人物；无论他做什么，都不曾间断读书和思考。

与政治家不同的视角

《当代金融家》：最近我有幸拜读了您的新作《中国全面和平崛起之路》。我感到好奇的是，在中国金融市场最后全面开放的前夜，作为一个正“四面受敌”的保险公司的

董事长，百忙之中您为什么花大力气去研究中国和平崛起这样一个超级宏观的国际政治话题？中国的和平崛起与您做保险公司董事长有怎样的联系？

陈东升：也许是因为做过管理类杂志，我对管理，小到企业管理大到国家发展战略，一直都有浓厚兴趣。而且，与当今年轻人更多地享受人生不同，20世纪50年代出生的人“命苦”，从中学时代起就被当时极端政治化的教育思想和教育方式所迫，小小年纪便形成了关心国家大事、忧国忧民的思维定式。不论是现在当领导、做董事长，还是当年上山下乡做农民、工人，热情都是一样。我也算这一代人的典型代表之一吧。

近些年中国和平崛起的事实备受全球关注。但我发现，最先提出的政治家和外交家们更多地把它当作一个发人深省的事实结论去研究，而我是做企业的，更在意这个崛起的过程，比如包括哪些具体内涵，按照什么顺序阶段性地启动并推进等。我的研究不完全是兴趣，而是想看清楚在整个中国和平崛起的过程中，资本与金融崛起所起到的作用到底如何？正在给中国保险业带来什么样的机遇和挑战？泰康如何能在激烈的国际竞争中立于不败之地？在我看来，这是一个保险公司董事长分内最应该做的。

《当代金融家》：近代以来大国争霸的历史反复说明，一个大国的崛起往往导致国际格局和世界秩序的急剧变动，甚至引发大战。但在谈论中国的崛起时，国际通用的是“和平崛起”一词。作为一个企业家，您眼中的中国和平崛起与政治家所看到的有什么不同？

陈东升：我想我们看到的都一样，甚至他们比我看得更高、更远，只是由于职业背景的不同，我思考最多的是中国和平崛起对内部发展环境的中微观影响。结果我发现，仅仅提中国和平崛起还是不够的，而应该说中国在全面和平崛起。“全面”这两个字包括了纵向的时间轴和横向的空间轴，这两个轴交叉出了许多里程碑。

从纵向发展看，中国近现代150多年的历史，实际上就是中国和平崛起的渐进过程。一个民族的崛起一般需要50年左右，美国如此，日本也如此，但他们都在不同程度上借助战争而崛起。中国走了一条和平崛起的道路，迄今已经用了一个半世纪。直到今天，中国才迎来了全面和平崛起的局面。

从横向发展看，中国和平崛起是指中华民族的全面崛起，包括经济崛起、政治崛起两个层面及其六个阶段的内涵。概括地讲，中国经济层面的崛起包括工业崛起、自主技术与品牌崛起、资本与金融崛起三阶段。政治层面的崛起包括文化崛起、军事崛起、政治崛起三个阶段。

《当代金融家》：在您看来，中国经济崛起在中国和平崛起的过程中位势如何？与其他大国的经济崛起相比，中国经济崛起有什么特征？

陈东升：中国经济崛起实际上是三句话：先是工业崛起，形成了世界工厂；技术崛起就是打造自主知识品牌，带来产业结构升级；但只有实现了金融和资本的崛起，才能形成强大的国际竞争力。中国的全面和平崛起始自1840年的“鸦片战争”，但真正的中国经济崛起出现在140年之后，20世纪80年代启动的中国经济改革开放。这也可以说明，中国的和平崛起之路何以如此漫长而又曲折。

从1972年尼克松访华到1989年的中美“蜜月期”结束，中、美、苏之间的大三角关系形成，中国也全面打开与西方世界的关系。同期，“亚洲四小龙”经济腾飞，需要进行产业转移，恰逢中国改革开放，而“四小龙”中有三条龙所在地区有众多华人，于是血缘和文化承担了产业转移的机制，最后形成了我们今天的世界工厂。这与日美商品与资本输出相结合的崛起大相径庭。

《当代金融家》：全球经济在“二战”以后的快速崛起，留给中国经济崛起多大一个缝隙？

陈东升：全球经济在“二战”后的这一轮崛起已经持续了60年时间，更重要的是以全球经济金融一体化为主要特征。结果是，不仅带来了国家层面的总体经济实力洗牌，甚至带来了全球经济按区域出现的产业结构大分工，极端表现是出现了国际定价中心与世界工厂的相互分离，而且，这个分离正是在20世纪80年代中国经济开始快速崛起时发生的。我不敢肯定是否因为中国经济低姿态以世界工厂的面貌崛起造成了这一局面，但起码是加速了这一局面的形成。从现在来看，中国经济获得的发展缝隙看似不小，但相对于中国人口占世界人口的比重来说，现阶段的价值却不够大。

《当代金融家》：中国经济崛起的理论顺序和实际发展过程是否完全对应？

陈东升：虽然西方发达国家从容地走完了从工业崛起到自主技术与品牌崛起再到资本与金融崛起这样一个过程，但严酷的现实是，中国似乎没有这样的机会了。

在中国的世界工厂地位确定后，一方面我们要面对印度、越南的竞争，另一方面我们也不甘于永远做世界工厂。随着部分制造企业、出口型企业的产业升级，中国必须发展高附加值产业，必须加大研发投入的力量，一方面通过购买、改良一些技术，一方面通过创新，形成自己的技术和品牌。产业结构要升级，就会加大科技研发的投入，产生越来越多的专利，也就逐渐形成自主知识产权；而有了系统的自主知识产权，也就将逐渐形成自主品牌的崛起；随着技术品牌崛起必将带出产业结构的调整，从此进入经济崛起的最高阶段——资本与金融的崛起。这是一个逻辑的发展过程。

我之所以说现实对中国经济崛起过于苛刻，主要是因为我们看到，在西方发达国家曾经沿着时间纵轴依次演进的经济崛起三阶段，目前在中国几乎要在时间轴的同一时点上齐头并进，更准确地说是技术品牌阶段与资本金融阶段要同时启动，中国经济也一再落入“鸡”与“蛋”的哲学命题怪圈。

国策需要做些调整

《当代金融家》：当中国和平崛起处于工业崛起的第一阶段时，我们只看到成为世界工厂的好处，兴奋而又自豪。但是，作为世界工厂，中国在国际定价方面的话语权却很小，结果是高价从国际市场进口原材料，却低价在国际市场出售加工后的产品，让中国的经济崛起在收获成果的同时也付出了意想不到的高昂成本。您认为中国经济在崛起过程中哪个环节出了问题？

陈东升：这是国家竞争力不强的体现。国家竞争力主要由企业竞争力、经济体系竞争力和社会竞争力构成。造成以上问题的原因是经济体系竞争力薄弱。

竞争能力的高下决定于效率，企业竞争力的决定因素则是产权效率。可以说，近30年的改革开放解决了大部分中国企业，尤其是制造业企业的产权效率问题，大大提高了中国企业的竞争力，也促使中国在改革开放后立刻成为世界工厂。然而在经济体系竞争力方面，由于决定因素是资本和金融制度的效率，而中国的资本与金融制度基本上是在改革开放之后新建，并且长期为政府垄断，带来的最大问题就是效率低下，造成中国经济体系的竞争能力不强，而这也成为我国缺乏国际定价话语权的症结所在。

《当代金融家》：中国的经济崛起可谓一波三折：先是长期且大范围从事贴牌加工贸易，使中国企业痛失自主技术和自有品牌；接着又因资本与金融发展滞后面临痛失定价权的危险。在经济崛起中，这两者原本是双峰主体，既相互依存又互为因果，而当两主体双双未起却遭遇挑战时，您从企业发展的角度会建议中国政府如何作为？

陈东升：当前，既然我们已经很难按常理从低往高、从小到大地出牌，我就主张直奔主题，我最关注中国的资本与金融崛起。金融是经济的核心，资本是经济运行的血液。但是，我对金融理解得更简洁，它既是制度安排，也是效率安排，而资本与金融崛起的过程就是制度与效率两方面结合的产物。

显然，当前再讨论技术与品牌崛起和资本与金融崛起谁为先，已经没有太大意义。最可行的路径可考虑两方面：首先，将技术与品牌崛起和资本与金融崛起共同作为国策来抓。其次，随着中国金融市场的全面开放，我们奉行了一二十年的引进外资的国策应该进行调整，调整为优先让中国的银行和资本市场崛起，目的是让未来中国经济增长的资金尽可能从国内取得，一是我们具备了这样的实力，二是可获得相对便宜的资本支持国家发展，同时也让中国的企业和老百姓享受到我们经济高成长的结果。

《当代金融家》：资本与金融崛起听上去非常宏观和抽象，您是否可以更直观地描述它们与中国经济崛起之间的关系？

陈东升：无论多么复杂的经济体，最终都是以经济效率为核心，经济效率又是以企业为载体。企业无非就是两种命运：生存或死亡。因此，制度安排也就是两句话：

让好企业能更好地发展，让不好的企业能尽快退出。而企业的发展和退出又都离不开资本与金融市场。在成熟的金融市场里，企业发展要有制度安排，主要是运用公募、私募、贷款或者是发行债券这四种手段。企业要退出也不是“关门”这一个动作，同样要面临在公开的资本市场上进行收购、兼并，最终还有一个依法进行的破产程序。

光有制度不行，制度还要有效率，也是两句话：微观要看银行、证券、保险机构的运行效率，宏观则要看中央银行、财政体系的运行效率。可见，制度和效率是连接经济、资本与金融以及企业之间的本质纽带，也是金融的本质内涵。

《当代金融家》：如果考虑到中国国情，您认为资本与金融崛起的标志是什么？

陈东升：我不想谈太理想、太遥远的标志，而是想讲去年出现的两个重要迹象。一是我们国家从一个债务国变成债权国，现在已经开始资本输出，而过去我们则是大量引进外资。还有一个现象是，我国的汽车销售量超过日本成为世界第二。

我为什么要这样说呢？如果债务国变成债权国，这将是金融崛起的最核心标志，也就是说，我国将可以通过自己的资本市场和金融体系来支撑本国的经济发展。而全球第二的汽车消费量则说明我国开始进入一个真正的消费时代，也就具备了中等发达国家的标志。而在中等发达国家，金融消费与投资通常会超越汽车消费成为拉动资本与金融崛起的重要力量。

《当代金融家》：在中国资本与金融崛起的过程中，中国经济未来的区域化布局将出现哪些变化？哪个区域最有可能强力拉动中国资本与金融的崛起，并成为一流的国际金融中心？

陈东升：我预测，中国会出现三个明星城市，即北京、上海、香港；或者是说以香港和广州、深圳为一体的珠三角地区，以上海为龙头的长三角地区，以北京、天津为纽带的京津冀地区。中国的中产阶级会集中在这三大地区。另外还会形成几个中心城市，像武汉、沈阳、成都，形成这种辐射带。三大经济区域再加上几个辐射带区域，大概就是中国未来经济区域化的结构。

为加速中国资本与金融的崛起，国际金融中心的驱动作用不可小视，利用香港既有国际金融中心的优势，显然比平地再造一个国际金融中心效率高很多。而且，香港的地缘位势很特别，不仅与台北、新加坡形成了东南亚经济圈，还透过大陆与韩国、东京构成强势的东北亚经济圈，又与法兰克福、新加坡等同属二流国际金融中心，再加上有中国和平崛起的大概念支撑，香港最有可能取代东京成为一流国际金融中心。

《当代金融家》：既然看好香港国际金融中心的优势，泰康人寿是否准备在香港捷足占位呢？

陈东升：泰康人寿已经决定了，我们的资产管理公司将在香港建立一个分公司，因为现在资本项下的人民币还没有对外开放，为把我们的资产配置全球化，追求安全性前提下的最大盈利，占位香港是很重要的。不仅是泰康，中国的大保险公司都会在香港开一个资产管理公司，会把一部分资产换成港币、美元进行全球交易，香港也将自然而然变成一个投资中心和资产管理中心，原有的国际金融中心定位会得到加强和升级，甚至在不久的将来会成为中国的“纽约”，成为中国资本与金融崛起的象征。

“温水煮青蛙”时代

《当代金融家》：在中国资本与金融的崛起过程中，保险业会扮演什么角色？

陈东升：今年6月底，《国务院关于保险业改革发展的若干意见》正式发布了。这在中国保险业发展史上将成为里程碑性质的文件，甚至在业内被称为“国十条”。《意见》从理论上说有很多新的创意，但在我看来，它最根本的突破有两点：一是提出全面、系统、谨慎、有序、大胆地打开保险公司资金运用的广阔渠道，二是系统阐述了保险的三大功能，即补偿的功能、融通的功能和社会管理的功能。而这三大功能也正是中国资本与金融崛起过程中保险业所起的重要作用。

其实，保险公司的功能是很简单的。保险公司就是中国经济发展所需长期资金的一个重要提供者，也是资本市场最核心的机构投资者。当中国企业到海外上市时，国内更关注的是投资银行，但其实在路演的时候，台下坐的才是台上投资银行使出浑身解数要搞定的“大佬”们，他们是基金的经理、保险公司的经理。也可以这样理解，经济发展的中长期资金来源一定是养老金和寿险资金。

在资本市场里，保险公司就如同古玩市场上真正的收藏家，古玩市场没有收藏家价格是撑不住的，资本和金融市场同样，没有中长期的资金提供者也是撑不住的。从这个意义上说，保险业既是资本与金融崛起的助推器，也是构建和谐社会的稳定器。

《当代金融家》：考虑到《意见》正式出台的大背景，您认为中国保险业下一步发展会走出什么样的曲线？

陈东升：中国保险业在未来五年会出现三个趋势：

首先，将出现保费倍增的趋势。保费倍增是什么概念？就是说由于中产阶级新兴消费群体的崛起，他们对保险需求会增高很多。比如，过去泰康平均一张保单的保额只有5万元，现在一个普通家庭，基本有20万元的保额，这期间就是增长了三倍。我说未来保额倍增的核心就是说，人们对保险的需求会大大提高。

其次，保险公司会从百货大店走向专卖店，出现专业化的保险公司，这是保险细分市场的崛起逼着你去走一个专业路线。

第三，保险资金会渗透到国民经济发展的方方面面，保险公司的实力也会随之壮大。即使中国的保险公司不可能像美国那样与银行平分秋色，但是在现有基础上，在整个金融市场的份额再提高几个百分点是没有问题的。

《当代金融家》：但是，中国保险业可能不会再有美国保险业那样的机遇了。因为中国金融体系中，银行资产已经占到了90%，眼下有条件的银行又都开始建立金融控股公司，激进地涉足保险业和证券业。反之，保险系的控股公司本身就少，准备涉足银行业务的更是寥寥。面对未来的中国金融控股新版图，您是否担心保险公司的生存与发展？

陈东升：我的态度是，既不能杞人忧天，也不能怨天尤人。一直以来，无论全球金融市场怎样创新，混业经营的浪潮如何汹涌，保险业一直没有被别人蚕食，反倒是在蚕食别人地盘的核心。例如，把保障功能和储蓄功能结合起来开发的投资连结险产品是当代保险业对抗银行竞争的最伟大发明，银行保险问世也让保险公司直接从银行储蓄中分得一杯羹。

同时，由于保险公司的竞争优势突出，即使是在银行主导的金融控股体制下，保险公司依然会以独立法人的形式去经营保险业务。例如，保险公司的养老保险、医疗保险永远都不可能由银行或是券商作为主营、哪怕是兼营业务去经营。再比如，银行和保险公司的经营文化和管理风格可以说是风马牛不相及。为什么瑞士丰泰最终被瑞士信贷卖掉了？为什么花旗也将旅行者集团卖掉了？这些起码说明了一点，保险公司的独立价值内核是非常坚硬的。

而且严格地讲，银行资产过大是过去计划经济体系遗留下来的结果。银行存款中大概有40%是人们留下的养老和看病的钱，这些钱大部分是要从银行转移到健康险公司和人寿保险公司去的，不论这个保险公司是银行投资的还是别人投资的。因此，我根本不担心保险公司自身的生存与发展。

《当代金融家》：既然保险公司有如此鲜明的独立价值，保险公司是否会拒绝混业经营概念、抵制金融控股集团呢？

陈东升：一般不会。金融混业的实质发生在两个领域，一个是渠道共享，一个是客户资源共享。而金融混业的业务方向主要集中在理财领域。证券、银行、保险各自都有适合与别人融合的一面。

首先，保险公司就是为以中产阶级为主的老百姓服务的，或者说保险就是为中产阶级发明的，因此它最适合的联姻“对象”是大众意义上的零售银行，双方业务有很大的互补性。银行大量的网点和保险公司结合，通过银行柜台卖保险，这是一个双赢的格局。其次，私人银行和投资银行也有很大互补性，现在瑞士信贷和第一波士顿互补得很成功，瑞士信贷是做私人银行的，第一波士顿是做投行的，他们都是为高端客户提供理财服务。

《当代金融家》：中国金融业崛起的过程就是对外开放与世界融合的过程，而保险业是中国金融业最早对外开放的，当今年底中国金融业全面对外开放后，您认为中国保险业在全球一体化进程中的竞争力如何？很危险吗？

陈东升：当年大家都喊狼来了，认为外资一进来就开始拼肉搏战。后来发现，这其实是一个温水煮青蛙的过程，如果准备不足，将在不知不觉中死掉。因为外资是装扮成羊的模样进来的，并不与我们直接正面交手。实际上人们忽略的是，我们自己也是狼，只不过是小狼。许多年来，外资保险公司在慢慢脱下羊皮，而内资保险公司也在从小狼慢慢长大。从外资最初进入中国到双方放开来直面交锋，这个过程的周期大概需要5～8年。

五年前我曾经说过，在这5～8年期间，本土企业和外资企业都在做相向的交叉，即本土企业国际化，跨国公司本土化。五年过去了，本土企业国际化的速度显然超过了跨国公司本土化。尽管如此，我们一时还无法超越外资公司的水平，只是在接近它的水平。但我们现在还没有太大危险。

《当代金融家》：中外资保险公司的经营管理水平正在趋近，该如何解读这个发生在两个方向上的同一过程？接下来双方的竞争格局将会是怎样的？

陈东升：五年前，泰康第一个在业内设置了CEO，第一个引进了独立董事并大谈治理结构，那时在社会上、在金融业、在保险界几乎被看做是异端邪说。而今天呢，中资保险公司已经开始大谈核心竞争能力、公司专业定位、市场细分、人力资源优化、波士顿矩阵管理等从战略到执行的全方位经营管理问题。

相对于中资保险公司来说，外资公司面临的困难似乎更大。首先从组织架构上看，他们是在用自己的“神经末梢”对付我们的“大脑”；其次从行业发展内在规律来看，他们虽然有在境外积累几十年甚至上百年的全套成熟的经营策略和制度，但是同样没有了从零做起、在初级市场的经验和感觉；最后从外部环境看，他们要面对从计划经济过渡到社会主义市场经济的各种伤痕，还有一个五千年历史形成的盘根错节的社会人文关系。这也是外资机构本土化速度慢的症结所在。

但是我们必须认识到，我们每接近他们一步，都是在为他们创造更适合他们发展的良好外部环境；我们接近的速度越快，他们发力的空间就越大，因为中国金融市场已经全面对外开放，毕竟要在国际化的标准平台上去竞争。更值得我们重视的是，外资已经开始启用大陆背景的高层经理人，将加速他们本土化的进程。看来，“温水煮青蛙”时代就要结束了。但我对中国保险业充满了信心。 **（记者 于江 柳瑛）**

金融时报

中国已进入资本和金融繁荣发展的黄金时代

■2007年5月1日

中国已进入资本和金融繁荣发展的黄金时代

金融是现代经济的核心，金融运行效率决定经济运行的效率。金融的作用就是让好的、高效率的企业更快、更容易地得到所需资金；让不好的、低效率的企业更方便地被兼并、收购、淘汰。没有健全、强大的金融和资本市场，中国经济发展就不会有持续动力。

中国资本和金融崛起时代的到来

中国的全面和平发展，应该包括经济层面和政治层面。经济层面包括三个方面：一是工业（制造业）的崛起，形成世界工厂地位；二是金融和资本的崛起，提升经济效率和竞争力；三是科技和品牌的崛起，国家竞争力全面实现。这三个崛起过程有时间顺序和逻辑关系，从而构成完整的经济层面的崛起。经济层面的崛起又构成了政治层面崛起的基础。

在资本原始积累的过程中，资本要素的短缺是通过引进外资来弥补的。经过30年的改革开放，今天的情况已经发生了巨大变化，我们今天已经拥有16万亿元的居民储蓄，1.2万亿美元的外汇储备。中国银行业和证券制度改革，特别是股权分置改革，使得金融领域的制度性和结构性问题得到了解决，更带来巨大的资本聚集效应，有两个标志充分表明中国已经开始了金融崛起的进程：一是我们从一个资本的短缺国开始成为资本的平衡国，甚至成为盈余国，从债务国变成债权国，中国完全可以通过自己的资本市场和金融体系来支撑本国的经济发展，这是金融崛起的最核心标志；二是全球第二的汽车消费量，这说明我国开始进入真正的消费时代，也就具备了中等发达国家的标志。资本和金融崛起时代就要到来。

可以预测，未来五至十年是我国经济发展的黄金期，是中国社会由新型工业国向中等发达国家迈进的转型期，是工业化、城市化和经济结构服务化不断发展的时期。在这一承前启后的重要战略机遇期，构建强大、高效的金融体系成为支撑中国经济持续、稳定、健康发展的根本和关键。

归纳起来，金融体系应包含五大部分。

一是市场。按金融市场的业务或金融产品的类型划分，具体可分为：货币市场、资本市场、外汇市场、保险市场、黄金市场和其他金融衍生工具市场等。金融市场聚集的地方就是金融中心。纽约、伦敦当仁不让被称为国际金融中心，香港也有望成为国际金融中心。

二是主体（机构）。在金融市场上，金融主体的多寡一般决定着金融工具的种类和数量，还决定着金融市场的规模、特征及其运行的机制。金融机构的改革创新和充满活力是金融体系发挥作用的前提。

三是中介。金融中介通过提供专业资讯、专业服务、独立评级和风险评估，连接金融市场的需求与供给，包括律师事务所、会计师事务所、评级机构等。

四是监管。中国的金融监管体系是一行（人民银行）三会（银监会、证监会、保监会）。

五是法律法规体系。它是整个金融业的基础设施，是“软”环境。

上面五大部分加起来就是完整的金融体系。

我认为，国家竞争能力由三个层面构成：企业竞争力、经济体系竞争力和社会竞争力。国家竞争能力核心体现在是否具有高效的社会运行体系。构建一个强大的国家竞争能力，从微观看，企业要有竞争能力，这是建立在以产权为核心的基础上，产权决定效率；从中观看，社会经济效率由金融制度决定，而金融制度就是加快企业的优胜劣汰，提高整体运行效率；从宏观看，主要是财政体系运行效率，如提高财政预算的透明度和建立纳税人对财政收支的监督机制，保证社会的公平和高效运转。

金融就是一种制度安排，核心是让好的企业不断发展，让不好的企业尽快淘汰。让好企业更好地发展，就是发挥金融输血、融通资金的功能，包括直接融资和间接融资。直接融资又分私募和公募。直接融资的实质是通过“卖”的方式来融资，卖什么？卖企业的股权。或者通过私募的方式卖，通过产业基金、风险基金等来实现；或者通过公开的股票交易市场来卖。还有一种是间接融资，是用抵押、信用担保的方式来获得企业发展的资金。这部分资金包含银行贷款，还有一部分就是发债。而企业的淘汰则是通过收购、兼并和破产的方式进行。

所以说，金融是经济的核心是经济发展的核心制度安排，是配制资源的有效工具。金融配制资源的方式和效率决定了整个经济体系的竞争能力，决定了一个国家的核心竞争能力。没有一个强大、健全、发达的金融市场，中国经济下一轮的发展就走不过去；不在金融层面解决问题，整个经济社会的效率问题就无法解决。

金融体系是个有机整体，一系列关系金融繁荣和发展的关键问题，如金融开放、金融创新、人才培训等，应该得到监管部门、学术研究、银行、保险、证券、基金等的共同关注。我们要把握机遇，改革创新，共同建立强大而高效的金融体系，以更加积极、主动的姿态迎接资本和金融时代的到来。

中国保险业将在金融崛起中扮演越来越重要的角色

2006年6月底，《国务院关于保险业改革发展的若干意见》正式发布。这在中国保险业发展史上里程碑性质的文件，在业内被称为“国十条”。《若干意见》最根本的突破有两点：

一是全面、系统、大胆地打开了保险公司资金运用的广阔渠道，特别是突破了过去的思想认识禁区；同时谨慎、有序地按照市场规律进行风险防范，按照保险公司安全性第一、流动性第二、盈利性第三这样一个资金运用的原则来开放发挥市场。战略的突破与操作的稳妥，使得《若干意见》不仅具有突破性，也具有科学性。二是系统阐述了保险的三大功能，即风险补偿的功能、资金融通的功能和社会管理的功能。而这三大功能也正是中国金融崛起过程中保险业所起的重要作用。

保险公司是中国经济发展所需长期资金的一个重要提供者，也是资本市场最核心的机构投资者。在资本市场里，保险公司就如同古玩市场上真正的“收藏家”，而非“炒家”。古玩市场没有收藏家价格是撑不住的，资本和金融市场一样，没有中长期的资金提供者也是撑不住。从这个意义上说，保险业既是资本与金融崛起的助推器，也是构建和谐社会的稳定器。

在《若干意见》正式出台的大背景下，我认为中国保险业在未来五年会出现三个趋势：

首先，将出现保费倍增的趋势。由于中产阶级新兴消费群体的崛起，他们的保险需求会大大增加。比如，过去的泰康平均一张保单的保额只有5万元，现在一个普通家庭，基本有20万元的保额，增长了三倍。

其次，保险细分市场的崛起迫使大部分保险公司走专业路线，出现专业化的保险公司。但同时也不排除资金雄厚、保费规模巨大的保险公司采取金融控股的发展模式，不过这种发展模式可能带来的风险，对监管机构和保险企业都提出了巨大挑战。

第三，保险资金会渗透到国民经济发展的方方面面，保险公司的实力也会随之壮大。虽然中国金融体系中，银行资产占到了90%。但我的看法是，由于保险公司的竞争优势突出，即使是在银行主导的金融控股体制下，保险公司依然会以独立法人的形式去经营保险业务。例如，保险公司的养老保险、医疗保险永远都不可能由银行或是券商作为主营，哪怕是兼营业务去经营。银行和保险公司的经营文化和管理风格可以说是风马牛不相及，瑞士信贷最终卖掉了瑞士丰泰（保险公司），花旗卖掉了“旅行者”（保险公司）。这些事实起码说明了一点，保险公司的独立价值内核是非常坚硬的。

中国金融业崛起的过程就是对外开放与世界融合的过程，而保险业是在中国金融业中最早对外开放的。五年前我曾经说过，在5~8年期间，本土企业和外资企业都在做相向的交叉，即本土企业国际化，跨国公司本土化。五年过去了，本土企业国际化的速度显然超过了跨国公司本土化的速度。

相对于中资保险公司来说，外资公司面临的困难似乎更大。首先从组织架构上看，他们是在用自己的神经末梢对付我们的大脑；其次从行业发展内在规律来看，他们虽然有在境外积累了几十年甚至上百年的全套成熟的经营策略和制度，但是不了解新兴市场，没有新兴市场的经验和灵活的策略；最后从外部环境看，他们要面对的是从计划经济过渡到社会主义市场经济的环境，还有中国五千年历史形成的盘根错节的社会人文关系。这也是外资机构本土化速度慢的症结所在。

但是我们必须认识到，我们每接近他们一步，都是在为他们创造更适合发展的良好外部环境；我们接近的速度越快，他们发力的空间就越大，因为中国金融市场已经全面对外开放，毕竟我们要在国际化的标准平台上去竞争。

中国金融崛起带给中国保险业的是巨大的发展机遇和挑战。资本、金融的崛起必然要求金融企业加快增长速度，提高经营效率。资本是刚性约束，效率是生命，资本的效率最重要由企业经营效率来决定。在中国金融崛起的大背景下，实现中国保险业的崛起，未来之路任重道远。

（陈东升）

第一财经日报

■2008年8月

北京奥运——中国走向世界的“成人礼”

北京奥运是中国走向世界的“成人礼”，标志着中国通过了全球化“大考”。

中国的这一“成人礼”完全展现在全世界的目光之下。在“鸟巢”，中国五千年文明史的宏伟画卷铺陈开来，2008个壮士“击缶而歌”，这庄严的“成人礼”借奥运这一契机在全世界各国、各个民族种族中被放大、被传播。这是一次非常成功的国家形象的行销。奥运的意义不在于赢得多少金牌，而在于我们有能力近乎完美地承办成了这一顶级体育盛事，展现了泱泱大国丰富的历史底蕴，展现了温和、儒雅、稳重的大国风范与气质，传递了“有朋自远方来不亦乐乎”、“和为贵”等传统中国理念，而这些理念又与普世价值如此合拍。

中国的“成人礼”经历了漫长的磨砺和等待。今年是改革开放30年，明年是共和国一甲子。回顾60年历程，我们可以清晰看到中国一步步走向成熟的“脚印”。共和国成立初期，我们没有放弃“大国”梦想，依靠“两弹一星”和比较完备的重工业体系，在冷战时期承担“大国”角色。从1978年改革开放至今30年，中国开始参与和融入全球化进程。其间，加入WTO和这次举办奥运成为两大标志性事件，一次是被动、一次是主动；一次是前因，一次是后果。应该说没有改革开放，没有融入世界大家庭，就没有北京奥运的承办和完美展现。

这次盛大的“成人礼”不仅让世界重新认识了中国，同时我们也向世界展示了一个最大的礼物，那就是30年改革开放，历经价格改革、产权改革等重大战役，从摸着石头过河，到有计划的商品经济，再到社会主义商品经济，到最后形成中国特色的社会主义市场经济，从人类文明的发展模式（道路）上，中华民族对世界文明作出了新的贡献，这标志着以儒道释文化为根基的东方文明开始与西方基督教文明交相辉映。

世界更加多元，更加包容，这成为世界大同的重要前提。

北京奥运是现代中国的一个历史节点，节点的过去是30年的改革开放。30年，就像一个完整的代际，给世纪中国带来更清晰的节奏感，折射出了中国经济实力翻天覆地的变化，并最终承担起办奥运这样的世界责任。

中国兴则公司兴，公司强则中国强。1992年是改革开放30年的一个重要时间点：建立现代企业制度的法典《股份有限公司规范意见》、《有限责任公司规范意见》出台，从此中国开始大批出现“公司”这个重要的社会组织。奥运会为中国企业提供了展示自己的平台，也是对改革开放30年积累起来的中国商业力量的整体检阅。

泰康人寿酝酿于1992年，成立于1996年，12年的发展，我们跟上了这个伟大时代的步伐，也成为改革开放、经济高速成长的一个印证。12年来，泰康人寿经历了创业积累、快速发展、盈利增长等发展阶段，在改革开放中实现了又好又快发展，目前泰康人寿年规模保费跃升400亿平台，资产总额超过1400亿元，业务范围覆盖了人寿保险、健康保险、企业年金、资产管理等多个领域，已稳居中国寿险市场前四名。

北京奥运会在某种程度上可以被看做世界对中国的繁荣和相应的国际地位的承认。这个节点又会带来对下一个中国30年的期盼。我赞同“奥运不是中国经济发展的分水岭”这一判断，因为中国改革开放的步伐不会放慢，庞大的中国市场、较低的人力成本和制造业优势、不断创新和完善的金融体制等等，都决定了中国经济将长期向好，而且我们融入世界的心态和行动更加成熟、理性。“北京欢迎你！”，相信世界也更愿意欢迎一个温和而有担当的大国。

（陈东升）

金融时报

■2008年11月25日

改革开放唤醒“中国梦”

论中国特色社会主义三个核心体系的构建与完善

■ **点评：**

陈东升经历过红色激情的革命年代，经历过80年代令人激动的改革洗礼，经历过邓小平南巡后思想转型的阵痛。

正是经过这样特殊的历史、文化、经济、社会的洗礼，使陈东升真真切切地感受到：30年改革开放唤醒了一代人的“中国梦”——强国之梦、小康之梦。

改革开放唤醒“中国梦”

论中国特色社会主义三个核心体系的构建与完善

从1840年鸦片战争开始，中华民族历经百余年，前仆后继、不断革新，走上伟大的复兴之路。梳理中国百余年的现代化发展进程，我们更加体会到，中国特色社会主义的伟大道路，来自于中华民族百余年的不懈探索，来自于近60年中国社会主义实践的经验与教训，更来自于改革开放30年我们对社会主义市场经济本质属性的深入思考。中国特色社会主义理论是关系中国全面和平发展，关系中华民族未来的重大历史性贡献。

改革开放30年是中华民族振兴发展的关键时段。它以“转型”和“开放”为核心特征，以创造经济奇迹而令世界瞩目。

30年的伟大成就不仅仅体现在国家财富和实力的大幅提升，更在于找到了一条适合中国国情的道路——中国特色社会主义道路。在西方自由资本主义制度之外，为人类文明进步提供了新的可资借鉴的范本。

中国特色社会主义道路包含了三个核心体系：社会主义市场经济、科学发展观、全面建设小康社会。其中社会主义市场经济是中国特色社会主义的体制基础；科学发展观是中国特色社会主义的基本要求和发展路径；全面建设小康社会是到2020年的奋斗目标，也是建设中国特色社会主义让中国民众获得的根本利益之所在。

社会主义市场经济体系奠定了中国特色社会主义体制基础

社会主义市场经济从改革开放初期摸着石头过河，到有计划的商品经济，再到社会主义商品经济，到最后形成中国特色的社会主义市场经济。

社会主义市场经济是我国基本的社会经济制度，核心是以市场配置资源，而非以计划配置资源，充分利用市场供求、价格发现的效率机制来配置资源。

社会主义市场经济体系的建立，经历了四个重大的决定性改革战役。

一是农村改革。从传统农业社会向工业社会转型始终是我国发展的基本问题。中国的发展，最根本是解决农村、农业、农民“三农”问题。十一届三中全会之后，我国最先启动了农村改革，这一改革经历了土地制度变革、税费改革和农村综合改革三个阶段，有效缓解了“三农”问题，基本解决了人口众多的中国人吃饭穿衣问题。稳步推进农村改革是我国在工业化、城镇化的巨大历史变迁中保持社会稳定的重要基础。

二是价格改革。计划经济向市场经济转变过程中出现了价格扭曲现象，价格扭曲反映的是体制扭曲，价格改革成为体制转型最艰巨的战役之一。1988年正值改革开放十年左右，通过“价格闯关”，价格双轨制彻底终结，从此企业可以在同样的价格环境下进行竞争。价格闯关虽然成本巨大，带来严重的通货膨胀，但现在看来，没有价格改革，就没有体制转型，市场配置资源就是一句空话，所以价格改革是市场化进程中最伟大的改革。

三是所有制与产权改革。产权清晰是商品交易的前提，是现代社会的根本基础。上个世纪80年代中期工业企业开始实行承包经营责任制。上个世纪90年代国有企业开始股份制改造，完善公司治理结构。2007年《物权法》历经波折终于颁布实施。这一系列探索和变革，通过对产权所有者权利和义务的清晰界定，为产权所有者充分利用资源，实现资源的有效配置提供良好的市场环境和法律环境。

四是金融体制改革。金融产业作为国民经济核心，发挥越来越大的命脉作用。金融就是制度安排，金融运行效率决定了整个社会的运行效率。相对于其他经济领域改革，中国金融改革面临复杂多变的国内国际环境，牵一发动全身，呈现出复杂性、艰巨性和长期性特点。但是应该看到，经过30年改革开放，我国从资本短缺国开始成为资本平衡国，甚至成为盈余国，从债务国变成债权国，中国可以通过构建高效完善的金融体系来支撑经济发展。特别需要指出的是，在当前全球金融海啸中，中国成为稳定全球局势、增强未来信心的重要力量之一。

概括起来，在改革开放30年的历史进程中，四大改革的顺利完成和不断推进，带来两项重大变革：在宏观层面上，以价格改革为核心，实现了生产要素商品化、资源配置市场化，奠定了社会主义市场经济基本框架；在微观层面上，以所有制和产权改革为核心，激活了社会主义市场经济的“细胞”，实现了市场主体经营自主化、产权清晰化，奠定了现代企业制度雏形。宏观层面的体制转型和微观层面的现代企业制度建设和完善，共同促进了整个社会运行效率提高。

社会主义市场经济另一个重要突破是，承认混合所有制是社会主义市场经济的基本经济制度，是公有制主要实现形式。目前投资主体日益呈现多元化，股份制成为公有制的主要实现形式，正在发挥改善国有企业产权结构、推动生产资源优化配置、最大限度解放和发展生产力的巨大作用。

科学发展观是全新的“世界观”和“方法论”

科学发展观是立足于社会主义初级阶段基本国情，立足于国际国内新的发展形势，立足于解决发展中的种种难点问题而提出来的重大战略思想，是实现国民经济又好又快发展的根本路径。科学发展观的内涵与实质，符合人类文明向前发展的进步要求。

建国60年社会主义建设进程经历了两个重要时期，如果按照递进实现的目标，又内含三个发展阶段。

第一个时期：从1949年建国到1978年改革开放前30年，为社会主义计划经济时期，基本实现了从农业国向初步工业化国家的历史性过渡。

这一时期以人定胜天，独立自主，自力更生为发展观。这一发展观是面对国内百废待兴、国外封锁围困的环境，自然、坚定的回应。毛泽东等老一代领导人坚定不移地选择了高速发展战略。中国在没有任何外债的情况下完成了从农业国向初步工业化国家的历史性过渡，引进完成了156个大型工业项目的建设，制造出两弹一星，奠定了新中国的国民经济基础。特别是以1972年尼克松访华为标志，中国政治上的“开放”，为后来的经济开放做好了铺垫，并且在中苏两极较量中，中国获得了不可轻视的平衡国际局势的大国地位。

第二个时期：1978年改革开放至今30年，是计划经济向市场经济转型时期，实现了从初步工业国向新兴工业国的转变，并开始向中等发达国家迈进。

邓小平提出中国的发展必须从“社会主义初级阶段”的国情出发，确立了“发展是硬道理”，“一切有利于生产力发展的东西，都是符合人民根本利益的，因而是社会主义所要求的，或者是社会主义所允许的”这一求真务实的发展观。积极鼓励“大胆地试，大胆地闯”：农村联产承包责任制、经济特区的创办、证券交易所的创办等；同时坚持效率优先兼顾公平，坚持按劳分配为主，多种分配方式为辅，尊重和保护一切合法的劳动收入，支持并保护各种要素参与分配等。肇始于30年前的改革开放大潮，以发展生产力为根本出发点，带来了全社会对市场经济价值观念的认同，使社会主义制度获得了自我完善的能力和机制，社会主义的生机与活力得到极大焕发。

迈入新的世纪，中华民族又站在新的历史起点上。许多新情况、新问题、新矛盾、新挑战出现，以科学精神和人文精神为内核的新的发展观——科学发展观应运而生。

从人类文明的发展进程来看，从马克思、恩格斯，到无数社会革命家和社会实践家都在孜孜不倦地追索人类文明发展的动力与机制。但限于时代的局限性，他们更多地着眼于人类自身的存续发展，更多地着眼于不断改善生产关系提高生产力上。当今天我们面对全球共同的环境问题、能源问题、贫富差距问题时，人与自然的和谐、经济与社会的和谐、公平与效率的和谐，几乎成为全人类的共识和努力方向。在新的历史发展时期，提出科学发展观，无疑表明作为正在崛起的大国，中国将在人类文明的进程中充当有远见、积极、负责任的角色。

科学发展观是发展中国特色社会主义必须坚持和贯彻的重大战略思想。科学发展观的第一要义是发展。我国仍处于并将长期处于社会主义初级阶段，人民日益增长的物质文化需要同落后的社会生产之间的矛盾仍然存在，决定了中国必须首先要实现经济又好又快发展。

科学发展观的重要实现手段是协调发展、统筹兼顾。统筹城乡发展、统筹区域发展、统筹经济社会发展、统筹人与自然和谐发展、统筹国内发展和对外开放的要求，这五大统筹直接触及了走向现代化的中国所要急迫解决的主要矛盾，其实质就是厘清“公平与效率”这一不能回避的基本博弈关系。坚持以公平、正义为先决条件的效率，坚持以结构优化、资源节约、环境友好为先决条件的发展，这样才能持久惠及更广泛民众的幸福生活，才能持久惠及人类文明的不断进步。

再用12年全面实现高水平“小康社会”

中国最古老的社会理想是大同与小康。大同着眼点是天下为公的理想社会。小康则是温饱有余、幸福安康的理想幸福生活。小康理想反映了普通百姓对殷实、宽裕生活的追求，盛行几千年而不衰。

改革开放唤醒了中国人民的小康梦想，建设小康社会成为中国人梦寐以求的“中国梦”。2002年，党的“十六大”明确提出“全面建设小康社会”的宏伟目标，中国在向小康社会迈进的道路上加快步伐。2002年后，国内生产总值（GDP）连续五年保持10%以上的增长速度。2007年经济总量达到3.28万亿美元，跃居世界第四，仅次于美国、日本、德国，相当于美国的23.7%，日本的74.9%，德国的99.5%；进出口贸易总额2.17万亿美元，跃升至世界第三位。2007年人均GDP已经超过2500美元，按这样的速度推算，2020年人均GDP将会逼进10000美元。这样，我国继20世纪末人民生活总体由温饱到小康的历史性跨越后，将再一次实现由低水平的小康向较全面、均衡发展的高水平小康的历史性跨越。

伴随高水平小康社会的到来，人均GDP的增长，必然也会带来社会结构、经济结构、人们精神面貌的巨大变化。专家学者认为，由低收入国家向中下收入国家过渡是一个非常重要的发展里程碑，80%左右的结构性变化都发生在这一时期。根据国际发展经验，当人均GDP达到3000美元时，产业结构中第三产业比重应达到50%以上；就业结构中，非农从业人员比重达到80%左右；城乡社会结构中，城市人口比重应达到60%左右。

综上所述，向高水平小康社会迈进的过程中，必然呈现工业化、城市化、经济结构服务化的发展趋势，从而社会结构由金字塔型向橄榄型转变，工薪白领人群成为主流中间人群，这一人群正在成为保持社会稳定的重要力量，有望带动消费结构升级。

我国需求结构中，一直以来投资率偏高，消费率偏低，经济增长对投资、出口的依赖度较大，2006年居民消费率降到36%，成为历史新低。要增强消费对经济增长的拉动作用，需关注占人口70%左右的农村人口。

第一，要进一步加快城市化进程，让更多农民进城务工，培育人数众多、消费能力较强的工薪人群，并通过建设和完善社会保障体系，帮助人们规避风险，解决即期消费的后顾之忧，提高和稳定居民消费预期；第二，要加快推进社会主义新农村建设，启动农村消费市场。特别要大力推动农村市场保险发展，使广大农民增强抵御风险能力、转变生活和消费观念，进而拉动农村市场的消费增长。总之，让更多农民进入城市，让更多农民过上城里人的生活，将大大促进工业化、城市化、消费结构服务化进程，使中国经济进入以内需为本、健康持续稳定发展的良性轨道。

中华民族正站在新的历史起点，面临全方位参与经济全球化的挑战与机遇。只有坚持中国特色社会主义道路，完善社会主义市场经济体制，贯彻落实科学发展观，走科学发展道路，才能实现全面建设小康社会的宏伟目标。

（陈东升）

■2008年11月

对话嘉宾：

泰康人寿董事长　　陈东升

清华大学历史学教授　秦晖

主持：记者 李岷

对话“30年”：从政府主导到多方博弈

成就瞩目，任重道远。这八个字也许最能概括中国改革开放处在“30年”这个历史时点上的状态。而身处不同位置的个体对于30年的内涵又有不同的理解。

一个是在改革开放大潮中弄潮的企业家，一个是保持独立观察、独立判断的大学教授。《中国企业家》邀请陈东升和秦晖就如何理性地思考30年来的成就得失与未来中国走向选择进行对话。

“政府主导经济”可否持续？

相对于民间力量的薄弱，政府意志与权力的强大既是前30年经济高速增长的重要原因，也构成下一阶段改革的挑战。

陈东升：改革开放30年，我认为中国经济社会的变化有五个明显的特征：第一，转型国家（从计划经济向市场经济转型、从封闭国家向开放国家转型）；第二，政府主导经济；第三，经济开放稍微过度；第四，新兴经济体，现在正在向中等发展国家过渡；第五，在市场化、现代化过程中，中国一直有个成熟的老师：那就是和我们的国土、市场特点都相似的美国，我们的很多模式设计、监管体系都是以美国为榜样和参照的。而上述第二点——“政府主导经济”，我觉得是前30年改革开放成就最大的来源。

我认为今天世界的版图、今天世界的逻辑是从1972年尼克松访华那一刻开始的。中国的开放从那时就开始了，这种政治上的开放实际上为后来的经济开放做好了铺垫。

秦晖：毛泽东时代的开放的确是中国开放的前奏，但是那个“开放”我觉得还不能叫政治开放，只能说是中国和西方国家之间的关系开始解冻，不过这对邓小平后来推行的一套东西是很有利的。

中国30年来取得这么大的经济成就，我认为主要是两个原因：一个是市场经济本身或者全球化的效率；另外一个就是所谓的“低人权”优势。这里的“低人权”不只是“低工资”，实际上是所有市场参与者讨价还价的能力都比较差，利益博弈能力较低，工会、商会、农会等不够真正独立，很多东西都是由政府说了算。在这方面，印度和中国的对比是很明显的，但中国这种体制特别有利于加速资本原始积累。

陈东升：“低人权”这个词意识形态色彩较重，建议换一个词。不管怎样讲，这30年政府扮演的角色对中国经济起飞做了巨大的贡献。我对政府角色的评价基于两个出发点：一个是非意识形态评价，一个是务实评价。

政府主导经济的核心就是建立了“两头在外”的中国经济模型。原材料和配件在外，市场在外，中国国内起什么作用呢？就是运用低土地价格、低税收优势、低劳动力价格，还有环境与资源的大量消耗这四大优势来组装。所以有人说中国经济是从搬运经济起家，再发展到装配经济、制造经济。这个过程是以政府为主导，以经济特区为龙头，以招商引资为核心。这已成为中国这么多年来的一个社会现象，也是中国经济高增长的主线。

秦晖：我说“低人权”其实并不含褒贬，在这里讲的只是一个事实判断。纵向比较，中国人不管是福利还是自由这30年来都在增长。由于政府权力的无边界，我们在所有的生产要素上都有无与伦比的竞争力。

陈东升：我理解你的观点。我早有比喻，说省委书记就是省里的董事长，省长是省里的总经理。什么叫董事长、总经理？他们就是对创造价值的三个要素：劳动、资本、人或者说技术在一个地区进行配置。事实上，在现代化起飞阶段，整个中国都像一个企业一样，考核政绩的核心是GDP。由于这样一个考核指标，使每一个省、每一个县的领导都变成了董事长和总经理。拉动本地区的经济增长有两种方法，一种就是政府完全走市场经济道路，创造一个好的环境让企业自己成长，比如浙江是这种模式。还有另外一种办法，作为董事长，我来搞几个开发区，去香港、欧洲、美国开大型的招商引资会。怎么个招商引资法？最核心就是优惠的土地政策，这个他可以说了算。实际在政府和外商讨价还价的过程中，政府的议价能力是弱的。因为各个地方之间在竞争，他怕别人用更优惠的条件把自己的项目拿走了，于是给更多的优惠。

在经济起飞阶段，这种发展模式是非常有效的。反过来讲，一个所谓民主，但经济落后的国家要进行现代化是很难的，成本太高了。因为民主在西方的进程是和现代化进程互相促动、自然发育的，如果在经济落后国家过早发育这样的民主，事实证明是不成功的，像东欧、俄罗斯。

中国走的是自主、自为的渐进式改革路线。中国这30年政局稳定也是取得成功一个很大的因素。政局不稳定，商人马上会跑掉，商人是最怕政局不稳定的。强大的中央集权不是坏事。在中国历史上，秦始皇、汉武帝、唐太宗当政的盛世都是因为中央集权。

秦晖：有一点我和你有点不同意见，我觉得中国和东欧的区别可能不是说渐进和激进的区别。任何一种转轨都是利益格局的重新配置，而利益格局的重新配置在强权之下要比在民主条件下容易。不要片面理解东欧的“休克疗法”，好像一下子就改变一个东西，他们其实干一件事情很难很难，一个企业的私有化谈判往往要谈十几年。有人讲国企改制的“冰棍效应”，在东欧转轨的过程中比比皆是，很多企业就是迟迟转不了，最后拖到破产处理了。老实说，在中国处理这些问题比较容易。所以从这个意义来理解，东欧改革并不见得像你想的那么激进，中国改革也不见得像你说的那么渐进。

不过，我们以往的优越性现在起了变化，比如厦门的PX项目事件就反映了这样的问题。长远地来看，我们既往的优势能不能继续下去是个问题。

陈东升：确实。我们的渐进改革现在最成功的还是体现在经济领域里，政治领域里的改革很多想搞但没搞。政府主导经济的模式还走不走得动？下一步怎么走？现在遇到很大的挑战。

政府主导经济的代价是什么呢？首先，毕竟政府不是企业，所以有很多浪费现象，比如各地政府的面子工程，还有环境的破坏、资源的过度开发等等。最重要的是，这种模式导致没有政府背景、完全市场化的本土企业发育不够。现在中国经济很繁荣，但是中国有世界级竞争力的企业和品牌吗？没有。韩国有三星，中国的海尔和联想现在都还没到这一步，到海外主流市场上就缺乏竞争力。

政府主导经济在前30年取得很大成就，后30年怎么办？后30年就是政府要把经济交给市场，交给企业。那政府干什么呢？温家宝总理很准确提出来了，要走小政府、大社会的道路，政府要集中于经济调节、市场监管、公共服务、社会管理的功能。

要正视和允许各种博弈

30年前开始的改革，大家有共同的价值观和是非标准。现在的改革越来越像是没有共同价值观认可的改革。允许博弈，但社会要达成对底线的共识。

陈东升：改革过程中有不同的阶层、不同的利益集团。有的以政治、经济、社会逻辑来划分，有的以区域来划分，有的以所有制成分来划分，还有中央和地方之分。每种利益集团都在进行博弈。

30年前开始的改革，大家有共同的价值观、共同的目标和是非标准，就是为了结束“文革”、摆脱贫穷。而现在的改革越来越是不同利益博弈的平衡结果，也就是说现在的改革越来越像一种没有大家共同认可的价值观的改革。因为社会已经很繁荣了，各类团体拥有的利益越来越大。这就是为什么今天的改革远远比过去复杂，因为它受利益的影响更大。

以“开放”带来的博弈为例。最早进入中国市场的外资是港澳台等做贸易、加工的小资本，然后是国际的机构资本，再是跨国公司资本，这三个阶段支撑中国慢慢从一个农业国家向工业转型。如果中国没有开放经济，不会有今天这么大的成就，但我认为中国经济在开放的过程中，稍微有些过度，我们比其他新兴经济体开放得要快、要深。加入WTO之后，我们不需要再对西方有WTO之外的承诺了，所以现在实际上是在纠正，但是往往又会在纠正里夹带一些意识形态，什么都往经济安全上靠。我不反对提“经济安全”，但是“经济安全”往往会成为一个借口，阻碍中国市场化进程或者中国的改革。这里面有一个度的问题。

秦晖：经济安全并不妨碍政府搞国内开放。但我们现在国内开放比对外开放度要差，很多外资享有超国民待遇，这是最大的问题。

陈东升：那是因为“普天之下，莫非王土”这种意识在中国根深蒂固几千年了；还有一个因素，现代社会的私有产权法治化在中国还没有发育到位。

秦晖：法治化确实是中国社会面临的一大挑战。在过去的改革尤其是国企改制过程中，我们看似节省了很多博弈的时间与成本——但我要强调的是，这不是节省了交易成本，而是节省了建立交易权利的成本。应该承认，节省了建立交易权利的成本是产生中国经济奇迹的一个重要原因。所谓交易成本是说我们都有了交易权利，然后用一种机制来减少我们之间交易的成本，而所谓建立交易权利的成本，就是说一开始我就不一定准你交易，用这样的办法来把交易给减少了。这是两种不同的概念。建立了这样一种体制以后，它造成一个问题是什么呢？就是很多东西你不靠政府的强制就越来越摆不平。

我不同意郎咸平的很多观点。但你看2004年，郎咸平掀起国企改制争论的时候，民意一面倒的程度何等惊人。那时候三大门户网站做过网上的民意调查，94.6%的人支持郎咸平。这意味着什么？意味着我们这种节省博弈、节省建立交易权利的成本造成了极大的恶果。其一就是各种矛盾、利益关系不通过强权没法摆平，另一个就是产权的合法性无从建立。我这里讲的“产权合法性”不是说出台一个私有产权法就能解决的。

陈东升：说到国企改制引起的民间争议，就得回到我说的中国当代社会第一个特征：转型国家。转型国家自然有很多模糊地方。转型国家市场经济发育不够充分的时候，企业家要获得市场的自由权利，就要进行一种交易。这样的交易从法律的角度可能就叫做行贿受贿，从经济学的概念就叫赎买，从政治学的概念又叫社会的进步。这就是所谓转型国家的价值观错位。从法学来看，搞这种交易的当然应该反对、应该抓起来，但企业家可能会说我不这样做，我的企业怎么发展？我是个赎买行为，是一种交易行为，是中性的，而且从历史的角度看，可能还是个进步行为。

秦晖：所以说需要在博弈当中达成对底线的共识。

陈东升：现在政府提和谐社会建设，实际上是解决中国在取得巨大经济成就后怎么转成一个现代国家的问题。不管东方西方，不管社会主义、资本主义，我认为现代市场经济一定需要有两个基石：一个就是产权，讲产权不一定是私有化，这个所有人可能是国家，可能是集体，可能是个人，但总之产权明晰，要保护产权所有者的权利。第二个基石就是在法律面前人人平等。只有建立法治社会后，才有民主社会，民主社会以后才有所谓的文明社会。这两个基石加起来才是“文明”，缺一个都不叫文明。这两个基石建立以后，中国是否一定要美国式民主？或者是日本式民主？不见得。

新兴经济体法治不健全，市场处在发育过程中，投机取巧、欺诈这些事肯定会是普遍现象。跟西方发达国家相比，我一直认为中国市场经济的原始积累是世界上最文明、最有秩序、最温和的，没有经过血与火的阶段。中国一经开放，市场经济的逻辑会逼着你走向现代社会，你逃不过去的。

秦晖：我们恐怕要解决这个问题——在未来的发展中，如何允许进行我们过去不允许的那些博弈，你永远不允许，这个债你就永远背着。

陈东升：现在国企问题基本解决了。地区以下国企全部没了，现在就是大城市、省或者中央级别的国企。

秦晖：而且主要是垄断性质的国企。

陈东升：垄断性质的国企也开始进入资本市场，它也在改变。政府很聪明，并没有让哪家国有公司真正形成垄断，电信、金融里竞争还是很激烈的。我相信30年、50年后这些国企会崛起，就像美国的GE一样，走向持股分散的公众公司。

吴敬琏撰文认为，现在中国面临着制度的选择，要谨防走向“权贵资本主义”。但“权贵”是私人财团和政府的结合体，而我们政府现在还控制大量的大型国有企业，所以我觉得用“国家资本主义”或者“国家市场主义”来形容中国经济的未来形态更准确一些。

大企业、超级巨无霸，肯定是将来国民经济的骨干，从头开始培养太难了。不要小看国有企业，它有50年了。大国企通过上市逐步变成公众公司，就跟美国公司通过自由成长、自由竞争、收购兼并直到今天出现一批公众化大公司一样，殊途同归。

秦晖：我问你一个问题，美国的崛起给世界带来了很多新的东西，而且是好的东西。照你刚才讲的这些，中国的崛起会给世界带来什么模式与经验呢？就是你刚才讲的强大中央集权领导下的国家大公司？这个制度在给世界现成的制度带来极大的压力。

陈东升：我知道你的意思。你承认中国经济发展取得巨大成就，但是你质疑中国能不能建立一个终极的制度被大家认可，这里面就话题深了。你是在寻找一个终极的真理。但我只是想说明一个民族选择的发展模式。

中国已经是个崛起的大国，但还没有成为一个成熟的世界强国。到今天为止，我觉得政府和企业都在学习市场经济。用我的例子来说，我创办嘉德拍卖时，准备了五年，因为在这个行业文物专营，我的成功理念就是不断跟政府协商，通过一些制度的设立来打消他们的疑虑。在学习市场经济中，我觉得企业和政府可以互相批评，还要互相促进。当然这是个美好的愿望。我一直鼓励企业和政府配合。往往企业市场化的程度走在前面，国际化的程度走在后面，企业的行为会影响政府的监管，影响政府的决策。

我为什么乐观呢？随着中国工业化、城市化步伐的加速，中国一定会形成一个以中产阶级为主体的消费群体。中产阶级一个是素质高，文明程度和理性程度高，二是稳定性强。其次，要看“80后”。上世纪50、60、70年代出生的中国人，正好处在社会转型过程中，看到了很多不好的现象，价值观是摇摆的，而“80后”是一个理性的阶层。我们的下一代很多都到西方学习，再回来，开放让他们更理性，意识形态那些东西在他们身上几乎没有了。

所以我不杞人忧天。中国已经走上现代国家的这条道路了，只要我们在市场经济这条逻辑上，现代化只是早和晚的问题，是弯过去了、再弯回来的问题，这是条不归路。

（记者 李岷）

第一财经日报

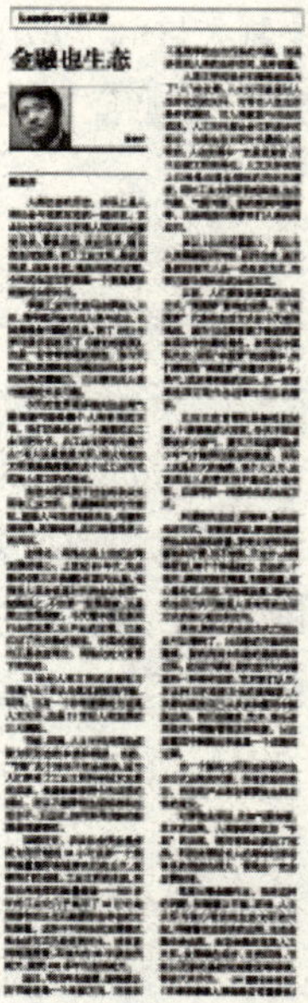
金融也生态

■2009年12月14日

■ 点评：

作为“92派”的陈东升，无论是理论思考还是治企之道，都充满着浓厚的理想主义色彩。他坚信，人类社会已处在生态文明的时代，节能、环保、人文关怀将是21世纪人类发展的三大潮流。随着生态文明的兴起，生态经济会出现，生态金融也必定会出现。

金融也生态

人类社会的历史，实际上是人类社会与自然互动的历史。农业社会和农业文明是人类被动地接受自然、畏惧自然、适应自然，随自然生而发展。到了工业文明，是征服自然、战胜自然、挑战自然的过程。今天的生态文明则是一个更高层次的新的文明时代。

早期工业时代的马尔萨斯人口论，很早就开始关注人类与农业，也就是粮食问题的关系。今天的世界更多地关注全球气候变暖可能给整个人类带来的灾难。我们已经处在一个高度的后工业文明时代，后工业文明时代是什么？有人说是信息文明，我认为生态文明更能高度概括这个后工业时代的新人类文明的特点。

生态文明区别于农业文明和工业文明，其最鲜明的时代特征就是人与自然和睦共处，共建和谐世界、和谐地球，这已经是很多人的共识。

全球化、网络化是上世纪全球发展的核心。上世纪80年代，托夫勒的《第三次浪潮》在国内出版，他预言人类在信息时代将会站在同一起跑线上，不论第一世界国家，还是第三世界国家。今天看中国互联网行业的发展、3G产业的发展，已经印证了托夫勒的预言，中国的崛起也正是在全球化、网络化的大背景下实现的。

21世纪人类文明的进程和方向是什么？我认为不仅是节能、环保，还有一个非常重要的方面是人文关怀，这是21世纪人类发展的三大潮流。

节能、环保、人文关怀共同构成新文明形态的本质和特质。当然，“节能”这个词还不完全准确，因为人们享受了工业文明科学技术发展的成就，希望能够保持今天这样的福祉，所以不能降低生活标准和生活水平。正因此，如何来寻找新的能源是很重要的。

回顾历史，农业社会是按照太阳升起的24小时这样一个简单能量循环来延续我们的后代、延续我们的地球。工业文明的本质则是动用地球的能量储备——300多年的工业化几乎耗尽了46亿年地球储存的以化石能源形态存在的太阳能量，这种不可再生的发展模式和生活方式已经走到尽头。按目前消耗速度看，石油大约60年后就会消耗光，煤炭在400多年以后也会消耗光。因此，寻找再生能源、新能源以及节能将是一个终极方向。环保不是简单的应对污染的问题，而是涉及人类的生存空间、生存质量。

人类文明的进步归根结底是为了“人”的发展，人文关怀就是对人生存状况的关怀、对符合人性生存条件的提供、对人类解放与自由的追求。人文关怀是社会文明进步的标志，也是生态文明时代最核心的特质。人在发展中一定是受益者，而不应被文明所异化。人文关怀实际上已经是当前全球性的共识和潮流。同时工业文明带来的困境，生态问题、气候问题、新的疾病问题等等，这些挑战也需要我们人类共同应对。

在以上认识的基础上，我认为人类需要回归传统、回归自然，甚至是回归到天人合一的生活方式，我把它称为简约化的生活方式。

以前人们推崇美国的生活方式，“美国梦”影响全世界。但其代表的生活方式在今天受到了挑战，因为它过度强调了物质财富在成功中扮演的角色。在完成中国现代化、实现“中国梦”的进程中，我们要汲取“美国梦”所蕴含的奋斗、勇气、追求等积极的成分，一定要避免西方现代化过程中所犯的错误，寻找一种简约化的生活方式。

所谓简约生活，在物质层面，要适度保持生活品质，享受文明带来的富裕和方便，但不夸张、不过分；在精神层面，每个个体是独立、自由的，个体间、群体间相互尊重，和谐共赢。核心是朴实、自然、可持续发展。其实，简约化的生活方式已经处处可见了，比如节能环保建筑。在设计领域，简约成为时尚潮流和美学态度。艺术家们认为，在各种文明或文化高峰期，人类都试图使自己从多余和繁琐中解脱出来。我们在建筑、艺术、音乐甚至技术中都能看到这种现象。

当一个新的文明形态和新的生活方式出现的时候，所有的经济形态、所有的产业形态都要发生根本性的变化。对保险业来说，比如气候变暖、巨灾的出现，人类新疾病（如“非典”）的出现，都对保险业提出了挑战，科技发展延长人的寿命对养老体系的挑战也很大，保险业一定会应需而变。

从事金融行业的我有这样的判断，伴随着以节能、环保、人文关怀为核心特质的生态文明的兴起，伴随着生态经济的出现，生态金融也会出现。生态金融在体现人文关怀，发展绿色经济，支持环保、节能以及新的基础设施建设等领域，都会大有作为。

（陈东升）

中国保险报

■ CIN 专访

陈东升畅谈保险业发展三大趋势

□本报记者 李雪艳

农村保险将成为本世纪国内保险行业发展的亮点和利润点；银行保险几年内将成为保险行业最大的保费收入、客户及利润来源；以多元行销、养老社区为典型案例的中国保险行业创新将走在世界前列——泰康人寿保险股份有限公司董事长陈东升日前向记者畅谈了他对保险业未来发展的思考。

陈东升认为，农村保险的商机和中国的城市化进程密不可分。未来10年，城乡一体化的趋势将愈演愈烈，从而形成了农村保险的巨大需求。近年来保险行业的竞争主要集中在城市，农村保险这片“蓝海”尚未得到足够重视。“农村保险将成为本世纪国内保险行业发展的亮点和利润点，保险公司需要把目光更多地投向农村。”陈东升表示。

谈到银行保险，通常的观点是银保业务对保险公司来说只是规模效益，在与银行的合作中，保险公司处于被动地位，缺少甚至没有话语权。陈东升认为，这些观点可以说是对银保业务的一种偏见，其准确性经不起事实的检验。“如果对这几年银保业务的情况进行仔细地考察和分析，不难发现它对保险公司的重要价值。可以说，银保业务绝不是保险公司仅为抢夺市场份额而设立的面子工程，而是保险业一道亮丽的风景线。未来几年内，银保业务将成为保险行业最大的保费收入、客户及利润来源。”

此外，陈东升对保险行业创新非常看好，并预言未来5至10年中国保险行业创新将走在世界前列。陈东升解释说，他观察到的保险行业创新案例之一是多元行销时代的来临，特别是电话和网络销售渠道的快速发展。“以泰康为例，今年公司计划1.5亿元的网上销售保费，结果还不到半年就销售了3.37亿元，其中最大的一单是一款投连险产品，保费达到1000万元。”

陈东升表示，另一个创新案例就是养老社区的出现。伴随着中国经济的崛起及保险行业的快速发展，中国保险市场不断产生新的需求，促使保险业必须不断创新。“养老社区的创新理念来自寿险对生命的尊重和‘从摇篮到天堂’的服务周期，我们构思养老社区已经4年，把生、老、病、死的寿险经营周期贯穿在一起，将会对泰康内部的经营机制产生影响。中国已经步入老龄化社会，养老社区将是中产家庭的全新养老方式。关于养老产业，我们的想法还有很多，希望能够借鉴如家酒店的经营模式，将来尝试养老院和敬老院的托管经营。”

陈东升是在5月28日出席“北京大学泰康奖学金颁发仪式”后接受本报记者采访的。据悉，为回馈社会、培养高素质的保险专业人才，2006年在公司成立十周年之际，泰康人寿设立了奖助学金计划，向北京大学、人民大学、武汉大学、南开大学、复旦大学、对外经贸大学、中央财经大学、西南财经大学等8所高校的保险院系捐助400万元，每所学校50万元，分5年拨付。为了让经济困难的学生顺利完成学业，泰康人寿还在该奖助学金计划中特意设立了助学金。

“泰康人寿奖助学金”计划实施5年来，8所高校共有1000多名学子获得了该计划的奖励和资助。在5月28日北京大学举行的颁奖仪式上，本校8名本科生、3名研究生和2名博士生领到了本年度的奖学金。

■2010年5月31日

■ 点评：

此报道源于陈东升在北京大学“诗意栖居 优雅生活——老龄社会与保险”讲坛上的主题演讲。陈东升首次在公众场合系统阐释了中国保险业的创新将走在世界的前列。

该演讲内容在《中国保险报》头版进行了刊登，在保险业内产生了重大影响。

陈东升
畅谈保险业发展三大趋势

农村保险将成为本世纪国内保险行业发展的亮点和利润点；银行保险几年内将成为保险行业最大的保费收入、客户及利润来源；以多元行销、养老社区为典型案例的中国保险行业创新将走在世界前列——泰康人寿保险股份有限公司董事长陈东升日前向记者畅谈了他对保险业未来发展的思考。

陈东升认为，农村保险的商机和中国的城市化进程密不可分。未来10年，城乡一体化的趋势将愈演愈烈，从而形成了农村保险的巨大需求。近年来保险行业的竞争主要集中在城市，农村保险这片“蓝海”尚未得到足够重视。“农村保险将成为本世纪国内保险行业发展的亮点和利润点，保险公司需要把目光更多地投向农村。”陈东升表示。

谈到银行保险，通常的观点是银保业务对保险公司来说只是规模效益，在与银行的合作中，保险公司处于被动地位，缺少甚至没有话语权。陈东升认为，这些观点可以说是对银保业务的一种偏见，其准确性经不起事实的检验。“如果对这几年银保业务的情况进行仔细的考察和分析，不难发现它对保险公司的重要价值。可以说，银保业务绝不是保险公司仅为抢夺市场份额而设立的面子工程，而是保险业一道亮丽的风景线。未来几年内，银保业务将成为保险行业最大的保费收入、客户及利润来源。”

此外，陈东升对保险行业创新非常看好，并预言未来5~10年中国保险行业创新将走在世界前列。陈东升解释说，他观察到的保险行业创新案例之一是多元行销时代的来临，特别是电话和网络销售渠道的快速发展。“以泰康为例，今年公司计划1.5亿元的网上销售保费，结果还不到半年就销售了3.37亿元，其中最大的一单是一款投连险产品，保费达到1000万元。”

陈东升表示，另一个创新案例就是养老社区的出现。伴随着中国经济的崛起及保险行业的快速发展，中国保险市场不断产生新的需求，促使保险业必须不断创新。“养老社区的创新理念来自寿险对生命的尊重和‘从摇篮到天堂’的服务周期，我们构思养老社区已经四年，把生、老、病、死的寿险经营周期贯穿在一起，将会对泰康内部的经营机制产生影响。中国已经步入老龄化社会，养老社区将是中产家庭的全新养老方式。关于养老产业，我们的想法还有很多，希望能够借鉴如家酒店的经营模式，将来尝试养老院和敬老院的托管经营。”

陈东升是在5月28日出席“北京大学泰康奖学金颁发仪式”后接受本报记者采访的。据悉，为回馈社会、培养高素质的保险专业人才，2006年在公司成立10 周年之际，泰康人寿设立了奖助学金计划，向北京大学、人民大学、武汉大学、南开大学、复旦大学、对外经贸大学、中央财经大学、西南财经大学等八所高校的保险院系捐助400万元，每所学校50万元，分五年拨付。为了让经济困难的学生顺利完成学业，泰康人寿还在该奖助学金计划中特意设立了助学金。

“泰康人寿奖助学金”计划实施五年来，八所高校共有1000多名学子获得了该计划的奖励和资助。在5月28日北京大学举行的颁奖仪式上，本校八名本科生、三名研究生和两名博士生领到了本年度的奖学金。

（记者 李雪艳）

金融时报

■2010年11月8日

周刊

THEORETICS WEEKLY 理论前沿

“从摇篮到天堂”:新世纪的“中国梦”

保险资金介入养老产业投资

■ **点评：**

陈东升认为，保险是最具人文关怀属性的金融行业。15年来，他领导着泰康人寿坚持“深耕”寿险产业链的专业化道路，围绕人寿保险、健康保险、企业年金、资产管理和养老社区五大核心业务板块，为客户提供着各种充满人性关怀的服务。

所以，“从摇篮到天堂，保险呵护你一生”是陈东升对保险属性的理解，幼有所养，老有所依的充满安稳、充满尊严的生命图景，成为我们每个人都在追逐的“中国梦”。

陈东升认为，随着中国老龄社会的来临，以人文关怀为主题的新型产业将成为经济发展的新方向，延伸寿险产业链条、创新养老社区商业模式将实现“从摇篮到天堂”——新世纪的“中国梦”。

“从摇篮到天堂”：
新世纪的“中国梦”

随着中国经济的崛起，保险业持续高速发展。中国市场很多新的需求、新的特点正在推动中国保险业成为保险商业模式创新的实验田。今天，泰康人寿保险股份有限公司董事长兼首席执行官陈东升做客本期《领军人物》栏目，他认为：节能、环保、人文关怀将是21世纪经济、社会发展的三大潮流，以人文关怀为主题的新型产业将成为全球化时代经济发展的新方向，未来的商业模式将因此而改变。在这一过程中，中国市场很多新的需求、新的特点正在推动中国保险业成为保险商业模式创新的实验田，中国的保险业创新将会走在世界的前列。

保险是最具人文关怀属性的金融行业

记者：在寿险行业奋斗多年，经验的累积与视野的拓展是否让您对这一产业有了更为深刻的认识？

陈东升：泰康人寿创立14年来，坚持走“深耕”寿险产业链的专业化道路。我们讲，买保险就是尊重生命，这不是一个营销口号，而是基于对产业的理解，对生命的感悟。

2008年汶川大地震发生后，作为中国第四大寿险公司，我们希望理赔两个亿、三个亿甚至更多，但最后只赔了500万元，赔款这么少的原因在于保险的普及率太低。面对如此大的灾难，我们只能哀伤地看着这么多无辜的生命悄然而逝，亲人们的悲伤和无助，使我心中深深地刻上了一个信念：买保险就是尊重生命！泰康人寿在汶川最大一笔赔款是12万元。一个23岁的女孩花了200多元钱买了我们的保险产品。这个女孩家境不好，但很有孝心，说如果出了事，父母一人一半。她出事后，我前往汶川上门去送理赔款。拉着她父母的手，我的感受只有一个——买保险就是尊重生命。

改革开放30多年孕育了“中国梦”，日益壮大的工薪、白领群体正在经历生活方式的巨变。当今中国，主流生活方式简单来说就是买车、买房、买保险，这就是我常说的新时代“三大件”。在衣、食、住、行问题解决了以后，人们还要面对进一步的消费需求，即安全需求。保险提供的就是这样一份保障，因此保险是最具人文关怀属性的金融产业，也是一个前景广阔的消费产业。

当然，人还有更高层次的需求，包括感情上的需求、对尊重的需求和自我实现的需求，这些都是人们在精神层面的需求。在年轻时，人们希望能有一份足够可靠的安全保障，同时期待不会出现老无所依的境况，解除后顾之忧；退休之后，不再为了谋生而劳碌奔忙，不再依靠工作而实现自我价值，人们在安全层面和精神层面的需求就越发迫切。

记者：但是，目前在中国，享受美好的退休生活往往只是一个心愿。金融业能在帮助人们实现这一心愿方面有所作为吗？

陈东升：与保险产品相结合的新生活田园——现代养老社区可以照顾人们的生老病死，是当今最能体现人文关怀的一个商业创新。它代表着一条完备的需求满足途径，一种“从摇篮到天堂”的保障和陪伴。从这个意义上说，养老社区代表着一种以人为本的生活方式，一个值得我们期待的新时代“中国梦”。

保险与养老社区的结合是尊重生命的商业创新

记者：中国作为新兴市场和转型国家，正在经历着经济的飞速发展和社会结构的巨变，这必然导致人们的观念以及生活方式的相应变化。在养老这一现实问题面前，我们有什么国际经验可以作为参照？

陈东升：为了规划符合人文理念的养老社区，我考察了很多国家的社区，在美国的感触尤其深刻。今年4月去一个美国社区，看到一位老先生在跑步机上运动。我们好奇地问老先生您高寿，老先生说95岁。95岁还在跑步锻炼，说他还要活50年，可以想象他内心的激情。旁边有一群打扮得花枝招展的老太太，在学瑜伽，练平衡，像跳芭蕾一样练站姿。我问其中一位多大年纪，说84岁。

这次我还第一次见到了百岁高龄的老人，她戴着护士帽，我猜想她是不是当年"二战"时当过护士。老人整整一百岁，非常开朗，思维敏捷。我们跟她聊了半天，她的快乐情绪感染了周围所有人。我感慨万千，最大的体会是，有了保险，有了养老社区，人的生命更有活力、更有尊严。

这就是我们要做的养老社区。我们不仅仅是在做商业、在做养老社区，更重要的是让我们中国人重新认识生命、尊重生命。如同美国的社区一样，我们规划的养老社区要做到让子女送老人进来，安全、放心；老人生活在这儿自在、快乐。这样的生活不会影响他们与家人共享天伦之乐；这是一种全新的社区生活，是让老人们走出小屋，拥抱自然，回归自我，真正体验"生命万岁，活力万岁"。

知名学者、北京大学保险系教授孙祁祥在参观过美国养老社区后曾经写了一篇文章，感慨"童年的纯真，少年的狂野，中年的潇洒，老年的神闲，这是一个完整的生命构图"，因此，需要"让我们快乐地、优雅地老去"。中国人的童年、少年、青年、壮年的这些乐章正在变得越来越美好，但多数人到老年时生命就褪色了，老年这一乐章是最黯淡的。现在我们的养老社区就是要改变这一点，实现我们这一代人的美好愿望。

泰康的养老社区提供的是一种新的生活方式，推广的是一种新的价值观、生命观。我相信，这样的养老社区会改变人们对生命的态度，让生命的每一个乐章、生命的每一个阶段都变得流光溢彩。将人寿保险和养老社区相结合，以人为本，打造"从摇篮到天堂"的服务理念和生活方式，这将是一个前所未有的寿险商业新模式。

实现寿险产业链的延伸

记者：如果从资金运用和产业链的角度，您又如何看待保险与养老社区的这一创新结合？

陈东升：保险资金投资养老社区的构想来自于美国养老社区的启示。从上世纪60

年代起，养老社区就已成为美国中产阶级生活的一部分，代表着"美国梦"的升华。我们考察发现，美国的养老社区模式脱胎于慈善和教会养老机构的商业化转型，受困于资金压力，有些拥有出色品牌和口碑的运营机构在金融危机的冲击下不得不选择转让。养老社区投资规模大，回收期长，必须有长期资金支持。如果有保险资金来支持，这一问题会迎刃而解，保险资金介入将大大降低养老社区的融资和运营成本。

从资金运用角度看，保险公司投资养老社区，相当于发行了一个30年、50年的长期企业债券，同时又满足了保险资金对长期、稳定收益的需求。这是解决保险公司资产负债不匹配的有效途径。在成熟的养老社区，入住率可以达到95%，远高于酒店的平均入住率。更重要的是，老人在养老社区的平均居住年限超过10年，很多人从退休开始在养老社区的生活时间达到20~30年。这么高的入住率，平均居住年限超过10年，相当于签了一份10年的酒店式公寓支票。想想看，这对于保险企业是什么概念?

从产业链来看，养老社区向上衔接医疗保险、护理保险和养老保险等产品，推动保险产品的创新，同时带动下游的老年医学、护理服务、老年科技产品等产业，能够极大地延伸和扩展寿险产业链，同时有效整合关联产业。不仅如此，保险资金进入能够通过反向抵押等方式帮助有一定经济实力的退休人员及其子女盘活存量资产，支持以房养老，提高支付能力，进而提升养老社区的服务质量和持续经营能力。同时，我们可以把未来的货币支付养老金方式，提前10年、20年转化成实物养老的方式，还可以抵御未来的通货膨胀和资产增值后的成本上升，保证养老的质量和服务水平。

在中国，我们最早发现养老社区由保险公司来做最合适。这一模式由中国保险公司来实践，将使寿险产业链拉长20年。这是对保险商业模式的一大创新和发展，也是我们泰康倡导的一种新的价值观和生命观，一种全新的生活方式——"从摇篮到天堂，泰康呵护您一生"。

创新就是率先模仿

记者：在国际上，现代养老社区产业经过近半个世纪的发展，已经有了成熟的商业模式。您认为养老社区的国际经验怎样才能在中国得到较好的实践?

陈东升：就我考察所见，在美国、日本及我国台湾，不同类型、不同特点的养老社区都有成功范例值得借鉴。这些地区的经验代表了一条普遍规律，即经济发展过程中家庭服务的社会化、专业化趋势，以社会化服务和家庭化环境为特征的原居养老模式已成为现代养老服务业发展的总体趋势。

人的观念随着社会发展而改变，中国人传统的养儿防老，居家养老观念也会逐渐淡化。未来中国的养老服务同样也将经历一个去机构化过程，引领中国养老服务产业发展的将是以机构专业服务为支持，人性化、家庭化的环境为特征的现代养老社区。

与发达国家和地区不同的是，养老社区在中国的发展仍面临着市场环境和体制性的障碍。研究美国等国的养老社区发展历史，有以下经验值得我们借鉴：

第一，充分发挥市场和商业机构的作用。与其他服务产业一样，养老社区的发展同样需要有效市场机制的保障。以美国为例，在早期，美国的养老社区主要是由宗教团体和慈善机构设立并运营，面向低收入群体为主；到今天，养老社区已经发展成为一个庞大产业，成为美国人生活方式的一部分，主要的驱动力量在于商业机构的参与及市场竞争带来的商业创新。

时至今日，美国养老社区运营机构中非营利性和营利性的比例大约为1：1，但重要的是这些非营利组织仍然是按照商业规律在运作，区别只是不参与分红。只有成熟、高效的商业运作才能支持养老社区的服务质量和长期运营。

在中国，未来由政府支持的非营利性机构在解决基本养老服务需求方面仍将发挥基础作用，但一个市场化、多元化的养老服务产业发展有赖于良好的市场环境及一批具有专业投资和运营能力的商业机构参与。

第二，政府应提供完善的公共政策和监管支持。除了可靠的市场机制外，养老社区产业的发展还需要政府提供必要的公共政策及有效的市场监管支持。

在公共政策方面，养老社区作为一个新兴产业，政府需要逐步完善与养老社区投资、经营相关的法律、法规和政策，建立行业发展所必需的法律基础设施；同时，政府还应为服务人员培训、护理人员资格认证及风险管理等一系列行业标准的制定提供政策和财政支持。在行业监管方面，政府需要制定行业准入标准和监管规则，设定合理的入门门槛及风险管理标准，吸引具有实力的投资人及专业运营机构进入，保证行业长期健康发展。在制度创新方面，政府应及时引入长期护理险制度，加快养老保险制度创新，为养老服务产业升级提供空间。

第三，创新融资渠道，吸引长期资本支持。与传统服务业不同，养老社区投资规模大，回报期长，资金流动性弱，如果没有长期资本支持，很难获得规模效应并维持长期运营，养老社区产业发展需要长期资本市场的配合。

目前，在北京、上海等核心城市，人口老龄化正在加速，人均收入也已接近中等发达国家水平。随着养老观念转变，调查发现，出生于上世纪五六十年代的中、高收入人群中，退休后愿意选择养老社区生活的比例正在显著上升。可以说，现实的情况是，对于以养老社区为代表的新型养老服务，人们有需求，有购买力，但市场上缺乏有效、高质量的服务供给，也没有成功的商业模式，背后的根源除了制度性制约外，还在于缺乏长期资金支持。

人寿保险投资养老社区是保险业一大创新。借鉴国际经验，加快金融创新，吸引包括社保资金、保险资金等在内的长期资金以多种方式投资养老社区是支持中国养老服务产业发展和养老保障体系建设的必然选择。

创新就是率先模仿，这是泰康人寿14年发展的重要经验。我们要率先找最好的葫芦画瓢，国际上被证明是成功的商业思想、商业模式同样也能在中国落地，这是商业规律所决定的。在现阶段的中国，借鉴国际先进经验加以本土化的过程就是创新，这一经验同样适用于我们的养老社区产业发展。

（记者 姜欣欣）

第一财经日报

■2010年12月28日

泰康人寿董事长兼CEO陈东升一向被认为是一位学者型金融领军人。武汉大学经济学博士、中国已故著名经济学家董辅礽嫡传弟子的身份，让他有了学术的底气；但陈东升还是风趣地把自己定义为“经济学超级票友”。作为亚布力中国企业家论坛的灵魂人物、新近影响颇大的“中国经济理论创新奖”的中坚推动力量，陈东升似乎有些“不务正业”，不过，千万别被这些表象迷惑，在他的内心天平和时间配置上，企业家仍是最重要和最本分的角色。而且，陈东升还把自己归类为“北派”企业家（相对于王石这样的所谓“南派”），个中深意，值得仔细体会。

独家对话陈东升：“从摇篮到天堂”的战略是如何炼成的

陈东升有一句在业内广为流传的名言：“创新就是率先模仿”。作为泰康人寿的创始人和掌门人，陈东升为泰康人寿描绘并执行了不少超前一步、“率先模仿”的战略和商业选择。而在2010年，当中国人口结构迎来第一个重要拐点时，陈东升正在倾力搭建养老产业链，养老保险和养老社区两个子公司格局初成，“从摇篮到天堂”的战略布局正日渐廓清。

第一财经日报（以下简称“日报”）：在泰康的发展过程中，每一步发展战略都融入了你对经济社会发展的宏观思考。中国目前正处在转型的重要时期，泰康人寿如何将发展战略和商业模式创新契合融入中国转型的大图景？

陈东升：我们首先要看清楚中国处于哪个发展阶段。在这场全球金融危机后，既有的国际格局被打破，中国正在加快转型，我用“四化”来概括中国经济的发展：工业化、城市化、市场化和国际化进程。中央政府提出转变经济发展方式确实是抓住了发展的根本。随着工业化和城市化的推进，经济结构将更加服务化，服务业的比重也将持续上

升。那么未来服务业的“出口”在哪里？我认为将是针对中产阶层服务的专业化，特别是对高素质专业人才提供的专业服务，如以医师、律师、理财师为代表的“三师”，以保险代理人、房屋代理人、汽车代理人为代表的“三代理人”，在法律和保险等专业领域，这样一批高素质“就业大军”将会崛起。基于这样的判断，八年前我就提出，中产阶层崛起后，汽车、住房和保险将是他们在消费领域的“新三件”。

随着人们生活方式的转变，衣食住行问题解决后，人们还要面对进一步的消费需求，即安全需求。在这样的大背景下，保险业将持续高速发展。人寿保险提供的是生老病死的保障，就是从生到死，从摇篮到天堂，最具人文关怀属性的金融行业。而由于中国保险发展空间巨大，中国保险业将成为保险商业模式创新的“试验田”。

日报：你有一句名言“创新就是率先模仿”，哪些领域可以成为保险商业模式创新的突破口？

陈东升：一提到创新，我们往往认为一定是原创，事实上很多原创来自西方发达市场。我提出“创新就是率先模仿”，就是说我们要先找到最好的模仿对象，然后将其“中国化”，这同样是创新。国际上被证明是成功的商业思想、商业模式同样可以在中国落地并生根开花，这是商业规律所决定的。在目前的中国，借鉴国际先进经验加以本土化，这就是创新。这一经验同样适用于我们正在借鉴的美国养老社区的经验。

日报：你一直强调泰康要做专业化寿险公司，坚持走“深耕”寿险产业链的道路，而投资养老领域已被确立为泰康未来发展的核心战略，这一战略抓住了中国人口结构变化的大趋势，眼光非常准。泰康将打造怎样的商业保险服务链？

陈东升：从上世纪80年代起，养老社区就已成为美国中产阶级生活的一部分。与保险产品相结合的现代养老社区，可以照顾人们的生老病死，是最能体现人文关怀的商业创新，代表了一条完备的需求满足途径，一种“从摇篮到天堂”的保障和陪伴。

从保险的产业链来说，保险资金投资养老社区，既可以大大降低养老社区的融资和运营成本，同时也是解决保险公司资产负债不匹配的有效途径。从产业链来看，养老社区向上衔接医疗保险、护理保险和养老保险等产品，推动保险产品的创新，同时带动下游的老年医学、护理服务、老年科技产品等产业，能够极大地延伸和扩展寿险产业链，同时有效整合关联产业。

和目前其他机构创办的养老机构有所不同，我们要做的是高端商业养老社区。不仅要让住进来的老人排遣晚年寂寞，更要为他们提供完善的服务，满足他们的精神需求。商业养老社区要想成功，一定要形成规模。我们的初步计划是在十年后可以提供3万~5万个床位。发展还要看市场，除了在北京昌平外，我们也计划在上海建造养老社区，未来在全国实现连锁。中等城市未来会是我们的战略重点。 **（记者 杨燕青 俞燕）**

经济观察报

■2011年6月6日

46 观察家 | Observer

关于中国现代化发展的思考

■ **点评：**

主流财经媒体《经济观察报》整版刊登了陈东升的署名文章《关于中国现代化发展的思考》。在文中，陈东升从文化、制度、经济等多角度展开分析，回顾了鸦片战争以来170年间中国的现代化道路，阐释了“鸦片战争是中国落后的结果，也是觉醒的开始”，“转型和儒学贯穿中国社会发展”等观点。陈东升还分析了中国从全盘苏联模式向西方模式转变“两个版本的现代化”的历程；指出“两个改革、三个遗产”是促成中国30年经济高速发展的根本原因。文章最后，陈东升进一步强调“中国最大的信心在于民间创业和企业家精神”，而“网络、全球经济一体化、气候变暖、中国崛起”是当今世界的“四个核心问题”。

该文体现了陈东升广博的知识体系以及独树一帜的历史观和发展观，展现了“92派”企业家的儒商本色。

关于中国现代化发展的思考

我有一个并未成型的关于中国现代化发展的思考。这个话题源于亚布力，因为我们曾在亚布力讨论过中国和平崛起的话题，后来我慢慢思考而形成了一些观点。我并不是学历史的，只是因为业余爱好喜欢思考一些问题。对于中国的现代化的研究，耶鲁大学的史景迁教授写过一本《追寻现代中国》，哈佛大学的费正清教授也有相关研究。今天，学术界焦点就是关于是否有“中国模式”。

鸦片战争是中国落后的结果，也是觉醒的开始

中国模式是中国思想界最大的争议，存在很多争论和不同看法，应算做最高的学术命题。我的理念之一是：中国鸦片战争是落后的结果，也是中国觉悟觉醒的开始，

所以我认为中国的现代化之路是从鸦片战争开始的。

回溯历史，我正在读许倬云的书，他的书值得推荐。中国历史从秦始皇统一中国开始，历经多次分分合合，而在中国真正最具影响的就是秦汉和隋唐时期。中国那时是世界的中心，国家实力非常雄厚，跟西方也有交往，基本上是世界的中心。

我们经常讲历史上出现过三次盛世：秦汉时的文景之治、隋唐时期的贞观之治，以及清代的康乾盛世。其实，康乾盛世只算半个盛世，为什么？明朝早期，郑和下西洋后，不到80年，哥伦布开始航海。西方就是从那时开始发生了深刻变化，就是从航海、文艺复兴到工业革命，再到我们经常讲的现代西方三权分立的民主社会。1840年，英国工业革命形成，而中国乾隆皇帝退位的时间是1795年，相隔不到50年时间就发生了鸦片战争。乾隆盛世只是在西方还没有到中国来的时候出现的盛世，那时的中国还是在一个传统的农业文明盛世。实际上是康乾盛世相对于世界来说是衰败的，因此1840年鸦片战争是中国已经落后的结果，而根本不是落后的开始。而且，鸦片战争使得中国真正开始进入现代化，开始跟世界融合、跟世界打交道的过程。这是我的第一个观点和命题。

转型和儒学贯穿中国社会发展

从1840年到今天，一直有两条主线贯穿中国社会，来引领社会的发展，一条主线是社会转型，一条主线是东西方文化的碰撞。

第一条主线是社会转型，其核心体现就是我们讲的革命、革新、改良或改革。当时最血腥，或者是最彻底就是“革命”这两个字；最温和的就是“改良”这个词；今天我们用“改革”这个词。社会在急剧的转型过程中也可能摆到左边，也可能摆到右边，也可能是用革命的方式、也可能用改良的方式，也可能是用革新的方式。从1840年至今170年的时间，中国的社会转型还没有完成，因此社会转型是贯穿并引领中国社会发展的主线之一。

第二条主线是东西方文化的碰撞。大家知道，儒家学说是从汉代董仲舒开始成为官方哲学，最后形成的一直贯穿我们的主体思想体系。中间还有朱熹、王阳明的“心学”思想，但总体还是以儒学为核心思想体系。但是当西方科学民主思想来到中国时，就发生了激烈的碰撞，所以中学和西学这两种思想力量的交织到今天还在继续。湖北张之洞曾提出“中学为体，西学为用”，五四运动是打倒“孔家店”，彻底否定了传统。今天新儒学的崛起仍处于中国思想体系和西方体系碰撞的过程中，还没有最终尘埃落定。因此，我认为中国现代化最核心影响的两个力量一个是思想体系、一个是社会变革的。这是我的第二个思考和观点。

解决中国问题的根本在于思想制度层面

第三个观点，也很有意思，我们现在回头看，人类在进行现代化演进的过程中有一只看不见的手，有一个逻辑在那里，它是循序渐进的。1840年的洋枪洋炮打开了中国大门，我们就认为需要学习西方的这些技术，所以就开始了洋务运动。洋务运动是像我们今天看到的技术、经济层面的改革。但是，甲午战争的失败让人们产生了更多的反省。反观日本的明治维新，花了30年时间解决了日本的基本崛起，当然崛起的核心是由于甲午战争、日俄战争而发了大财，日本才彻底崛起。日本崛起用了很短时间，明治维新是在学习西方。甲午战争使得中国的仁人志士认为中国的问题还是要解决制度的问题。理想派有康有为、梁启超为代表的戊戌变法，走君主立宪的道路，还是保持传统，但这样的斗争根本没有推翻满清的体制。戊戌变法失败后，又爆发了辛亥革命和“五四运动”，“五四运动”就上升到了更高的层面。从技术层面到制度层面，再到军事层面，什么能解决中国的问题？其实根本要在思想制度层面解决。“五四运动”的“反帝反封建”意义是我党在革命后的一种总结，“五四运动”的本质就是“德先生”、“赛先生”、“打倒孔家店”。“五四运动”是中国现代化追寻了170年历史中的最具分水岭意义的一个事件。它彻底地否定传统、全盘西化，开启了又一个现代的中国。今天中国的逻辑就是从“五四运动”演绎而来的。

其实西方列强并不支持孙中山革命，只有苏俄支持，黄埔军校也是由苏联人出资建的。国民党、共产党这两个党都是鲍罗廷作为顾问。两党实际上是相辅助的。中国共产党成立之初是外来党，也就是由共产国际主导和推动而成立的。孙中山所倡导的国民党三大口号就是联俄、联共、辅助农工。这两党都是按照列宁的国家理论、政党理论建立的，就是我们所说的党国制，党是至高无上的，党领国、领军、领政、领民，所以中国就走向了一条党国道路。

中国的这段历史很有意思，从“五四运动”、私权的党国，再到后来的新中国。其实非常简单，就是这样三大模式。这就是根据我的理解而进行的历史梳理。

两个版本的现代化

中国历史从1949年到今天的核心是什么？我的观点是，中国经历了两个版本的现代化。当然我的看法不见得是成熟学说。

1949年后，我们基本上是全盘的苏联模式。在文化大革命之前，中国150多个项目的工业体系基本建立起来，另一个目标是要建立一个大国，研制原子弹、氢弹、人造卫星。在文革中期还有一个三线工厂，三线工厂很有意思，是我们把苏联援助的这些项目消化吸收后，进行再复制。

建国后的前30年我们就把意识形态抽象掉，这种苏联版本的现代化基本上是以公有制、计划经济为主，然后用工农业剪刀差来完成重工业和工业的资本积累。比如当初需要用布票、粮票，还要勒紧裤袋，这是在一个封闭的经济体系中。很多人问，我们那时候为什么不开放？那时候开放可行吗？当时的世界，已经形成两大对立阵营。中国去参加联合国会的时候，国库里拿不出一张美元，因为西方对我们都是封锁的。不要忘记历史，当年中国就是从这样一个历史的过程中走来的。

当时，苏联版本的现代化已经走不过去了，其实，苏东也在探索改革、中国也面临新的选择，邓小平提出了改革开放。中国人革命的目的是要国家富强，穷社会主义不是我们想要的，这是最大的核心凝聚力量。现在回过头看，邓小平改革的时候，比今天要再一次改革简单得多。因为那时没有利益体，没有任何利益集团。毛泽东时代的整个中国社会很简单，共产党的干部25级制，一级工资400块钱，25级的工资大概是25、30块，工人有八级工资制，所有的财产都是国家或集体的，没有任何一分钱的私权，那个时代是一张白纸。

第一个版本的现代化是走苏联路线的现代化，学习苏联。经济学中讲发展，基本的就是生产力的三要素。首先，人力资本从何而来？伴随每次现代化的大运动都伴随着一个智力吸收的过程，就是留学生运动。毛泽东时代，大家都到苏联东俄社会主义国家留学，把自己的孩子也都留到苏联留学，解放后这些人全部回国来建设，我们的人力资本也是这样的形成过程。第二，资本如何来的？毛泽东时代的中国是在一个封闭的体系里，只能用工农业剪刀差，来完成工业化建设。第三，我们的技术从156个项目中获得，用的都是苏联、东欧的技术，156个项目相当于现在成套设备和技术的引进。

从毛泽东时代到我们今天的这个版本的现代化，中间有一个过渡时期。

20世纪70年代，那时是中国最诡秘、最具变化、最具波澜壮阔的年代。1971年林彪坠机身亡，意味着文革的破产。1972年尼克松访华，中国再一次跟西方结盟，其实中国在毛泽东时代做了两件事，一个是中国建国跟苏联签订友好条约，用中苏结盟来对付西方自由世界。后来中苏关系交恶，1972年尼克松访华就是中美握手，形成了一个三角关系。过去是中苏联盟对付美国，后来我们反过来跟美国结盟对付苏联。因此我认为今天整个世界的格局，从1972年尼克松踏上中国的那一刹那开始，整个世界的逻辑就开始演绎了，就是中美联手对抗苏联——苏联的倒台——社会主义阵营的瓦解。

1972年是具有重大意义的一年。1973年邓小平复出，直至1975年。1976年又是很关键的年份，毛泽东的去世意味着中国一个时代的结束。当时打倒四人帮是最重要的任务，当然还有更重要的——从1978年三中全会到1989年的那个时期。从1970年代初，到1980年代末，这近20年实际上是开始演绎从苏联模式向西方模式转变的又一次转型，其实这些年是一个过渡转型的时期。因此最具划时代意义的年份包括：1972年、1976年、1978年、1989年。虽然我们改革开放30年有点像从1840年到辛亥革命，也开始走技术和引进外资的路线，也开始在制度上学习。今天，中国又站在了另一个改革的关键路口。

"两个改革、三个遗产"促成中国30年经济高速发展

关于改革开放这30年，我有自己的一套看法，改革开放30年最核心的是两个伟大改革：一是价格改革，宏观经济里的价格改革建立了我们今天社会主义的市场经济体系；第二个是微观的所有制和产权制度的改革，建立了现代企业制度，成长起一个社会经济发展的核心力量——企业家阶层。关于现代企业制度我有一个观点，即企业家的三个划分。在1992年之前并没有现代企业的法律制度，所以那时候的企业家基本上是戴"红帽子"的集体企业、乡镇企业、国有企业。到1992年后因为有了有限责任公司和股份公司条例，中国的企业开始进入一个制度化的阶段，再到海归派引进西方现代企业形态、填补先进行业在中国的空白，完成了中国的现代企业制度建设，这是一个漫长的过程。有了这两个伟大制度的改革，奠定了我所讲的当今第二个版本的现代化。实际上我们是以美国为师，走的是混合所有制的市场经济道路。中国过去是计划经济，今天是市场经济，过去是公有制今天对应的是混合所有，甚至是私有或民营经济占到很大比例的体系，这样就产权明晰了。

因此，价格改革、所有制和产权制度改革，是中国这30年的两个最大改革。今天人们都在讨论是否有中国模式。不管是叫中国模式，还是中国经验，我认为今天中国经济的成功，这两项改革是先决条件。如果没有进行市场化的改革，没有建立市场经济体系，那么今天中国所有的改革都无从谈起。但是仅仅有市场经济，而没有私营经济、没有产权和所有制的改革，就不会有今天企业家群体的崛起，也没有今天整个经济的蓬勃生长。

在上述两个改革的前提下，我认为，中国过去的体制留下了三个重大遗产：

第一，从中国历史上来看，在某个乱世后，乱世的终结者基本上会是一个强人时代。这种历史人物都备受争议，但他们一定都会建立一个强大的中央集权国家。比如，秦汉、隋唐，到今天的中华人民共和国。中华人民共和国是很幸运的，中国历史上，元、清的版图最大，中华人民共和国继承了清朝的版图。从秦汉、隋唐到今天，是以汉人为核心的中华民族体系的大版图。把历史拉长来看，通过1840年，历经百余年的纷争、混乱，中国今天仍然幅员辽阔。不管我们如何看待制度，但一个强大的力量终结了纷争混乱的历史，毛泽东就是这一乱世的终结者，同时他又建立了历史上又

一强大的中央集权国家。当邓小平把国家机器接到手上时，当他说让每一个螺丝都以经济建设为中心的时候，这就今天讲的举国体制。我们很多人都没意识到，今天这个强大的中央集权体系，其实是为中国转化成以经济建设为核心而发挥了巨大的力量。如果要讲中国今天成功的原因，就是一句话——政府主导经济，或者叫企业家精神社会化。因为省委书记就相当于董事长，省长就相当于这个省的总经理，其实是一种企业家精神的社会化，大家都在搞经济建设。这是第一个伟大的遗产。当然今天我们所批判的这个社会存在的各种问题，也是由于政府主导经济而带来的。

第二个伟大的遗产就是土地，今天我们还是在吃老祖宗的饭。1949年，所有财产归公，包括跨国资本，比如我们讲的黄浦江、外滩一条街全是国有资产。今天实际上还是政府的，属于国有资产，连土地都是。中国在现代化过程中，特别是城市化和基础设施建设，大量征用土地。我与台湾人交流时，他们说，要趁价格低的时候加快基础设施建设，因为现在台湾是土地私有，土地价格都涨起来了，修一条高速公路根本修不起来。所以我们在城市化的运动中，在基础设施建设中，由于土地国有和土地集体，我们才能演绎“春天的故事”，一位老人在南海边画了一个圈，就造就了深圳这样的城市。如果没有共产党强大的中央集权，如果不是所有财产都收归国有，这是不可能的。

第三个伟大遗产是廉价劳动力。农民没有土地了，就到城市里打工。我不同意用“农民工”这个词汇，其实应该称之为“新兴产业工人”。在进行现代化、工业化的过程中，有巨大的劳动力需求，农民工就是新兴的产业大军，有3亿农民工因为没有土地而离乡背井。

我认为今天中国的现代化应该是中国经验，如果没有市场经济改革和产权改革这两个基础，没有中国这过去的三个遗产，就不能够取得我们今天的成就。中国经济30年巨大成就的首功当然是政府主导经济。经济学家张五常说过县域经济的竞争，但他只是看到了其中一面。由于整个社会、整个党的体系以GDP考核为核心，而且由于是政府进行主导经济，中央政府搞经济特区，地方政府搞开发区，县里搞招商引资。回想历史上香港的招商引资，基本上全球招商引资都是省委书记的头等大事。历史就是这样走过来的。

改革开放30年，又分三个时期。前十年是改革体制的准备期、过渡期、奠基期，我刚才讲城市的改革核心是企业改革，然后是价格改革带来整个宏观经济体系的转型和改革的发生。在第二个十年里，1992年实际上在中国历史上是非常重要的年份，大家都只记得邓小平南巡，其实还有1991年苏联、东欧倒台这个大国际形势对中国的压力。邓小平南巡把中国彻底扭转到坚定的改革、坚定走市场经济道路上来。中共十四大第一次正式确定建设社会主义市场经济体系，在此之前的叫法包括：“小农经济”——以计划经济为主、商品经济为辅——有计划经济的商品经济——计划经济与商品经济并行——商品经济，还没有谈市场经济。因此，中国最终确定市场经济道路，是伴随漫长思想斗争和交锋走过来的。

1992年还有一个很重要事件，当时国家体改委颁布了两个文件，包括《有限责任公司试行条例》和《股份公司试行条例》，到1993年才出台《公司法》，1996年出台《合同法》。所以在1992年之前，中国对于企业没有任何制度，1992年之前的企业包括乡镇企业（集体所有）、国有企业、个体户、合资、外资企业。所以在1980年代创业的企业家是很悲怆的，因为他们没有所有制的保证，没有企业法律框架来建设企业，所以要戴着“红帽子”。另外，可能会由于产权模糊，而导致牢狱之灾。过去发生很多类似的悲剧，当然也有成功的企业案例。

所以，1992年这些政策和改革构成了当代中国的一个分水岭，经济建设完全的走向市场，我们所讲的市场是以改革和市场为核心的。1989年后，整个西方封锁中国，当时中央的核心工作就是两件事，一是打破西方对中国的封锁，所以采用的基本是跨国公司案例。因此那时候任何一个跨国公司的总裁到中国，都会得到主席的接见，但今天跨国公司领导来见一个主管部门的处长都难上加难。我记得有篇文章写得很好，说在中国改革开放中，跨国公司立了汗马功劳。我们要说公道话，那时候的确是用跨国公司来打破了西方封锁。当年美国国会每年都会用中国最惠国待遇来挟制我们，这样的结果使得我们下决心一定要加入WTO，彻底铲除套在我们头上的紧箍咒。中国加入WTO这10年，也就是本世纪的最初十年应该称之为“黄金的10年”。1980年代改革体制的铺路，1990年代我们完全从西方引进跨国公司，2001年加入WTO，没有这20年的奠基就没有这黄金的10年。这10年我们从全球经济第七位跃到今天第二位，这是最核心的标志变化。

中国最大的信心在于民间创业和企业家精神

展开大概念，中华人民共和国60年是什么框架？这60年分为两个时期、三个阶段。两个时期就是毛泽东时期和邓小平时期，毛泽东时期是走的苏联版本的现代化。毛泽东时期基本是把一个农业国建设成为初步工业国，初步工业国的标志就是工业体系、国民经济体系的建设。邓小平所说的小康社会是把中国从一个初步工业国建成一个新兴工业国。现在我们讲的转型就是从新兴工业国迈向中等发达国家转型，中等发达国家就意味着中产阶级的崛起、消费经济的崛起。在从新兴工业国向中等发达国家转型的过程中，今天中国遇到的所有挑战，包括宪政、现代性、社会现代化，都来自于转型带来的挑战。

对于中国未来，我的基本判断是到2020年，中国将基本实现经济现代化。虽然今天很多人有忧患意识是对的，但我认为国与国就是块头对块头，从世界上来讲，我们已开始是一个强国了。这并非自大。再过10年，中国人均GDP将达到一万美金。而且，这只会提前到来。当经济崛起后，本币开始持续升值。从人均4000美金跨到1万美金，会不会出现拉美模式？我认为根本不可能出现。比如韩国、中国台湾，从3000美金到1万美金用了十年，甚至用了不到十年的时间。当人均GDP达到1万美金，中国的GDP接近10万亿美元的时候，国际上就可能只有美国、中国和欧盟这三大经济体系。

我认为所谓中产阶级崛起就是经济结构服务化。城市人口占60%，第三产业占60%，人均GDP达到1万美元——这三个指标大概十年内会做到，那时中国经济现代化就大功告成。再谈到另一个问题，就是现代性和国家现代化的问题，现代性和现代化的建设可能还要用30~50年的时间。抽象地讲，首先要建立一个法制的社会，才有民主社会。高度法制加上高度民主才能叫做高度文明，我相信中国一代人比一代人聪明。这是我对未来中国大体框架的看法。

从学术界角度看，到底有没有中国模式？有没有中国经验？中国模式是相对而言，刚才讲我们一个重大的前提就是从1840年到今天，大国崛起了，我们今天成为世界第二大经济体，而且我们的经济在持续高增长，虽然我们看到社会上有很多不好的方面，但我一直很乐观。我认为今天的中国企业家精神在人类历史上是前所未有的，我曾在演讲中说“当年有志青年参加革命，革命的洪流浩浩荡荡，有叛变的、落伍的、枪毙的、死掉的，但是谁也无法阻挡革命的洪流”。今天创业的浪潮，企业家精神在中国完全社会化的情况下形成这样一个浪潮，就像当年革命洪流一样浩浩荡荡，谁也阻挡不了。太多老板倒下，太多老板被抓，太多老板坐牢，甚至离世。但是这个革命洪流谁也阻挡不了，因此今天中国最大的信心就在于民间的创业和企业家精神。

当今世界的四个核心问题

我认为今天的世界完全变了，不能用西方崛起几百年的体系，不能用这样一条思路和逻辑或一个所谓的人类文明来看我们今天的世界和中国的崛起。当今世界有四个很核心的要素：

第一是网络。在第十一届亚布力年会上，微博显示了巨大无穷的力量。网络的兴起最本质是搜索引擎的诞生，我们过去要去图书馆学知识，需要查编号、添表格，图书管理员跑到图书室到处检索给你拿出来，这个过程的成本很高。但今天你把手机一打开，比如说Google一下知名人士，他们所有的言论都会出现，一瞬间都可以获得这些知识。所以过去知识是力量，知识是最昂贵的东西，今天，空气和水变成战略资源，知识变成了最廉价最容易获得的东西。搜索引擎的发明颠覆了人类知识的体系，让所有的只要有一定技能和理解能力的人都可以获得所有知识。获得所有的知识就意味着民主的普及化，就是世俗力量社会的崛起，就是打破过去思想被少数人（精英阶层）垄断的这种现象，一定要看到它逻辑的结果是什么，就是我讲的网络创造的Google对人和社会的影响，我自己的理解基本上是这样的概念。

第二是全球经济一体化。全球经济一体化的本质是什么？过去李嘉图的理论是一国和一国的禀赋优势，经济全球化的本质是颠覆了经济学的基本原理，国与国的禀赋优势已经转移到公司与公司的禀赋优势。我没有看到经济学界里有这样的见识被提出来，经济全球化就是一个产品进行全球的要素配置，一个产品的全球要素配置就是把比较成本从国与国衍生到公司与公司，是公司力量的崛起。那么最终民族和国家会不会消亡呢？我们不能做这个定论。有一篇文章对我启发很大，过去我们经常批评跨国公司，现在提出了“全球化的公司”。全球化的公司和跨国公司是两回事，跨国公司的定义就是在两个国家有机构，而什么叫全球化的公司？是一半的雇员是在企业所属的国家之外，一半的收入来自于本国之外。比如诺基亚等很多公司，诺基亚的产量在中国占80%，但它是外国品牌，我们的消费取向决定它的生死。不要认为它是跨国公司，实际上它是中国的公司。因为全球化公司的意义很大，所以当它的收入、雇员一半以上是来自他国的时候，这个公司就不是姓中国或姓其他国家了，它已是全球化公司。所以，经济全球化的核心就是公司的崛起，是全球化公司的崛起。禀赋优势已从国与国的配置转到公司的配置，这也是一个巨大的革命性的思想和理论，这是当今世界第二个最重要的问题。

第三，就是气候变暖。气候变暖的本质是什么？我曾讲过，石油和煤炭是不可再生能源，这不可再生的能源实际上是太阳系的能量守恒定律。这是40亿年地球的储备，太阳能通过光合作用，火山、地震又把树木等植物埋到地下形成了今天的煤和石油。40亿年的储备都是可以用完的，工业文明就是建立在这样一个不可再生的化学能源的基础上。工业文明是相对于农业文明，农业文明是屈服自然、服从自然、最后和自然合作，叫做天人合一。中国农业文明的思想体系是最完善、最繁华、最美妙的。我经常讲宋代的文化就是我们农业文明最高、最先进的写照。工业文明是因为我们想征服自然、改造自然、战胜自然，我们希望把人的力量延伸。工业文明的概念是把人的动力体系转用化学能源来创造出动力体系，其实是人的能量延伸，所以我们“千里眼、顺风耳、嫦娥奔月”的理想都实现了。但这种文化带来的工业文明最大的坏处就是夸张的文明、浪费的文明。我常说，我们的首都机场是工业文明最后的一座墓碑，造了宏大的天穹，冬天要消耗很多能源来保持它的温度，夏天要消耗巨大的能源保持它的凉爽度，这很浪费。因此，我认为气候变暖的本质就是在批判、告别工业文明，我们要进入新的文明，这个新的文明就是生态文明，是一种简约的生活。把今天的享受全部丢掉并不现实，因为人活着是为了舒服，包括一切的经济活动、衣食住行，包括保险——我称之为“安全的需求”，其实都是为了满足人们生存和生活舒服的需求而发展的。因此，没有人去讲气候变暖的本质，这意味着这我们在告别一种文明，并在探索一种新的文明，新文明是什么？我们现在说不清楚，但方向清楚。

当今世界第四个最伟大的变化就是中国的崛起。我把“中国的崛起”称之为“世界最大的麻烦”，这个词是最准确的，为什么？一个拥有13亿人口的古老东方大国，中国的崛起其实是人类最大的挑战课题。前面讲的网络时代、经济全球化、气候变暖这都是人类共同面对的问题，只不过各个国家的义务多少不同，争论之后最后就会形成协议与平衡。但是中国的崛起是“世界的麻烦”，因为中国的崛起挑战了一切。未来将是怎样的结果？无非是三种现象：第一种是，中国纳入西方世界的体系，西方世界特别希望是这样的结果。但我们中国人愿不愿意？我认为愿意是应该的，因为这样可以减少很大的世界冲突。第二种就是挑战西方世界，我相信中国人都不会接受这种方式，因为目前还没有到挑战的时候，也没有这个能力和必要，也就是说今天世界的普世价值还是存在的，我们要逐步认同，而挑战就意味着要战争。第三种结果，实现国家的相互欣赏，这种相互欣赏是一种共存的体制，会不会有这种结果？从1840年到今天，中国的改革是“摸着石头过河”，中国的未来是没有悬念的，一个清晰的发展逻辑就是我们在走全人类走过的共同道路，我们未来的方向也是清晰的。在改革开放30年后大量的纪念文章中，我有一个观点，未来30年的国家应该坚定地建设法治国家，坚定地推行“小政府、大社会”的政策。当然，这两项改革的推进会遇到很多问题，但我认为这是未来中国的基本路径和方向。

最后，谈谈对社会的看法。由于中国的崛起，经济增长引发人们对公平的讨论，公平成为社会的头号问题。公平问题涵盖了当今社会的所有问题，包括权贵的问题、贪污腐败的问题、政府权力无边界的问题、贫富差距的问题、生态环境的问题。我并非为党说话，在科学发展观中，所谓五大平衡其实就是因为共产党看到了五大矛盾，五大矛盾基本属于经济层面——第一个是沿海和内地的平衡；第二是城乡的平衡；第三是经济发展和社会发展的平衡；第四是经济发展后和环境生态的平衡；第五是中国经济崛起后外资和内资的矛盾。这五大矛盾属于经济层面的矛盾，更上一层的矛盾就是公平带来的一切问题。因此现在中国社会上的思想很活跃，前段时间在讨论宪政，现在思想界最尖端或分水岭的讨论就是关于中国模式。

我们通过各种学习可以进行这方面的探讨，这种学习还是源于亚布力。因为我们天天做企业的时候并不会想到这些，而在亚布力，大家可以说出一些观点，可以讲述中国崛起的点点滴滴。以上我讲述的就是通过这些年的学习、看书而积累的一些思考。**（陈东升）**

泰康路

Legend of insurance

掀开泰康厚重的历史画卷，15年的发展历程一点一点映入眼帘。“一个企业的成长，三年决定生死，五年打下基础，八年站稳脚跟，十年小有品牌，20年长成一棵参天大树。”历经15年风雨的洗礼和历练，一路走来，泰康人寿已经从初创时期的一棵嫩芽，成长为枝繁叶茂、硕果累累、生机勃勃的大树。

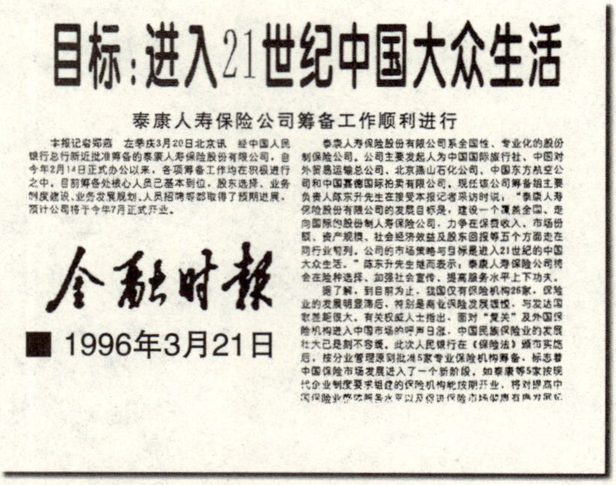

目标：进入21世纪中国大众生活

泰康人寿保险公司筹备工作顺利进行

本报记者郑燕 左季庆3月20日北京讯 经中国人民银行总行新近批准筹备的泰康人寿保险股份有限公司，自今年2月14日正式办公以来，各项筹备工作均在积极进行之中。目前筹备处核心人员已基本到位，股东选择、业务制度建设、业务发展规划、人员招聘等都取得了预期进展，预计公司将于今年7月正式开业。

泰康人寿保险股份有限公司系全国性、专业化的股份制保险公司。公司主要发起人为中国国际旅行社、中国对外贸易运输总公司、北京燕山石化公司、中国东方航空公司和中国嘉德国际拍卖有限公司。现任该公司筹备组主要负责人陈东升先生在接受本报记者采访时说："泰康人寿保险股份有限公司的发展目标是：建设一个覆盖全国、走向国际的股份制人寿保险公司；力争在保费收入、市场份额、资产规模、社会经济效益及股东回报等五个方面走在同行业前列。公司的市场策略与目标是进入21世纪的中国大众生活。"陈东升先生继而表示，泰康人寿保险公司将会在险种选择、加强社会宣传、提高服务水平上下功夫。

据了解，到目前为止，我国仅有保险机构26家，保险业的发展明显滞后，特别是商业保险发展缓慢，与发达国家差距很大。有关权威人士指出，面对"复关"及外国保险机构进入中国市场的呼声日涨，中国民族保险业的发展壮大已是刻不容缓。此次人民银行在《保险法》颁布实施后，按分业管理原则批准5家专业保险机构筹备，标志着中国保险市场发展进入了一个新阶段。如泰康等5家按现代企业制度要求组建的保险机构能按期开业，将对提高中国保险业整体服务水平以及促进保险市场健康有序发展

金融时报

■ 1996年3月21日

■ 点评：

1996年，泰康人寿获准批筹，成为《保险法》颁布后首批股份制人寿保险公司，确立了专业化、规范化、国际化的发展战略，坚定不移地以专业化形象进入方兴未艾的人寿保险行业。泰康从无到有，抓住了第一次发展机遇，开启了进军中国500强，乃至世界500强的道路。

目标：进入21世纪中国大众生活

——泰康人寿保险公司筹备工作顺利进行

经中国人民银行总行新近批准筹备的泰康人寿保险股份有限公司，自今年2月14日正式办公以来，各项筹备工作均在积极进行之中。目前筹备处核心人员已基本到位，股东选择、业务制度建设、业务发展规划、人员招聘等都取得了预期进展，预计公司将于今年7月正式开业。

泰康人寿保险股份有限公司系全国性、专业化的股份制保险公司。公司主要发起人为中国国际旅行社、中国对外贸易运输总公司、北京燕山石化公司、中国东方航空公司和中国嘉德国际拍卖有限公司。现任该公司筹备组主要负责人陈东升先生在接受本报记者采访时说："泰康人寿保险股份有限公司的发展目标是：建设一个覆盖全国、走向国际的股份制人寿保险公司；力争在保费收入、市场份额、资产规模、社会经济效益及股东回报等五个方面走在同行业前列。公司的市场策略与目标是进入21世纪的中国大众生活。"陈东升先生继而表示，泰康人寿保险公司将会在险种选择、加强社会宣传、提高服务水平上下工夫。

据了解，到目前为止，我国仅有保险机构26家，保险业的发展明显滞后，特别是商业保险发展缓慢，与发达国家差距很大。有关权威人士指出，面对"复关"及外国

保险机构进入中国市场的呼声日涨，中国民族保险业的发展壮大已是刻不容缓。此次人民银行在《保险法》颁布实施后，按分业管理原则批准五家专业保险机构筹备，标志着中国保险市场发展进入了一个新阶段。如泰康等五家按现代企业制度要求组建的保险机构能按期开业，将对提高中国保险业整体服务水平以及促进保险市场健康有序发展起到积极的作用。

（记者 郑燕）

中国经营报

■1999年9月7日

百年品牌
位老板的至爱

百年品牌 一位老板的至爱

——访泰康人寿保险股份有限公司董事长陈东升

■主持人的话

成功秘诀：高情绪化的智商

泰康人寿保险股份有限公司成立不到一年时，在董事长陈东升的办公室采访，发现墙上挂有意气风发、潇洒倜傥的图片，像是西服或休闲品的广告画，仔细一看，“明星照”是陈东升本人。那时，陈东升确实显得比实际岁数要轻，是一位充满激情和文化气息的“儒商”形象。但两年后，再看到他，额头已悄悄爬上几丝皱纹，似乎他所有的青春与精力已经耗尽。

听不少泰康代理人说，陈东升在他们心目中是偶像级的老板，极有个性魅力。后来我了解到，这种魅力来源于他不断到最基层与员工倾心交谈。此举赢得了员工的较大信服，以至于他们对中层管理和待遇问题有些看法时，也不会怪罪到这位老板身上。在他们看来，陈东升没有机会知道细节，不然，他一定会解决的。

陈东升大概不愿意写他“亲民”的管理方法，因为这确实是他的一个管理诀窍。但我认为这一点并不是别人能够轻易学得去的，就像他所言之文化企业。

陈东升说他平常多喜读国外报刊，如《华尔街时报》、《金融时报》（英）、

《幸福》杂志等，因为这些媒体一直跟踪企业，对老板的风格、企业的战略、财务风险等方面颇有研究，值得看。

他说德尔的老板才33岁，却拥有70亿美元的身价，语含赏析；国内的老板，他则较佩服柳传志和张瑞敏。

一位心理学家的研究结果证明，比起管理专业知识来，经理人员的情感智慧对企业更加重要。情感智慧指的是：自知、控制一时的冲动的能力、坚持不懈、信心与自我激励、为他人着想和对社会问题的机敏程度。

以笔者对泰康的关注及对陈东升本人的多次采访，我更多地感觉到企业成功的因素与企业管理者的智商有着多重链接的关系。

泰康人寿尽管有许多第一：AA评级、最大的理赔案、两年无投诉、第一家设立分支机构的新寿险公司，件均绩效第一等等，但目前，它还是市场占有率最小的一家寿险公司。泰康人寿的口号虽然是“不求最大，但求最好”，但未来，最好未必不能成为最大。

从嘉德到泰康人寿

主持人：在泰康人寿之前，你的嘉德公司已有很高的声誉，在拍卖行，没有人不知道嘉德。为什么又想起成立一家人寿保险公司呢？

陈东升：嘉德是第一家全国性的股份制的拍卖行。现在嘉德可以算作中国的索斯比。

为什么会想到做保险公司？最初的念头开始于1990年随中国青年代表团去日本访问。我在东京看到最高的摩天大楼都是保险公司的大楼，当时我想，保险公司原来可以做成一个企业巨擘。当时我还在搞经济研究，我发现在日本、欧美等国家，人寿保险公司的保费收入是国民经济中长期性资金的重要来源，在《财富》评出的500家全球大公司中，保险公司也占有一定的份额。我对这一点很敏感，所以买了很多关于保险的书来看。有一本书对我启发很大，书名好像叫《谁在控制日本？》，答案是人寿保险公司。

1992年开始筹备嘉德时，我就开始利用周末时间筹备泰康人寿保险公司了。我大量地买保险书籍看，所有能买到的保险书籍都去看，看了书之后，对建立人寿保险公司更加有信心了，而且好像真正的泰康人寿就矗立在我眼前。所以真正筹备是从1992年开始的。

主持人：从嘉德到泰康人寿，哪个企业更多倾注了你的感情？

陈东升：现在，基本上100%的精力都放在了泰康人寿上。嘉德是一个带有革新性的、行业创新的企业，1993年办嘉德，在国内突然让艺术品以拍卖方式闯进来，与传统的体制发生了激烈的碰撞，使这个行业如临大敌。回想起来，当时做这个企业确实有许多风险，稍有不慎就会被扼杀掉。好在嘉德不断有创意，有最好的理念，在行业立住了脚。嘉德崛起得很快，而且在这个行业保持了持续发展的良好态势。就目前看，嘉德在我眼里就像是一个可以把玩的艺术品，完全熟稔于心。

但人寿保险是一个长期的事业。相对来说，泰康人寿倾注了我更多的精力和时间。打个比方，泰康就像一个深洞一样，它会把我所有的精力、青春、年华、智慧都吸收进去。

主持人： 那可能是因为人寿保险公司是一个更大的事业，世界知名的保险公司都有上百年的历史，靠一代又一代的人的理念、智慧成就一个保险业的巨无霸。

陈东升： 泰康保险是一个大事业，靠一个人的能力和智慧肯定不够，靠一班子人的能力和智慧也不够，他要靠一大批优秀的专业人才，还要靠现代化的经营理念、管理理念以及很强的企业文化。确实，对我而言，经营泰康人寿是完全置身于一个管理创新的领域。做泰康人寿最大的感受就是在打造一个巨大的系统工程。

模仿最好的

主持人： 从嘉德拍卖到泰康人寿的老板，兼跨了艺术品和人寿保险两个完全不同的行业，你的管理风格有没有改变？

陈东升： 做两个企业有一点是相通的，不管是嘉德还是泰康人寿，一定要找国际上最成功的同类企业和他们的经验，作为学习的榜样；还有一点是一样的，就是要对所做的企业有一个很高的期望。

主持人： 那就是模仿了？

陈东升： 是的，尤其是保险业，国外已有几百年的发展历史，我认为我国保险业要迅速发展，最好的方式就是模仿，谁最早模仿，谁就模仿得好，谁善于模仿，谁就能在这个行业内领先一步。而且，我觉得在中国，创新就是率先模仿。

主持人： 如果模仿不得法呢？如果国外的东西并不适合我国国情呢？如果一不小心把路走偏了呢？

陈东升： 我说过，泰康人寿要找一个最好的保险公司来模仿，模仿中会产生教条主义，教条主义在实践中得到修正。做企业刚开始学习国际上的同类先进经验，可能有一个教条照搬的过程，在教条照搬的过程中，本土主义会产生很强的抗体，排除根本不符合中国国情的方式或方法，同时逐步产生出稀有的、在本土上有很强扎根能力的经验和方式。

主持人： 泰康人寿模仿哪一家公司呢？

陈东升： 泰康人寿学习的经验就比较杂一些。比如我们的营销体制，来自东南亚、台湾、香港的华人地区，当初的代理人培训、市场开拓，我们就是花重金请来的台湾顾问团；我们在营销经验上借鉴国泰模式、安泰模式、南山模式以及友邦模式；我们在信息技术、精算、管理、财务和投资方面等内务管理则向欧美学习，是欧美模式。但总的来说，我注重提倡向世界一流的跨国企业学习。

主持人：这种办企业的方法是不是泰康人寿提出的“国际化、专业化、规范化”的表现呢？

陈东升：是的。什么叫国际化？国际化就是“走出去、交朋友”，通过交流，缩短差距，得到新的好的观念、得到别人的养料。

主持人：所以你总是“出去走走”，我注意到前两年，你几乎有一半时间在海外。

陈东升：确实如此。两年多来，我去过香港的AIG（美国国际集团）、国卫、中保、瑞士再保险、国泰；去过台湾的国泰人寿、星光人寿、南山人寿、安泰人寿、幸福人寿、大都会人寿；去过日本生命；去过新加坡大东方人寿；在美国，我去过信诺保险、纽约人寿、大都会人寿、公平保险，西北保险公司；我还去过加拿大的伦敦人寿、欧洲的瑞士丰泰、瑞士再保险公司。这二十几个保险公司我都不是走马观花，而是真正去请教、学习、研究。就是要走到哪学到哪，应该对世界一流的跨国保险公司如数家珍，看到他们的资产规模、经营方式，才会看到泰康的未来。

我对美国的西北保险公司印象尤其深刻，因为它是一个完全本土化的公司，在全美盈利占第一名，效益是顶尖的，在公众心目中它是信誉最佳，而且专做白领层人士的保险服务。我认为它是美国最好的保险公司之一。

主持人：泰康人寿是否也想做成这样一种类型的保险公司？

陈东升：有一点点吧。但我做保险公司是开豪华的百货店，不是开专卖店。我们所建的“豪华百货店”，定位就像做一个“赛特式的百货店”，是以中高收入阶层为服务对象。

主持人：国内的公司呢？国内公司有没有值得泰康人寿模仿的？

陈东升：我认为要建一个国际化、专业化、规范化的公司还是要以国际跨国公司为标准。当然，我也亲自拜访过中保，我还带过一队人马亲自去深圳平安总公司学习、请教。

主持人：你怎样看国内这几家公司呢？

陈东升：其实在泰康人寿建立之初，我就研究过几家老公司。中保是当时市场占有率最大的，它最初用非常低的成本建立了全国性的网络。平安是市场的创新先锋。我曾对平安的马总说过，其实平安的上层是非常具有国际化、专业化的概念的，但因为它扩张得太快，到了基层就没有实现上面的理念和想法。还有，拿太平洋保险和平安来说，平安从一开始就看好寿险这个领域，从90年代初在国内保险业中率先推行个人营销的方式，这其实是一个战略选择。到今天，平安成为一个以寿险为主的综合保险公司，而太保仍然是偏重财险的综合性保险公司。两个公司泾渭分明，这就是一个战略选择。

泰康人寿的方向

主持人：那么，泰康人寿是怎么拟定它的方向的呢？

陈东升：泰康人寿来到这个市场，也要“集势”，短时间“最大”是不可能做成的，创新，又有平安这样一个市场“先锋”。所以泰康定位在“专业化”，就是我们所说的“专业化、规范化、国际化”的战略目标及“不求最大，但求最好”的理念。

大事业做概念，小事业靠人气。保险事业是大的事业，战略性全局的把握、市场和未来的判断尤为重要。大家都知道未来的市场会规范，有的是在眼前还不规范时启用一切手段占领市场，而泰康人寿则是打好现在的基础，树立品牌，而不是去抢市场。这都是方向的不同。

主持人：你做企业有没有什么习惯做法？

陈东升：我做企业就是要做百年老字号，一定要做第一品牌，追求永续经营。

主持人：为了树立这个品牌，泰康人寿近三年来做了哪些事情？

陈东升：一直在做两件事：第一，请“师傅”，建立最好的行销队伍；这一点已经得到回报，泰康人寿几年来人均产值一直都是在市场排名第一的，泰康人寿三年来在北京市保险行业协会是唯一一家没有投诉的保险公司。第二就是在公司发展战略上有比较清晰、准确的发展方向，这一点也得到很多人的认同。

目前，我们要做成五大“工程”：跨世纪人才工程、客户服务工程、信息技术工程、投资与财务、组织机构的建设工程。我们员工自己提出这样一个方向：三年成为寿险业服务最好的公司、五年成为金融行业服务最好的公司、十年成为整个社会服务最好的公司。我们的投资人才要培养专门做债券研究的、专门做债权操作的、专门做交割的。

主持人：人才方面，谈谈保险界首例高层调动，也就是外界说的“跳槽”事件？

陈东升：你说的是刘经纶从平安过来到我们公司做常务副总裁吧。刘总是1981年开始从事寿险业的，原来做过平安北京分公司的“诸侯王”，后来任平安总公司的协理，位置已比较高了。正如外界议论的那样，泰康领导层原来搞保险的少，我们也认识到这一点。所以泰康的第二个位置一直是要请保险专业人士来的。我亲自到平安向马明哲总经理求贤。后来的调动其实不属于“挖墙脚”，而是两个公司之间协商、人才支援。刘总也有很多损失，他放弃了在平安较高的职位和已有的股份。他之所以决定到泰康来，并不是因为公司给他如所传闻的高额报酬，首先是比较认可泰康人寿的理念和稳健经营的特点，还有泰康人寿的超前意识，而我们需要这样有能力做基础制度建设工作的领军人物。

企业像老板？

主持人：你认为做企业与个人性格有多少关系？

陈东升：首先我认为我自己是一个理想主义者。作为一个老板，我也听到部下说我多变、苛刻、爱挑剔。但我认为多变是什么呢？就是不断地学习、思考、修整、完善。

说起做两个企业的老板，那是完全不同的感受。坦率地说，我做嘉德的老板要比做泰康人寿的老板轻松潇洒得多。金融业的老板跟其他企业的老板是不同的，它要求个人素质很高，在泰康人寿这个位置上，必须正直、责任心强、对自己要有很强的约束力。这个企业的老板带有很强的社会公众性，你有几百万、上千万保户投保这个公司，你能不慎重做事吗？

主持人：我听说，你在许多泰康人寿的代理人心目中是一位偶像级的老板。听说你曾对代理人开玩笑说："你们都是我的亲人。"有的人想离开泰康人寿，因为想到你，会打消念头；有的人说看到陈董在泰康人寿，心里对这个企业就有希望。你是怎样做出这样的个人号召力的呢？

陈东升：这也是我一般不愿谈及的，因为算是我的诀窍吧。我是经常去看望他们，跟他们座谈。我确实跟他们说，是抽象地说，你们每个人都是我的"亲人"，员工就是功臣的"臣"。我觉得企业家就像政治家一样，应亲民、勤政。我是把我的员工，尤其是一线的业务人员当作公司的衣食父母，我希望以自身的影响告诉员工什么是最好的管理。

主持人：什么是最好的管理？

陈东升：对上级勤汇报和沟通；对同级，相互支持和理解配合；对部下要爱护和信任，这样才能形成一个优质的链环。

主持人：但我也听你的部下说你用人不当，你所说的公正、公平、公开的干部晋升机制并没有形成。

陈东升：就像每个老板都会讲以人为本，但真正做到这一点还需要许多艺术，可能泰康还需要不断地调整。

三年来也有许多失误的地方，比如在营销体制引进台湾顾问团，当时也应该同时引进国际咨询公司，请专家整合我们内勤和内务管理，在引进时没有舍得大胆花钱，所以技术引进时显得支离破碎。另外，我们在实践上也有失误和教训，人才储备和培养不够，人才的底子打得不够好。在分公司筹备上估计不够，加大了成本。现在我只好派人出去学，到各大专业院校的保险系要毕业生。

还有一点，企业要想留住人才，一定要给他们一个成功人士的构想。员工在一段时间内会关注薪水，但如果他对这个工作环境失去了兴趣，他会立即离开的。员工在满足了衣食住行的基本需要后，成功的感觉对他们就显得尤为重要，所以我的员工都知道泰康人寿是能实现自己中产阶级理想的地方。

主持人：这个中产阶级理想的蓝图是什么？

陈东升：成功的事业、丰厚的收入、充足的闲暇、健康的体魄、高尚的人格、美满的家庭。

主持人：这好像也体现了你的理想主义的个性。

泰康人寿有优势么？

主持人：据你所言，泰康人寿是从“专业化”方面集势，那么如果再有新的公司诞生，在专业化方面有比泰康人寿更强的实力和准备，届时，泰康人寿的优势何以保存呢？

陈东升：我认为，企业唯一可以竞争的就是它的企业文化，就相当于一个人的气质、修养，往往是许多内在的东西决定的，学不来抢不走。而技术是可以学走的，也是可以拿出来的。文化是看不见摸不着的东西，它是一大群人不断创造和累积的过程。比如一说起我们中国的文化，就会想起五千年的历史，会想到孔子、孟子、秦始皇、朱熹、孙中山、毛泽东这些人，因为文化是一代一代人不断碰撞累积的过程。今后一说起泰康人寿的文化，我想人们自然而然会想到：泰康人寿有最优秀的代理人群体、泰康人寿连续两年人均产值最高、泰康人寿三年无投诉、泰康人寿被国内资信机构评为AA级、泰康人寿240万最大的理赔案、泰康人寿规范稳健经营。这就是文化，文化造就了这些事实，也累积成泰康人寿的企业文化。这恐怕是任何公司、任何人都学不走的吧？

主持人：美国国际集团（AIG）是一个知名度很高的国际保险集团，董事长格林伯格从60年代时就开始掌管这个庞大的保险公司，完全按照自己的形象经营公司，成就斐然。但这两年的问题是：除了74岁的柏林伯格之外，谁还能掌管好这个公司。联想到泰康人寿，泰康人寿的很多方面似乎更多体现你个人的风格和特色。你认为一个老板在企业中应该起多大作用呢？

陈东升：有这样一个例子，美国一个企业做得很成功，但调查发现老板起的作用占了很大部分，这样的调查结果出来，它的股票就不会很值钱。如果一个企业，老板的作用占到90%，那我认为这个企业不会是永续经营的。

我认为企业要永续经营下去，需要一些优秀的人才和完善的机制，保证老板离任了，这个企业还能经营下去，依然可以成为永续经营的百年老字号企业。这样的企业更值钱。

当然，最优秀的企业一定有最优秀的老板，最优秀的老板却不一定拥有最优秀的企业。就像“富贵”，“富”不一定“贵”，但“贵”却一定是“富”的。你看，微软的比尔·盖茨、英特尔的葛洛夫、通用电气的杰克·韦尔奇、迪斯尼公司的迈克尔·埃斯纳、雅虎的蒂默西·库格尔等，这些好企业一定有一名最优秀的老板。

主持人：你怎样看待目前的寿险业状况？

陈东升：对于目前的寿险业发展，我是这样看的：自1997年以来，中国寿险业的宏观环境发生了重要的变化，亚洲金融危机、利率持续调降、市场行为监管加强、中国保险市场对外开放进程可能加快。宏观环境的变革将推动中国寿险业在发展模式、竞争战略、销售组织、技术水平等方面发生深刻的变革，中国寿险业其实正面临一次新的发展机遇。比如最近一次调降寿险预定利率，其实对保险进入健康状态是有好处的，这样促使公司和公司之间在专业化、成本控制、管理水准方面拉开距离。

主持人：你是否认为对新公司更加有利呢？

陈东升：总之，泰康人寿成立以后在财务方面一直是持相当稳健的态度。去年，为了避免高利率带来的风险，泰康人寿主动退保了五个亿的保费。到现在泰康人寿没有一笔呆账坏账。

主持人：你能与股东沟通好吗？你的种种对企业的构思，股东能理解和支持吗？

陈东升：今天，股东把6亿资产交给我管理，就是对我的支持和信任。有些人可能把股东蒙来，然后自己搞自己的，自己发财，这样当然有冲突，泰康或者嘉德不是这样的。我有两点是必须恪守的，就是经营者要时时刻刻维护股东的利益，而且这种维护是有原则的。像我们这样时时刻刻想着如何搞好经营的企业，其实股东是打着灯笼都难找的。

（记者 万云）

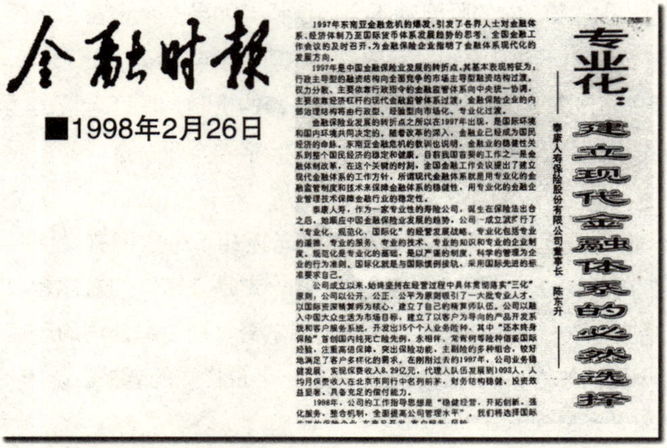

金融时报
■1998年2月26日

专业化：建立现代金融体系的必然选择

——泰康人寿保险股份有限公司董事长　陈东升——

1997年东南亚金融危机的爆发，引发了各界人士对金融体系、经济体制乃至国际货币体系发展趋势的思考。全国金融工作会议的及时召开，为金融保险企业指明了金融体系现代化的发展方向。

1997年是中国金融保险业发展的转折点，其基本表现特征为：行政主导型的融资结构向全面竞争的市场主导型融资结构过渡。权力分散、主要依靠行政指令的金融监管体系向中央统一协调，主要依靠经济杠杆的现代金融监管体系过渡；金融保险企业的内部治理结构将由行政型、经验型向市场化、专业化过渡。

金融保险业发展的转折点之所以在1997年出现，是国际环境和国内环境共同决定的。随着改革的深入，金融业已经成为国民经济的命脉。东南亚金融危机的教训也说明，金融业的稳健性关系到整个国民经济的稳定和健康。目前我国首要的工作之一是金融体制改革，在这个关键的时刻，全国金融工作会议提出了建立现代金融体系的工作方针，所谓现代金融体系就是用专业化的金融监管制度和技术来保障金融体系的稳健性，用专业化的金融企业管理技术保障金融行业的稳定性。

泰康人寿，作为一家专业性的寿险公司，诞生在保险法出台之后，她顺应中国金融保险业发展的趋势，公司一成立就推行了“专业化、规范化、国际化”的经营发展战略。专业化包括专业的道德、专业的服务、专业的技术、专业的知识和专业的企业制度。规范化是专业化的基础，是以严谨的制度、科学的管理为企业的行为准则。国际化就是与国际惯例接轨，采用国际先进的标准要求自己。

公司成立以来，始终坚持在经营过程中具体贯彻落实“三化”原则，公司以公开、公正、公平为原则吸引了一大批专业人才，以国际资深精算师为核心，建立了自己的精算师队伍。公司以融入中国大众生活为市场目标，建立了以客户为导向的产品开发系统和客户服务系统，开发出15个个人业务险种，其中“还本终身保险”首创国内纯死亡险先例，永相伴、常青树等险种借鉴国际经验，注重高倍保障，突出保险功能，主副险的多种组合，较好地满足了客户多样化的需求，在刚刚过去的1997年，公司业务稳健发展，实现保费收入8.29亿元，代理人队伍发展到1093人，人均月保费收入在北京市同行中名列前茅，财务结构稳健，投资效益显著，具备充足的偿付能力。

1998年，公司的工作指导思想是“稳健经营，开拓创新，强化服务，整合机制，全面提高公司管理水平”，我们将选择国际

专业化：
建立现代金融体系的必然选择

1997年东南亚金融危机的爆发，引发了各界人士对金融体系、经济体制乃至国际货币体系发展趋势的思考。全国金融工作会议的召开，为金融保险企业指明了发展方向。

1997年是中国金融保险业发展的转折点，其基本表现特征为：行政主导型的融资结构向全面竞争的市场主导型融资结构过渡。权利分散、主要依靠行政指令的金融监管体系向中央统一协调，主要依靠经济杠杆的现代金融监管体系过渡；金融保险企业的内部治理结构将由行政型、经验型向市场化、专业化过渡。

东南亚金融危机的教训说明，金融业的稳健性关系到整个国民经济的稳定和健康。目前我国首要的工作之一是金融体制改革，用专业化的金融监管制度和技术来保障金融体系的稳健性，用专业化的金融企业管理技术保障金融行业的稳定性。

泰康人寿，作为一家专业性的寿险公司，诞生在保险法出台之后，一成立就推行了“专业化、规范化、国际化”的经营发展战略。专业化包括专业的道德、专业的服务、专业的技术、专业的知识和专业的企业制度。规范化是专业化的基础，是以严谨的制度、科学的管理为企业的行为准则。国际化就是与国际惯例接轨，采用国际先进的标准要求自己。

公司成立以来，始终坚持贯彻落实“三化”原则：以公开、公正、公平原则吸引一大批专业人才，以国际资深精算师为核心，建立了精算师队伍；以融入中国大众生活为目标，建立了以客户为导向的产品开发系统和客户服务系统，开发出15个个人业务险种，其中“还本终身保险”首创国内纯死亡险先例，永相伴、常青树等险种借鉴国际经验，注重高倍保障，突出保险功能，主副险的多种组合，较好地满足了客户多样化的需求。1997年，公司实现保费收入8.29亿元，代理人队伍发展到1098人，人均月保费收入在北京同行中名列前茅，财务结构稳健、投资效益显著，具备充足的偿付能力。

1998年，公司的工作指导思想是“稳健经营，开拓创新，强化服务，整合机制，全面提高公司管理水平”。我们将选择国际先进的保险企业，在产品开发、客户服务、风险控制、计算机技术、人力资源开发等方面，进行全面合作，整体提升管理者的素质和水平。

在这个金融保险业发展的转折时期，顺应历史发展趋势、把握市场先机是在未来的市场竞争中取得主动权的关键。泰康人寿将围绕全国金融工作会议提出的建立现代金融体系的目标，完善内部风险控制、深化企业制度建设。泰康人寿将继续坚持“专业化、规范化、国际化”的发展战略，实现泰康人寿为客户提供优质服务，为股东提供丰厚回报，为员工提供一流的发展机会以及推进民族保险的繁荣与发展的理想。

（陈东升）

金融时报

■2000年11月23日

与国际惯例对话

——访泰康人寿保险公司董事长兼CEO陈东升

与国际惯例对话

——访泰康人寿保险股份有限公司董事长兼CEO陈东升

11月21日，泰康人寿宣布吸纳2亿外资股的海外募股成功完成，瑞士丰泰寿险公司、新加坡国家直接投资公司、软库银行以及一批国际金融投资机构成为泰康人寿的外资股东。至此，泰康人寿一跃成为一家拥有20亿资本金、并带有明显国际色彩的保险公司。

海外募股，从某种意义上说，是一次与国际资本和国际惯例的对话。就泰康人寿募股成功及有关问题，记者采访了该公司董事长兼CEO陈东升。

记者：在中国即将加入WTO的前夕，泰康人寿完成了长期以来孕育在心的一件大事——增资扩股。对泰康人寿和中国保险业来说，它的特别意义在哪里？

陈东升：此次海外募股成功，将极大地提升泰康人寿的核心竞争能力。增资扩股全部资金到位后，将使公司的净资产规模达到20亿元人民币，在资本实力上跨入一个一流公司行列。强大的资本实力将为泰康人寿今后的快速发展提供充足的资本保证。同时，由于外资的加盟，将给泰康人寿带来世界一流的管理经验、技术手段和管理人才，有助于公司按照国际规范化要求运作，从而必将从整体上提高泰康人寿的经营管理水平和参与国际竞争的能力，为迎接加入WTO的挑战奠定了坚实的基础。

就中国保险发展的宏观大局讲，我们是在抓住一个历史机遇。在当今新一轮经济国际化和一体化的过程中，将由跨国公司做主导，重新对世界的资源、资本、人才和信息等生产要素进行组合；如果一个国家和民族赶不上这次重新整合的历史进程，就会被抛向文明的边缘，将失去新一轮国际分工的历史机遇。

改革开放已使国民经济逐步纳入世界经济的轨道，它在全世界培育了一个极具潜力的巨大市场，给我们在世界经济的重新分工中创造了参与跨国公司资本、技术、管理和人才整合的极好机遇，把握住这个历史机遇，将使我国保险业的发展跨上一个新的台阶。

记者：作为一家规模不大、历史不长的保险公司，泰康人寿到海外增资扩股分享国际资本，其中的艰难肯定不少。募股能够成功，主要得益于什么？

陈东升：完全符合国际标准的资本市场运作是泰康人寿此次海外募股成功的重要保证。从中国保监会批准增资扩股起，我们就确定了按照国际资本市场通行做法完成海外募股的工作原则。在募股过程中，我们聘请的财务顾问、法律顾问、审计师、资产评估师都是国际一流的中介机构。例如，我们聘请了里昂证券作为我们的财务顾问；请毕马威会计师事务所帮我们做三年的国际会计准则的审计；请德勒给我们做公司的整体评估；请了一家英国的审计顾问事务所做我们的法律顾问。与四家合作了近四个月，建立了一个非常完善的符合国际水平的资料库，为广泛接受潜在投资者的调查，选择最合适的战略合作伙伴打下了很好的基础。

另外，我们得益于泰康人寿一贯坚持的“规范化、专业化、国际化”的发展战略和良好的经营状况。中国保险市场特别是寿险市场对外资的吸引力不言而喻，外资要看的就是企业是否有吸引力和是否让投资者放心。泰康人寿自1996年成立以来，始终坚持“优质、专业、稳健、开拓”的经营方针，实行稳健经营。公司不仅资产状况非常良好，清偿能力很强，而且没有一笔不良资产和一笔呆账、坏账。外资在泰康人寿看到的是，经营班子年轻、稳定、国际化的眼光和开放的心态，看到的是一个“非常健康、干净的公司”。并且，我们始终坚持将股东利益放在第一位，通过严格的成本费用控制，每年都给股东一些回报，这也是比较符合现代企业制度要求的。

记者：泰康人寿的外资股东分别来自不同的领域。那么，在选择战略合作伙伴，提高公司核心竞争能力上，泰康人寿是怎么考虑的？

陈东升：在泰康人寿的外资股东中，瑞士丰泰是世界上最好的人寿和年金公司之一，也是一家服务最好、发展稳健、很具亲和力和人性化的公司，很符合泰康人寿的特色，它是我们在寿险方面的战略合作伙伴；新加坡政府直接投资公司是新加坡最大的全球性投资机构，在国际上的投资非常成功，回报很高，是我们今后财务投资方面的支持合作伙伴，我们希望届时能为我们培训一批保险公司非常缺乏的投资人才；软库银行是一家风险投资公司，目前在世界上投资了400多家网站。借助其丰富的管理经验，必将推动泰康人寿在网络方面的发展，为广大客户提供全方位的网上保险服务。

除了入股之外，我们与股东还签署了一系列的全面技术合作协议，特别是在员工培训方面，准备在2~3年之间，选拔200~300人到国外学习和培训，希望为泰康人寿、为中国保险业培养一批新一代的金融保险专家。

记者：长期以来，企业内部管理不规范，信息披露制度不健全，是在吸引外资过程中始终没能很好解决的一个问题，所以外资虽然谈判的很多，但最后实际投资很困难。在这方面泰康人寿是怎样让投资者满意的？

陈东升：在这次增资扩股中，我们投入了大量的时间和精力来研究、制定政策和企业章程，以实现与国际先进企业和国际惯例的沟通和对话。我们发现，国内一些最好企业的公司章程和国外的比较还是差得很远。最后，我们参照学习国外先进企业的经验，制定了一个既符合我国公司法，又比较符合国际惯例的新的公司章程。

新的公司章程，核心是把整个体制建立在以董事会为核心权力的决策机制上，引进独立董事，设立专业委员会，全面实行CEO制度；另外，信息披露制度、授权制度、保护小股东利益等我们以前章程不太注意的问题，在新的公司章程里，都率先跟国际惯例和上市公司接轨。我相信，在保险公司里，这是保监会批准的第一个和国际接轨的章程。

外资的引入加速了公司制度建设的规范化和国际化，让我们的整个权力结构真正实现了与国际接轨，把公司建立在了一个长久、有序经营的制度基础上，成为一个未来具有国际竞争能力的现代化公司。

记者：说到CEO制度，目前在国内的金融和保险企业中，泰康人寿是第一个。我国保险界一直强调一级法人制，泰康人寿选择CEO制度，对企业经营发展的实际意义在哪里？

陈东升：中国保险业一直处于不断国际化的过程之中，随着加入WTO，国际化的程度会更高。但是，在与外国保险公司的交流中，许多方面缺少共同的语言和文化。比如在西方公司特别是北美公司，行政一把手一定是CEO。所以，引进CEO，首先是引进一种共同的文化。其次，也是更重要的一点，就是推进现代法人治理结构，把企业建立在一个法制化的基础上。

泰康人寿推行CEO制度，使CEO制度法律化，是要建立一个长治久安的公司治理体系。保险公司是百年基业，一定要保证其长久发展下去。

（记者 牟龄）

北京青年报

■2000年11月27日

泰康人寿董事长兼CEO陈东升
用20年打造跨国公司
泰康人寿董事长兼CEO陈东升

泰康人寿董事长兼CEO陈东升
用20年打造跨国公司

上周，泰康人寿保险公司的外资参股成为国内金融保险领域的大事。增资扩股完成后，泰康公司的资本金达到20亿人民币。作为一家四年前才成立的股份制保险公司，这已经是让很多人为之侧目的战绩。然而，泰康的创始人、现任首席执行官陈东升的雄心显然还远不止于此，把外国人的资金引进来不过是争取未来的开始。

从中仪大厦到国际金融大厦 泰康迅速扩张

采访陈东升，是在他要出国公干的前一天。泰康的员工们对于董事长这种“空中飞人”的工作安排已经司空见惯。连续工作多日的陈东升双眼微红，但是兴奋的心情还在。

1996年，把嘉德拍卖行搞得有声有色的陈东升忽然做起了保险。那时候，泰康把公司设在北京西直门的中仪大厦，那幢大楼的门前似乎永远都像一片未完工的工地。1999年，泰康上海、成都和沈阳的三家分公司相继获准筹建，加上北京、武汉、广州三家早已运营的分公司，泰康人寿在全国六大区域中心的布局基本完成。2000年，泰康把总部搬到了金融街，搬进了国际金融大厦。

所有这些迹象都表明泰康在迅速地成长。1999年，泰康的保费收入达到6.31亿元，公司总资产18.9亿元。但是这种快速发展的状况，使相对较少的资本金成为阻碍泰康保险业务规模扩大的障碍。

递到保监会的申请 得到国务院首肯

加入WTO，对于中国来说只不过是个时间问题。允许更多的外国保险公司进入中国市场，无疑是中国入世谈判桌上一个重要的话题。而陈东升在泰康成立之初就已经感到了外国保险公司的威胁。现在，陈东升把这种威胁称之为“在家门口的国际竞争”。目前，国内保险公司的保费与资金准备的比例一般是8:1。也就是说，如果保险公司保费8个亿，必须要有1亿的准备金。资金缺口的存在，是中国保险公司在竞争中的最大劣势。这是泰康提出增资扩股的初衷。

泰康此次对外宣布海外募股成功，特别强调的是得到国务院、保监会批准的第一家进行中资扩股、外资参股的国内保险公司。去年8月间，泰康正式向中国保监会提出增资并吸纳外国资本参股的申请，然后就开始了两个月层层向上的申请过程。很明显，进一步向国外保险业开放中国市场已经是大势所趋，与此同时，国内的保险业则仍然处于脆弱期。因此，以外资参股的形式吸引外国资本，把参股比例控制在25%以下，在吸纳外资的情况下，不丧失经营管理权，这是一个合理的选择，受到国家的鼓励。

1999年9月23日，泰康人寿得到了保监会批准吸纳两亿外资股份的批复。

花重金建资料库 泰康着眼未来上市

陈东升说：“泰康这次是私募2亿外资股，本来可以独立进行。但尽管是私募，我们还是决定完全按照国际上市公司的方式进行。实际上是着眼未来上市的一次演练。”泰康获准吸纳外资股份的消息得到了迅速传播，并引起了外国投资公司的兴趣。

因为泰康扩股的资金量相对较小，像高盛、摩根斯坦利这样的大机构只是和泰康方面进行了礼节性的接触。另外大约还有10家投资机构更为迫切想得到泰康这单生意，协助泰康完成海外募股。最后，泰康选择了里昂证券作为财务顾问，独家参与泰康人寿设计工作计划和工作流程，全面协调海外募股事宜。同时，聘请毕马威会计师事务所（KPMG）按国际会计准则进行财务审计；聘请德勒的独立精算师对公司资产和集体价值进行评估；此外，还有香港和内地的两家事务所作为法律顾问。也就是说，一切的运作都是按照国际标准进行。对于泰康的财务审计，精确到了过去四年的每一张保单。高质量的服务同时意味着高标准的收费。也有泰康的股东质疑这样的投入是否有必要，但是陈东升认为现在的复杂，代表将来上市的“简单”。

按照国际惯例，要上市，第一件事就是建立和完善资料库。泰康与聘用的中介机构合作了近四个月，建成了符合标准的资料库。泰康海外募股的执行人之一张晓明解释说："所谓资料库就是一间屋子，人家进来后能够了解你公司的所有情况。"泰康所有的合同、章程、会议记录、财务报表都在里面，公司所有该披露的资料统统在里面。后来的情况表明，在信息披露方面下的工夫，是泰康完成海外募股的重要一步。

外资来来往往 瑞士丰泰浮出水面

一开始，泰康的目标就很明确，一定要找一家外国的保险公司参股，提升公司的管理和技术水平。在资料库建成后，陆续有100多家外国企业到泰康做审慎调查，其中包括欧洲、北美、澳洲和日本的很多著名寿险公司。

与泰康的接触中，顶级的美国公司都希望未来能在泰康有更强的"话语权"，而泰康基本原则是保持经营权的完整性和独立性。所以，与美国公司的接洽一般都止于原则层面。另一方面，与瑞士丰泰的谈判逐渐进入实质性阶段。

1997年，瑞士丰泰成为第一家取得许可证在中国经营财险的外国保险公司。他们的首席执行官邓亦然说："北京街道上跑的高级轿车越来越多，还有不断增加的高档住宅区，超过4000万的个人持股者的股票值占到整个股票市场资本总额的10%，这些发展都意味着巨额货币储蓄。"有感于中国个人理财市场广阔的发展空间和诱人的发展前景，使得瑞士丰泰想加快进入中国寿险市场的步伐，参股国内的保险公司是捷径之一。

在资料库进行初步调查后，丰泰开始进行"尽职调查"，也就是根据泰康提供的各种财务报表，评估泰康的资产结构和经营状况。在丰泰和泰康都出价后，接下来就是双方在股价问题上的讨价还价。陈东升和邓亦然都没有透露最后的价格，但是陈东升说，泰康经营者的压力比较大，因为股东的出价高，要求的回报也高。

2亿内部股 陈东升给泰康员工做"金手铐"

本次泰康增资扩股，增加的资本金从原来的6亿股扩充到10亿股。除了2亿外资股，还包括新增加的员工内部持股。陈东升一再表示，他要用持股计划和期权计划，送给泰康员工一个"金手铐"。

在进入保险界的时候，陈东升是"抢人"的角色。现在，陈东升说，有一天人家也要抢我的人，他需要未雨绸缪，确保泰康专业团队的稳定。让他们持有泰康的股票，对现实和未来的"收益"都满怀期待，无疑是有效的办法。过去，陈东升提倡在泰康搞"福利主义"，让大家都满意。现在，他的观念更新了，专业化也需要用高薪来体现。

经济学博士出身的陈东升，喜欢宏观地考虑问题。他认为，这几年中国经济领域处理一些大问题、事情的发生大都在1997年以前，重要的原因是缺乏利益分配机制。陈东升说，现在即使有人拿1000万元来贿赂我也没用，因为我知道自己的身价。泰康增资扩股，在某种程度上，也让陈东升从另一个角度，诠释了自己作为公司创始人的价值。

陈东升 国内金融企业首位CEO

参股泰康的另外两家重要投资者，分别是新加坡政府直接投资公司“新政投”和日本的软银。

“新政投”的高级副总裁洪荣兴先生说，在四年前，“新政投”就希望成为泰康的股东，但是当时存在政策性问题。软银的董事总经理后腾顺一，讲中文的时候几乎可以冒充中国人。所有的事情都说明，外资在努力向中国市场靠近。同时，中国企业也在不断调整自己的节奏。

现在，陈东升是泰康人寿的董事长兼首席执行官，也就是说，陈东升是国内金融机构里的第一个CEO。实际上，不引入CEO的体系，陈东升也是泰康实质上的CEO，他掌握着对泰康人、财、物的控制权，这与CEO的权力范围是一致的。引入CEO的概念，出发点仍然是泰康未来的发展。

陈东升对数字比较敏感。他说这几年考察了一些欧美的大公司，发现九年是很多CEO的任职年限：前三年是CEO；中间三年是权力巅峰期，担任董事长兼CEO；后三年，淡出预备期，辞掉CEO，担任董事长。现在，陈东升是董事长兼CEO。

研究500强 中国应该超过日本

与陈东升的谈话，记者对他说的另一个数字印象深刻——20年，可以塑造一个跨国公司。1989年，陈东升发表了一篇论文，对中国、美国和世界500强企业做了比较性研究。那时候，在世界500强里面，有160家美国公司、110家日本公司。对此，陈东升的感觉是，有一天，中国起码应该超过日本。

与软银合作，还反映了陈东升对新经济的认同。泰康在线已经开通，尽管目前只有100多张保单，但是陈东升认为提供网络寿险服务前景美好。同时，陈东升认同的另一个新经济特征是资本效益的快速显现。

陈东升认为，20年基本是一家跨国公司成型所需要的时间。再过五年，联想、海尔这样的公司都有可能成为真正的国际企业。而这个规则也将适用于泰康。

（记者 殷迈）

科技智囊 ■2001年1月

泰康人寿董事长兼CEO

欲造保险旗舰

泰康人寿董事长兼CEO陈东升
欲造保险旗舰

与中保、平安、太保这些老公司相比，四年前才诞生的泰康人寿要算是个小弟弟了。但是这个小弟弟出生之后就一直身手不凡，继连续创下了AA评级、最大的理赔案、三年无投诉、第一家设立分支机构、件均绩效第一等诸多第一之后，又于2000年11月完成了外资募股工作，从而使其资本金一举达到了20亿元人民币。这一连串令人瞩目的战绩，不能不让人把目光集中在泰康人寿的灵魂人物——陈东升身上……

开拓一个行业成了癖好

在改革开放的大潮下，北京有一批受过高等教育、长期在国家高层管理部门工作，且从事过宏观经济研究的人下了海，这批人有个特别的称号——儒商，陈东升就是其中之一。

陈东升大学毕业后在对外贸易经济合作部国际贸易研究所从事经济研究工作。1988~1993年又在国务院发展研究中心任《管理世界》常务副总编辑。据陈东升说，他之所以要下海，与一次会议有关。

1992年陈东升来到走在改革开放最前沿的深圳，参加一次证券工作会议。在会上他吃惊地发现来开会的那些腰缠万贯的大老板们最多不过是些偏远山区的专科毕业生，为了摆脱艰苦生存环境他们不辞辛苦到深圳淘金，一夜暴富。望着那些神采飞扬的大老板们，在陈东升身上潜伏已久的那种做事业的愿望终于爆发了。

1993年，陈东升下海创办了中国嘉德国际拍卖有限公司，如今这家人们耳熟能详的拍卖公司已被称为中国的索斯比，中国拍卖行业的龙头老大。

创办嘉德时，公司定位为高品位，公司办公地点选在五星级的长城饭店，一天85美金的房子一开就是五间。从1993年3月12日开房直到1994年3月27日第一次拍卖，整整一年没有收成，而陈东升常有的灿烂笑脸也随之消失了整整一年。每天425美金的悄悄流逝，再加上必不可少的人员工资和其他开销，令陈东升自己都不知道是如何挺过来的。但是最终嘉德成功了陈东升成功了。

在陈东升创办嘉德之前，中国也有拍卖公司，但那其实是一种典当生意。是嘉德引发了中国对艺术的关注，是嘉德让中国的拍卖产业化，是嘉德引进了国际专业的运作理念和文化，成为了拍卖业的示范和榜样。和陈东升的那位师兄一样，陈东升也带动了中国拍卖行业的理论研究和发展。也许就是陈东升喜欢带动一个行业的癖好，让他在嘉德名声日隆的时候，转向了保险业。

在东京看到了保险公司的摩天大楼

1990年，陈东升随中国青年代表团去日本访问，在东京他看到了许多直插云霄的摩天大楼，一问才知道这大都是属于保险公司的。陈东升立即来了兴趣，回去就买了许多关于保险的书又搞起了研究，其中有一本对他的启发很大，书名叫《谁在控制日本？》，他发现在日本、欧美等国家，人寿保险公司的保费收入是国民经济中长期性资金的重要来源，在《财富》评出的500家全球大公司中，保险公司也占有一定的份额。而发展中的中国保险市场巨大无比，中国一定需要一个专业化、规范化和国际化的保险公司。

1992年，陈东升在筹备嘉德时，开始利用周末时间筹备泰康人寿。他把所有能买到的保险书都看了，越看越有信心，好像真正的泰康人寿就矗立在了陈东升的眼前。

与嘉德相比，陈东升对泰康人寿倾注了更多的精力和时间，泰康就像一个深洞一样，把陈东升所有的精力、青春、年华、智慧都吸收进去。

陈东升认为泰康保险是一个大事业，靠一个人的能力和智慧不够，靠一个班子的能力和智慧也不够，它要靠一大批优秀的专业人才，还要靠现代化的经营理念、管理理念及很强的企业文化。对陈东升而言，经营泰康人寿是完全置身于一个管理创新的领域，是在打造一个巨大的系统工程。

一半的时间花在了海外

尽管陈东升并没有从事过保险业的工作，但是嘉德的经验告诉他，只要把国际上最成功的同类企业的经验作为学习的榜样，就离成功不远了。

保险业在国外已有几百年的发展历史，中国企业能够迅速发展的最好方式就是模仿，谁最早模仿，谁模仿得好，谁善于模仿，谁就能在这个行业里领先一步。陈东升认为，泰康人寿要找一个最好的保险公司来模仿，模仿中会产生教条主义，教条主义在实践中得到修正。做企业刚开始学习国际上的同类先进经验，可能有一个教条照搬的过程，在教条照搬中，本土主义会产生很强的抗体，排除根本不符合中国国情的方式或方法，同时逐步产生出稀有的、在本土上有很强扎根能力的经验和方式。

有了这样的指导方针，陈东升便在泰康人寿创办的头两年经常性地出国，并把各国保险中那些他认为好的经验带回了泰康。

在那两年里，陈东升去过香港的AIG、国卫、中保、瑞士再保险、国泰；去过台湾的国泰人寿、星光人寿、南山人寿、安泰人寿、幸福人寿、大都会人寿；去过日本生命；去过新加坡大东方人寿；在美国，去过信诺保险、纽约人寿、大都会人寿、公平保险、西北保险公司；还去过加拿大的伦敦人寿、欧洲的瑞士丰泰、瑞士再保险公司。这二十几个保险公司，他不是走马观花，而是真正去请教、学习、研究。

在众多保险公司中，他对美国西北保险公司印象尤其深刻，这是一家完全本土化的公司，在全国赢利占第一名，在美国公众心目中的信誉最佳，而且专做白领阶层的保险服务，陈东升认为它是美国最好的保险公司之一，也是泰康最佳的学习榜样。

如今的泰康营销体制来自东南亚、台湾、香港的华人地区。陈东升花重金请来台湾顾问团进行代理人培训、市场开拓；营销经验借鉴国泰模式、安泰模式、南山模式及友邦模式；信息技术、精算、管理、财务和投资方面等内务管理则向欧美学习，是欧美模式，这些都是向世界一流跨国企业学习的结果，也是“专业化、规范化、国际化”的体现。他希望把泰康建成一个以中高收入阶层为服务对象的豪华百货店，不求最大，但求最好。

偶像级的亲人老板

在泰康人寿的代理人中，陈东升是一位偶像级的老板。在泰康内部普遍流行一种说法，即“如果有人想离开泰康人寿，因为想到了陈东升，就会打消念头”。有人说看到陈东升在泰康人寿，心里就觉得这个企业有希望。

陈东升之所以有如此之强的号召力，其诀窍就是企业家要像政治家一样“亲民、勤政”。他经常去看望代理人，跟他们座谈，经常挂在嘴边的一句话是“你们每个人都是我的亲人”。陈东升把员工，尤其是一线的业务人员当做公司的衣食父母。

在激烈的竞争中，为了留住人才、吸引人才，陈东升曾发誓要让泰康人寿成为实现员工中产阶级理想的地方，这个中产阶级理想就是：成功的事业、丰厚的收入、充足的闲暇、健康的体魄、高尚的人格、美满的家庭。

他认为，企业要想留住人才，一定要给他们一个成功人士的构想。员工在一段时间内会关注薪水，但如果他对这个工作环境失去了兴趣，他会立即离开的。员工在满足了衣食住行的基本需要后，成功的感觉对他们就显得尤为重要。

在泰康的增资扩股中，除了2亿外资股，还包括新增加的员工内部持股。陈东升半开玩笑地表示，他要用持股计划和期权计划，送给泰康员工一个“金手铐”。

目前在泰康，陈东升可以说是个大忙人，但陈东升对此可不满意，他举了这样一个例子，美国一个企业做得很成功，但调查发现老板所起的作用占很大部分，这样的调查结果出来，它的股票就不会很值钱。如果一个企业，老板的作用占到90%，那这个企业不会是永续经营的。

陈东升认为企业要永续经营下去，需要优秀的人才和完善的机制，保证老板离任了，这个企业还能经营下去，依然可以成为永续经营的百年老字号。这样的企业更值钱。当然，最优秀的企业一定有最优秀的老板，最优秀的老板却不一定有最优秀的企业。就像“富贵”，“富”不一定“贵”，但“贵”却一定是“富”的。

20年成就跨国公司

1989年，陈东升发表了一篇论文，对中国、美国和世界500强企业做了比较性研究。那时候，在世界500强里面，有160家美国公司、110家日本公司。对此，陈东升的感觉是，中国起码应该超过日本，他要从泰康做起。

如今泰康的网站泰康在线已经开通，陈东升认为提供网络寿险服务前景颇为美好。同时，陈东升认同的另一个新经济特征是资本效益的快速显现。他的观点是，20年基本上是一家跨国公司成型所需要的时间。再过五年，联想、海尔这样的公司都有可能成为真正的国际企业，而这个规则也将适用于泰康。

在陈东升的带领下，泰康的办公地点从1996年设在北京西直门的中仪大厦，到2000年把总部搬到了长安街，搬进了国际金融大厦。1999年，上海、成都和沈阳的三家分公司相继获准筹建，加上北京、武汉、广州3家早已运营的分公司，泰康人寿在全国六大区域中心的布局基本完成。2000年11月泰康引入外资增资扩股的计划，又使泰康拥有了20亿元人民币的资本金，泰康又要起飞了。

（记者 天鸣）

财经时报

■2001年1月5日

陈东升：泰康步子要加快

2000年是泰康人寿保险公司的一个里程碑。这家刚满4周岁的保险公司，在经历了低谷后爆发出的力量，让人们惊叹。去年，泰康圆满完成海外募股，在年底又获准建立了天津、南京、杭州、济南、郑州等5家分公司，在国内基本完成其市场布局。他们的带头人——公司创始人、现任董事长兼首席执行官陈东升更显得雄心勃勃，他说，泰康人正在为一家百年公司奠定基础。

陈东升，湖北人。别看他现在做起保险来有滋有味，可当初在起草泰康人寿初创文件时，他说自己是颤颤巍巍地写下注册资本金一项的。从武汉大学经济学系毕业后，陈东升在对外经济贸易合作部国际经贸研究所从事经济研究工作。1988年，他开始担任国务院发展研究中心《管理世界》常务副总编辑。

1993年，陈东升和几个哥们在北京东单一个小酒馆里的聚会后，中国有了第一家具有国际拍卖概念的拍卖公司——中国嘉德国际拍卖有限公司。由于引进了国际先进的运作理念和文化，嘉德在一年多的时间里成为了一家拍卖品齐全、拍卖业绩卓然、在国内和国际上都享有较高声誉的拍卖公司。可就在拍卖行红红火火的时候，陈东升却在1996年调头发起筹组了泰康人寿。

现在回想起泰康人寿刚刚成立的日子，陈东升还是很感慨："当时看到我们的男业务员出门必定是西装领带、女业务员没有不施淡妆的，同行们都惊呼狼来了。"

不过，陈东升在保险业的路并不是

陈东升：泰康步子要加快

2000年是泰康人寿保险公司的一个里程碑。这家刚满四周岁的保险公司，在经历了低谷后爆发出的力量，让人们惊叹。去年，泰康圆满完成海外募股，在年底又获准建立了天津、南京、杭州、济南、郑州等五家分公司，在国内基本完成其市场布局。他们的带头人——公司创始人、现任董事长兼首席执行官陈东升更显得雄心勃勃，他说，泰康人正在为一家百年公司奠定基础。

陈东升，湖北人。别看他现在做起保险来有滋有味，可当初在起草泰康人寿初创文件时，他说自己是颤颤巍巍地写下注册资本金一项的。从武汉大学经济学系毕业后，陈东升在对外经济贸易合作部国际经贸研究所从事经济研究工作。1988年，他开始担任国务院发展研究中心《管理世界》常务副总编辑。

1993年，陈东升和几个哥们在北京东单一个小酒馆里的聚会后，中国有了第一家具有国际拍卖概念的拍卖公司——中国嘉德国际拍卖有限公司。由于引进了国际先进的运作理念和文化，嘉德在一年多的时间里成为一家拍卖品齐全、拍卖业绩卓然、在国内和国际上都享有较高声誉的拍卖公司。可就在拍卖行红红火火的时候，陈东升却在1996年挑头发起筹组了泰康人寿。

现在回想起泰康人寿刚刚成立的日子，陈东升还是很感慨："当时看到我们的男业务员出门必定是西装领带，女业务员没有不施淡妆的，同行们都惊呼狼来了。"

不过，陈东升在保险业的路并不是一帆风顺的。他承认在这四年多当中泰康人寿走过弯路，也经历过低谷，但他对现在和将来更乐观。他说："我们不仅要在中国保险市场上创造辉煌，还要选择时机，向国际保险市场进军。"

现在，陈东升是泰康人寿的董事长兼首席执行官，他也是国内金融机构里的第一个CEO。实际上，即使不引入CEO体系，陈东升也是泰康实质上的CEO，因为他一直掌握着对泰康人、财、物的控制权，这正是CEO的权力范围。

1999年，泰康人寿上海、成都和沈阳的三家分公司相继获准筹建，加上北京、武汉、广州三家早已运营的分公司，泰康人寿在全国六大区域中心的布局基本完成。2000年，在增资扩股的同时，陈东升还给泰康员工戴上了"金手铐"，他希望用员工持股计划来确保泰康专业团队的稳定。

2000年，泰康人寿还把总部搬进了北京长安街边的国际金融大厦。面对中国加入WTO后的巨大机遇和挑战，陈东升号召全体泰康人，为把泰康人寿塑造成最具亲和力、最受市场青睐的专业化寿险公司而继续努力。

（记者 张春辉）

中国经营报
■2001年1月11日

泰康奏响国际歌
泰康人寿的国际梦
陈东升：从梦想走向光荣
第一个CEO谈CEO

■ 点评：

2000年，泰康人寿完成海外募股，并以此为契机，在中国金融业率先实现治理结构国际化，实行管理层首席制，引进独立董事，完善公司章程，使泰康人寿具有长远发展的制度框架。

泰康奏响国际歌

泰康人寿的国际梦

在经历了1996年企业初建时的声名鹊起之后，泰康人寿三年多来一直在跑道上滑行，直到2000年才终于来到了起飞点上。去年，泰康人寿连续以三个漂亮的前空翻动作重新又回到了金融舞台的中央：筹建多家分公司，基本完成国内市场布局；圆满完成海外募股，引进瑞士丰泰人寿保险公司、新加坡政府直接投资有限公司和日本软库银行等国际知名机构作为战略投资者，并使公司的净资产从8万元人民币增至20万元；第三件事则是改换公司形象，将总部从租用的中仪大厦搬到自己买下的楼盘——北京长安街的国际金融大厦。

泰康之初

2000年岁末，泰康人寿董事长兼CEO陈东升站在位于11层楼的泰康人寿客户服务中心窗前，眺望华灯初放、车流如织的长安街，向记者讲述了自己1992年在上海新锦江大酒店的一个普通标准间里为泰康人寿勾画最初设计草图时的情景。当时他在一张便笺上信心十足地写下了一份颇具气魄的策划案——筹建一家人寿保险公司，不过在为新公司设计注册资本时，他的自信心就不是那么充足了，那时他下了极大的决心、发挥了极大的想象力才把注册资本金定在1500万至2000万美金之间（约合1.6亿人民币）。

“四方人寿”是陈东升最初给他想创办的保险公司起的名字，接着他把“四方”更名为“南山”，大概是由“寿比南山”联想到的。然而，在接受有关政府审批时，发现南山人寿已被台湾一家保险公司注册使用。陈东升马上开始翻辞典，在一个小时的时间里把他心目中理想的保险公司定名为“泰康人寿”，“泰康”是我国夏商时代一个帝王的年号。

泰康人寿保险股份有限公司最初的几位元老会聚在北京保利大厦，在那里绘画出了一个年轻的新型人寿保险公司的蓝图。“专业化、规范化、国际化”这个三字经也正是陈东升从保利筹建保险公司创业伊始就定下的框框。泰康人寿正是念着这样的三字经从保利到了中仪大厦，然后又搬到了长安街边的国际金融大厦，并在这里完成了泰康人寿的海外增资扩股。

像上市一样的增资操作

外国公司虽然在中国投资很热，合资谈判非常多，但最后真正落实的投资和当初的意向投资额之间往往差了很大一截，让外国投资者望而却步的常常是管理的不规范和信息披露制度的不健全这两个国内企业的死穴。在进行合资谈判时，陈东升却没有类似的烦恼，因为被国际投资者普遍看重的“专业化、规范化、国际化”原则一直是泰康公司的座右铭，而他们对增资扩股事实上也完全按照像在海外上市的程序一样来操作的。

首先他们聘请的财务顾问、法律顾问、审计师、资产评估师都是国际一流的中介机构。例如，他们聘请了法国的里昂证券作为他们的财务顾问，主要策划募股工作。之所以选择里昂，是因为泰康想找一家相对斯文一些的欧洲保险公司作为伙伴，免得再遇到像以前谈的美国保险公司那样野心和胃口都过大的家伙，张嘴就要50%的股份做聘礼，少了就不干。为了显示自己的诚意，泰康专门请来了毕马威会计师事务所按照国际会计准则帮自己做三年的审计，同时又请出德勤会计师公司给公司做整体评估，而法律顾问则是一家英国律师事务所。

在与上述四家合作工作的近四个月时间里，一个完善的、符合国际水平的资料库最终在泰康总部建成。这个资料库接待了100多家外国企业的深入考察，通过资料库，他们看到这是一家有诚意、规范、健康而且“干净”和“透明”的企业。因为资料库如实地把泰康公司所有的情况都反映出来了：泰康人寿几年来的经营没有一笔不良资产，没有呆账、坏账，始终将股东的利益放在第一位，通过严格的成本费用控制，每年都能给股东一些回报，虽然不是很高，但股东们都感到比较满意。泰康这种素面朝天式的透明和坦诚真正打动了投资者，同时由于资料库做得好，也为谈判和沟通省去了很多中间环节，大大节约了成本。

完成增资后的泰康公司在以下几个方面取得了突破：树立了股东大会的最高权威、建立了以董事会为核心的权威决策机构、规范了公司的信息披露制度、建立了授权制度，还有就是设立CEO这个职位。从国际角度看，这些规定都很稀松平常，但在国内金融界，这些可都是真正开先河之举——如果能够完全做到的话。

新版泰康全家福

通过对100多家意向企业的筛选，最后泰康选定了三位兼具战略伙伴身份的新东家：第一位是瑞士丰泰保险公司，这是一家业务遍及世界范围的寿险、年金保险公司，可以为泰康提供保险业务方面的战略合作；第二家是作为财务投资伙伴的新加坡政府直接投资公司，这家公司管理着新加坡所有的外汇储备，在世界上投资非常成功，陈东升希望他们能为泰康培养一批投资人才；第三家是世界风险投资巨头日本软库银行，软银在考察了由泰康人寿全资投建的“泰康在线”网站后，认为泰康在线可以直接交易，可能会产生很大效益，因此极为坚持要投资泰康。

泰康引进外资股东可不是简单地冲着钱去的。在与新股东签订认购股份协议的同时，泰康还坚持要求签署一份全面技术合作协议、员工培训协议和电子商务合作协议，从其产品开发、财务投资、信息技术、人员培训、客户服务和网站建设等方面要求外资股东一一提供支持。而且协议中详细写明细则，一条条都定得清清楚楚。陈东升说，在信息披露方面泰康公司对外资股东必须严谨透明，在明确外资股东的责任方面也必须同样严谨透明，双方必须形成这方面的习惯，因为这也是国际上的惯例做法。

天翻地覆泰而康

2000年，在管理层对金融企业上市的态度基本明朗之后，泰康公司董事长陈东升也表达了公司力争3~5年上市的强烈愿望，而泰康之所以设计这样的股东结构，有利于推进未来的海外上市也是关键考虑因素之一。

增资扩股增强了泰康的资本实力，为公司今后的快速发展扫除了不少障碍。另外，各外国股东将派出专家团对泰康人寿进行诊断，提出全面的改革措施。如泰康与瑞士丰泰的全面合作就包括了产品开发、精算技术、资产管理、信息技术、市场营销、人力资源开发等领域。

陈东升做企业的想法最初缘于他在《管理世界》搞“中国500家大型企业”评选时对中外企业的研究和观察，做一家中国的跨国公司的梦想从那时就植根在他的心中，这个梦想也被一次又一次地描绘给了他的员工。在陈东升看来，外资公司本土化和本土公司国际化都是一个跨国公司的必经之路。泰康人寿此次海外募股的成功，不仅是资本金实力增强的简单推算，而且带来管理、技术和人才方面的几何级增量变化。

陈东升：从梦想走向光荣

十多年前，陈东升的理想可不是领导一家跨国保险公司，而是当一名教授，领导一群学生进行智力探险。从武汉大学经济系毕业后，陈东升在外贸部国际经贸研究所从事经济研究工作，不过却是“人在曹营心在汉”，那时他念念不忘的是有朝一日能重回武大，买一只皮筏，带着自己的72弟子荡舟东湖，谈天说地……

人总是会变的。十多年过去了，今年，陈东升的目标已经不是在珞珈山下，东湖之滨浅吟悄唱，而是要率领泰康公司在中国市场上杀伐征战，并向国际保险市场进军了。他不无傲然地说：“现在即使有1000万的年薪，我也不会动心了。”十年教授清梦，今日市场金身，这样一种别具风味的事与愿违的结果，似乎也并没让他感到有什么明显的失落。而在母校武汉大学眼里，陈东升的身份也已经是被收进《名人录》的著名企业家，而不是他所希望的纯粹知识分子了。

嘉德——第一个企业

1988~1992年，陈东升在国务院发展研究中心《管理世界》做常务副总编辑，负责组织每年一度的中国500家大型企业评选研究和发布工作，认识了很多企业家，在把中国的企业与国外500强进行比较时，突然对创办企业有了许多感触和冲动。不过他也明白：大事要敢想，小事要一点点地做。

陈东升最初想办的企业是一家清洁公司，也曾经参与做过快递公司。1993年，他又被报纸上的一句话吸引住了：“中国是一个五千年的文明古国，还没有自己的拍卖行。中国呼唤中国的‘索斯比’（世界著名拍卖行）。”这句话使陈东升掉转方向，开始筹备中国的“索斯比”。

现在来听听陈东升回忆起当年是很有意思的：“1992年出台了两个重要文件：一个是《有限责任公司暂行条例》，一个是《股份有限公司暂行条例》。这是两个开启中国现代化企业的法律文件，没有它们，我们想做老板也是不可能的。但我们赶上了这两份重要文件，我想到可以办成股份制的，自己筹钱嘛。我办嘉德时想，只要能筹到500万元就不错了，没想到一下子就筹到了2000万元，实在太高兴了。原先找个四合院办拍卖公司的设想被打破，直接就把公司筹建点设在了当时北京最好的酒店——长城饭店。”

陈东升创办的中国嘉德国际拍卖有限公司，由于引进了国际先进的运作理念和文化，在一年多的时间里就成为一家拍卖品齐全、拍卖业绩卓然、在国内和国际上都享有较高声誉的拍卖公司。嘉德的成功使陈东升更加坚定了一个信念：要做就做有国际概念的。

泰康创业

泰康人寿的起步实际上就建基于这种国际化观念之上。陈东升认为，中国在泰康建立之前就有了最大的保险公司和最有创新精神的保险公司，但却没有最专业的。他说："做保险企业是做百年老店，一定要做得规范，才能有品牌；要有国际化概念，所以我们一直提出专业化、规范化、国际化。"

概念是不错，但要真正走起来可就不是动动嘴皮子的事情了。陈东升至今仍对1996年那个夏天记忆犹新："1996年6月在动物园开招聘会，没有桌子，没有椅子，我们都站着，西装革履，把每一个来应聘的人当作世界上最杰出的人才，不断地游说。当时虽说我是董事长，实际上就是泰康人寿的第一任营销部经理。"

有付出总会有回报。泰康与它高薪请来的台湾顾问一起在国内保险界刮起了强劲的"泰康风"，当时的泰康人寿给媒体留下了很深的印象："每位泰康先生都是西装领带，仪表堂堂；每位泰康女士都着职业裙装，娥眉淡扫"。至于其他几家保险公司则都有"谈泰康色变"的危机，因为泰康人确实专业而且层次高。在泰康人寿前几期的招聘中，保险代理人必须是正规院校大专以上文化水平。

尽管如此，保险企业的艰辛还是大大超过了陈东升的想象，远不像他做第一个企业嘉德那样如意。在做泰康人寿第三年时，陈东升曾开玩笑地说："做金融企业的老板太累，约束太多，泰康就像一个深洞一样，它会把我所有的精力、青春、年华、智慧都吸收进去。"做嘉德成功之后，由于工作上的关系，他的生活环境很优厚，出差都要坐头等舱，住豪华宾馆。初到泰康时，还得重新找房子，与员工一起去买办公家具。他说："当时记得新源里那儿有家加州牛肉面，常常中午吃碗牛肉面了事。自己都觉得好感慨啊，何苦又落到这般田地？"而最艰难的是公司管理越来越耗费精力，台湾顾问团撤去，再加上市场利率变化，公司业绩一再滑坡，更有声音传到他耳朵里："这个老板不懂保险"。落差开始从体力渗透到他的内心。

西游记和南行记

做泰康人寿，按照陈东升自己的话说，是要"倒空"——把自己过去的一切都格式化，成为一张空白的磁盘，从零开始，尽管当时泰康处境维艰，但陈东升并没有失去方向感。他相信，在中国做企业一定要找国际上最成功的同类企业作为学习的榜样，尤其是保险业，国外已有几百年的发展历史，我国保险业要迅速发展，最好的方式就是模仿。

在两年多的时间里，他去过香港的AIG（美国国际集团）、国卫、中保；去过台湾的国泰人寿、星光人寿、南山人寿、安泰人寿、幸福人寿；去过日本生命；去过新加坡大东方人寿；在美国，他去过信诺保险、纽约人寿、大都会人寿、公平保险、西北保险公司；还去过加拿大的伦敦人寿、欧洲的瑞士丰泰、瑞士再保险公司。“这二十几个保险公司我都不是走马观花，而是真正去请教、学习、研究。看到那些跨国公司的资产规模、经营模式、管理方式，对泰康的未来真正有了感觉。”陈东升说。

事实证明，这种学习实在是太合算了。2000年，泰康继筹建上海、广州、成都、沈阳等分公司后，年底又获准筹建了天津、南京、杭州等五家分公司。泰康1998年建立的分公司武汉和广州成本高达2000万，经过向香港丰泰人寿分公司经理请教跨国公司如何建立分公司，得到秘诀是：五年必须盈亏打平，在当地市场进入前五名，每年资本回报不能低于25%，保险公司还要向麦当劳模式学习。果然，泰康建立第三批公司时，费用就从2000万降到了400万元。

他学习的用心和细心从一些小事上就可见一斑。在现在泰康人寿的客户服务大厅，有两个饮水机，一高一矮，是不用杯子直接饮用的那一种；高的为普通人使用，低的为儿童或残疾人使用，还设有几部卡式电话，专为代理人使用，这些都是陈东升从国外保险公司引进并亲自布置安排的。有一个媒体这样评述他：“在陈董面前，你看到的是一位用企业成就讲述朴素真理的人。如果从泰康选一位形象大使，陈东升比较适合。”

金融界第一个CEO谈CEO

记者： *你是国内金融界的第一个CEO，这与你以前的身份有什么区别？*

陈东升： 国外企业的核心人物有首席执行官（CEO）、首席运营官（COO）、首席财务官（CFO）和首席投资官（CIO）等，CEO就是公司的一把手。保监会领导曾肯定地说董事长就是“一把手”，而我提出CEO的称呼也得到了保监会的批准。

记者： *你原先实际上也是公司的一把手，也掌握着对公司的人、财、物的控制权。这是否说明，所谓的CEO只不过是一种称谓上的改变呢？*

陈东升： 我是公司的创始人，而且是法人代表，实际上即使我不用CEO的头衔也是公司事实上的CEO。因为保险界强调一级法人制，如果作为泰康法人代表的我对整个经营成果不负责任，没有对人、财、物的控制权，又怎么执行一级法人制？这次我们引用CEO，并不是赶时髦，像IT界那样，我只有希望把CEO的位置和责任在公司内部制度化。

《公司法》特别注重"法人"的概念，以前总经理可以做法人（代表），董事长也可以做法人（代表）。现在往往变成了法人（代表）就是董事长，但如果法人（代表）是虚的董事长，他也承担不起这个责任，如果是个实的董事长，他实际上就是企业的一把手，实际上就是一个CEO。对于董事长来说，他的责任是行使董事会的权力。

我们把CEO看做是两种体制之间的一种称谓。在西方企业，一把手不是董事长，也不是总裁，实际上是CEO。西方企业有的董事长兼CEO，有的董事长不是CEO。

记者：泰康这次设置了如此之多的"首席XX官"，在金融界别开生面，不会是单纯的赶时髦吧？

陈东升：引进"首席"的概念也是向西方学习模仿的结果，我走访了那么多家外国保险公司，发现他们非常强调人才的专业化，几乎都设有首席信息官、首席财务官、首席投资官、首席精算师、首席核保师等等。以后我们公司也会在这些非常重要的职位上引进这一制度，不是光设几个总经理、副总经理就行的。

我们引进"首席"制主要是强调专业化，也有率先与国际、跟上市公司接轨的想法。实际上，这并不只是体现在称谓上，我们在别的方面也都开始注重按国际通行的方式去做。比如，这次泰康人寿的海外募股就完全是按照国际标准的方式来运作的。我们聘请里昂证券作为财务顾问，帮助公司设计工作计划和工作流程，全面协调海外募股事宜；聘请毕马威会计师事务所对公司的三年财务报表按国际会计准则进行财务审计；聘请德勤的独立精算师对公司资产和整体价值进行评估。今后，在信息披露制度、授权制度、保护小股东利益、股东大会、董事会等等公司经营的所有方面，我们都会按照一间国际化公司的标准来要求自己，尽管我们现在还不是上市公司。

记者：海外募股完成后，你对公司管理有什么新的设想？

陈东升：很久以前，在研究世界500强时，我发现日本公司占据了其中很多位子。当时我想，日本那样的国家都能做成这么多国际跨国公司，难道我们中华民族就不能吗？无论是做嘉德还是泰康，我从一开始都是以成为跨国公司这一目标来做的，我有信心用20年的时间来打造一个中国的跨国保险公司。

近一两年，我走访了许多国外的金融机构，在学习中我也不断推翻初创公司的一些想法，比如原来一直在公司倡导的员工收入中偏上，然后靠福利和企业文化留住人才。要做一个国际大公司，吸引人才不能只靠福利，而要按照市场价格给人才定价。在泰康公司要设立"阳光收入模型"，要打造多个"金手铐"来留住人才。这个"金手铐”包括员工持股、期权等制度，一个人的收入，可以让全家人不工作；一个人在公司工作，后半辈子可以不再发愁。

记者：作为金融界的第一个CEO，你有偶像吗?

陈东升：只能这样说，在中国的企业家里面，我最佩服张瑞敏和柳传志；在保险界里，我希望能领悟和学到AIG（美国国际集团）格林伯格做保险企业的精髓。

（记者 万云）

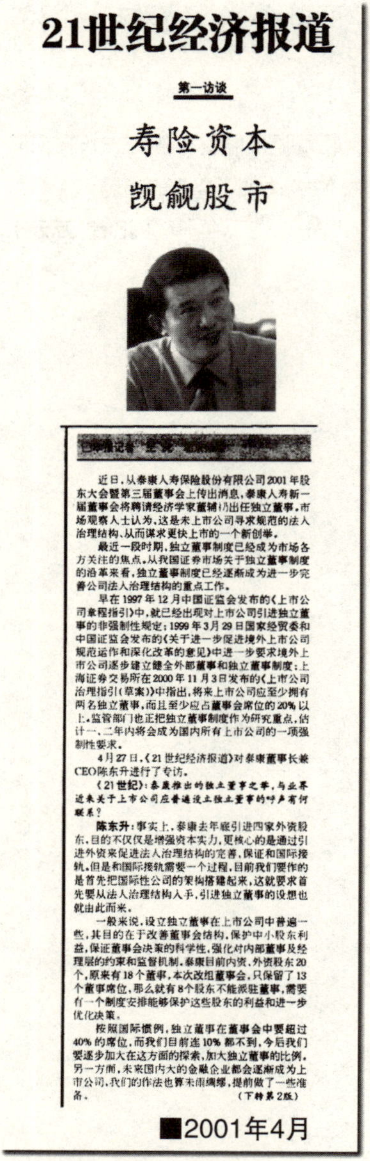

21世纪经济报道

第一访谈

寿险资本觊觎股市

近日，从泰康人寿保险股份有限公司2001年股东大会暨第三届董事会上传出消息，泰康人寿新一届董事会将聘请经济学家董辅礽出任独立董事。市场观察人士认为，这是未上市公司寻求规范的法人治理结构、从而谋求更快上市的一个新创举。

最近一段时期，独立董事制度已经成为市场各方关注的焦点。从我国证券市场关于独立董事制度的沿革来看，独立董事制度已经逐渐成为进一步完善公司法人治理结构的重点工作。

早在1997年12月中国证监会发布的《上市公司章程指引》中，就已经出现对上市公司引进独立董事的非强制性规定；1999年3月29日国家经贸委和中国证监会发布的《关于进一步促进境外上市公司规范运作和深化改革的意见》中进一步要求境外上市公司逐步建立健全外部董事和独立董事制度；上海证券交易所在2000年11月3日发布的《上市公司治理指引（草案）》中指出，将来上市公司应至少拥有两名独立董事，而且至少应占董事会席位的20%以上。监管部门也正把独立董事制度作为研究重点，估计一、二年内将会成为国内所有上市公司的一项强制性要求。

4月27日，《21世纪经济报道》对泰康董事长兼CEO陈东升进行了专访。

《21世纪》：泰康推出的独立董事之举，与业界近来关于上市公司应普遍设立独立董事的呼声有何联系？

陈东升：事实上，泰康去年底引进四家外资股东，目的不仅仅是增强资本实力，更核心的是通过引进外资来促进法人治理结构的完善，保证和国际接轨。但是和国际接轨需要一个过程，目前我们要作的是首先把国际性公司的架构搭建起来，这就要求首先要从法人治理结构入手，引进独立董事的设想也就由此而来。

一般来说，设立独立董事在上市公司中普遍一些，其目的在于改善董事会结构，保护中小股东利益，保证董事会决策的科学性，强化对内部董事及经理层的约束和监督机制。泰康目前内资、外资股东20个，原来有18个董事，本次改组董事会，只保留了13个董事席位，那么就有8个股东不能派驻董事，需要有一个制度安排能够保护这些股东的利益和进一步优化决策。

按照国际惯例，独立董事在董事会中要超过40%的席位，而我们目前连10%都不到，今后我们要逐步加大在这方面的探索，加大独立董事的比例。另一方面，未来国内大的金融企业都会逐渐成为上市公司，我们的作法也算未雨绸缪，提前做了一些准备。

（下转第2版）

■2001年4月

寿险资本觊觎股市

近日，从泰康人寿保险股份有限公司2001年股东大会暨第三届董事会上传出消息，泰康人寿新一届董事会将聘请经济学家董辅礽出任独立董事。市场观察人士认为，这是未上市公司寻求规范的法人治理结构、从而谋求更快上市的一个新创举。

最近一段时期，独立董事制度已经成为市场各方关注的焦点。从我国证券市场关于独立董事制度的沿革来看，独立董事制度已经逐渐成为进一步完善公司法人治理结构的重点工作。

早在1997年12月中国证监会发布的《上市公司章程指引》中，就已经出现对上市公司引进独立董事的非强制性规定；1999年3月29日，国家经贸委和中国证监会发布的《关于进一步促进境外上市公司规范运作和深化改革的意见》中进一步要求境外上市公司逐步建立健全外部董事和独立董事制度；上海证券交易所在2000年11月3日发布的《上市公司治理指引（草案）》中指出， 将来上市公司应至少拥有两名独立董事，而且至少应占董事会席位的20%以上。监管部门也正把独立董事制度作为研究重点，估计一两年内将会成为国内所有上市公司的一项强制性要求。

4月27日，《21世纪经济报道》对泰康董事长兼CEO陈东升进行了专访。

《21世纪》：泰康推出的独立董事之举，与业界近来关于上市公司应普遍设立独立董事的呼声有何联系？

陈东升：事实上，泰康去年底引进四家外资股东，目的不仅仅是增强资本实力，更核心的是通过引进外资来促进法人治理结构的完善，保证和国际接轨。但是和国际接轨需要一个过程，目前我们要做的是首先把国际性公司的架构搭建起来，这就要求首先要从法人治理结构入手，引进独立董事的设想也就由此而来。

一般来说，设立独立董事在上市公司中普遍一些，其目的在于改善董事会结构，保护中小股东利益，保证董事会决策的科学性，强化对内部董事及经理层的约束和监督机制。泰康目前内资、外资股东20个，原来有18个董事，本次改组董事会，只保留了13个董事席位，那么就有八个股东不能派驻董事， 需要有一个制度安排能够保护这些股东的利益和进一步优化决策。

按照国际惯例，独立董事在董事会中要超过40%的席位，而我们目前连10%都不到，今后我们要逐步加大在这方面的探索，加大独立董事的比例。另一方面，未来国内大的金融企业都会逐渐成为上市公司，我们的做法也算未雨绸缪，提前做了一些准备。

《21世纪》：泰康在独立董事的人选上如何取舍？

陈东升：国外的独立董事大都是一些大企业功成名就的退休CEO， 这些人对企业发展战略、经营管理和市场都有专门经验，专长于公司运作。而中国目前这方面的人才缺乏，退休的高级管理层也以国有企业居多，其经验还不足以为现代企业提供更多的借鉴。

选择独立董事，我们更看重的是他们的独立精神，他们往往非常执著于自己认为正确的东西，而不会受外来压力的影响。这种高度的独立性正是独立董事最可贵的核心精神，我们的选择也是基于这样的考虑。

《21世纪》：您刚才提到泰康有上市打算，您能给出一个时间表吗？

陈东升：争取尽快上市是我们的目标，我们的初步打算是从现在起四年左右（2005年）成为上市公司。当然，上市以后我们的董事会一定会更加成熟。

《21世纪》：泰康聘请独立董事在国内保险界是个创举，像泰康这样的新兴机构的进入，给国内保险市场注入了活力，原因何在呢？

陈东升：有句老话，在中国创新就是率先模仿。我们的目标很明确，泰康要成为专业化、国际化的寿险公司，所以我们更注重研究国际规范的运作模式，并适时进行学习和借鉴。泰康是《保险法》颁布后成立的首批保险公司，起步时就追求成熟的、完善的法人治理结构，我们很早就意识到这对泰康长久的发展很重要，是未来公司竞争实力的基础。

《21世纪》：目前中国保险市场的竞争格局中，四大公司占据了95%以上的市场份额，那么对于泰康这样的新兴机构来说机会在哪里？

陈东升：这其实没什么。大公司集中的市场份额有其历史原因，它们的市场份额建立在庞大的机构和运营网络基础上。外界说我们小，但并不是公司规模小，而是我们暂时没有那么多网络和机构。目前我们有11个分公司，四个分支机构；而人保有35个分公司、400个分支机构，加上县级机构，总共3000多个机构。

但反过来看，去年友邦在上海占据了16%的市场份额，如果放在全国来看，它连1%都占不到。所以我们更看重的是在已经进入的区域市场中，在五年左右能够达到10%左右的市场占有率。

《21世纪》：对保险基金直接进入中国股市，您怎么看？

陈东升：我相信人寿保险是资本市场最受欢迎的机构投资者。尽管政府监管的放松有一个渐进过程，但趋势还是很明显。最近市场又提出保险公司自行组建投资基金直接入市，目前还在探索研究之中。

寿险市场去年最大的创新是产品创新，它的核心体现在给保险增加储蓄、投资功能。分红保险、投资连结险、万能寿险的出现，大大刺激了市场需求。同时这种产品的出现，也使得监管部门允许投资连结产品的全部现金价值，投放到证券市场。所以可以说是这种以投资为核心的产品创新带来了制度上的创新。

人寿保险和养老金是社会长期资本的一个重要来源。从国际上看，这些不断增长的寿险资本，一定会成为资本市场最重要、最基础、最稳定、最长期的资金来源。未来的中国资本市场也会如此。

《21世纪》：有些迹象表明保险公司在宣传推广时，更多地强调收益，而有意或无意地忽略了投资风险，是这样吗？

陈东升：各种保险产品特色不一样，应该告诉投资者收益和风险是对等的。

每个公司策略不一样，泰康的选择是做长期稳健经营。因为大家买保险，他们买的是保证未来退休后能够保持高质量生活水准的资金来源，并不是要冒险，所以保险公司越激进，客户反而越害怕。我的看法是，分红保险更适合中国市场和老百姓的需求，这会成为泰康业务发展的重点。

《21世纪》：那么您对泰康的期望是什么？

陈东升：泰康的奋斗目标是成为专业化、具有国际概念的保险金融服务集团公司。也就是说，以保险为主，逐渐过渡到综合性金融服务集团。随着市场的发展，金融产品创新和金融体制创新不断出现，监管不断改进，金融业大融合是必然的，这也是我们的机会。

（记者 王虎）

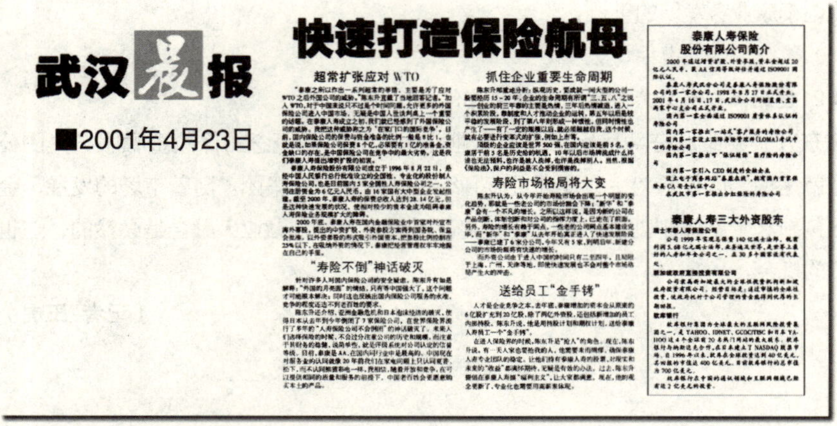

武汉晨报

■2001年4月23日

快速打造保险航母

超常扩张应对WTO

"寿险不倒"神话破灭

抓住企业重要生命周期

寿险市场格局将大变

送给员工"金手铐"

泰康人寿保险股份有限公司简介

泰康人寿三大外资股东

中国金融业第一位CEO湖北人陈东升
快速打造保险航母

与中保、平安这些老牌寿险公司相比，四年前才诞生的泰康人寿只是个小弟弟，但这个小弟弟一出生就表现出一股逼人的冲劲。在这群大哥哥们面前，他连续创下了同业最高信誉级AA评级、同业最大理赔案、三年无一投诉案等诸多第一后，不久前，又在国内金融保险领域第一个引进外资参股，使自己的资本金一下子达到20亿元人民币，这种惊人的扩张动作在经济界引起相当大的震动。

当CEO不是作秀

“不了解的人认为我是在炒作、在作秀，实际上我们是为自身未来的发展建立机制。”陈东升对自己成为中国金融业的首个CEO向记者坦诚。1998年，政府有关部门同意泰康人寿引入外资。在长达一年的增资扩股过程中，陈东升最后决定引入国际通行的CEO制度。因为外资股东来公司考察，不找董事长，不找总经理，他们要找CEO。而此时，只有海尔的张瑞敏为了与国际接轨，当上了中国除网络业以外第一位CEO。一向保守的国内金融业还没有哪家老总敢称自己为CEO。一个入行时间如此之短，市场份额还很小的保险公司老总想做中国金融业第一个CEO，面临的压力可想而知。

陈东升的个性从来不会静等别人做了再去做。加入WTO，是为了追赶世界经济逐步一体化的浪潮，不适应发展潮流，你就会被淘汰。对国际化的理解就是你和它交朋友，懂得它的语言。而所谓的“语言”一是讲信誉，二是了解国际商通行的商业制度、法律制度。比如CEO制度，世界500强企业几乎都设了CEO制度。中国也完全可以借鉴这种制度。实际上现在强调董事长是一级法人，就是把董事长当作CEO。只不过在制度上没有确定。于是，他不仅将自己“封”为CEO，而且在公司里还设了多个首席：首席运营官（COO）、首席财务官（CFO）等。

超常扩张应对WTO

“泰康之所以作出一系列超常的举措，主要是为了应对WTO之后外国公司的威胁。”陈东升直截了当地回答记者，“加入WTO，对于中国来说只不过是个时间问题。允许更多的外国保险公司进入中国市场，无疑是中国入世谈判桌上一个重要的话题。在泰康人寿成立之初，我们就已经感到了外国保险公司的威胁。我把这种威胁称之为‘在家门口的国际竞争’。目前，国内保险公司的保费与资金准备的比例一般是8:1。也就是说，如果保险公司保费八个亿，必须要有1亿的准备金。资金缺口的存在，是中国保险公司在竞争中的最大优势。这是我们泰康人寿提出增资扩股的初衷”。

泰康人寿保险股份有限公司成立于1996年8月22日，是经中国人民银行总行批准设立的全国性、专业化的股份制人寿保险公司，也是目前国内五家全国性人寿保险公司之一。公司注册资金为6亿元人民币，由16家国有大中型企业发起组建。截至2000年，泰康人寿的保费总收入达到28.14亿元。但是这种快速发展的状况，使相对较少的资本金成为阻碍泰康人寿保险业务规模扩大的障碍。

2000年底，泰康人寿在国内金融保险业中首家对外宣布，海外募股，提出的中资扩股、外资参股方案得到国务院、保监会批准。以外资参股的形式吸引外国资本，把参股比例控制在25%以下，在吸纳外资的情况下，泰康把经营管理权牢牢地握在自己的手里。

“寿险不倒”神话破灭

针对许多人对国内保险公司的安全疑虑，陈东升如此解释：“外国的月亮圆”的情结，只有等中国强大了，这个问题才可能根本解决；同时这也反映出国内保险公司服务的水准、竞争的程度还达不到老百姓的需求。

陈东升介绍，亚洲金融危机和日本泡沫经济的破灭使得日本从去年到今年倒闭了七家保险公司，在世界保险界流行了多年的“人寿保险公司不会倒闭”的神话破灭了。未来人们选择保险的时候，不会过分注重公司的历史和规模，而注重于其财务的稳健，说简单些，就是评级系统对公司认定的信誉等级。目前，泰康是AA，在国内同行业中是最高的。中国现在对服务业的认同就像20年前我们在家电问题上只认同夏普、松下，而不认同熊猫彩电一样。随着开放和竞争，在可以提供相同的质量和服务的前提下，中国老百姓会更愿意购买本土的产品。

抓住企业重要生命周期

陈东升郑重地分析：纵观历史，要成就一家大型的公司一般要经历15~20年，企业的生命周期有所谓“三、五、八”之说——创业的前三年靠的主要是热情；三年后热情减退，进入一个积累阶段，靠制度和人才推动企业的运转；第五年以后是较平稳的发展阶段，到了第八年形成一种惯性，但同时惰性也产生了——有了一定的规模以后，就必须超越自我，这个时候，就有必要进行改革式的扩张，例如上市等。

顶级的企业应该是世界500强，在国内应该是前五名。泰康居于前五名是历史给的机遇，10年以后市场洗牌成什么样谁也无法预料，也许是被人洗掉，也许是洗掉别人。当然，根据《保险法》，保户的利益是不会受到损害的。

寿险市场格局将大变

陈东升认为，从今年开始寿险市场会出现一个明显的变化趋势，那就是一些老公司的市场份额会下降；“新华”和“泰康”会有一个不凡的增长。之所以这样说，是因为新的公司在产品创新、体制创新和对公司的指挥力度上，已走在了前面。另外，寿险的增长有赖于两点，一些老的公司网点基本建设完毕，而“新华”和“泰康”从去年开始真正进入了快速发展阶段——泰康已建了六家分公司，今年又有五家，到明后年，新建分公司的市场份额将有快速的增长。

而外资公司由于进入中国的时间只有二至四年，且局限于上海、广州、天津等地，即使快速发展也不会对整个市场格局产生大的冲击。

送给员工“金手铐”

人才是企业竞争之本。去年底，泰康增加的资本金从原来的6亿股扩充到20亿股，除了2亿外资股，还包括新增加的员工内部持股。陈东升说，他是用持股计划和期权计划，送给泰康人寿员工一个“金手铐”。

在进入保险界的时候，陈东升是“抢人”的角色。现在，陈东升说，有一天人家也要抢我的人，他需要未雨绸缪，确保团队的稳定。让他们持有泰康人寿的股票，对现实和未来的“收益”都满怀期待，无疑是最有效的办法。过去，陈东升提倡在泰康人寿搞“福利主义”让大家都满意。现在，他的观念更新了，专业化也需要用高薪来体现。

（记者 王九陵 张永强）

打赢家门口的国际竞争

——泰康人寿董事长兼CEO陈东升谈加入WTO

金融时报

■2001年11月15日

■ **点评：**

2001年，中国加入WTO，泰康人寿进入快速发展时期，三年迅速完成全国机构网络布局，泰康从小到大，经历了第二次发展机遇。

打赢家门口的国际竞争

——泰康人寿董事长兼CEO陈东升谈加入WTO

随着加入WTO，我国银行和保险等金融机构逐渐失去了特殊的政策保护，外资金融机构将逐渐享有国民待遇，我国金融市场将进入全面的竞争时代。稚嫩的中国保险业将迎来第二次开放，迎来更高层次、更高水准、更广领域的开放和竞争。面对着即将在家门口展开的国际竞争，作为泰康人寿的董事长兼CEO陈东升又是怎么想呢?

“泰康人寿对于加入WTO后的竞争做了三个假设：第一，‘入世’后，假如大家都能开放保险公司怎么办？第二，假设国家放开对保险业的管制，不再干涉保险的定价，企业如何节约成本使价格具有竞争力？第三，假设银行也能办保险，保险也能办证券公司该如何面对？泰康人以为，如果把这三个问题想清楚了，解决彻底了，就不会惧怕竞争的到来，而且我们还可以与外资寿险公司一争高低，打赢家门口的国际竞争。”

陈东升说，加入WTO之后，中外保险公司在中国市场有一个缓慢的互动工程，大概需要五到八年时间。本土企业会经过一个国际化过程，学习外国公司先进的销售和管理经验。同时，西方企业和一些跨国公司在中国也面临着本土化的过程，要了解中国市场，了解消费者的需要，使管理层本地化。

国外保险业同行认为中国的保险市场广大无边，必须加以开发。由此可见所有跨国公司都想在中国市场分一杯羹。在这种情况下，中国的保险企业一定要抓紧时间，率先模仿、学习西方成熟的品牌和营销管理经验。

在“入世”后相当长的时间内，中资寿险公司与外资寿险公司的竞争将集中在国内新兴寿险市场上进行。国内经济相对发达的大城市将成为外资寿险公司开拓业务的主要阵地。因此“入世”后，中国寿险市场将逐步成为国际保险市场的一部分，中资寿险公司在本土的竞争实际上是国际竞争的前奏。

中资寿险公司要在经济相对发达的地区迅速建立业务网点并加强网点的力量，将是参与国内市场竞争以及提高竞争能力的必要条件之一，团险业务开放是“入世”的主要内容之一，探索适合中国国情的团险业务经营方式，为企业提供全面的员工福利计划服务，是中资寿险公司参与团险业务领域竞争的必由之路；开拓寿险业务的新领域，开发失业、养老和医疗保险、分红产品和投资连结产品等以补充传统产品的不足，将刺激寿险业务的增长。这些是中资寿险公司提高国际竞争力的必要准备。

陈东升说，国际竞争能力的培养和提高，除了需要有良好的外部环境，企业自身要做到的是奠定完善的制度基础和拥有配套的管理技术，坚持国际化、市场化的原则。在优化法人治理结构方面，泰康人寿在业界走在了前面，在董事会中设立独立董事制度，同时设立董事会领导下的多个专家型组织，强化董事会的决策权力，力争形成与国际惯例接轨的产权明确、权责清晰、自主经营、自担风险、科学管理的现代企业制度，为企业的可持续发展奠定了制度基础。

另外，强化服务意识、提高服务水平，也是关系到中资寿险公司市场竞争成败的关键之一。中资寿险公司要通过管理和技术的增强促进服务水平的提高。保险市场的竞争最终和最关键的因素仍然是靠服务与品牌，只有拥有出众的服务和优良的品牌，才能在市场竞争中脱颖而出，这是保险市场竞争的最高层次。泰康人寿目前正在这些方面积极努力，力图通过建立全国性销售网络来建设金融超市，并培养越来越多的专业化个人理财顾问，从而在业界和社会上树立泰康人寿专业化、最具亲和力、最受市场青睐的新型寿险企业形象，实现我们对客户、股东和社会创造价值的承诺。

陈东升最后特别强调，未来经济发展的核心是严格按照市场规则和市场运行规律办事。大家希望看到一个健康、积极的商业文化和商业氛围，中国也需要能产生伟大的企业家的土壤和环境。在这些方面，不仅政府部门责无旁贷，而且整个行业加强自律、诚信为本也很重要。只有建立了良好的商业道德、商业法律和商业信用，中国的保险业才能运行得更加快速而平稳。

（记者　周惠民）

经济观察报 ■2002年4月15日

陈东升：我模仿 故我在

——访泰康人寿保险股份有限公司董事长兼首席执行官 陈东升

■ 点评：

2002年4月，泰康人寿率先在业内推出"爱家之约"家庭保障计划，并在全国范围内开展了一场轰轰烈烈的新生活路演活动，使"一张保单保全家"的家庭保障理念深入人心。

陈东升：我模仿 故我在

我是谁

《经济观察报》： 你们4月10日推出的"泰康家庭保障计划"充其量只是把几个保单捆绑在一起的新险种而已，为什么把它的推广说成"对内是企业文化、后勤支援体系的二次整合，对外力图打造泰康人寿创新服务的全新品牌形象"？有没有炒作嫌疑？

陈东升： 这涉及整个事情的背景。我认为有两件事情对我们泰康影响很大。第一个是中国"入世"，有的说中国"入世"是狼来了，有的说是下棋，有的说是蛋糕理论。不管怎么样，整个中国，从政府到个人到企业都面临一个新的条件或者环境。而面对的核心还是那句老话，就是机遇总是垂青于那些准备好了的人。那怎么来准备呢？怎样来应对这些挑战，化挑战为机遇？实际上我们泰康人寿从内心一直有这样的准备。我们这样一种应对不是一种抽象的或者仅仅具有民族情绪的状态，而是做了很深入的研究，而且也是通过走出去引进来、交朋友的方式，对外国保险公司进行了大量的研究，以及我们打交道的过程中逐步形成的感觉。这个感觉不见得能够总结出一个一二三来。但是这是一个大的背景，是我们泰康这几年一直在思考的大问题。这是外在的环境。

第二是中国保险业的状况。我多次讲中国保险业仍然处在一个初期发展的阶段，它的特征是服务同质化、产品同质化、销售方式同质化、培训同质化，企业形象都是同质化，但是下一轮竞争会发生变化，就是市场竞争越来越激烈，从初步竞争进入一个成熟发展阶段，成熟发展阶段的核心就是客户细分，客户细分带来市场细分，市场细分带来产品的细分，产品的细分带来服务的细分。第二个特征就是，所有的保险公司对市场份额敏感，对规模敏感，对拥有的保单量敏感。这是下一轮保险业应该呈现的格局。

针对中国“入世”后面临的挑战和保险业目前初期市场同质化的现状，我们泰康一直在思索：应该走一条什么样的道路，泰康究竟应该是什么特色。所以我们现在对寿险重新认识，对金融文化重新认识，对产品和寿险的服务进行重新认识，最重要的是我们对品牌有了一个新的认识，也就是说我们泰康更加关注日益增长的工薪白领阶层，关注他们的成长，关注住房、汽车、保险日益成为白领消费的时尚、潮流，以及为这个潮流的到来做这样一个应对的准备，同时对日益增长的这个群体未来憧憬的生活、价值观的跟踪和描述，所以，我们更加贴切未来这样一个市场的发展。所以针对这个我们有“四新一推广”。四新，就是以新产品为核心，现在的新产品就是家庭保障计划，一张保单保全家；还有就是我们新的电脑系统以及新的基本法，一个是技术的基础，一个是制度的基础；第四个就是服务的创新，我们在过去泰康业已存在的服务优势（过去我们是两个特色，一个就是百分之百的电话回访，还有就是我们在全国只要有泰康人寿机构的地方都有一个门店式的客户服务中心，这在中国寿险业是唯一的）的基础上，推出了新生活广场，新生活广场的核心，一个是要适合目前的这个服务，更重要的是为未来金融超市的到来做准备。推广也改变了过去传统的推广方式，我们不是一个简单的产品推广，而是立体的推广，包括产品、服务、理念甚至我们的公司。

泰康推出的不仅仅是“泰康家庭保障计划”，而是“爱家行动”。“爱家行动”以家庭保障计划新产品为基础，以“新生活广场”四位一体服务为代表，以新基本法为制度保障，以路演为呈现方式，建立整合营销市场推广方式，全面提升公司综合市场营销力和核心竞争能力。为了这一天，我们足足准备了一年多的时间。总之我们希望，在中国“入世”之后、在中国金融保险业处在这样一个发展的关键阶段，我们从正面的角度来展示中国企业在面对世贸组织的时候，在产品创新、服务创新这两个面对面的领域里面有所作为，同时通过“爱家行动”，让大家都热爱保险，热爱生活。

《经济观察报》：刚才你提到想在产品创新、服务创新这两个面对面的领域里面有所作为，还提到了金融超市，目前国外的金融超市是不是已经很流行？你们是不是真切地感觉到了这方面的压力？

陈东升：保险的方式从传统的保单型过渡到保障与储蓄相结合，储蓄的概念就是投资，实际上中国保险种类已经开始和国际接轨。甚至我们看得更远一点，未来不仅是金融超市，还是生活超市。在香港，汇丰银行已经不叫汇丰银行，他们现在对外开始包装的品牌就是汇丰金融集团，然后下面的储蓄网点叫做金融理财顾问中心。这种中心不但提供存款贷款服务，还可以卖保险、基金，甚至为客户提供法律咨询、税务咨询乃至家政服务。国际上已经进入这样一种程度，不仅是金融超市，而且是生活超市，我认为可以叫生活广场了。假如我们的生活广场做得成功，未来我们真是能够代表日益增长的工薪白领阶层的价值观，那么我们在生活广场里可以卖泰康T恤或者泰康牌的其他东西。

斗争法则

《经济观察报》：泰康人寿目前是国内保险公司中最小的、最年轻的，你们和国内另外四家保险公司相比有什么竞争优势？你们有没有在国内老大哥和国外大鳄的双重压迫下夹缝求生的感觉？

陈东升：历史给了我们做大做强的机会。我们的发展速度很快，扩张很快。去年底保监会给了我们很大的关照，所以我们今年会有12家新的分公司开业，这是我们只用两年的时间就完成了别人五年时间走的路。而新增的几十个机构会需要很大的投入，所以账面上还没有盈利。我们泰康因为是小公司、新公司，所以我们一开始就提专业化、规范化、国际化，并且实施了最具前瞻性的三项工作：延请外援做技术、营销顾问，建设高素质队伍，塑造以服务和信用为核心的富有亲和力的企业形象。我们的定位比平安等老牌的保险公司更加偏重于白领阶层，但是这一块刚好是跨国公司的优势，很多白领拿着钱等外国公司进来，所以我们的压力会更大一些，要求更高一些。

我们为什么提出创新服务品牌、提出家庭价值观念的概念呢？一个原因是国内保险公司知名度很高，但品牌美誉度不高，外国公司品牌美誉度很高，但是它的知名度不高，因为刚进来。这就有了一个市场空间，就是老百姓呼唤服务好的、美誉度好的保险公司。我们要通过不断的努力，抓住这个做好的机会，不辜负大家的期望和我们自己的期许。

《经济观察报》：刚才你也说了，你们现在的目标客户是工薪白领阶层，而国外的保险公司进入中国以后，瞄准的市场也是这一块，所以，你们会和国外的保险公司有正面的冲突，那么，请问你们的优势在哪里？

陈东升：优势应该由消费者去判断。拼的主要是产品和服务，一个产品和服务看起来很简单，其实它的背后是需要一个巨大的系统来支撑的，而这仅仅是一个物理结构，还不能解决根本问题，重要的是领导者的金融观念和思维。跨国公司和国内公司最大的差异就在于它更讲究程序。程序是有好有坏的，好的方面是它每走一步都是精心设计，都是有经验的，但是反过来它的应变能力比较差，因为要改程序很难，而中国能在摸着石头过河的同时保持很强的应变能力。我还是有信心的。在西方，像比尔·盖茨这样的毕竟很少，大多数跨国企业都是比较成熟的、专业化的、技术官僚统治的公司，缺少企业家精神，而企业做大了以后比的主要是企业家精神，比战略。如果坯子做好了，按照这个方向走下去，不会有太大的问题。

还是讲回来，要比产品和服务，比创新，而我们提出的四位一体互动式的服务，我觉得是我们崭新的思想。我们将于4、5月份在全系统全面推出的泰康新生活广场，是四位一体的现实与虚拟相结合互动式综合服务形象的体现，从而诠释泰康人寿全方位的客户服务，引领金融服务的变革。这“四位一体”是指：1.新生活广场门店，通过设立保险关爱服务区、温馨生活休闲区、其他金融服务区提供更具个性化、亲和化、综合化的金融服务，使客户享受到高品质、温馨的理财服务，为未来的金融服务超市打下基础。2.泰康新生活广场电话，首家采用24小时个人信息服务及方便的预约服务功能，加上泰康新生活广场网络，可以让客户更方便享受自助化服务项目，为客户提供全天候服务。3.泰康新生活广场网络，以在线的方式为客户提供全天候服务。4.朝气蓬勃、健康向上、专业诚信的员工队伍。这些都是泰康“爱家行动”的重要组成部分，也是对“爱家行动”内涵与外延的重要扩充。而世界上最先进的服务就是三A。但它只是全天候的物理服务，不是全天候的互动，它没有互动。我们在未来竞争中要做很多动作。

《经济观察报》：与跨国公司的竞争很大程度上就是人才的竞争，泰康人寿的本土化人才怎样和跨国公司的国际化人才竞争?

陈东升：我们的总裁刘经纶先生原来在平安保险，北京平安保险的江山是他给打出来的。我们的首席精算师尹奇敏先生在五家大的跨国公司干过，有20年的精算师经验。其实今天的中国公司已经有能力用国际的理念甚至用国际市场的规律和价格来吸引关键岗位的核心人才。保险业最主要的是三种人才。市场人才方面，永远是本地的占优势，香港、台湾来的肯定做不过大陆的，外国来的就更不用讲了，原因很简单，比如在苏州，我是外地人，两眼一抹黑，而苏州本地人在那里已经培养了上千个客户，我肯定干不过他。服务人才也差不多。跨国公司不会来很多人，他们最多会带来大把的美金、内部的结构程序、管理的文字化的本本，市场人才和服务人才还是要从本地招，所以市场人才永远是本地的。第二个是管理人才，它其实也是本土的，或者是国际化的本土人才、本土的国际化人才，总之管理都要本土化。第三是技术人才，我们的技术人才国际化可能会差一点，但是我们现在也注重研究。

模仿就是创新?

《经济观察报》：虽然一提起“入世”或者竞争，就火药味十足，但是我知道泰康在有很强的自信心的同时，还是非常善于向对手学习的，尤其是刚才提到的外国公司。泰康的一句名言就是“创新就是率先模仿”，它的内涵是什么?

陈东升：这是根据现实国情或者客观条件提出的。保险业在国外已经有几百年的发展历史。中国的保险业要迅速发展，最好的方式就是模仿。谁最早模仿，谁模仿得好，谁善于模仿，谁就能在这个行业内领先一步。泰康人寿要找一个最好的保险公司来模仿，是跳出国内陈旧的思想观念去模仿世界上最好的样本，即“找最好的葫芦画最好的瓢”。模仿中会有教条主义，教条主义要在实践中得到修正。刚开始学习国际上的同类先进经验，可能有一个经验照搬的过程，但是本土文化会在这个过程中产生很强的抗体，排除根本不符合中国国情的方式、方法，同时逐步产生出独特的、在本土有很强扎根能力的经验和方式。泰康人寿营销体制来自东南亚、台湾、香港等，借鉴国泰、安泰、南山模式；在信息技术、精算、管理、财务和投资等内务管理方面则向欧美学习。总的来说，泰康人寿提倡向世界上一流的跨国企业学习，并且争取在学习中找到超越的机会。

《经济观察报》：你没有提到友邦，但是听说你对友邦很了解。

陈东升：做企业其实很简单，就是“你要什么”，你要这个可能就会失去那个，你要快速度，可能人才就跟不上、管理跟不上；你要高品质，就要慢发展。就像友邦一样，友邦在上海是不是失败呢？也不能这样说。那它在上海做得好吗？也不能这样说，因为它的份额不大。关键还是你的判断，你的要求，你的标准。友邦要的就是稳扎稳打，他的财务很好，利润很高。我们中国公司也是一样的道理，如果我一开始出来就很敏感、就想赚钱，我会失败的。所幸的是，我们现在找到了一个别人没有去做的市场，就是工薪白领，重点是白领。

《经济观察报》：既然创新就是率先模仿，那么就“泰康家庭保障计划”来讲，是模仿还是创新?

陈东升：国际上有类似的险种。但是，“泰康家庭保障计划”是公司融合国际最新概念，满足家庭保障需求，在保险业内率先推出的综合家庭保障计划，实现了“一张保单保全家”，完全符合工薪白领人群对家庭价值的追求，为全家人的生老病死提供全面的保障，包括意外伤害、重大疾病、意外伤害医疗、子女教育金等等，客户可享受年年分红，保单未来也可以附加险种而升级。我们为配合该产品，设计了时尚新颖的“温馨家庭卡”，方便客户携带办理交费、理赔等业务。

此外，泰康综合家庭保障计划是系列产品，这次推出了三个产品，这三个险种都是针对我国典型的三口之家设计的，重点保障家庭主要经济支柱，投保年龄在18～50岁，主保险人享有终身保障。今后我们还会根据不同家庭层次的需求，陆续开发出更多、更新的产品。

《经济观察报》：模仿是不得已的事情，也是从初步发展阶段过渡到成熟阶段必然要经历的阶段。你如何看待从初步发展阶段过渡到成熟阶段过程中从业人员素质和企业美誉度问题？

陈东升：在这个过程中会出现两个偏激的问题。一个是刚开始的时候保险业从业人员的素质遭到了质疑，这个已经给保险业带来了长久时间才能够去扭转人们对它的看法的后果，常有人提起一个说法：“你在家干吗？”“没事。”“没事卖保险去。”这是一个很自然的事情。但是，随着市场的成熟、公司的成熟以及监管的成熟，整个社会对专业化的要求、对职业化的服务的要求会越来越高，而且你不具有金融保险的基本知识，你要去拓展市场，也会越来越困难，所以实际上保险业整个从业人员也在发生变化，所以我们更加以分红险为主。在过去由保障型向投资型的转变过程当中，由于市场的不成熟，也出现了一些偏颇的现象，所以保险业的信誉受到了质疑。这方面，我们一开始就积极面对了。泰康创建的时候，面临着特殊的时代背景，当时有两种流行的战略考虑，一种是认为中国会继续加大对外开放力度，而且要“入世”，中国金融业走规范化道路并与国际接轨是迟早的事情，因此必须打好基础，迎接规范化和国际竞争时代的到来；另一种是认为趁现在市场快速、混乱发展之际，跑马圈地、广集粮草，然后回头规范。我们反复思考后选择了前一种思路，走“专业化、规范化、国际化”的发展道路，现在看来，这是对的。

（记者　黄海川）

京华时报

■2002年3月25日

泰康竞争力从模仿中来

■ 点评:

2002年3月24日，陈东升受邀做客中央电视台《对话》节目，就“创新就是率先模仿”这一观点展开详细论述，并畅谈保险业如何应对“入世”考验、打造自身的核心竞争力。

泰康竞争力从模仿中来

在中国加入了世界贸易组织之后，越来越多的跨国公司纷纷抢滩中国市场。面对竞争，有一位企业家在一次演讲当中充满自信地说：“我从不惧怕和外国公司竞争，因为我相信跨国公司未必就能够打败本土公司。”他就是1996年才进入保险行业的泰康人寿的董事长陈东升先生。在昨晚的《对话》节目中，陈东升讲述了泰康如何打造自己的国际竞争力。

创新就是率先模仿

“在我做的这个行业里，什么叫创新？创新就是率先模仿。”陈东升语出惊人，“为什么这么说呢？因为中国的很多产业都是近现代才开始发展，有些产业甚至是在近5~10年才发展起来的，但是在西方可能已经有一两百年的历史了。人家用了200年的时间，付了非常多的学费才总结了这一套做事的规矩和准则，如果你一定要和他不一样，你可能就是在违背规律。所以首先是要去学习，在学习的过程中再来根据自己自身的特点和自己市场的特点进行创新。所以我经常说，我们首先找世界上最好的葫芦画瓢，先把这个葫芦画下来，一定会有不太符合现实的情况，你就会修改。这个修改的过程就叫中国化的过程，或者叫现实化的过程，这种现实化的修改过程实际上就是创新的过程”。

举一个简单的例子，在泰康的客户大厅里，我们会看到一高一矮两个饮水机，这就是从美国纽约的大保险公司模仿来的。因为现在公司的客户有可能是小孩，也有可能是身体不便或者是坐着轮椅来的，所以一定要想到让每一个客户都要感到方便。

陈东升在CCTV《对话》栏目现场

向最优秀公司学习

说到模仿对象，陈东升提出了泰康要“左眼看平安，右眼看友邦，两只眼睛看世界”，就是说国内的优秀公司要学，国外的优秀公司也要学。当然这是讲在国内市场，泰康还要走出去学习国际上大的、优秀的保险公司好的做法，这也是很重要的。从细节上说，董事长、主管层次，还有技术部门层次要学习的方面都不一样。

“比如像我是总公司的最高管理者，分公司、支公司的老总实际上也是CEO。他如何来制定当地市场的战略，同时如何把人、财、物这三种资源有效地配置以达到最佳的效益和效果，这就是一个CEO做的事情。所以CEO不是权力而是一种义务。

“从另一方面来讲，每一个阶层的培训内容都是不一样的，说不同阶层就要分别学习管理、销售或技术。泰康这六年来大概有300人次被派到国外短期或长期地进修、学习，这几年泰康在人才的学习、训练上的投入是很大的。”陈东升说。

核心竞争力是品牌

模仿的过程是一个学习、研究、消化以及跟本土结合的过程，这是一个很复杂的系统工程而非一个简单、机械的过程。陈东升说：“如果要我来解剖泰康的话，我认为从战略、从公司的结构治理，包括我们的基本技术上来看，泰康完成了一个框架性的建设，这是跟国际接轨的。但是它今天表现出来的这种经验、能力、管理的成熟度跟西方老牌的跨国保险公司还是有巨大差距的。用土话说，我们底子打得还不错，起点还可以，方向是正确的，照这样走下去应该是不会有太大问题的。”

保险是经营风险的一个产业，同时也是一个服务业。比如说最核心的保险产品在法律上只有半年的保护期，其他很多东西都是公开的。所以从某种技术上的垄断获得一种长久的竞争优势在这个行业是不可能的。作为一个服务产业，保险业真正面对大众的一个是产品，也就是说产品是不是多元化，是不是能符合人们消费的需求；还有一个就是服务，支持产品和服务的是品牌。为什么人家相信你，因为这个公司就是这样做的，永远都是这样做的，所以消费群就会接受它，公司就会形成品牌。

陈东升觉得要讲保险公司的核心竞争能力，实际上是一种在战略和文化的基础上形成的产品和服务，并最终落脚到品牌上，这肯定就会形成一种核心竞争力。当然还要不断地进行革新，不断地进行创新和变革来适应这个市场的变化。

用人才弥补差距

在泰康的海外兵团当中几乎没有什么蓝眼睛、高鼻子的洋人，是刻意这样挑选吗？陈东升说：“外国人和中国人文化的差距特别大，严格讲要很长一段时间才能够磨合在一起。其实我们现在也有外资股东，我跟外资股东打交道过程中有这样一个体会，有些人自称是中国通，在中国待过10年，可是我后来发现他根本不了解中国。如果说这个位子有一个外国人，也有一个具备同样能力的海外华人来竞争的时候，我一定会选这个华人，因为没有语言和文化的障碍，大家都是同种同文化。

“什么叫国际化呢？通俗地说就是走出去、请进来、交朋友，也就是你首先要了解他。不了解的东西总是让人感到恐惧的，中国这些年的核心就是开放，跟外国人打交道，知道他们的习惯，知道他们的语言。还有一种加快缩短国际差距的捷径，就是我们有一个华人的国际人才市场。”

说到这一点，陈东升举了一个具体的例子，他说：“比如说首席精算师。中国的精算专业大概到今天只有10年的历史，但是实际上一个精算师考下来大概就要花10年的时间，如果是一个资深的精算师，就要20年的时间才能培养出来。今天在中国市场上根本没有这样的人才，所以我们一定要从国际上请。从国际上请一些比较专业的人才到比较重要的岗位上来，他就会把你的技术提升到国际水平上。也就是说，我们跟国际上的大公司的技术、管理差距可以通过引进先进的人才来弥补。”

从业人员是根本

不良的从业人员现在给保险行业带来了很大的负面影响，也在很大程度上败坏了保险行业的形象，这样影响了很多很优秀的人再到保险行业来。陈东升认为从业人员对这个行业未来发展非常重要，或者说是一个根本性的问题。

这个产业在初期发展的时候为什么有很多人进来呢？因为做保险是有两个阶段的，第一个就是他熟悉的亲戚朋友，这一类是不需要你的专业服务，不需要你的技巧的。因为每个人都有十个八个亲戚朋友，所以一般地，这些人进保险公司很快就可以把亲戚朋友做下来，觉得保险很容易做，后来越来越发现不好做了，为什么呢？你要跟一个专业人士谈，人家谈产品、谈回报，人家谈保障，人家谈家庭状况，让你来做设计，那就对保险营销员的素质要求很高了。就是说你能帮人家设计，你不懂金融，不懂保险，甚至不懂医学，一系列的问题，你不懂股票市场，你就无法去满足这个需求。

人寿保险公司就是一部百科全书，要学的东西太多了，牵扯的职业非常非常广。在国外的保险公司可以做房地产，可以做贷款，可以做股票，也可以做期货。当然最主要的资产都是放在债券上，所以他对债券的研究也要很深刻。所以保险公司对人才的要求非常高、非常专业。

因为这个行业牵扯到千家万户，所以一定要对老百姓负责，对投保人负责，这是最重要的。陈东升说："这里面有三个问题。第一，全社会都要关注这个问题，一定要监督保险代理人的信誉的行为和守法的行为，我觉得这是要形成一个氛围来约束他们；第二，公司要加大培训的力度；第三，就是要逐步在制度上把保险代理人职业化，要改变保险代理人的利益机制，就不能像过去一样可以在很短的时间提走很高的佣金，以避免短期化的服务行为。"

"我认为，现在中国的所有保险公司其实已经很清楚地认识到必须提高保险从业人员素质的问题了，加大培训力度，加大监督、管理，让这个产业职业化、专业化。这样未来这些现象会少得多，我相信会是这样。"陈东升对此充满了信心。

抢最大的蛋糕

陈东升好像很突然地从一个做得很好的拍卖行的领导人变成了一家保险公司的领导，到底是什么触动他决心要投身到保险行业来呢？

陈东升说："我去日本访问时，看到很多招牌，都是生命和火灾，很好奇。人家告诉我说，火灾是财产保险公司，生命是人寿保险公司。这给我留下的印象很深。当时我做经济研究，读了很多书。有本书给我的印象非常深——《谁在控制日本？》。是什么意思呢？就是他们在经济起飞的时候，这些重要的资本来源是由人寿保险公司提供的。所以人寿保险公司对一个国家的经济做出了重大的贡献。所以我觉得这个产业对中国很重要，对未来中国很重要。"

保险业在西方是一个很成熟的金融服务业，与银行、证券三足鼎立，是非常重要的。但是对中国来讲它又是一个朝阳产业，应该说保险业是一个未来充满巨大前途的行业。人寿保险是一个公众性很强的产业：第一，为家庭提供保障；第二，为社会提供一种安定；更重要地，它是为社会经济的发展提供巨大的中长期的资本和资金的来源。

在"入世"之后，金融业和保险业的竞争是非常非常激烈的，这种激烈已经到了不言而喻的地步。陈东升说，他希望在竞争的过程中、在做蛋糕的过程中，能够抢下那块最大的、味道最好的蛋糕。

英才 ■2002年8月

陈东升

实现中产阶级的理想

■ 点评:

泰康人寿一直高度重视对人才的培育，倡导“教育是最大的福利”，广泛招揽各类专业化人才，并开展持之以恒的各项专业化培训，为公司发展输入了大量专业化、国际化的人才。

陈东升
实现中产阶级的理想

2002年6月13日，在北京大学中国经济研究中心主任林毅夫的记事簿上是一个重要的日子。那一天他和北大国际MBA（BIMBA）的教授们迎来了一批新学员。来自泰康人寿的50名管理精英个个衣装齐整，他们中有泰康人寿管理委员会成员以及全国23家分公司的总经理和各部门负责人。这是一场亲情与友情的盛会，每个人都相互熟识，有着道不完的话题。自此往后14个月的时间里，他们将接受源自西方管理文化的MBA特设培训。此刻，泰康人寿董事长兼CEO陈东升周旋其间，与学员及北大的教授们谈笑风生。

“知识经济时代，要想适应发展的需要就必须树立‘终身学习’的思想，尽管此次培训的人员中近50%的人员已具有硕士以上学历，但MBA的学习仍是在具有职业经验后的一个事业加速器和转换手段。最重要的是，它可以训练人们掌握一套思考问题的方法，从而更有效地处理商业活动中不断遇到的战略决策、领导激励等问题。”陈东升这样解释着此举的目的。

此次“集体深造”具有一石二鸟的功用，即培养人才与提升人才吸引力并举。

抢搭“便车”

在业界，有人评价泰康是一间会搭“便车”的公司，他们引进台湾的营销模式；找来加拿大籍的精算师；Copy中文版的寿险管理软件；他们做他们认为正确的一切事。在陈东升的直接授意下，自创业以来泰康就像一块巨大的海绵，吸纳着众多国外同行的先进理念和管理手段。

泰康首席信息官王道南提到备受争议的“陈式模仿论”时说：“中国寿险业走模仿的路子是非常正确的。十几年前台湾寿险业要花大把的钱送人出去，请人家进来培训。现在大陆，所有的外国保险都等在门口想挤进来，巴不得手把手来教你，何乐而不为。”

在泰康的客户大厅里并排放着一高一矮两台饮水机，这就是他们从美国纽约的保险公司“模仿”来的，客户有可能是小孩，也有可能是身体不便的残疾人。

陈东升说：“如果要我来解剖泰康的话，我认为从战略、从公司的结构治理，包括我们的基本技术上来看，泰康完成了一个框架性的建设，这是跟国际接轨的。但是它今天表现出来的这种经验、能力、管理的成熟度跟西方老牌的跨国保险公司相比还是有巨大差距的。用土话说，我们底子打得还不错，方向是正确的，照这样走下去应该是不会有太大问题的。我常说：‘创新就是率先模仿’，模仿国际上最出色的保险公司，借鉴他们的经营方式和管理方式，是我们的必由之路，在模仿的过程中逐步形成具有独特文化的能把根基扎下去的企业。”

面对竞争，陈东升曾经提出过这样的口号：“左眼看平安，右眼看友邦，两只眼睛看世界”。

对于坊间流传的泰康只会照搬别人的套路一味模仿的说法，泰康副总裁兼人力资源总监胡昌荣认为这种提法与事实是有出入的。“为什么呢？因为中国的很多产业都是近现代才开始发展，有些产业甚至是在近5~10年才发展起来的，但是在西方可能已经有一两百年的历史了。人家用了这么长的时间，付了非常多的学费才总结出一套做事的规矩和准则，如果你非要反其道而行之，就是在违背规律。所以首先是要去学习，在学习的过程中再来根据自身的特点进行创新。自己有不太符合现实的情况，就要修改。这个修改的过程就是中国化和现实化的过程，实际上就是创新的过程。”

欲擒故纵

在泰康有一本被称之为企业“圣经”的书，每一位中高层管理者人手一册。这本名为《公司精神》的管理学专著是由陈东升强力推介的。在他赠给胡昌荣的那本扉页上，写道：“我相信这是上帝赐给我们最好的礼物，泰康已经接近这一神圣的地步！”

对于胡昌荣来说，加盟泰康是他首次尝试参与企业管理，在此之前他在仕途上一帆风顺。1996年，胡昌荣被调到湖北省政府做了正厅级干部。但就在那时，他考虑再三提出辞呈，加入了泰康的行列，横下一条心，要干出点儿名堂来。此前，陈东升并未作出鼓动他下海的举动，然而胡昌荣甫一上任，陈东升就把一个重担交给了他。

1997年第四季度，泰康正在进行企业初创时的扩张。当时，有三家分公司在争取筹备开业，人们都看好上海、广州这样的经济发达地区，没曾想第一家开业的却是地处华中地区相比之下经济基础较为逊色的武汉分公司。时至今日，寿险业中的许多人还清楚记得泰康公司1998年初的那次声势浩大的招聘活动，那就是胡昌荣一手策划的。有人说那是一次国内业界始作俑式的“挖角”事件，但老胡却有不同的见解：“那完全是针对人才市场公开、公平的招聘。来了2700多人，最后从中挑出了70多人，封闭训练，三个月的时间，最后筛选到32个人。这种完全透明化的操作，当时一下子引起了轰动。”由此武汉分公司在人脉上积聚了良性基础，不到四年时间，为泰康培养了一大批中高层管理者，成为各分支机构的领军人物。

预热暖心

泰康的员工们都知道泰康人寿是能实现自己中产阶级理想的地方。陈东升留住人才的另一个办法是给他们一个成功人士的构想。在泰康，很多人都知道陈东升有一个“舞台—梯子”理论，他说泰康给大家的可能不是业界顶尖的薪水，但会给大家一个可以施展才华的舞台。随着公司的快速发展，这个舞台会无限扩大，但如何做大，还要靠个人的努力和智慧。在泰康，你无法预测你的事业有多大。泰康会让你成就事业，同时，你又可以给你下面的人提供舞台。这种畅快淋漓的事业梦想是陈东升描绘给大家的，很多人不禁被这个梦想所感染。正是看到了泰康的成长潜力，看到了中国保险行业的成长潜力，很多人怀着满腔热情来到泰康。陈东升认为，“舞台”概念是最人性化的概念，因为每个人都可以张扬个性、挥洒才智，你的上升不会以别人的被踩为代价，这在一个一个阶梯向上爬的“梯子文化”盛行的单位根本不能实现。

“你情我愿”。创办过嘉德拍卖行的陈东升像一场拍卖会中的熟知交易规则的拍卖师一样，清楚地了解出价人的底线，他可以等，等到最后一刻再把锤子敲下去。

在2002年3月正式加盟泰康人寿之前，王道南已经作为台湾瑞泰人寿保险公司的特派员与泰康进行了长达五年之久的合作。这五年间，他亲自参与了泰康公司信息化建设的许多环节。几乎每个月总有一周左右的时间他会在北京度过。从感情上，上到董事长陈东升下到其所接触过的一般员工，都已经很自然地把他视作一名“编外人员”。“我加入泰康基本上是水到渠成的事情。”如今，王道南这样形容说。

其实，王是继首席精算师尹奇敏上任之后，第二个从境外引进的“专业人才”。

然而他与泰康的渊源之深，令许多在企业扩张后引进的经理人都颇为羡慕。甚至在他走马上任之前，王的专业化影响在泰康内部已是无处不在了。2001年，在王道南的主持下，一支人员构成包括两岸三地的国际化队伍仅用了14个月，就将LIFE/ASIA系统在泰康成功上线。这期间泰康上层对王的支持是多方面的，为了便于开展工作，随时解决操作中遇到的问题，王道南提出成立“虚拟办公室”，并抽调了当时相关部门里的第二把手亲自参与此项工作。在现场适时提出需求，统一安排规划，这种“大兵团”作战的崭新模式，令王道南这个“编外人员”既兴奋又感动。

“资讯科技将成为泰康人寿的核心竞争力，这既是公司追求信息化的不懈努力，也是我作为电脑经理人的职业梦想。”王的一句话道出了加盟泰康的真实原因。

坦诚“招安”

每一位人力资源部老总都不喜欢自己的员工被同业“挖”走。同样对于自己如何引进别的公司的人才，他们也是讳莫如深。相比之下，泰康对于人才流动有着比较宽容的态度。事实上，善于“模仿”的泰康每天都在开放门户欢迎同业的参观和交流。

总结自己做人力资源工作的经验，胡昌荣说不外乎两条：一是待人坦诚，据实相告；二是任人唯贤，发掘英才。这第一条在引进首席精算师尹奇敏的时候，起了决定性的作用。当时尹还在上海另一家公司供职，胡与尹面谈时就一些关键问题交换了意见，对于无法正面回答的问题，老胡坦白地指出“无可奉告”。也许就是这种不闪烁其词的做法让尹看到泰康真诚的一面，最终坐到了泰康大厦11层首席精算师的办公桌前。

另一方面，发现和启用人才一直是胡昌荣工作的重点。这段时间他正在为泰康的又一位“外接”营销训练总监的人选而忙碌着。“这一职位的人选直接影响到公司营销体系的建立。其实在目前各个寿险公司对采用哪个地区哪一种营销模式还在争论，是台湾的、欧美的还是日本的？人选的确也意味着营销思路的确定，所以事关重大。”

对于人员流动胡这么分析：“挖角是在寿险业主体不断增加的背景下产生的，在泰康不推崇这样的人才引进机制。因为大批量地招聘同业人员进来势必会给企业的固有文化造成冲撞，且不说结果是好是坏，它或多或少会对公司产生一些影响乃至变动，这在我们倡导自身企业文化的背景下显然是不合时宜的。”

无论是出席交流会、展业还是在途中，泰康人做工考究的工服上都会别着一枚金光闪闪的司徽，每一个泰康人都把这当作是自身的骄傲。有人开玩笑说：“泰康的经理们晚上睡觉一定是要穿睡衣的。因为他们不可能把司徽别在皮肤上。”

（记者 司万方）

金融时报
■2002年8月22日

“百分百电话回访”让投保变得透明
诚信服务塑造泰康品牌
泰康诚信服务十大创新举措
领先的信息技术让理赔更加便捷
新生活广场浓缩创新服务品牌

诚信服务塑造泰康品牌

“我们要用10年的磨砺，把泰康人寿做成保险业最专业化、服务最好的公司；用10~20年的时间，让泰康人寿成为真正一流的跨国金融保险集团。”开业之初就将企业发展战略清晰定位于“专业化、规范化、国际化”的泰康人寿董事长兼首席执行官陈东升，曾经这样规划公司未来的前景。

然而，在整个市场粗放式经营的大背景下，泰康人寿的管理者却不得不在相当长的时间里面对曲高和寡的压力。开业六年来，泰康人始终坚持着自己的原则，即使在市场竞争空前激烈的情况下，他们的经营之道也从未偏离以客户为中心、诚信为本的轨迹，并试图以自身的一以贯之，增强公众对保险行业的信心。

围绕“投保”和“理赔”两个消费者关心的服务问题，笔者日前采访了泰康人寿，并欣喜地看到该公司在系统的服务体系和高效的理赔服务基础上，由全体员工构成了一个为客户提供高品质、高效率的专业服务团队，以全方位的创新服务在寿险市场上初步树立了“诚信、专业、亲和、高效”的寿险品牌形象。

“百分百电话回访”让投保变得透明

2001年，欧洲十大保险公司之一——瑞士丰泰人寿欧亚区市场部首席执行官思诺先生，在认真考察了泰康人寿成都分公司后评价：泰康人寿注重客户服务的经营策略，尤其是100%电话回访制度，与许多欧洲保险公司相比毫不逊色。

2002年3月，在中国的寿险投资型险种遭到的质疑达到高点时，中国保监会颁布了五项措施对市场进行强力整改。五项措施就是要求各人寿保险公司实行新型保险产品电话回访制度，投资连结、分红、万能等新型险种都囊括其中。但是，对于泰康人寿来说，更为完善的对所有个人险种新契约的“100%电话回访”，早已在2000年7月作为一项内部的服务创新制度而在全公司系统推行，比这次同业整体行动提前了20个月。

2000年，由于当时市场上长期存在的不正当竞争和普遍存在的代理人误导现象，致使消费者对寿险代理人产生了高度不信任，进而对保险公司也产生怀疑，购买愿望也就无法成为购买行动。

面对市场形势的发展变化，泰康人寿根据自身一贯的服务理念——“服务是寿险的生命”，进一步明确提出了以客户服务为先导的差异化竞争战略，就是要用诚信经营和良好的服务承诺作为进入市场的切入点，从制度上下手，建立一套保险代理人的约束机制，从而进一步提高泰康人寿的服务品质和销售品质。正是本着该公司的这一战略构想，“100%电话回访制度”作为一场国内保险业的服务创新破土而出。

2000年4月，泰康人寿成都分公司率先从开业后的第一张保单开始进行了电话回访。公司首先要求所有保险代理人签署“服务承诺书”，内容包括如实告知、不代签名、不能阻挠客户犹豫期退保等。同时对客户进行100%的新契约回访，确认保险代理人为客户提供的服务是否符合承诺。

在电话回访中，客户如果对保单条款或投保过程产生疑问，可以无条件退保，使客户权益得到有效保障；同时，如果在电话回访中发现代理人存在误导等情况，公司也有相应的处罚措施。比如，一旦发现代理人有代签字的行为，公司就会马上将其开除。

显然，电话回访制度能对保险公司的代理人产生极为有效的约束力。已从成都分公司总经理升任公司助理总裁兼上海分公司总经理的邱希淳回忆说：“受长期行业惯性影响，100%电话回访在刚执行时遇到了一部分代理人相当大的抵触，但由于公司早已确立了‘要做服务最好的寿险公司’的发展思路，始终将确保客户权益放在首位，最终克服了困难，而一系列服务举措取得的效果也最终获得了所有人的认同和支持。”

不到一年时间，以诚信服务特色赢得市场的成都分公司在成都市场上的业绩已经稳居第三。在总结成都分公司成功经验的基础上，公司董事长兼首席执行官陈东升立即向全公司所有的分支机构发出了推广100%电话回访的号令，并同样获得了成功。

2001年8月，中国保监会“全国整顿和规范保险市场秩序领导小组办公室”成员专程到泰康人寿成都分公司开展调研，认为其制定和实施的一系列保证客户服务质量的规律和措施，达到了规范化、系统化和制度化，使客户服务成为公司的一项长远的战略性任务，很好地树立了公司服务形象和品牌。此后，在中国保监会的一份内部资料中以“搞好客户服务、促进业务发展”为题将此做法及经验作了介绍，将泰康人寿的经验推广到国内各保险公司，并最终形成了一条全国性的监管制度。

100%新契约电话回访在全公司推广后，泰康人寿又对该制度加以不断完善和细化。

对电话回访客户的内容、流程进行标准化设计为：“三个确认，两个核实，一个核对”。三个确认是：客户是否了解所购买保险的保险责任和免除责任；投保单上是否为亲笔签字；如果是分红保险，还需要确认分红预定利率是假设利率，按照保险法的规定，保险公司不得进行分红水平的承诺。两个核实为：与客户核实投保单上的电话、地址，以便保持公司与客户联系渠道的畅通。一个核对为：请客户主动核实转账账号是否正确，以保证客户按时续交保费。

同时通过在投保时及保单送达时请客户签署《客户权益确认书》，确保客户在投保过程中对重要权益的知晓权；开发透明化保单，将专业保险术语进行通俗化解释；对因各种原因而无法进行电话回访的客户，则通过信函等方式与客户沟通等各种配套措施，实现了分公司区域试点、总公司在全国范围统一推广和实施的制式化管理。

泰康人寿客户服务部总经理贾莉平说：“我们不断改进投保过程中各项服务的质量，就是希望最大限度让客户清楚并保护自己的重要权益。”

领先的信息技术让理赔更加便捷

2002年4月，一位在泰康人寿东莞支公司投保的客户，因意外车祸在郑州出险，当地分公司在三天内就让他们拿到了赔款。客户感动地说，没想到保险理赔这么快，更没想到异地也可以赔，你们这种服务真是实实在在为客户着想！

近期，一项由国务院发展研究中心和中国保险学会共同进行的调查显示，接近50%的城市居民考虑在未来三年之内买保险。同时，这次有全国46个城市的22182个居民家庭参与的建国以来规模最大的保险调查，也提供了如下的信息：消费者对保险公司的售后服务表示了普遍的不满，特别是在保险公司处理赔付的态度和方式等方面，满意度较低。

毫无疑问，随着生活水平的日益提高，保险越来越成为人们日常生活中不可或缺的一部分。不过，保险回到它真正原点的意义在于，当客户发生风险时，能够迅速发挥其保障功能。所以，理赔工作也就成为体现商业寿险公司综合实力和社会信誉的核心。对此，泰康人寿始终保持着清醒的认识。陈东升一直执着的信念是：“作为经营长期业务的寿险公司，首先要讲信誉，用良好的资产和偿付能力对客户负责；同时更要守信誉，履行对客户的承诺”。

开业六年来，泰康人寿逐步建立了完善的承保、核保、理赔等制度体系。在核保时运用自动核保电脑系统及审慎核查，有效控制了公司的经营风险。对于申请赔付的案件，泰康人寿的原则是该赔的一定快赔，不该赔的非常慎重。把客户的利益放在第一位，使保户和公司真正成为利益共同体。

1999年5月，泰康人寿妥善处理当年国内最大个人寿险理赔案，京城一对10岁的双胞胎成为这起理赔案的受益人，他们因病去世的父亲生前所投保泰康人寿的保险，为他们今后13年的生活、教育提供了充分的经济支持——两个男孩可以得到泰康人寿向他们支付累计达240万元的保险金。对金额巨大的理赔案的妥善处理充分体现了泰康人寿“讲信誉、守信誉”的诚信精神，得到社会公众的广泛称赞。从每年交几百元保费的客户到一次趸交上百万元的客户，从第一个赔案到1999年全国寿险市场上最大的赔案，泰康人寿专业的服务品质、热诚的服务精神从未改变。公司及时、合理、高效的理赔服务，为泰康赢得了客户的信任。

为了进一步提高服务质量，泰康人寿的服务平台也在不断发生着质的飞跃。

1999年，泰康人寿着手“跨世纪五大基础工程”的实施工作，其中客户服务工程被视为重中之重。泰康人寿加快了售前、售中和售后的服务体系建设，统一的门店式客户服务中心遍布全国每一家分支机构。中心实行“一站式”服务模式，客户可以在一个服务人员那里，完成投保、保全变更、理赔等各种事项，大大提高了服务效率。

优质高效的服务必须以领先的信息技术为支撑。

2001年，泰康人寿又投入巨资，率先引进了在世界一流寿险公司普遍应用的LIFE/ASIA业务处理系统。这种以客户为中心、集中式数据处理模式，不仅可以高效、准确地为客户提供各种服务，而且为泰康人寿发展更便捷的客户服务提供了强大的信息技术平台。“全国统一客服号”、“快速理赔通道”、“异地理赔”等举措应时而生。

2002年初，泰康人寿正式开通了全国统一的客户服务电话95522。新客服号的开通使得无论男女老少、居住在国内各地的泰康人寿客户都可以随时随地享受该公司服务，缩短了公司与客户的距离。

2002年3月，泰康人寿在“一站式”服务模式的基础上，在全国开设了小额给付案件即时理赔通道，开展简易理赔案件的快速理赔服务。对赔付金额在1000元以下、无需理赔调查的给付性理赔案件当场受理、当时给付，客户服务中心大厅同时设有理赔及财务等各类柜台，确保客户当时理赔，当时领款，极大地方便了广大客户。自开办以来，通过“一站式”柜台共给付小额赔案1000余件，满足了客户及时理赔的需求。

2002年4月，异地理赔服务也已在全国正式启动。这种服务改变了目前保险市场理赔服务的现状，使异地理赔从手工操作特殊处理的水平提高到电脑技术支持的常规便捷服务，投保人出险后不必回到原投保地办理理赔事宜，当地出险当地理赔，大大提高了效率，方便了客户。在泰康人寿异地理赔就像银行的通存通兑一样便捷。

目前，泰康人寿又将北京分公司作为“理赔电话回访”试点，主要包括两方面内容：第一，除当场给付以外的所有赔付案件，在结案后全部向客户进行回访，告知赔款全额，并且说明理赔依据以及赔款的计算方法。另外，当接到身故、残疾、重大疾病案件的报案后，全部给予电话回访，指导客户办理理赔手续，同时尽可能为客户提供就医指导。林林总总的工作改进都实践着一句话：泰康人寿诚信理赔。

在美国安然等所谓明星企业接二连三曝出丑闻后，最新一期的美国《商业周刊》从企业、经济、科技及社会等多个层面，列出了25项新思维企业文化，其中列在首位的就是“诚信第一”。泰康人寿自成立以来，坚持以客户为中心、诚信为本的经营之道，实实在在地提高客户服务和理赔服务的水准，这一与世界潮流相符的经营准则，正为其在市场上树立起深入人心的良好品牌形象。

新生活广场浓缩创新服务品牌

采访陈东升时，他说，2002年在新加坡全球保险CEO论坛上，我与ING（荷兰国际保险集团）的老总交流时发现，我们的想法不谋而合，寿险必须要建立强大的品牌。

尽管已经初步建立了较为成熟的客户服务体系，但泰康人寿却始终背负着强烈的紧迫感。在“入世”前后，中国保险业达成的共识之一是，中外寿险的核心差距在于客户服务水平。但是，该如何缩短这种差距，摆脱目前各公司之间产品和服务同质化的低层次竞争局面，却是一个巨大难解的课题。

业界都知道泰康人寿有一句名言：“创新就是率先模仿”。从成立的那一天起到现在，这句名言一直引导着泰康人寿在全球范围内寻找值得模仿的标杆，并且在不断模仿的过程中超越自己、超越对手。

采访泰康人寿董事长陈东升时，谈及他接受中央电视台《对话》栏目专访时表述的这一观点，他说：“模仿，最终的落脚点还是要形成自己的核心竞争优势，塑造自己的独有品牌精神，最终形成品牌信仰。”

事实上，“新生活广场”正是泰康人寿创新服务品牌的浓缩。泰康人寿的理念是，围绕中国社会日益崛起的白领阶层的家庭价值观，以“泰康人寿”这个品牌为他们提供生活中需要的高品质服务。稳定的收入、体面的职业、美满的家庭和健康的体魄是工薪白领家庭价值观的核心。所以，一切有助于实现此价值体系的手段和产品，都可以纳入泰康人寿的服务范畴，让泰康人寿的服务成为一种品牌。“新生活广场”就是这一理念的载体。

2002年4月10日，在经过了长时间的周密计划和准备之后，泰康人寿在全国范围内掀起了一场轰轰烈烈的“爱家行动”。泰康人寿董事长陈东升和总裁刘经纶兵分两路，以“爱家行动”的名义，在公司23家省级分公司进行了为期约50天的巡回路演。借助路演这种国际投资银行和IT业经常采用的推广方式，该公司一个重要目的就是，营造一个吸引白领家庭注意力的“健康、幸福、美满新生活”的泰康人寿崭新品牌形象。

那么，作为泰康人寿最新的“招牌菜”之一，“新生活广场”的真正内涵是什么呢？笔者在该公司得到了答案：泰康新生活广场是四位一体、现实与虚拟相结合、互动式综合服务体系。所谓“四位一体”包括：泰康新生活广场门店；泰康新生活广场电话95522；泰康新生活广场网络www.taikang.com；还有高素质的泰康人寿员工队伍。

无疑，“四位一体”现实和虚拟相结合的互动服务方式，共同构成公司和客户的立体接触层面，是对泰康人寿现有资源的重新整合和提升。从本质上看，“新生活广场”体现了泰康人寿先进的服务理念和全面的服务效果，是对泰康人寿全方位的客户服务体系最好的诠释。其不仅使客户享受到高品质理财服务，更为未来的金融服务超市打下基础。再进一步，逐渐过渡成生活广场，为人们提供法律、家政、健康等咨询服务，甚至可能在生活广场里卖泰康人寿的T恤或泰康人寿品牌的任何产品。

今年在以往门店式客户服务中心的基础上，泰康人寿在全公司102个机构设立了新生活广场门店。笔者曾经参观过上海分公司新生活广场，留下了深刻的印象：400平方米左右的店面宽敞明亮；以橘黄色为主色调的室内设计给一向稳重、正统、实力的金融企业平添了亲和、活力、时尚的风格；独立设置的网络特别通道，则使每一位进入新生活广场的人都可以亲自体会到泰康人寿在信息时代为客户提供的便捷服务。即使是在上海这座中国最时尚的城市里，泰康新生活广场也足以吸引路人的眼球。

据说，上海一家准备购买团险的大公司，在与多家保险公司进行接触后，就是因为看到了泰康新生活广场而决定选择泰康人寿的产品。

对于公司的发展，陈东升坦言：“最大的公司不一定是最好的；而最好的公司却有最大的价值，并有可能成为最大。”很难确定泰康人寿保险下一次的创新行动又会带给整个行业什么样的震撼，但可以确定的一点是，靠诚信、服务这张王牌在全国树立起泰康人寿的品牌形象后，对于其今后的发展而言，更好与更大将不再是鱼和熊掌的关系。

（辛雅致）

■ 泰康诚信服务十大创新举措

100%电话回访制度

在投保单承保之后，由分公司电话中心组织专职人员，在承保七日内电话联系客户，以保证客户在投保时应有的知晓权和亲笔签字，确保客户权益的完整和不受侵犯。

泰康新生活广场门店“一站式”服务

目前泰康在已经开业的23家分公司和近75家中心支公司均设有客户服务大厅，并实行“一站式”客户服务柜面。客户可以在一个服务人员那里，办理客户需要的关于投保、理赔、保全等（交费柜台另设）除交费以外的各种事项。

客户权益书确认

为了避免营销员在展业中可能发生的不实告之和误导客户，确实保证客户在投保过程中的知晓权，泰康在保单送达时，再一次请客户签署《客户权益确认书》。《客户权益确认书》的主要内容为：确认投保文件为本人签字，确认已经了解保险责任、免除责任和年度退保金额。如果是分红产品，还需要确认了解资料中提到的分红水平只是一种假设，不代表公司实际分红情况。并告知客户七个工作日内公司将进行电话回访，为电话回访做好铺垫。

透明化保单

保险单是客户在购买保险之后获得的唯一凭证。泰康设计的保单，在保持保单主页完整的前提下，利用了保单封皮将客户信息和专业术语的解释等重要内容再一次向客户说明。以通俗化的语言解释条款中的关键内容，提醒客户关注自己的权益，帮助客户了解保单，掌握重要信息，熟悉服务渠道。

快速理赔

泰康自2002年3月在全公司开展了简易理赔案件快速理赔服务。简易理赔案件是指属于保险责任范围内，赔付金额在1000元人民币以下（含）、无需理赔调查且索赔单证齐备的理赔案件，仅适用于公司已销售的医疗险类险种（包括意外医疗、住院医疗及世纪泰康个人住院医疗）。简易理赔案件快速理赔工作在各分公司的“新生活广场”内的快速理赔柜台进行。

异地理赔

为适应当前社会人口的流动性，泰康人寿现已推出异地理赔服务，客户在泰康的某分支机构投保后，如果在异地出险，只要能按要求提供有关理赔单证，即可以在出险地泰康分支公司办理理赔事宜。

各种预约服务

几年来，泰康人寿先后开通了电话预约和在线预约服务。客户可以通过电话和在线预约购买保险、预约上门收费和协助办理各种保单理赔、变更等内容。

电话变更保单信息

在客户的地址、邮编和电话号码发生变化时，可以通过拨打泰康人寿的客户服务专用号码95522，由客户服务人员直接为客户办理。

开放柜台直接销售

为了满足客户的个性化需求，随着泰康新生活广场的推出，在泰康新生活广场门店，客户可以直接购买各种公司产品，并享受到和营销员购买产品相同的服务。

季度寄发客户服务专刊

泰康在业内首家推出了定期向所有客户赠送《客户服务专刊》（现更名为《泰康新生活》）的附加值服务，通过它传递公司信息，普及保险知识，提供健康与理财资讯，帮助客户规划生活、关注健康，成为与客户沟通的又一重要渠道。

中国金融家

快乐智慧的新生活

New Life of Happy Wisdom

■2003年3月

快乐智慧的新生活

银行利率持续走低，个人理财不断升温，传统意义上作为一种保障手段运用的保险逐渐被更多的人从投资的角度重新审视。《保险法》的颁布实施，无疑将为保险这一日益热门的行业走向成熟和规范保驾护航。记得2001年度经济人物中有一位被媒体普遍誉为“中国新好男人”，有关他的故事只围绕着两个字的主题——诚信，而这两个字在刚刚过去的2002年又被中国保险界奉为业内典范公司的衡量标准，泰康也因此在这一年赢得了一片喝彩。

诚信经营 企业生存的根本

“以信为本，老老实实做事情。诚信在这个不断变化的时代，反映的是智者的思考。”陈东升对于诚信的理解颇有深意，“对于保险公司来说，最根本的就是诚信的服务，将心比心，很人性很简单的道理。当我们把这个看似简单的道理理解好了，一切就都变得轻松易解了”。

在最新一期的泰康内部刊物《泰康新生活》中有这样一段话：“我们用诚实而认真的心踏踏实实做事，不断推出满足市场不同需求的保险产品，耐心解答客户的各种疑难问题，并且不断将我们对生活的理解和发现传递给我们的客户和所有关心和支持泰康的朋友们。”保险其实已不仅仅是一种保障，而是一种生活态度，一种生活智慧。

“在我们的生活和工作中，智慧无处不在。学会理财投资是一种智慧，捕捉时尚脉搏是一种智慧，每一天，我们都在快乐和智慧中工作和生活，这是我们的美好愿望，也是我们对所有关心自己、关爱他人、关心爱护泰康的朋友们的祝福。选择泰康，就意味着选择智慧，选择快乐。对此，我们坚信不移。”泰康的一位员工如是说。

作为经营长期业务的寿险公司，首先要讲信誉，用良好的资产和偿付能力对客户负责；同时更要守信誉，履行对客户的承诺。

泰康认为，稳健经营是企业生存的根本，确保保险公司的偿付能力则是对被保险人利益最根本的保护。对于目前的寿险业发展，泰康认为中国寿险业其实正面临一次新的发展机遇。

“泰康人寿来到这个市场，也要‘集势’，短时间内追求‘最大’是不太实际的，所以，泰康定位在‘专业化’，就是我们所说的‘专业化、规范化、国际化’的战略目标及‘不求最大、但求最好’的发展理念。”陈东升侃侃而谈，思路十分清晰。

专业化分工是近代工业革命以来，全球企业不断发展进步的主旋律，只有专业化才能形成强有力的核心竞争力，才能在日益激烈的市场竞争中长期立于不败之地。泰康人寿经营的是寿险事业，强调对寿险运作的专精，注重提升专业经营和管理能力，塑造专业品牌，提供专业服务。在主营寿险业务的基础上，同样重视与寿险相关领域经营管理的专业化。

而规范化则为泰康人寿的稳健迈进提供了坚实的保证。泰康的规范化体现在：拥有规范的管理，规范的流程，规范的服务，遵纪守法，照章办事。对于规范经营的重要性，泰康有这样一个认识，速度是发展问题，而规范则是生存问题。

国际化的核心是与国际惯例接轨，是实现专业化的捷径，也是保证公司能与国内同行和国际知名寿险公司竞争的利器。未来保险业的竞争是在中国保险市场的国际竞争，泰康人寿把国际化作为企业发展战略的目的就是要培育泰康人寿的国际竞争力。

“大事业做概念，小事业靠人气，保险事业是大的事业，对战略性全局的把握、对市场状况和未来变化趋势的判断尤为重要。因为泰康的目标是建设百年老店，永续经营，因此，我们花大力气树立品牌，规范经营模式，而不是盲目地去抢市场。我们要用十年的磨砺，把泰康人寿做成保险业最专业化，服务最好的公司；用10~20年的时间，让泰康成为真正一流的跨国金融保险集团。”在陈东升的脑海中，泰康的未来似乎已清晰可见。

企业文化 人才荟萃的根本

泰康人寿是一个大事业，靠一个人的能力和智慧肯定不够，靠一个班子的能力和智慧也不够，它要靠一大批优秀的专业人才，还要靠现代化的经营理念、管理制度及优秀的企业文化。每个企业都是有雄心的，泰康的雄心就是要凝聚一批优秀的年轻才俊，通过十年、20年的努力，把泰康人寿建成具有国际水准的保险金融集团。

“在海外的华人构成了比较成熟的国际人才群体，我们从中选择适合泰康文化的人才。比如说，我国精算专业大概成立只有十年，但是实际上一个精算师考下来，大概要花十年的时间，如果是一个资深的精算师，要20年的时间，在中国市场上根本没有首席精算师这样的人才，一定要从国际上请。从国际上请一些比较重要的专业的人才，他们会把企业的技术含量大大地提升。我们请来这些顶级的人才，而他帮助我们培养人才，使国内优秀的年轻人才迅速地成长起来，这叫一举两得。

“当然，还有一个人才的组合问题，我们要让人才发挥出他最大的作用。这个问题是非常现实的。国内很多大企业如果要加快未来的国际竞争能力，一定要引进优秀的国际人才，不过，国际人才也可能是本土化的国际人才，或者是国际化的本土人才，这个概念应该放宽一些。但目前存在的薪酬差距，也会带来很大的一种文化上和心理上的冲突。因为，当一个人才进来的时候，在这个岗位上他可能并不能把他所有的知识和才能都表现出来，所以，周围的人就会说，你也没有三头六臂，为什么你的工资是我的五倍，或者十倍？”在海外人才的使用上，陈东升表现出了足够的冷静和理性。

“我们把很多岗位拿出来，这个岗位的人才一定是要最资深的人才，大家可以来竞聘。我说我出这个价，你敢不敢竞聘，你不能竞聘，这个价就给海外的人才。这里面有个问题要注意，就是一定不要盲目地将所有的岗位都用海外人才，国内人才能做的时候，就不见得要用高薪请一个海外的人才。另外，海外人才回来，应该把期望值也放低一些。我们可以通过协商达成共识，我们会尽量地来接近他，他也基本上了解中国的实际情况。其实，按购买力平价，如果他在美国拿十万美金，可能在国内他拿五万美金，生活质量和美国是一样的。如果是这样，海外人才会回流得更快。”

一般来说，公司从外部引进的新员工在贡献自己的新思维时，也会补充完善公司原有的文化体系。吐故纳新，去粗取精，不断充实，不断发展。每个公司都有不同的文化，不同文化吸引不同的人才。

泰康的企业文化很鲜明，就是“以人为本，亲和诚信”，强调专业化、人性化、开放、务实，这样比较能吸引一些高素质、追求个性化的人才前来。

泰康认为，公司文化是吸引人才的关键；保险公司能否提供一个让人才发挥的空间，提供他们人生价值的舞台是最重要的。公司要吸引人才，树立品牌，文化是重中之重。一家开放的公司不会怕人才流动，公司应该做的是落实人才的培养，将公司的目标、理想，透过工作的每一个环节，将理念贯彻其中，起到潜移默化的作用。

在泰康公司内部，树立了“创新、奉献、分享、公平”的企业风尚，并提倡“教育是最大的福利，管理是严肃的爱”，致力于不断提高员工的专业水平。

在公司外部，泰康将日益壮大的工薪白领人群作为公司服务的主体，倡导健康、美满、幸福的现代生活观和家庭价值观，树立了泰康人寿专业化、最具亲和力、最受市场青睐的新型寿险企业形象。

如果说中国的保险业拥有一个潜力巨大的发展空间，泰康人寿又搭建起了一个宽阔的舞台，那么，在共同的价值观、道德追求和行为准则之下组成的泰康团队，将产生巨大的“聚合”效应，每个人的聪明才智将成就泰康人寿的宏伟事业，共同实现振兴中国保险业的伟大理想，进而成就每一个泰康人的人生梦想。“创造财富，回馈社会，分享成功，成就自我”，这就是泰康人寿所推崇的企业文化。

开拓创新 企业发展的根本

创新需要有对成功的强烈欲望和敏锐的洞察，需要有风险观和冒险精神。创新要有首创精神，实事求是，敢于突破，追求卓越；创新可以保障企业永远具备旺盛的生命力。

泰康人寿认为，开创新的精神和意识乃是确保企业长期发展的根本。陈东升介绍说，泰康所说的创新并不仅仅是业务品种的创新，而是包括了理念创新、机制创新、产品创新和服务创新等四个部分。

理念创新：即保持理念的领先，一要国际化，二要有市场观。我们倡导工薪白领人群的现代生活观、家庭价值观，致力于以个性化、差异化的产品、服务，使每个家庭都可享受到健康、幸福、美满的新生活。

机制创新：是提高生产力，提高效益的核心。根据市场需求，技术变迁，调整企业组织架构，经营管理观念和管理方式。关键在于能打破陈规陋习，提高企业的运转效率。

产品创新：是加强公司核心竞争力的要素之一，有利于公司形成自己的特色，实现产品差异化。2002年，泰康人寿融合国际最新技术，满足家庭保障需求，在保险业内推出“泰康家庭保障计划”，实现了“一张保单保全家”，为全家人提供全面的保障。

服务创新：客户服务也是生产力，一要服务渠道多样化，二要服务手段现代化，三要服务技术规范化。2002年，泰康人寿全面推出泰康新生活广场，形成四位一体的现实与虚拟相结合的互动式综合服务体系。在这里，客户将通过“泰康新生活广场门店”、“泰康新生活广场电话95522”、“泰康新生活广场网络www.taikang.com”以及“朝气蓬勃、健康向上、专业诚信的员工队伍”，享受到更具个性化、亲和化、综合化、全天候的金融服务。

不断变化和发展的市场环境客观上也要求企业不断创新，不断地学习、思考、修正和完善。这里面就有一个创新和模式的问题。中国的很多产业是近代、现代开始发展起来的，甚至有些产业才有五年、十年左右的历史。但是在西方这些产业可能有一百年、二百年的历史，他们付出了非常多的学费才总结了一套做事的规矩和准则。

“所以，我们首先要去学习，在学习的过程中根据自身的特点和自己市场的特点，再来进行创新。这也可以说是模仿在前，创新在后。我经常说，我们首先要找世界上最好的葫芦来画瓢，先把这个葫芦画下来，再根据实际情况进行修改。这个修改的过程其实就是中国化的过程，或者叫现实化的过程，也是创新的过程。”陈东升对此似乎颇有研究，“当然，我讲的是模仿的核心还是模仿这个企业的构架和企业内部的运转方式。我最关心的就是人力资源的管理，比如说人力资源的定价、人力资源的考核、人力资源的流动。还有像公司做大后，你的利润来自于什么？很大一部分应该是来自于控制成本。还有更重要的，比如说全面预算制度。过去我经常讲，从事拍卖的时候就学索斯比。因为很简单，拍卖业里面在全世界最顶级的就是索斯比。但是在全世界保险业里顶级的公司非常多，哪家做得好，对我们有用，我们都拿来，应该说这是一个全方位的模仿。也就是说要向国外的优秀公司学习，也要向国内的优秀公司学习。”

从细节上说，董事长这个层次，下面的主管层次，还有技术部门层次要学习的方面是不一样的。不同阶层要分别学习管理、销售、技术等不同内容。其实，模仿的过程是一个学习、研究、消化，还有跟本土结合的过程。

“如果要来剖泰康的话，我认为从战略、从公司的结构治理，包括我们的基本技术上完成了一个框架性的建设，跟国际是接轨的。虽然目前表现出来的经验、能力、管理的成熟度，跟西方老牌的跨国公司还是有差距的。但是，泰康的起步很不错，方向是正确的，照这样走下去应该是不会有问题，前景很光明。”对于现阶段的泰康，陈东升的评价客观而现实。“需要注意的是，模仿不是为了单纯的模仿，模仿的最终目的是为了创新。如果是纯粹地模仿，永远跟在别人后面，是不会形成很强的竞争能力的。”

保险业在西方应该算是一个很成熟的金融服务业，与银行、证券三足鼎立，可以说是非常重要的。在中国来说，它还是一个朝阳产业。人寿保险是公众性很强的产业，为家庭提供保障，为社会提供安定，为社会经济发展提供巨大的中长期资金来源。“加入WTO之后，中外保险业的竞争将非常激烈，我们希望在竞争中能够抢下那块最大、味道最好的蛋糕。”轻松的言语中，我们似乎可以感受到陈东升对于泰康未来的信心和憧憬。

（记者 雷涛 特约记者 辛雅致）

中国企业家

泰康人寿

人气比一时盈利更重要

■2003年5月

■ 点评:

泰康人寿在2003年“非典”时期采取非常行动，率先推出抗击SARS保险计划，并作为首家保险公司向战斗在抗非典一线的北京5000多名医护人员赠送了价值1.5亿元的保险；第一时间为北京人民医院、潞河医院因公殉职的三名医生快速理赔，为群众提供坚实保障，与国家血脉相连，共渡难关，彰显了一家企业的社会责任感。

来自北京保监办的消息，4月份，京城各寿险公司实现保费收入约20亿元，比上年同期增长了69.84%，远高于今年前三个月44.93%的平均增幅。

人气比一时盈利更重要

5月9日上午8:30，陈东升从寓所出发赶往单位。今天本是公司安排陈东升“居家办公”的日子，为了接受本刊的采访，陈破戒走出家门。约定时间是10:30，陈在9:00就到达了位于北京西长安街上的泰康人寿大厦。

途中，陈照例要收听中央台的广播，在播音员滔滔不绝发布的“非典”新闻中，有一则信息让陈微微直了一下腰：据中国保监会网站8日公布的信息，截至目前，全国各寿险公司累计受理“非典”索赔案件163例，结案90例，累计赔付52.21万元，其中身故给付24.28万元，住院医疗27.93万元。以陈的职业经验看，这远不是一个可以令保险商们悚然失色的数字。

10:25，记者踏进了泰康人寿大厦的玻璃门。两个保安拦住去路，用“红外线体温测量仪”在记者的前额晃了一下，说了声“没问题”，方才放行。

前台填写会客登记表。记者注意到，在“会见人”空格之后，比平常多了一栏：

"责任人"。在"非典时期"，保险公司的行事做派就此略显一二。

赚了多少？赔了多少？

在"非典"肆虐的日子，面对任何一个保险公司的老总，你都可能少不了拿这样的经济问题去问采访对象。陈东升以一个保险人特有的精明回避了记者的正面问题。

"任何一场大的灾难对于保险公司来说都是双刃剑。一方面，保险公司的赔付损失异常增加。另一方面，灾难使人们防范风险的意识增强，买保险的人会增加。"

有人把中国发生的"非典"灾情与美国的"9·11"相比。据估计，"9·11"之后，全球保险业面临600亿~700亿美元的赔偿，许多保险公司被迫申请破产。与之相比，中国保险业几十万的赔偿额小到可以忽略不计。截至记者采访时，泰康"非典"赔偿案共有三起，一例是死亡赔偿，两例是住院赔偿，赔偿合计4万元。而泰康的2002年保费收入达65.5亿元。以此来看，"非典"对中国寿险业负面影响不过是"肌肤之痒"而已。

"非典"的另一面——所蕴涵的商机让许多保险企业迅速行动起来。截至5月6日，经保监会批准，11家保险公司已经推出了17项有关"非典"的保险产品和服务。泰康也不失时机地推出了"世纪泰康抗击SARS保险计划"。据称，这是内地第一个针对"非典"的专项保险。不过，虽然面临机遇，但陈东升不希望保险业背上"发国难财"的恶名。"保险营销不是一个纯粹的商业行为。它应该起到一个社会稳定器的作用。"陈说。

4月25日，泰康人寿宣布缩短对健康险客户等待期和取消免责期等一系列措施。4月28日，泰康人寿决定设立"非典"专项慰问基金500万元，规定凡在2003年8月31日前感染"非典"者除可获得按条款规定的赔付外，还可获得2000元"非典"慰问金。4月29日，泰康人寿又宣布，向北京在抗"非典"一线工作的近5000名医护人员提供1.5亿元保额的一年期团体定期人寿保险，每人保额3万元。

在商业行为之外，泰康连续推出让利保户乃至有利社会稳定的善举。寿险回报周期长的特性让陈东升更倾力于聚拢人气，而非计算一时一地的得失。不过"非典"确实为寿险业加了一把火。4月份，北京各寿险公司实现保费收入约20亿元，比上年同期增长了69.84%。

"现代社会是一个高速流动的社会。流动性就造成了不确定性。而不确定性就意味着风险的增加。"在陈东升看来，中国保险业是一个具有巨大成长空间的朝阳产业，"非典"的肆虐更使他坚定了这种看法。

外松内紧

在业内，陈东升素以注重仪态而闻名。在“非典”横行的这样一个特殊时期，陈亦不忘注意保持自己的风度。西装领带的如常打扮之外，那份颇具公众感染力的微笑依然时常浮现。

“保险公司就是经营风险的。”这是陈东升经常挂在嘴边的一句话，长期在这个行业的浸淫使陈东升对于风险有着一颗平常心。

“你可能想不到吧，这一段时间我已经在外面吃过三顿饭了。”陈东升不无得意地说。

5月4日，北京尚处在疫情高发、人心惶惶的时期。陈东升率兄弟姐妹四家十七八口人，驱车在北京亚运村周围转悠，准备“下馆子”。找了十几家饭馆，都告关张。最后发现一家台湾人开的饭馆“正在营业”，可算有了落脚地。老板看到他们如见“救星”，称“你们是我们过节期间的第一批顾客”。

在“非典时期”，陈东升还冒了一次险。

3月26日，泰康人寿在广东举行了“第二届世纪圣典颁奖大会”。公司300多位中高层齐集珠海国际会议中心。“那时候广东已经是疫区了，这么做当时也是冒了很大风险的。”陈东升说，“当然，我们也采取了很多防护措施，比如戴口罩、房间消毒等”。

“我不是什么大无畏的‘英雄’，但我相信科学。”科学自然是基于对“非典”传播规律的认识，“对于周围的人的健康状况，你要了解。”陈说。

陈东升有他轻松的一面，这或许是个性使然。不过，作为一个在全国20多个省市拥有分支机构，雇员人数达10万之多的企业老总，陈东升肩上的担子并不亚于保一方平安的父母官们。

4月20日，中央撤掉两名抗典不力的部级官员，4月24日，由于多位外国董事被公司告知不能去外地出差，泰康原计划在峨眉山开的董事会被迫转到北京郊区，这一变故让陈东升第一次感到一丝紧张。

原计划两天的会期缩短为一天——因为很多股东都要回去布置防典措施。随后，陈东升开始在全公司布置抗典措施，号召全体员工戴口罩。这一次，他象征性地戴了一次口罩。“像处在我们这个位置的人出入都有专车，住的是公寓，接触‘非典’机会很小。”陈东升信奉的“防典哲学”是“内紧外松”。

“作为保险公司，我们防范风险的意识一直是很强的。”如很多公司一样，泰康把工作人员分为两组，分别由他本人和总裁带领，轮流上班。“我们这样一家公司一天的费用就是1亿，小公司可以停业，我们要关门就麻烦了。”

自4月20日，惯于抛头露面的陈东升没再出差。毕竟，企业的安危更多地系于董事长个人，在这个非常时期，有着泰康“首席形象大使和推销员”之称的陈东升不再率性而为。即使上班，也坚持从家带午饭。

（记者 杜亮）

银行家
■2003年6月
陈东升轻松面对公司长大

陈东升轻松面对公司长大

2002年可以说是陈东升光彩照人的一年。继上年度在《财富》论坛香港年会上的脑力激荡之后，陈东升频频做客CCTV《对话》现场，继而年底入选央视2002年度中国经济人物，被媒体评为2002年中国最具价值经理、2002年中国十大金融人物等。同时，泰康人寿也以其清新、青春的风格在中国众多金融企业中脱颖而出。

泰康的“首席推销员”

《银行家》：过去的一年是泰康飞速发展的一年，也是泰康与你本人曝光率最高的一年。作为媒体的焦点，你的感想如何？

陈东升：去年，我们公司在全国很多地方建立了分支公司，很多地方大家都还不太了解，我们确实需要曝光程度高一些，让大家了解我们，了解泰康。不知你们有没有研究过为什么国内的企业家与国外的企业家出名后受到的关注点会不一样。我注意到国外的企业家成功后更多是谈行业与企业，而我们国内的企业家更多的却是谈自己。这一点我们也很注意。当然，谈行业，泰康还不能代表整个行业发言，但我们可以谈我们泰康的文化，谈泰康可以给大家提供哪些服务。所以，我定位我自己是我们企业的“首席推销员”，多谈些企业的东西。第二，在策略上来说，企业在初期知名度不高的时候，我们是做八分说十分。现在在大家对公司已比较了解的时候，我们就应该做十分说八分了。这样，我们就可以逐步树立一个被公众认可的企业形象。

由弱变强的秘诀

《银行家》：过去一年贵公司建立了许多分支机构，你觉得泰康在稳健经营五年后，突然发力实现这一迅速扩张，你们借助的是哪些内因与外因呢？

陈东升：2002年是中国加入WTO的第一年，这应该说是主要的外在因素。内因则应是泰康成立五年来所形成的积累，概括起来有几点：基本形成了市场定位和企业战略；基本形成了企业文化的构架；基本形成了全国各大区域网络的布局；基本具备了我们自己的管理、技术、销售三大人才队伍。2000年我们又完成了增资扩股，增加了外资股本的加入。这众多因素的结合促使泰康进入了一个快速发展的时期。

我们把泰康创立的前五年定位为确立百年基业的第一个五年，而从2001年起的五年我们叫做第二个战略期，这是我们高速专业化的增长期。一定要强调专业化，不能只说是高速增长，我们是专业化的高速增长。

我们将泰康的成长总结为“由小变大，由弱变强”，由小变大的核心是网络、规模、市场占有。网络方面，去年我们建立了12家分公司。销售人员从2万多人增加到9万多人，基本完成了在全国的网络布局。规模上，我们年保费第一次突破了50亿大关，今年我们目标是100个亿。保持三年快速稳定的发展， 告别中小保险公司，向中大保险公司彻底转型。我们的市场占有率过去是不到1%，现在已经超过3%点多。

《银行家》：应该说，去年是泰康成功转型的一年。我们了解，泰康在实现这一转型中有许多为业内人士所称道的动作，能给我们简单介绍一下吗？

陈东升：去年我们还是创新的一年，严格地讲，对去年的业绩，我是不太服气的，因为我们做了很多，却没有结出丰硕的成果，还没有被社会广泛地了解。去年我们在创新方面做了很多，首先是从产品，我们第一个推出了“家庭保障计划”，一张保单保全家，这是最具泰康特色的，“家庭保障计划”是泰康首先提出来的。

服务创新方面，在全国我们建立了100家泰康人寿新生活广场。有人说实质上建立的是客户服务中心，我们为什么没有叫客户服务中心呢？因为我们对人寿保险有新的认识。人寿保险是家庭个人安排未来健康美满生活的生活方式。我们说保险就是一种生活方式，关系到人们的生老病死，同人们的衣食住行一样，保险是人们生活的基本需求。特别是从计划经济向市场经济过渡的过程中，人们的生活不但需要从法律上保障自身的权利，也需要从保险方面安排自己的医疗、养老等各个方面的生活。我们新生活广场也是四位一体为客户提供全方位的服务体系。这也是我们的创新。

品牌创新方面，泰康人寿要办成一家最具亲和力、最受市场青睐的专业化的寿险公司。我们的品牌就是要代表日益成为社会主流阶层的工薪阶层的全新生活，这种生活是以高水平小康生活为标准的。

决胜在“三线”间

《银行家》：从你的介绍来看，2002年的高速发展完成了泰康全国性的战略布局。但是惊人的扩张速度会不会增加企业经营的风险呢？

陈东升：首先，我们在机构建设上很成功，没有像你担心的那样出现大起大落的情况。从管理学角度来讲，当你要实现跨越的时候， 一定要清楚你的机会成本。快速发展，一定会出现管理跟不上，人才跟不上的情况。这种代价肯定是会有的，但你一定要把这种代价压低到最小，所以我们在选人上非常严格。选好人后，我们还会进行严格的培训。2002年是我们公司的培训年，总公司举办了一个又一个的培训班。对高层管理者，我们参加了北大的EMBA的管理培训，学习十门课程，这对我们增强管理意识和管理能力，达成共识十分有帮助。从培训成本方面讲，保险公司一般培训成本会占到总成本的5%左右，这是相当高的。但保险公司主要的成本就是人力成本，这笔钱是一定要花的。假设说我们去年是八个亿的成本， 培训就花去了4000万。在培训计划上，去年我们培训的重点是分公司的老总，今年我们要花时间对支公司经理多做一些培训。

其实，公司的机构发展快慢跟公司的稳健经营是没有必然联系的。快速发展并不是说公司稳健发展的策略变了。讲到保险业稳健经营的核心，可以说财务稳健是第一位的。财务稳健的核心又包括资金运用的稳健即准备金偿付能力的稳健，经营风格和经营思想战略的稳健两个方面。而这些稳健是由保险业的公众性质决定的。这些稳健又必须是持续性的，还有一个是尊重科学、尊重规律。经营风格的稳健又要求我们要以坚守信誉诚信为本为第一宗旨。所以我们认为机构的快速发展和经营的稳健是两件事，快速发展与稳健经营并不矛盾。

《银行家》：我们注意到，贵公司在机构发展中有一个“ 一线巩固、二线崛起、三线决胜”的发展战略。对此我们能不能理解为这是一个市场竞争上的错位竞争？

陈东升：我们避开竞争激烈的市场，提出三线决胜。这就需要对“三线” 市场具备较准确的判断。我们认定“三线”市场基本是三五年内没有一家强有力的公司进来， 市场相对处于太平时期的市场。这样的市场容易形成新鲜感，同时具有强大的爆发力。

过去一年的努力，证明我们“三线”决胜的思想非常正确。我们在很多地方的市场占有率可以说是牢牢地领先着。做企业这一点和革命打仗很相似，革命很容易在哪些薄弱环节取得成功，市场的竞争也往往在这样的环节取得突破。我可以告诉你在西双版纳这样的西南边陲市场已占据到新契约保费市场的78%，那个地方过去仅中国人寿一家在那里，当一个崭新的公司以一种崭新的理念进入市场时，爆发力可想而知。

《银行家》：那么，你能不能透露一下，在“三线”市场取得的成绩占到泰康公司业绩多大比例？

陈东升：这个数字不好多说， 当然不可能100家都十分成功，但我们不满意的“三线”机构不到1/5。

以本土优势应对外来压力

《银行家》：眼前，不少外资保险公司取得了内地合资公司的牌照， 另外，也有国内财团积极进入寿险市场。你如何看待这一现象？

陈东升：确实是这样，许多保险公司在管理结构、股东资本等方面都吸引了外资进入。但是我有一论断， 那就是中资公司进步的水准要快于外资公司在本土扩张的水准。中资公司在国企改革以及相应的人才改革，资金运营体制的改革，公司治理机制的改革方面，进步都是很大的。

《银行家》：在这一系列变革中，泰康的优势在哪里呢？

陈东升：过去我们强调，外资公司拥有资本优势、人才优势、技术优势等一系列优势，实际上他们缺少最关键的一点，那就是本土优势。我认为，本土优势是最大的优势。一方水土养一方人，一方水土造就一方事业。这不是外资企业一天两天就能赶得上，挖得走的。比如本土文化的优势，我们讲“ 四人帮”大家都知道在说什么，大家讲一个笑话，可以会意地大笑，老外可能还愣在那里呢。文化差异和沟通的障碍，这一点他们就比较难以迈过。对于外资的竞争，我过去还比较担心，但现在一点也不担心这些了。怕没有必要， 善于学习才是最重要的。

《银行家》：这一点是不是也体现在由你组建的公司高层管理团队上？

陈东升：我们的管理团队主要有三个方面的人才，一者是创业团队，再者有一批是从基层提升上来的职业经理人，同时，我们也吸取了一些具有国际背景、专业技术背景的人才。引进华人，彼此没有文化背景的差异，这样合作、沟通起来都相对容易。

《银行家》：最近保险公司的资产运作成为一个热门话题，不少公司都在争取成立独立的资产管理公司，泰康怎么样做呢？

陈东升：我们的资产管理实行事业部制，独立运作，实际上跟成立独立的资产公司差不多。当然能成立独立的资产管理公司最好，但是我们也不急于非要成立这样一个独立的公司。

《银行家》：那么上市呢？我记得你曾经提过三年上市的一个说法，最近你们准备得如何呢？

陈东升：很多媒体都喜欢问这样一个问题。上市对企业来说，一是解决融资，二是改善公司治理机制。从机制方面看，严格地说我们已经具备了良好的公司治理机制。当然从筹措资本上来看有它的意义。而且，首先上市对公司的品牌树立有非常大的帮助。但目前我们既然排不上第一，就没有必要跟这个风了。当然我们还是要积极地准备上市的，但是上市时机的选择也是至关重要的。

回报社会

《银行家》：刚刚过去的"非典"疫情中，各家寿险公司的举动也引起了公众的关注。泰康也率先推出抗击"非典"的专项险，你能就寿险业或者说泰康在这样一个非常时期的公众角色谈一谈吗？

陈东升：关于"非典"时期的寿险与泰康，我前一段时间在一个研讨会上也讲过。你说是讲科学还是讲法制呢？"非典"已经被国家列为法定传染病，按保险惯例，法定传染病并不在理赔范围内。但所有的保险公司都没有那么做。

同时有很多学者站出来说要制定针对"非典"的专有险种的话，一定要强调统计数据，没有大量的数据分析，推出一个产品风险是很大的。恰恰有些保险公司就是在没有大量统计数据基础上推出了SARS险种，而且非常受老百姓的欢迎。这又怎么解释呢？其实我觉得他们说的才是伪科学，我们有基本的判断在这里面。怎么判断呢？我强调三个相信。首先相信政府。我们的政府解决了许多世界上其他国家政府无法完成的事情。第二，相信人民。其实在大难临头的时候，人民大多都是能够团结一心的。第三，相信科学。

"非典"期间，泰康主要做了三件事以成就企业，回报社会。这本身就是泰康的公司传统。1998年抗洪期间，北京有300多名记者前往抗洪一线，泰康为每位记者送出了20万元的保险。给北京电视台记者作理赔时是我亲自送去的。这一次我们给5000名战斗在SARS一线的医务工作者每人送去了3万元的保险，我们也已经给五位医务人员送去了15万元的赔付。我们拿出500万元基金，给凡是在8月31日之前感染SARS的泰康客户送2000元慰问金。

另外，我们在与客户沟通时，客户提出"你们能否推一个一二百元保个五万十万的SARS险，我们把它送给我们的员工，也能稳定员工的人心"。于是我们论证后，迅速推出了一个一百元保五万，每人限买两份的一个产品，不仅热销，还得到了社会的广泛好评。但这时候有人就说我们发国难财。其实我说，大难来时，出现了抢购的情况，有的商店把门关了，而有的商店则继续开门迎客，只要他们不哄抬物价，就是为人民服务了。我觉得我们的产品在一定程度上平抑了老百姓心中的恐慌，我们就是在为人民做好事。

《银行家》："入世"已经一年多了，你怎么评价现在国内金融业的现状？

陈东升：这些好像不应该由我们来评论，我也只能勉为其难地说一说。从宏观方面讲，我觉得我们的社会效率还需要提高。一个国家要从资本市场、税收财政体系、银行体系对社会财富进行重组与再分配。但这几个方面我们都还存在不足，还有一些不能令人满意的地方， 这导致效率十分低下。从中观和微观方面，我们这几年来所取得的成绩应该是可喜的。

"泰康是我的终生事业"

《银行家》：还是回到一开始的话题，去年无论是泰康还是你个人都得到了媒体与公众的较大的认同，有人说："今天我们已经不知道是泰康成就了陈东升，还是陈东升成就了泰康？"我们也注意到贵公司的司训中特意强调了"成就自我，奉献社会"。一般说来，很多公司都在强调奉献社会，却很少有人能提到"成就自我" 这个高度上来，你怎么样看待"成就自我"一词呢？

陈东升：这也算是我们的一个独特看法吧，我经常在公司讲要有中产阶级的价值观，要有体面的职业、稳定的收入、健康的生活、美满的家庭、充足的闲暇。我经常对员工讲要么你去做一个辛苦的小老板，要么就做一个受人尊敬的高收入的公司白领。要实现这些目标就得努力地工作奋斗。

《银行家》：我们了解，你酷爱读书，好像你也常向员工推荐《公司精神》这本书，能给我们介绍一下在经营泰康的几年中，对你影响较大的几本书吗？

陈东升：是的，我要求大家读好用好三本书：《公司精神》、《杰克·韦尔奇自传》、《执行》。《公司精神》是我们塑造公司品牌文化的指导，《杰克· 韦尔奇自传》是用来激励大家的，另外一本大家都知道，任何一个公司目标的实现都离不开执行。

《银行家》：从创业嘉德到开办泰康，你取得了别人难以企及的成就，你是如何规划自己的职业生涯的？

陈东升：我现在把泰康作为我终生的事业。当然，如果做得不好， 或者有其他外在的因素，让大家赶下台去那就没办法了。不过，我是竭尽全力去做的，我相信我应该能把泰康做得更好。

（记者 席啸）

成功营销 ■2004年1月

泰康人寿

跨越100亿的差异化之路

■ 点评：

2003年10月12日，时有350万客户的泰康人寿，年度保费收入首次跨越百亿平台。在经历1998年亚洲金融危机、2001年“入世”考验及2003年“非典”肆虐的动荡之后，对泰康人寿来说，这是一次激动人心的跨越，是一次极不平凡的跨越。

成功营销新生代品牌竞争力排名：

在《成功营销·新生代2003年度品牌竞争力排行榜》上，泰康人寿在寿险类别中，以130.79的成长指数，成为寿险类最具成长力的品牌。

泰康人寿
跨越100亿的差异化之路

2003年10月13日，长安街边的泰康人寿大厦11楼多功能厅内礼花绽放，彩旗飞舞。

“截至10月12日，泰康人寿保险公司2003年度保费收入超越100亿元。”泰康人寿总裁兼首席运营官刘经纶激情宣布。

泰康人寿品牌传播部郑燕副总经理说：“用不到七年的时间跨越100亿这一‘门槛’是和泰康人寿一直坚持走差异化之路分不开的。”

差异化产品：从“抗SARS险”到“爱家之约”

“我昨天签了60张单子，连中午饭都没来得及吃。现在公司保险单的印刷跟不上，常常有客户过多、保险单断档的情形。”2003年5月8日，泰康人寿的业务员刘伟告诉某报社记者。

刘伟签的保险单正是泰康人寿率先推出专门针对SARS的保险计划——“世纪泰康抗击SARS保险计划”。此项产品无疑算得上是非常时期的一项最具差异化的产品。

非常时期，凸显保险对人们的保障作用。2003年4月30日，在极短的时间内完成新险种的设计和报批，泰康率先推出专门针对SARS的保险计划——“世纪泰康抗击SARS保险计划”。

此保险计划是国内首个以“非典型性肺炎”为保险责任且投保人可直接投保(而不是作为附加险)的保险主险，为投保人提供身故保障和住院日额保险金。该保险计划一经推出，就以手续简便、等待期短、经济实惠等特点受到普遍欢迎。几天后，其他寿险公司也紧急跟进。截至2003年5月6日，保监会批准同意11家保险公司开办了17项应对“非典”的保险产品，并采取了缩短疾病等待期和免责期、简化理赔手续等服务措施。

两天后，已经抢先一步的泰康人寿又实现了该保险计划的网上投保，进一步方便客户。另外，泰康人寿上海分公司在获得保监会批准后，与上海“快客便利店”达成合作协议，“快客”近900家便利店全面代理销售泰康人寿的“世纪泰康抗击SARS保险计划”，在上海开保险进入便利店销售的先河。

据统计，泰康抗SARS专项保险保费收入超过6000万元，而泰康针对SARS的理赔总金额仅为55万元。

经过“非典”，人们认识到通过保险为自己和家人提供一份特别的健康保障，无疑是明智的选择。泰康顺应市场需求，于2003年8月1日推出其“家庭保障计划”的第二代主打产品——“爱家之约”的全新升级产品。新的“爱家之约”将传统的1对1（一张保单对应一个人）的营销模式变为一张保单保全家的对整个家庭的保障，该保障计划充分考虑到不同家庭的保障——教育、大病、理财、养老等需求，提供数种组合套餐以供选择，在服务品种和营销模式上实现全面创新。

自2002年10月“爱家之约”保险计划上市以来，已有超过13万个家庭参加了此计划。

差异化服务：100%电话回访

2002年3月，在中国的寿险投资型险种遭到的质疑达到高点时，中国保监会颁布了五项措施对市场进行强力整改。措施之一就是要求各人寿保险公司实行新型保险产品电话回访制度，“投资连结”、“分红”、“万能”等新型险种都囊括其中。

而泰康人寿更为完善的对所有个人险种新契约的“100%电话回访”，早已在2000年

7月作为一项内部的服务创新制度而在全公司系统推行，比这次同业整体行动提前了20个月。

2000年，由于当时市场上长期存在的不正当竞争和普遍存在的代理人误导现象，致使消费者对寿险代理人产生了高度不信任，进而对保险公司也产生怀疑，成为制约寿险市场的重要因素。

面对如此市场形势，泰康人寿进一步明确提出了以客户服务为先导的竞争战略——用诚信经营和良好的服务承诺作为进入市场的切入点，从制度上下手，建立一套保险代理人的约束机制，从而进一步提高泰康人寿的服务品质和销售品质。由此，“100%电话回访制度”作为一项国内保险业的服务创新破土而出。

2000年4月，泰康人寿成都分公司率先从开业后的第一张保单开始进行了电话回访。公司首先要求所有保险代理人签署“服务承诺书”，内容包括如实告知、不代签名、不能阻挠客户犹豫期退保等。同时对客户进行100%的新契约回访，确认保险代理人为客户提供的服务是否符合承诺。

不到一年时间，泰康成都分公司在成都保险市场上的业绩已经稳居第三位。在总结成都分公司成功经验的基础上，公司董事长兼首席执行官陈东升立即向全公司所有的分支机构发出了推广100%电话回访的号令。

差异化理念：
新生活、新时尚、新泰康

陈东升说：“新生活理念就是倡导青春、时尚、健康的现代生活观和家庭价值观，我们希望泰康融入大众生活，为人们安排未来健康、幸福、美满的新生活。公司的产品、服务和品牌建设都紧紧围绕着这个目标。”

为了倡导“新生活”的理念，泰康人寿在全国29家分公司、12万代理人中推广融合了泰康理念的“新生活之旅”活动。具体内容包括：启动“健康生活、健康家庭”为主题的互动活动，举办“爱家生活”摄影大赛，公开发行传播企业文化的《我们的家园》图书等。

2003年11月18日，泰康人寿保险公司北京分公司新生活广场揭幕仪式在泰康人寿大厦举行。位于泰康人寿大厦二层的新生活广场，由三个部分组成——泰康新生活广场门店、泰康新生活广场电话中心和泰康新生活广场网络。整个广场的设计时尚、靓丽，服务全面。记者看到在保险关爱服务区，专业的客户服务代表已在接待客户，这里可提供包括投保咨询、保单变更、理赔报案及2000元以下现场理赔在内的“一站式”服务；在温馨生活休闲区，客户则可以通过文字介绍和网络平台进一

步了解泰康人寿的产品和服务，贵宾客户更可享受到新生活广场的特别通道服务及专门的休息室；同时，体检中心还免费向客户提供健康测试和体检服务。

泰康人寿新生活广场是该公司配合2002年提出的“新生活理念”而在客户服务上的创新举措，目前已在泰康人寿遍布全国的24家分公司投入使用。

2003年岁末，泰康人寿又有新动作：投放冯小刚贺岁大片《手机》电影贴片广告。这种广告投放方式彰显了泰康所宣扬的时尚生活，与国内大多数保险公司沉稳的品牌形象有很大的差异化。“选择在《手机》投放贴片广告，正是看中了《手机》的观众符合了泰康目标消费群。”郑燕副总经理说，“由于在《手机》投放贴片广告的大多是像中国移动、摩托罗拉等国内外著名品牌，泰康参与其中，对自身品牌提升大有益处”。

（记者 彭强）

经济观察报

■2004年11月8日

发行13亿元次级债
泰康人寿期待资本"三级跳"

发行13亿元次级债
泰康人寿期待资本“三级跳”

11月4日，泰康人寿完成了继四年前引入境外机构投资者后第二轮重大资本扩充，成功发行13亿元次级债券。

此批次级债券的发行，使公司的偿付能力将达到法定标准的150%以上，足以支撑未来五年公司业务以20%~30%的速度发展。同时，泰康自信它已经开始进入了金融企业“U”型发展曲线的后半段，今后数年的利润将出现快速的增长。

下一个目标，将是2007年左右的上市。届时，泰康将完成一次漂亮的三级跳，跃上一个更加宽广的发展平台。

首轮融资

保险公司就像个皮球，只有资本越充足，才能蹦得越高。

1996年8月公司创建时，泰康的注册资本仅为 6 亿元，由中国对外贸易运输集团总公司等16家国有大中型企业发起。经过最初几年的经营后，6亿元的资本金逐渐体现出对公司进一步扩张的制约。

2000年11月，泰康第一次“充气”，引入瑞士丰泰、苏黎世洛易银行、新政泰达

泰康人寿成功首发13亿元次级债券新闻发布会现场

投资公司、日本软库银行等外资股东，注册资金从6亿元增加到8亿元，净资产达到近20亿元人民币。

这次公司成立以来的首轮大规模融资支撑了此后四年泰康的快速膨胀，为泰康在完成全国布局的过程中提供了资本保证。

2001年末中国加入WTO后，保监会明显加快了国内保险公司设立分支机构的审批速度。在这样的政策时机下，仅2002年一年，泰康人寿就增设了至少100家分支机构，资本投入急剧上升。同时，泰康的年度保费规模也由2000年底的7.2亿元猛增至2003年底的133亿元。

业务规模高速膨胀的同时，偿付能力的压力也明显加大。在2001年和2002年两年，泰康人寿的实际偿付能力由736％急剧下降至254％。泰康人寿董事长兼CEO陈东升接受媒体采访时表示，2003年泰康的偿付能力充足率是114％，2004年将达到101％。

而根据记者见到的2002年末泰康人寿制定的2003~2007五年规划，若不进行新一轮融资，公司的实际偿付能力至2007年将降至84％，五年内需要补充资本金8亿元。

发次级债券

新一轮融资已经势在必行。

对于泰康人寿，可供考虑的方案有四：上市融资筹措资本；增资扩股；财务再保；发行次级债券。

上市融资曾是泰康设想的方案之一。2002年时，国内媒体即已报道过泰康谋求2003年在国内上市，但现在，这一计划的时间表已被延后。“我们认为，目前公司的盈利状况还达不到上市的最佳条件。”陈东升说。

而增资扩股，因“股东们因为看好泰康人寿的前景，不愿意稀释股份”而无法进行；财务再保则有成本相对偏高的缺陷。这样，发行次级债券成为可行的选择。因此，“泰康在两年前就做出决策，2003年底开始准备，历经一年终于取得成功。”泰康人寿首席精算师尹奇敏说。由此，泰康成为国内首家成功发行次级债券的保险公司。

泰康人寿提供的资料显示，泰康此次次级债券的发行总规模为13亿元，发行期限六年，年利率为固定利率5.1％，浮动利率为人民银行公布的一年期整存整取定期储蓄存款利率上浮272个基点，在目前一年期存款利率2.25％的水平下浮动利率为4.97％。

泰康投资委员会的徐徐称：“此批次级债券的定价基准是近期国债和企业债市场期限相仿债券的平均收益率，加上数十个基点贴水。次级债券将在央行、保监会等监管部门批准后方能进入同业市场进行交易。”13亿债券中，定息债券约占70％，浮息债券约30％。

此批次级债券由多家国内外金融机构和其他机构投资者购买，包括一家保险公司。但泰康以客户保密协议为由，未透露买家的名单。

上市目标

次级债券的发行成功，使泰康的实际偿付能力由去年年底的114％提升至超过150％，足以保证未来五年内公司业务得以在偿付能力充足的情况下保持20%~30％的业务扩张。

今年泰康预计保费规模将达到170亿~180亿元，比去年的133亿元增长30％左右，同时，这家企业也进入了盈利周期。部分由于市场扩张导致的资本支出快速增加，泰康人寿自2001年起开始出现经营性的亏损；以财务稳健著称的泰康人寿加强了内部预算管理，2003年首次实现了经营性盈利，即在不包括投资业务的情况下，保险业务本身就可出现盈利。

“金融企业的盈利曲线一般呈‘U’型，即创办初期亏损，而到了一定年限后将出现稳步提高的利润。”陈东升说。他认为，泰康已经渡过了“U”的最低点，预示着未来利润将会出现大幅增长。

在寿险公司中，最重要的盈利业务是个险的续期业务。一般而言，当个险续期业务总量超过新增个险标准保费后，这家保险公司的盈利状况即进入平稳上升的阶段。

陈东升表示："今年我们续期个险保费与新增个险标准保费大体持平，续期保费预计是24亿元，新增标保约20亿元。但明年续期保费的数额将是新增保费的一倍，且这一倍数将逐年递增，表明公司的盈利水平继续提高。"

"今年我们会盈利，明年将有更大的盈利。当利润积累到一定的时候，我们将选择上市，因为这时候才是对投资者最负责任的，同时也是我们最受投资者追捧的时候。"陈东升说。

根据公司五年规划描述，上市时间将定在2007年左右。届时，业务发展达到一定规模的泰康可能也已经到了需要再次资本"充气"的关头。

（记者 张宏）

金融时报

■2006年7月21日

从温饱步入小康:“未来十年很精彩”

访泰康人寿股份有限公司董事长兼CEO 陈东升

■ 点评:

2006年8月22日，泰康人寿在人民大会堂迎来十周年华诞。十年来，泰康人寿在社会上塑造了“快速发展不失稳健，稳健经营不乏创新”的特色品牌形象。就在这一天，陈东升发出了“迈向未来新的十年”的号召，迎来了第三次发展机遇。

从温饱步入小康：“未来十年很精彩”

“俗称三十而立，但泰康走过十年就已经立起来了，成为我国保险业快速发展的典范之一。”7月14日，中国保监会主席吴定富在泰康人寿创立十周年前夕赴该公司现场视察时作出如此评价。

一家规模并不是最大、创立时间也不是最久的寿险公司能够获此“殊荣”，一定有其独树一帜的经营理念。

事实上，锁定工薪白领阶层、靠走“城市路线”成功打开市场的泰康人寿，尽管目前总资产规模超过650亿，寿险市场份额位居第五，个人营销位居第四，但在十年前仅以6亿元起家。不得不承认，首创“一张保单保全家”这一迎合中国市场特点的家庭组合型保障模式，并在业内率先完成ISO9001：2000质量体系建设的举措，确是泰康人寿钟情于“稳健规范”经营风格的自然流露。

“但原因不仅在于此，更因为保险业‘做大做强’的目标，是历史赋予我们的一项特殊使命。”7月18日，一手缔造泰康人寿的公司董事长兼CEO陈东升，在“忙里偷闲”中接受了记者专访，向本报独家披露了泰康未来十年的构想。

他毫不讳言，“正因为我们只是一家中大型保险企业，因此更具有做大的空间和做强的潜力，但要真正做好，必须牢牢抓住当前的历史机遇，否则，我们不可能实现‘鲤鱼跳龙门’式的突破”。

十周年的最好礼物

记者： 谈到当前的历史机遇，您为何用“鲤鱼跳龙门”式的突破一词来形容您对泰康未来的期待？

陈东升： 因为在泰康十周年前夕，我们收到了一份最好的礼物，即《国务院关于保险业改革发展的若干意见》（简称“国十条”）的出台。“国十条”使得全社会从来没有像今天这样认识到保险业的重要性，为保险业及我们的发展创造了第三次历史机遇。尤其对泰康而言，历经获准开业筹建和中国“入世”这两次历史性机遇后，“国十条”的出台是泰康发展的第三个春天。

保险业改革发展意见能从一个行业规章上升到国务院纲领性文件，形成一整套思想理论体系，其核心就是对中国保险业发展仍处于初级阶段有了一个准确判断，对保险特有的“经济补偿、资金融通、社会管理”三大功能有了一个科学定位，在此基础上，必然形成以科学发展观统领整个行业加快发展、做大做强的核心目标。

中国经济正由温饱转向小康型社会，这意味着什么？以城市白领为首的中产阶级正在崛起，其消费方式和生活方式将决定一个新产业的崛起，当未来解决老有所养等一系列民生问题成为首要问题时，我们这样一家规模、网络、机构有3~5年以上沉淀的寿险企业，更要大有可为。

恰逢十周年，恰逢我们制定新十年纲要，恰逢“国十条”出台，这正是我们这样一家中大型保险公司迈向大型保险金融服务集团的最好机会，抓住这些机会，才能实现新一轮的快速、全面发展。

重新定位公司愿景

记者： 您提到在未来十年，泰康要迈向大型保险金融服务集团，这是否意味着公司的发展将重新定位？

陈东升： 的确，在“国十条”出台的情况下，我们对公司愿景进行重新定位，既不是原有的“具有亲和力、受市场青睐的中大型保险企业”，也不是走综合性金融控股集团模式，而是把公司建成一个“最具亲和力、最受市场青睐的大型保险金融服务集团”，主要包括专业寿险集团和专业资产管理。

就专业寿险集团建设而言，重点坚持以个险为核心、团险和银行保险齐头并进的发展战略，进而增加资产规模，支持资产管理，加快机构网络建设。

比如，确保内含价值及业务增长的个险事业部，要能够通过对机构的分类管理加强对重点机构和中心城市建设，做大做强营销服务部；员工福利计划事业部的建设要着力于提高盈利能力，加强新渠道业务开拓、业务结构调整、产品结构调整和成本控制；银行保险事业部关键要提高利润和价值，加大与重点银行的战略合作关系；对业务后援中心的整合是要控制风险和提高效率，同时加强对财务、精算、产品、风险管理、IT及人力资源的专业化队伍建设；加强网络和新渠道创新，进行客户二次开发，如电话直销、网上保险等。

专业资产管理建设的重点，则首先扩大海外投资业务范围，实现海内外金融资源有效配置，其次大力拓展第三方资产业务，面向社会提供优质高效的资产管理服务，最后是获得养老金管理、QDII、企业年金、委托管理其他社会资金的资格。为此，我们要加强决策能力、创新能力和执行能力，注重资本战略和人才战略。

资本战略是头等大事

记者：您之所以把专业资产管理建设单独列出，并首次提高扩大海外投资业务范围，是否源于保险业竞争局面使承包业务的利润空间不断压缩这一现实？

陈东升：不仅仅如此，金融的本质在于，资金一定流向效益最高的地方，竞争有助于营造一个良好的生态环境。

但更重要的是，在资金运用方面，保监会加强了保险资金运用渠道的开放进程，实现了保险资金的快速融通和国内外资源的配置，特别在这一轮经济高速增长形势下，保险公司已经在参与基础设施、股份制改革、国有银行改革的投资中获得了较好的收益，大大促进保险公司资本、实力的积累，增强了行业发展的动力，这是“国十条”中最具有突破意义的亮点，应当说，这是一次思想的解放和生产力的解放。

我们为什么强调靠资本战略和人才战略抓住机遇？只有抓住资金运用逐步放开、资本市场看好的机会，通过引入战略投资者、参股其他金融机构、上市和发行次级债等途径，才能增强资本实力，真正成长为大型保险金融服务集团。与此相对应，我们要加快寿险经营管理人才的建设并积极引进、培养资产管理与投资类人才，推动产品、服务、渠道和管理创新。

我认为，制约保险业发展的最大障碍是资金运用，推动保险业发展的核心命题也是资金运用，资本战略是头等大事。令人欣喜的是，视为中国“第一经济生命线”的京沪高速铁路建设中，保险业成为最重要的机构投资者，今后也一定是经济发展最长期的资本提供者。参与基础设施领域的泰康，有较好的资金投资水准，今后这一空间无疑会更大。所以，在未来五年发展纲要中，我们重点解决资本积累问题。

（记者 方华）

当代金融家

■2006年8月

今年8月22日，已跻身于国内五大寿险公司阵营的泰康人寿迎来了十年华诞。十年来，泰康的资产规模从7.5亿元增长到600亿元，但没有出现过一笔呆账、坏账。作为一家曾连续多年经历三位数增长的保险公司，能在高速发展与运营“泰康”之间保持如此好的平衡，在年轻的中国保险业初期发展阶段中实属罕见。

“稳健”可谓是泰康的企业形象，这与泰康人寿董事长兼CEO陈东升对创新的独特理解分不开。陈东升在1996年泰康创建之初便提出，“在当下中国，创新就是率先模仿”，这在当时显得有些逆流而上。

1990年代中期，在中国金融发展史上当以“乱世”记入史册，做企业风行搭“草台班子”。然而诞生于1996年的泰康人寿，却旗帜鲜明地在当时提出“专业化、规范化、国际化”核心战略，并老老实实去走，甚至连1997年亚洲金融风暴都被泰康解读为坚持“三化战略”的历史机遇。即使在2000年前后的发展低谷期，泰康依然坚持“高雅”路线完成了第一次海外募股，同时依照国际标准着手公司治理改革，为2001年以后的大发展奠定了资本基础和制度基石。

“稳健”是保险公司经营之本，也是泰康最核心的司训。

泰康人寿：十年风雨兼程

在国内寿险公司中，作为五大寿险公司之一的泰康人寿，其形象一直是“稳健不失创新，时尚不乏精致”，而且善于抓住擦身而过的发展机遇。泰康人寿十年的发展壮大得益于四次历史机遇：

■1992年，陈东升怀揣梦想介入中国寿险业。苦等四年后于1996年始获牌照，创建泰康人寿保险公司。

■1997年，正当泰康扬帆起航时，爆发了亚洲金融危机。虽然泰康的发展因此延缓了三年，但更坚定了走“专业化、规范化、国际化”的信念。

■进入2000年后，中国加入WTO，泰康仅用三年时间完成了全国性网络布局，代理人队伍从3万扩充到15万，准时到达持续盈利的战略性大拐点。

■十六届三中全会之后，保监会提出用20年把保险业做大做强，泰康决意在资本市场展开拳脚，用5～10年时间做大型保险金融服务集团。

幸运的执着（1992～1996年）

1992年，中国经济改革随着邓小平“南巡”进入更高发展阶段，中国的资本市场和保险市场都在1990年代开始拓荒并快速发展起来。证券公司、信托公司、期货公司、租赁公司、股份制银行、城乡信用社等各类金融企业，成为社会资金追捧的对象。然而在1995年《中华人民共和国保险法》出台之前，中国仅有中国人民保险公司、太平洋保险公司和平安保险三家中资保险公司，还有美国友邦保险公司和日本东京海上火灾保险分别在上海设了一家规模很小的分公司。

1992年下半年，第一家外资保险公司进入中国后，很长时间内几乎无人去申报争办第二家。而且，当时国内对保险的认识，更多地局限为车辆运输、企业生产、火灾地震等财产险范畴。然而，曾去日美等发达国家参观访问、对当地保险公司林立印象深刻的陈东升，对寿险公司兼具经济保障和聚集资本的双重功能已有初步概念。他决定创办寿险公司。

1993年12月10日，陈东升向当时的保险业监管方人民银行提交了筹建泰康人寿保险公司的申请。不曾想，申请递交后竟是长达近三年的漫长等待。

1994年，陈东升创办的嘉德首次拍卖，就将张大千和齐白石的作品拍出国内最高价。

此后几年，嘉德拍卖的迅速蹿红与泰康的迟迟迈不出第一步形成巨大反差，但陈东升办寿险公司的决心一直没有丝毫动摇。他几年如一日，坚持拜访国内保险机构和外资保险公司驻华代表处，参与国内保险业的各种活动，不断坚定拟参股股东的信心。

1995年，国内首部《保险法》诞生并于10月正式生效，大大促进了国内保险公司的审批进程。1996年1月22日，时任央行行长的戴相龙签发了《关于筹建泰康人寿保险股份有限公司的批复》。1996年8月22日，央行下发了泰康的开业批复，签发了保险经营许可证。

陈东升的执着是幸运的，他等来了中国保险业开始发力的时刻。

亚洲金融风暴“礼物”奠定核心发展战略（1996~2000年）

■初步形成具有泰康特色的企业文化和发展战略

■“专业化、规范化、国际化”战略思想为泰康机构发展战略和网络布局的基本形成奠定了基础

■外资募股工作顺利完成，为今后快速发展奠定了坚实基础

在2006年回头去看1996年泰康创建之初的发展战略，最叫绝的还是陈东升提出的“在当下中国，创新就是率先模仿”。

陈东升曾在一篇文章中特别说明，“这是在时间和地域限定下的概念”，比起“为创新而创新”来，“模仿是一种操作性极强的、实现企业跨越发展的途径”。

这位言必称经济学的博士企业家，是从效率的角度出发而提出“模仿战略”。他对此的解读是，“用经济学的语言解读模仿，模仿就是后动经济行为主体受先动主体的影响，在利益驱使和规避风险的动机下，采取与先动主体一样的行为”。

他之所以注意到在中国保险业创新要规避风险，是因为早在十年前他就意识到，“在全球经济一体化的今天，中国仍然处于全球经济链条中的枝节，尚未进入主流，市场的游戏规则、制度标准、核心技术等基本上由发达国家制定和掌握。从严格意义上讲，处在边缘领域和枝节上就根本谈不上制度规则层面的创新”。

就在陈东升大量拜访国内外保险机构和跨国保险集团“取经”时，一个不期而至的“礼物”出现了——亚洲金融风暴。

1997年夏天，泰国的货币泰铢急剧贬值，引起了一场席卷整个东南亚的金融风暴。这场金融风暴撼动了国际金融中心香港，引发了韩国金融危机，韩国人均GDP产值从1万美元锐减到6000美元，金融风暴更是给日本金融机构带来重创。中国在这场危机中虽然幸免于难，但政府对金融的监管骤然收紧，从而给保险公司分支机构的扩张带来负面影响。此后直到2000年初，泰康只建了北京、武汉、广州三家分公司，网点扩张近乎停滞。

陈东升的执着与坚强，此时再一次得到体现。如果加上近4年的漫漫筹建路，陈东升当时“涉足保险”已七个年头，但起码有六年不顺。或许因为他见过“大世面”，又是经济学博士，陈东升居然将亚洲金融风暴之后的这三年看成是泰康发展史上的第二大机遇。

他曾经撰文写道：“亚洲金融危机虽然使泰康的发展延缓了三年，但给了我们很多启示：亚洲金融危机使我们对金融产业有了更清楚认识，对寿险事业有了更深刻

的认识，使我们认识到在金融保险企业经营过程中，稳健、规范、诚信、亲和的重要性，使我们坚定了走‘专业化、规范化、国际化’的信念，使我们初步形成了战略发展理念和企业文化定位。”“三化”从此成为泰康的核心发展战略。

1996年初，陈东升邀请台湾保险行销集团进行了一次为期3天的全方位培训，内容涉及营销、业务管理、IT建设和公司组织、人力资源管理等，其后又进一步签订协议，聘请对方六名成员作为行销顾问，为泰康奠定了良好基础。1996年8月，泰康人寿成立。泰康引进的第一批业务员几乎全部拥有大学本科学历，被称为泰康的“种子”。基于如此严格的挑选和培训，首批业务员不仅在专业和规范方面成为楷模，还有坚强的意志和积极的态度。他们每月人均保费超过1万元，明显高于当时的同业平均水平。

销售仅仅是第一步，出险后是否能够及时顺利地得到理赔是保险公司专业化服务的本质体现。1996年11月，一位小朋友保户划破了手指，陈东升亲自将254元赔款送到他手中。这流露出陈东升心底的一个愿望：泰康要拥有重信誉、讲信用的企业形象，以服务和信用为核心。此后，泰康先后遭遇两起全国最大的240万和820万个人寿险理赔案，都对客户做到及时赔付。

对于寿险公司来说，专业化服务的基础是后台运营的规范化，而泰康成立伊始便非常重视后台支持系统的规范化建设。例如，保险公司的利润来源于“三差”——费差、利差和死差，这是精算的概念，然而当时在国内几乎没有保险精算师，连会计师事务所也没人懂保险精算，因为精算概念在当时中国保险公司的财务报表中不需要直接体现。然而，泰康并没有停止自己走规范经营的步伐。1997年，泰康引进了南开大学精算专业毕业生，1998年派财务人员专程到加拿大的伦敦人寿公司进修，从而在财务管理中引入了精算利润管理，保证了资源的科学分配和可控管理。

对于国内刚刚起步的保险公司而言，要想做到专业和规范，向国际上成熟的保险市场“取经”无疑是条捷径。泰康首先从陈东升做起。

1997~2002年，陈东升遍访了全球21家大型跨国金融保险集团，寻找合作伙伴。1997年1月，泰康与瑞士丰泰保险签订“寿险分保合约”，分散了经营风险，提升了承保能力和市场竞争力；6月，与瑞士再保险公司签订技术合作协议，约定在寿险领域进行技术、管理等方面的长期合作。

除专业机构外，泰康还不断寻觅国际化人才，汲取他们的专业知识和技能。1997年5月，英国精算师Neil Parrack访问泰康后，立即被特聘为精算师；2001年，泰康从上海外资公司请来具有20多年丰富经验的精算师尹奇敏任首席精算师，后任首席财务官；2002年，信息技术主要负责人、台湾瑞泰人寿特派到泰康多年的王道南，正式加盟泰康；2005年，美籍华人、具有海外资深精算师经历的王玲玲接任首席精算师。

在泰康“三化”历程中，海外募股堪称是里程碑。

1999年9月，国务院和保监会批准了泰康的境外增资扩股申请。此后16个月中，不断有外资机构前来考察，其后是详尽的尽职调查，最后是艰苦的谈判。泰康采用国际资本市场通行方式完成了海外募股，这在当时金融企业融资时是很少见的。泰康聘请了法国里昂证券、毕马威会计师事务所等国际知名中介机构负责财务和法律等方面事务，完成了价值评估、股价制定、入资谈判等一系列环节。2000年11月21日，泰康对外宣布，瑞士丰泰人寿保险公司、新政泰达投资有限公司、苏黎世洛易银行和日本软库银行集团成为其外资新股东。同时，泰康和瑞士丰泰建立了战略伙伴关系，签订了技术合作协议。

这次募股另有两重意义，一是大大提升了泰康的资本实力，净资产从6亿元增加到目前的17亿元，为后续发展奠定了坚实的资本基础；二是外资股东从业务经营、技术与管理等方面都对泰康带来深层次影响。最重要的是，外资股东带来的“内含价值”概念与泰康管理层的“三化”战略思想发生了共鸣，泰康主动调整，将“内含价值”考核列入业务考核体系，采取了诸多提升泰康内涵价值的措施，比如提高期交保费比例、降低中短期两全险的比重等，使公司的业务结构更加优化。

海外募股后，泰康加速了与国际接轨的进程，打出了一套符合国际惯例的组合拳，如董事会机构精简、在保险业首家引进独立董事等，同时还设立执行、审计、薪酬三大专业委员会，并在经营管理层面设立了管理委员会；在保险业界首家采用首席执行官、首席运营官、首席财务官等职位设置。陈东升成为国内金融企业的第一位CEO。

建成全国网络加速发展 从模仿走向创新（2000～2003年）

■以实施沿海发展战略为出发点，三线决胜战略为突破口，迅速完成全国机构网络布局

■实施“一线巩固、二线崛起、三线决胜”战略

■实现中小型寿险公司向中大型寿险公司历史突破

进入21世纪，随着中国2001年加入WTO，泰康的缓慢发展突然“提速”，并在2002年开始转向打造自主创新体系。

快速建立全国网络

2000年底，泰康做了两件大事，一是外资入股，二是完成法人治理结构改革，为泰康日后的快速发展既做好了资本储备，也奠定了体制基础。

那一年，中国“入世”已成定局，国外保险公司开始涌向中国或蹲守门外，国内的保险市场也重新活跃起来。“政策专家”陈东升自然不会放过这个“政策”机会。很快，泰康便取得了18家分公司及138家中心支公司的筹建许可。

陈东升认为，中国对保险业入世的保护承诺只有三四年时间，与国际跨国公司竞争，国内公司的优势主要体现在市场占有率、销售网络以及成本上。因此，2001年4月，泰康决定实施“沿海发展战略”，并在天津、山东、河南、浙江和江苏等主要沿海经济发达省市迅速拉开帷幕。

到2003年，泰康已实现代理人从3万人迅速扩充到16万人；分支机构达到20个，覆盖地区人口近6亿，GDP占全国GDP总值的70%；公司保费总额突破了133亿元。泰康人寿终于迎来了在全国进行大规模机构建设的春天，初步实现了由小型保险公司向中大型保险公司转变的历史性飞跃。

“如果没有海外募股的资本注入，泰康的高速发展就没有资本支撑；如果没有2001年中国加入WTO，我们就不会迎来全国网络建设的机遇，也不会出现这几年的高速增长。正是由于有了这两个历史性条件，我们才抓住历史赋予泰康人寿千载难逢的发展机遇，实现了超常规的、跨越式的发展。”陈东升说。

此时的泰康，在完成全国网络布局的同时，已经不满足于单纯的模仿，开始考虑如何尽快走自己想走的路。

从模仿走向自主创新

2002年，陈东升曾发自肺腑地喊出一个口号：泰康人寿开始自己“出牌”了！自此，泰康从率先模仿进入了自主创新阶段。

2002年4月10日，北京展览馆剧场，“泰康爱家行动启动暨新生活广场揭牌仪式”路演现场，4000人的掌声、呐喊声汇成一片，这就是泰康“爱家之约”一代产品问世的全新营销。这场轰动保险业别开生面的产品路演，隆重揭开了泰康自主创新的序幕。

“一张保单保全家”是泰康家庭保障计划系列产品的简称，经过以后几年的版本升级，2005年推出的最新版本“爱家之约”已经涵盖了保障、健康、教育、养老、投资等多种功能，是真正意义上的“保险超市”。如果说传统的一对一保险形式是“身份证”，这个面向全家的新产品就是“户口本”。但这个产品的精髓，在于它切中了客户需求中“家”这个最具凝聚力的“中枢神经”，通过家庭平台接触到几乎覆盖各类细分客户群的客户群体，同时也以片状而非点状为各类客户送去贴身服务。这种以“家庭”为中心开发新产品的模式，在泰康是第一次，当时在国内也是首家创新。

泰康一直以“精致”在业内著称，这次创新做得同样精致；既切准当时正热的金融产品创新，又在制度创新上在行业内抢了先机。之所以说“一张保单保全家”的服务是片状的，是因为它具有“四新一推广”的立体内涵。泰康围绕这个全新产品，开发了一套全新的且大集中式的信息系统，制定了全新的基本法制度，提供了全新的四位一体现实与虚拟相结合的服务（包括新生活广场门店、新生活广场网络、新生活广场电话以及专业诚信的销售队伍）。

这“四新”不再是用传统的简单发布消息、印发宣传册的方式推广，而是经过半年的酝酿，采用了“路演”这种让当时中国保险业内外都为之一震的立体整合营销方式，陈东升作为泰康“首席形象大使”和公司总裁刘经纶兵分两路，带队在全国23个省市展开新理念、新产品、新服务的巡讲，带出营销狂飙效应。

如今，“爱家”几乎成了泰康形象的代名词。一个新产品，带来自下而上、由里及外的全方位创新，让泰康从“模仿战略”尝试着跨入自主创新体系中，这是泰康应对中国保险市场初级阶段同质化竞争的一个策略，旨在全方位地突破服务、产品、销售方式以及培训等各种同质化。在这个实践过程中他们意识到，竞争优势最坚硬的内核是品牌，所以他们抓住了“家庭”，而且是中产家庭这样一个既相对独立又触角发散的内核，在业界打出了“爱家”这样一个独特品牌。

“2003年，是我们从2002年开始的三年爬坡期重要的一年，也是最具转折性的一年。这一年，我们的保费突破100亿元，象征着我们告别了中小保险公司，开始大模大样地迈向了中大型人寿保险公司。这一年更重要的是，我们提前一年完成了董事会五年规划的任务目标，实现了历史性的经营盈利，达到了税前利润1亿元的目标。”陈东升如是点评成为泰康里程碑的2003年。

回归中心城市与价值转型 立长期奋斗目标（2004～2006年）

■根据寿险公司的经营特点，公司第7～8年进入持续盈利时期

■三年完成公司转型：从机构外延式过渡到内涵式增长模式：回归寿险基本规律；回归公司核心价值；回归中心城市；回归基础建设

2004年，国内寿险业经历了一次痛苦的调整，一季度保费收入出现同比负增长，全年增长率仅为7%。然而，泰康却延续了前两年的迅猛增长势头，连续第三年实现三位数的增长。令业内外有些不解的是，当国内保险公司普遍拉长战线继续圈地时，泰康却鲜明提出了“夯实基础，凸现价值，回归中心城市”的核心战略。

果断转型

泰康发展的战略性拐点是由2002年、2003年、2004年这三年构成的。这三年泰康

在市场上的表现可以说是一路凯歌，保费连续三年翻番增长；但在泰康内部，陈东升却非常低调地称这一阶段为“爬坡”阶段。

一般来说，保险公司在成立7年时达到盈亏平衡，通常在第8年完成从快速外延式增长向持续盈利的内涵式增长的转型。按照这个曲线，泰康在2001年便很清楚地知道，公司必须在2003年，即泰康成立的第7年实现盈利，2004年公司则要进入预定轨道，完成向内涵式发展的转型。

2004年进入战略转型期，其标志有三：一是保费收入从2001年底的16亿元达到了2003年底的133亿元，连续三年保持三位数增长；二是泰康已经在2003年实现扭亏为盈，这也是国际上公认的寿险公司经营的战略性拐点；三是2004年，泰康的营销续期保费首次超过营销新契约保费，这是寿险公司战略转型拐点的核心标志。

与此同时，经过三年的快速发展，到了2004年，泰康像大多数国内年轻的企业一样，开始同时面临增长、利润和品牌三大挑战。为了让泰康能够走得最远，他们决定暂时不追求走得最快，提出了回归中心城市的战略。“回归中心城市不是阶段性任务，而是泰康人寿的长远战略和长期奋斗目标。”陈东升说。为了做到持续增长，泰康接下来的发展重点必须狠抓利润，全力打造自主核心品牌。

于是，泰康从2004年起逐步从机构、网络、队伍扩张阶段开始进入到一个产能、效益增长阶段。

重在执行

和国内很多企业的转型类似，泰康的转型是控制发展规模、降低成本、提高发展质量的过程，也是深化管理的过程。

早在2000年12月，泰康人寿就成为国内寿险业第一家通过ISO9001国际质量管理体系认证的保险公司。随着ISO9001的升级，2000版代替了主要针对制造业的1994版，于是在2003年年底，泰康决定继续深化推进ISO9001：2000的贯标工作。经过近一年的流程再造和管理评审，总公司重新制定了400多个流程，确立了300多个质量目标，包括保单送达公司的时间、送达客户的时间、标准件的理赔时限、客户投诉的应诉时限等，每个细节都有明确规定。泰康人寿认定，ISO9001不仅仅只是一个认证，下一步泰康人寿要强化按流程办事的行为习惯，把ISO9001做成泰康人寿的六个西格玛。

财务管理在保险公司的各项管理中是最直观、最重要的内容，也是从以保单为中心向以客户为中心转型的关键环节。因为在保险公司实施财务管理转型是牵一发动全身的工程：首先，要针对客户的个性化需求，不断地调整、再造客户服务流程；其次，要根据流程再造来改变相应的管理架构，包括管理审批权限、产品核算方法、业绩考核体系等；最后，要根据服务流程再造及管理架构的改变进行IT系统改造。如果转型角度大，这几乎是将一座正在使用中的大厦从内装修到主体结构同时做改造。所幸，泰康从一开始实行的“专业化、规范化、国际化”战略为其赢得了高起点，接下来的转型不用大动干戈地“拆楼”重建。

如果说，过去三年泰康人寿是抓住机遇超高速发展，处在一个激动人心的“战争年代”，现在泰康在完成了全国机构网络布局的基础上，已经开始打造有效统一的指挥体系、制度体系，包括最重要的——导向明确的评价体系，即从规模导向转到价值导向，从注重短期绩效转到注重可持续发展，对分支机构既考核结果也考核行为。

过去是快速增长，有很多的发展机会，往后就是深耕细作了。这是泰康对转型最通俗的定义。

目标：做大型保险金融服务集团（2007年及以后）

■全面进入资本运营阶段，计划于2008年起进入上市阶段

■拥有更强大的企业规模和综合竞争优势，成为市场上最受青睐、最具国际竞争力的大型保险金融服务集团

上市，这是泰康的夙愿，前两年也曾被媒体热炒。但直到2006年，泰康才感到基本具备了上市的底气。

什么是寿险公司上市的底气？国际经验告诉泰康，寿险公司的战略性拐点出现在续期保费和新契约保费持平的时候，而当续期保费超过新契约保费的时候，寿险公司将出现较大规模的赢利，也就具备了上市的底气。目前，泰康的续期保费已经超过新契约保费一倍以上，因此泰康宣布，将从2007年起全面进入资本运营阶段，力争2008年进入上市阶段。

2006年，泰康走进第十个发展年头，恰逢具有国内保险业里程碑意义的《国务院关于保险业改革发展的若干意见》出台。陈东升认为，《意见》给了泰康这样的中型保险公司难得的发展机遇，泰康要抓住这个机遇，实现新一轮的快速发展和全面发展。他提出要以增长和效率为指导方针，继续深化转型，将泰康做大做强。同时，他改变了大中型保险公司的说法，将泰康首次定位为：在未来5~10年建设成为大型保险金融服务集团。

做大，需要资本的支持，这点泰康已经有所准备。除2000年的募股外，泰康在2004年11月2日发行了总额13亿元的次级债券，提升了偿付能力，改善了资本结构。这也是国内资本市场上第一次迎来保险公司发行的次级债。

毫无疑问，成为保险行业的蓝筹股是泰康的目标。尽管在技术、管理经验、财

务制度、人才储备、信息披露方面还要进一步做好准备，但在公司治理方面，泰康已经是“达到上市标准的非上市公司”，而陈东升提出的“为股东创造价值”的观念转型，也是在为上市奠定坚实基础。

然而，上市并非泰康的大业所在，它只是完成大业的一种途径。因此，在上市以外，泰康还要做很多高难功课。为了高效运作泰康的保费资产，成立并经营好资产管理公司便成了泰康当前最主要的功课之一。

2005年12月31日上午，北京下了当年第一场雪，泰康资产管理公司筹备组成员都记住了那天的日子，还有那场挥洒祥瑞的鹅毛大雪，因为中国保监会那天对泰康资产管理公司进行现场验收。“瑞雪兆丰年”，所以在场的泰康人格外开心，觉得会有好兆头。

那果真是场“瑞雪”。转过年的1月24日，中国保监会正式批准泰康资产管理有限责任公司开业。作为保险公司中第二批首家获准挂牌的资产管理公司，泰康以往的良好投资业绩，特别是2005年名列前茅的收益率和20%以上的股票投资业绩，使得泰康的资产管理一直是业内关注的重点。

泰康资产管理公司顺时顺势地开业了，这是泰康第一家子公司，五名董事中有两名独立董事，由业内资深专家担任。成立资产管理公司，是泰康人寿向金融集团迈出的重要一步。

对于泰康的未来，陈东升希望，泰康能够走专业化寿险集团的道路，成为大型保险金融服务集团。他最关心的是公司稳健、可持续发展能力，以及沉下心来打造一个面向中产人群的优质品牌，这是保险公司不断壮大的支柱。

当然，陈东升很清楚未来的道路并非一马平川：“如果不出现偿付问题，未来三年，我们仍将保持高速盈利。我们将在资本市场新一轮高潮来临的时候成功上市。当我们拥有雄厚的资本，经营很好的时候，那些经营不好的公司将是我们弱肉强食的对象；反过来，我们做不好，就是别人弱肉强食的对象。这就是资本，这就是市场的力量。”

（记者 于江 柳瑛）

从6亿到600亿，泰康人寿十年翻了100倍，陈东升的盈利法则是什么?

他用十年的时间，一手将泰康人寿创办起来，从6亿元资产发展到现在的600多亿资产，近800万客户，2005年的保费规模达到178亿元。

他就是陈东升，一个外表俊朗、怀有浓烈理想主义情怀的董事长。在见到他之前，他在各种媒体发表的种种言论，会让你认为他是一个激情四溢、性格外露的人。

当他落座在你的面前，你才发现，这位泰康人寿的掌舵者经过十年风雨积淀，已经归于一种平和与超乎寻常的理性。这也让泰康人寿成为资产质量最好的保险公司之一。它不仅没有一笔呆坏账，而且在前几年的投连险风波、保险公司偿付能力不足事件中，泰康连个配角都算不上。

陈东升 600亿的盈利法则

一切按规章办事

风险，永远是悬在保险行业头上的一把利剑。陈东升一再强调：1996年成立的泰康人寿，是《保险法》颁布后成立的首批股份制保险公司。然而紧接着的1997年亚洲金融危机，却让泰康的业务快速发展整整拖后了三年，在四五年时间里，泰康只获批了三家分公司，保费规模和市场占有率都只有有限的提升。

然而，陈东升从中汲取到更多的却是养分。他认为这四年正是泰康打基础的阶段。泰康应该是一个什么样的公司？什么样的公司更适合于中国保险市场未来发展的需求？刚刚起步的泰康，正需要确定公司的经营理念问题。“亚洲金融危机使我增强了风险意识，让我更坚定了走专业化的道路。”为此，泰康人寿成立了风险管理部，随着对资产负债管理技术研究的不断深入，他们还将建立以风险管理为核心、以资产负债匹配为重点的管理模式。

“中国人寿大，平安保险创新、新锐，友邦保险专业，泰康是稳健、亲和。”对世界500强企业有着深刻研究的陈东升，对于自己和竞争对手的优势同样有着清醒的认识。

陈东升将他所说的稳健解释为财务稳健。财务收支两条线和全面预算是两项重要的制度。公司成立时就实现保费账户、费用账户完全分开，而且资金完全集中在总公司进行管理，实行财务收支两条线。这种管理模式随着公司机构网络的逐步扩张一直坚持了下去，并逐渐显示出优势。

泰康的财务稳健还体现于一种无形的投资文化和风险控制文化，不激进、不冒险这样的经营风格已经融入泰康的血液之中。泰康早在1997年就确立了一个原则，那就是泰康保费的每一分钱都不能脱离开公司的控制范围，所以泰康人寿实现了成立十年至今没有一笔呆坏账的记录。

做大　破解快速发展的困惑

从2001年开始，泰康真正进入了快速发展时期。泰康人寿取得了18家分公司及138家中心支公司的筹建许可，仅用两年的时间就完成了全国性的机构战略布局，分公司增加到29家，中心支公司增加到130多家，代理人也从3万人增加到16万人。

在这个高速发展期，公司的保费规模从2001年底的16.20亿元，发展到2002年的65.64亿元，2003年的133.43亿元，连续三年都保持了三位数的高速增长。

面对这样的发展速度，陈东升感到前所未有的压力。如何才能使规模的扩张带来实实在在的利润增加？就在此时，在亚布力论坛上，时任网通总裁的田溯宁作了一个演讲，关于高速成长企业的困惑，陈东升颇有同感。“高速成长的过程中，一定会带来公司的管理、后援跟不上，服务、人才跟不上。高速成长一定会有这四个代价，把付出的代价减到最小，这就是成功的。”一个关于有效增长的命题被陈东升浓缩成了这样一句话。

通过中外保险公司的对比，陈东升发现中资保险公司往往首先是跑马圈地，对保险市场不加选择地进行开发。而这种乱开发因为没有很好的基础，看上去发展很快，实际上未来发展会受到很多的制约。

进入国内的外资保险公司，也许两三年内还没有显著的业绩，但他们通过几年的品牌建设、市场拓展，再过三五年，他们的能量就有可能释放出来。　**（记者　梁海松）**

陈东升：十年坚守与顺势

十年前，中仪大厦，虽然办公室不到20平方米，陈东升却呈现出一个完美主义者的姿态，泰康人寿“不求最大，但求最好”。

十年后，泰康人寿大厦，长安街旁，他依旧健谈、依旧自称“学者”。但十年商海，双鬓初染之外，还有更多现实的思考：“完美主义建立在什么基础上？没有坚实的市场基础，光好不大，这样的企业没有影响力；光大不好，这样的企业一定不持久。真正优秀的企业，一定是又好又大。”

扩张 转型

泰康人寿是1996年8月22日开业的，前四年，一共开了六家分公司，占住一个滩头，守住一方阵地，再开拓下一个据点。

2000年之后，泰康人寿已无法再如此从容了。2001年，先是五家分公司、四家中心支公司开业，到年底，获准在全国筹建18家分公司和138家中心支公司，泰康人寿的机构扩张仿佛雨后春笋，陈东升自诩为泰康人寿的首席形象大使，他几乎一个星期一家分公司，到全国各地进行演讲和宣导。

“最初的完美主义是建立在理想的基础上，理想还在，但市场瞬息万变，适应商业规则是面对现实的抉择。”“不求最大，但求最好”的口号也衍变为“不求最大，但求最好；只有最好，才能最大”。

“那几年的快速发展，今天看，很重要。一方面，WTO以后，要在外资全面进入之前，打赢家门口的国际竞争，必须占领市场。另一方面，是居于最现实的考虑，要想做好，必须要有一定的规模。”在2001~2003年之间，泰康人寿迅速完成了全国战略布局，实现由中小型寿险公司向大中型寿险公司的突破。这三年，泰康人寿保费规模连续三年翻番。

截至2005年底，泰康人寿在全国设立了北京、上海、湖北、山东、广东等29家分公司及160家中心支公司。

铺设机构的同时，陈东升的完美主义依旧“冷眼”看市场。早在2004年年中，泰康人寿便部署“转型”战略，重提公司成立之初的专业化方向，坚持以价值为导向，坚持从外延式扩张转向内涵式增长，期待在“发展中走向卓越”，并将2004~2006年定位为泰康人寿的“盈利增长阶段”。这三年，泰康人寿在价值目标的引领下，尽管保费规模增长速度放缓，但税后利润连续三年翻番。

今年7月18日，陈东升在泰康人寿2006年半年工作会上，就泰康人寿未来五年乃至十年的发展作了远景规划，要将泰康建成“大型保险金融服务集团”。

精兵 强将

1997年，在北京寿险营销市场上，泰康人寿率先提出“10万年薪不是梦”。当时，媒体以“泰康旋风”描述泰康人寿的营销员队伍：大专以上学历，男士西装革履，女士娥眉淡扫，营销员人均产能超过一万元人民币。

当时，泰康人寿聘请外援做营销顾问，全力培训营销队伍，陈东升的思路是“聘雇佣兵，请人去打仗”。他强调泰康人寿的营销队伍必须具备“三高”——高学历、高素质、高产能。他甚至设想，在全国开设分公司时，可以复制北京模式。

2006年7月7日，记录泰康人寿十年历史的泰康博物馆开馆，陈东升亲自当第一位讲解员。谈及营销队伍时，他说：“长城因每一块方砖而矗立，方砖因长城绵延而永存。”正是泰康人寿12万营销队伍构建了“泰康大厦”，他为此自豪。甚至泰康的长期激励计划，也把近100名一线营销服务部经理纳入其中。

在泰康人寿的五大工程中，人才工程位居第一，并成为培育核心竞争力的关键。陈东升总结自己的用人策略：一是人尽其才，二是培养自己人。他竭力主张培养“市场干部”，用人之长，不设“梯子”，能者上庸者下，一线营销员依靠实力可以出任分公司总经理。

利益 责任

1990年，陈东升作为《管理世界》杂志的副总编访问日本，他当时在做中国企业500强的评比。他发现，在当时的世界500强中，日本企业就占到近1/4，在一本名为《谁在控制日本？》的书中，揭示了人寿保险公司对日本经济起飞的重要作用，这对陈东升创建寿险公司产生了重要影响。

1992年，国家体改委就股份制公司和有限责任公司下发规范意见，陈东升意识到时机来临了，"成立股份制寿险公司"成为陈东升不变的行动方向。他说服了当时人民银行保险司的官员，说服了包括国旅总社、燕山石化在内的多家大型国有企业，也说服了保险业的前辈，仅仅用一句话："三代人圆一个梦，做一个保险公司。"

一直到1996年8月22日，泰康人寿正式成立，陈东升放下自己一手创办的嘉德拍卖公司，全心全意成就了一家新型股份制寿险公司。

2006年5月，保监会就保险公司治理结构举办培训班，陈东升作为唯一非上市公司代表发言，谈及企业的终极目标也即公司治理结构的目标：股东利益长久最大化、市场风险最小化、管理透明化。

"身在股份制企业，不谈利益是不现实的，但赚黑心钱是赚不长的，靠超级垄断是靠不住的。只有不断完善竞争能力，优化组织结构，提高创新能力、服务能力，建设资本节约型企业，提高资本效率，才真正对得起股东。"

正是基于这一理论基础，泰康人寿树立了其"稳健"的市场形象，十年没有一笔呆坏账；寿险市场"疯"卖投连产品时，泰康按兵不动；偿付能力不足风波四起时，泰康没有恶名；十年中，泰康的投诉率一直是寿险公司中最低的。

"一直到现在，我还是将自己定位为一个学者，如果理论上没搞明白，思想上没搞清楚，我不会去做。"

泰康人寿十年，陈东升完成了从青年到中年的蜕变。他越发肯定，未来社会，人们生活的新三件必定是房子、车子、保险，也越发坚定要让人寿保险变成人们生活不可缺少的一部分。在泰康人寿未来十年的规划中，包括员工福利计划、养老金等，都成为业务重点。

陈东升有句名言："理想和现实，中间隔着一道万里长城，唯有坚持、坚持再坚持。"正是这种"大事敢想，小事一点点做"的风格，让泰康"十年而立"，并使其成为"保险业快速发展的典范"（中国保监会主席吴定富语）。

（记者 张春生）

■2006年8月

■ 点评:

2006年8月，泰康人寿十年华诞之际，著名财经媒体评论人王安特撰文《泰康十年辞典》，文章从“泰康十年三个一”、“创新就是率先模仿”、“弯腰爬坡”、“境外私募·内含价值”、“打造学习型组织”、“100%电话回访”、“信息管理大集中”、“一张保单保全家”、“SARS保单”、“F1驶向泰康新生活”、“超级三大件”、“财务稳健”以及“艺术·11层”等13个方面，对泰康人寿展开了详细而颇具泰康特色的描述。

泰康十年辞典

泰康十年三个一

泰康的十年是不平凡的十年，也可以说是辉煌的十年，是值得总结的十年。俗话说，三十而立，泰康十年就已经立起来了，成为我国保险业快速发展的典范之一。

从监管角度看泰康，最可贵的是十年来最大的成果是“三个一”：形成了一种理念，找准了一个定位，培养了一种精神。

坚持科学发展观的发展理念，坚持“稳健、专业、规范、亲和、诚信”的十字方针，坚持“稳健是本，创新是源”的经营理念，在市场上投连产品热卖时不盲目跟风，在金融企业集团化浪潮面前坚持走专业化发展道路。泰康重视内部风险管理，成立了投资委员会、预算委员会、核保核赔委员会、风险管理委员会，2004年在全系统推广ISO9000认证工作，建立了391个质量目标，梳理了425个流程，成为金融行业第一家全国系统实现ISO9000认证的企业，获得AAA-信用评级。

2006年7月14日，中国保监会主席吴定富到泰康调研，对泰康做了如上评价。

创新就是率先模仿

“关于竞争的法则，第一是模仿，这又回到了我的老话，为什么说模仿就是最好的创新？我加了三个定语，第一，要善于模仿，就是说，你是主动的；第二，要率先，这很重要，就是说你必须是第一个模仿者；第三，还要找最好的模仿。合起来就是善于、率先找最好的模仿。这个概念就是中国企业赶超世界先进企业的一个企业后发优势理论。”陈东升的这段说辞曾招来一些议论，模仿就是模仿，模仿怎么能成为创新？但十多年陈不改初衷，到处讲，并把模仿实践到自己办企业中，演变成创新的有效方法，逐渐自成一派。陈东升的模仿并不始于泰康。在《管理世界》评中国企业500大时，陈便借鉴了美国《财富》杂志评500强，当时的新闻稿里有一句话，“中国第一次采用国际惯例评出500强”，“西方企业几百年不知道交多少学费，走过来一定有道理，我们模仿国际惯例这个概念，就是觉得中国不要搞太多的理念，老老实实地学，由此，我们最早把国际惯例说出来，把它变成经济领域一个社会化的名词，一个社会现象”。

当年的搞工业产品也是模仿的产物。有一天陈东升看电视，农展馆搞农产品展销会，请了国务院总理来参观。“我想，农产品都这么多人关注，如果我们搞一个工业品的展览，比这个意义大多了，总理肯定也会来。所以，就有了工业产品展览，就这么简单。”

弯腰爬坡

一次，周恩来总理会见美国记者，美国记者突然问一个很不好回答的问题，他问中国人走路为什么总是弯着腰，而我们美国人走路都是挺直身子？周回答说，因为中国在走上坡路，在创业，很辛苦，所以我们都弯着腰，而美国在走下坡路，走下坡路的人都是挺着腰。

这个故事用在泰康身上亦甚贴切。泰康在爬坡过程中抓住了几次机遇：一是看到了寿险业在中国具有广阔的发展前景，1992年就开始立志创业，1996年终于获得牌照，创建了泰康人寿，“泰康人寿的诞生就是我们事业的井冈山”。其实不止陈东升看到了寿险业的前景，1990年代初，人民银行先后批准成立了15家地方性寿险公司，但这些寿险公司大多作为不大，泰康就是在这时期立起的。

正当泰康准备扬帆起航时，亚洲金融危机爆发，使泰康的发展延缓了3年，但给了泰康人很多启示，使他们对金融产业和寿险业有了更深刻的认识，认识到稳健、规范、诚信、亲和的重要性。这是泰康人的雪山草地。

2001年中国加入WTO，中国保险业遇到大发展的机会，泰康成立前四年不紧不慢共开了六家分公司，占住一个滩头，再开拓下一个据点。这之后泰康无法再如此从容了，2001年先是五家分公司、四家中心支公司开业，到年底，获准在全国筹建18家分公司和138家中心支公司，仅用两年时间便完成了全国性的机构战略布局，代理人从3万猛增到16万。陈东升自诩为泰康首席形象大使，几乎一个星期一家分公司，全国各地演讲和宣导。这是泰康的吴起镇和解放战争三大战役。

2002年中共十六大为中国下一轮的快速发展提出来一个新的战略目标，要再用20年把中国建设成一个高水平的小康社会。同时，保监会新的领导集体提出，要用20年的时间把保险业做大做强。这时候，泰康发展到了一个战略性拐点。

境外私募·内含价值

内在价值这个词跟随着中国多家保险公司的上市，逐渐在业内流行开来。而在1999年，中国保险人讨论的财务策略还是“要市场份额还是要利润”等等粗糙而不精确的议题。当泰康的精算顾问德勤和瑞士丰泰的精算顾问华信惠悦把内在价值概念放到我们面前，大家并没有太多深刻的认识。初出茅庐，在课本上学了一些现代财务金融理论皮毛的秀才们，心里大多认为这是老外的谈判伎俩，为讲价找点依据而已。泰康建立时注册资本金为6亿元，很快便捉襟见肘了，外资募股成为泰康的首选。2000年11月，瑞士丰泰人寿保险公司、苏黎世洛易银行、新政泰达投资有限公司和日本软库银行集团加盟泰康，泰康资本由6亿元扩大为10亿元。境外募股引进的不仅是资本，不仅是有形的真金白银，还有无形的“内在价值”。刘挺军在泰康工作了十年，参与了境外私募全过程，颇多感慨，向海外投资者募股的交易过程历时16个月。

1999年9月，国务院和保监会批准泰康向境外投资者增资扩股，2000年8月18日与外资股东签署认购协议，9月11日召开股东大会，12月31日认购款交割完毕，在这16个月中，正式法律文件修改20多稿，参与认购洽谈的海外投资机构14家，形成电子文件资料近1G，往来电子邮件数百份。

打造学习型组织

泰康成立伊始，在北京寿险市场上便刮起泰康旋风，泰康率先提出“10万年薪不是梦”。当时媒体这样描述泰康人寿的营销员队伍：大专以上学历，男士西装革履，女士娥眉淡扫，营销员人均产能超过一万元人民币。

当时，泰康聘请外援做营销顾问，全力培训营销队伍，强调泰康的营销人员必须具备“三高”——高学历、高素质、高产能。只是，市场已容不得泰康如此精耕细作，其他营销队伍的大规模扩张，不可避免地给泰康带来压力。

在泰康的五大工程中，人才工程位居第一，并成为培育核心竞争力的关键。

“记得外资入股泰康时，给了250万美元的援助费，我把这个钱拿出来办了两个班，让所有高层经理进行完整的EMBA学习，花了1000多万的学费，当然还要支付学员从全国各地飞到北京，吃、住等等。至于说对公司将来的边际收益有多大，很难计算得清，但我们非常重视这样的学习。”

在人才缺乏的保险业，企业要想成长，建立学习型团队很重要。“学习型团队是怎么来的？我觉得企业的愿景、目标很重要。你有很高的期许，就会有很高的要求。我们的愿景是把泰康人寿建成一个最具亲和力、最受市场青睐的专业化的人寿保险集团，所以我们首先要求专业化。保险公司需要各种专业人才，核保核赔、信息技术、投资、销售、精算、人力资源、财务、风险管控等等。”

100%电话回访

泰康注重客户服务的经营策略，尤其是100%电话回访制度，与许多欧洲保险公司相比毫不逊色。

2001年，欧洲十大保险公司之一的瑞士丰泰人寿欧亚区市场部首席执行官思诺先生，在考察了泰康人寿成都分公司后做了如上评价。

2002年的3月，在中国的寿险投资型险种遭到的质疑达到高点时，中国保监会颁布了五项措施对市场进行强力整改。其中之一就是要求各人寿保险公司实行新型保险产品电话回访制度投资，连结、分红、万能等新型险种都囊括其中。然而相比较更为完善的对所有个人险种新契约的“100%电话回访”，早在2000年7月作为一项内部的服务创新制度而在全公司推行，比这次同业整体行动提前了20个月。

2000年4月，泰康人寿成都分公司率先从开业后的第一张保单开始进行了电话回访。公司首先要求所有保险代理人签署“服务承诺书”，内容包括如实告知、不代签名、不能阻挠客户犹豫期退保等。同时对客户进行100%的新契约回访，确认保险代理人为客户提供的服务是否符合承诺。

在电话回访中，客户如果对保单条款或投保过程产生疑问，可以无理由退保；如果发现代理人存在误导也有相应处罚措施，直至开除。

“受到长期行业惯性的影响，100%电话回访制度在刚执行时遇到了部分代理人相当大的抵触，但大家努力克服了困难，最终获得了认同和支持。”时任泰康成都分公司总经理邱希淳说。

不到一年时间，泰康成都分公司以诚信服务赢得市场，在成都市场上的业绩稳居第三。接着，泰康董事长兼首席执行官陈东升向泰康所有分支机构发出了推广100%电话回访的号令，同样获得了成功。

信息管理大集中

泰康是全国第一家实现“信息管理大集中”的保险公司，其电子商务网站“泰康在线”是国内首家获得保险类CA认证，并真正实现在线投保的网站；2003年11月，由于在信息化建设方面成就显著，泰康人寿当选2003年度“中国企业信息化500强”。

2002年4月，一位泰康东莞支公司投保的客户，因意外车祸在郑州出险，三天内客户就在郑州拿到了赔款。客户说，没想保险理赔这么快，更没想到异地也可以赔。开业后，泰康逐步建立并完善了承保、核保、理赔等制度体系，泰康的服务平台也在不断发生着质的飞跃。1999年泰康着手“跨世纪五大基础工程”的实施，其中客户服务工程被视为重中之重。泰康加快了售前、售中和售后的服务体系建设，统一的门店式客户服务中心实行“一站式”服务，客户可以在一个服务人员那里完成投保、保全变更、理赔各种事项，大大提高了服务效率。

优质高效的服务必须以领先的信息技术为支撑。在泰康信息化建设过程中，信息大集中管理、电子商务、24小时差别化信息系统是三大支柱。

一张保单保全家

2002年4月10日，泰康在业内率先推出综合家庭保障计划——“一张保单保全家”，满足不同家庭的保障、教育、大病、理财、养老等需求。其后，这一产品在2003年、2005年两次全面升级，到2005年已经包含了22个保险产品，可以根据客户的实际需求进行自由组合，成为真正意义上的“保险超市”。到2005年底，爱家之约保费收入1.49亿元，占2005年新契约保费收入22.94%。

2001年，保险产品同质性较为严重，一人一张保单被普遍视为理所当然，同业竞争主要集中在保障范围、条款设计上，要提高公司产品的竞争力，就必须进行产品创新。此时，“一张保单保全家”面世了。“一张保单保全家”是泰康对其家庭保障计划系列产品特色的浓缩，指一张保单下可有多个被保险人，一个被保险人还可以投保多个险种，从而改变了传统的保险形式，以一张保单取代了过去的多张保单。家庭保险组合并不是泰康的首创，这种形式的寿险产品在美国和欧洲已经被人们所接受。“但泰康人寿是国内寿险界第一个吃螃蟹者，泰康在合适的市场、合适的时机对合适的目标客户推出了合适的产品。”泰康首席精算师尹奇敏说。尹奇敏是家庭保障计划系列的主要设计者。

SARS保单

2003年5月1日，经过四天就开发成功的“世纪泰康抗击SARS保险计划”在北京正式销售。四天内成功上市，这创造了中国保险业产品创意、产品开发、保监会审批、上市销售的最快纪录。四天，这在全球保险业也是一项前所未有的奇迹。

鬼魅潜行，惊春惨淡，满街的口罩。2003年的春天，中国社会经受了前所未有的偷袭。4月20日下午3时，国务院新闻发布会透露，中国高层调兵遣将，标志着全社会正式向SARS宣战。

泰康刘经纶总裁，对那段时光记忆犹新。“当时最高峰时每天新发病例和疑似病例多达300多人。作为一家总部位于北京，机构遍布全国、拥有10多万名内外勤伙伴的全国性保险公司，我们该怎么办？怎么给予患者赔付，怎么承保？营销员该怎么展业？公司业务怎么发展？国家有难，匹夫有责，我们时刻不能忘记所肩负的责任和使命，为国分忧，为民解难。”

4月21日，泰康召开紧急会议，启动了风险防范体系，选取了第二、第三办公地点，制定了公司最高管理层AB轮班制度，并成立了防治工作领导小组。

4月28日上午，泰康决定设立500万元专项基金，专门用于给付罹患SARS的泰康客户：在确保原有保险合同继续有效的前提下，所有投保泰康的新、老客户，在8月31日前，凡是经法定医疗机构鉴定罹患SARS的，公司将在条款规定的赔付之外，再给予每人2000元人民币慰问金。

4月30日下午，保监会正式批准“世纪泰康抗击SARS保险计划”专项产品上市，这个产品专为市场上唯一一个以主险的方式推出的抗非典保险产品。5月1日，北京正式销售“世纪泰康抗击SARS保险计划”。

在开发新产品之后，销售的难题又摆在面前。非典的蔓延使业务员难以通过与客户面对面的交流进行业务推广，于是泰康开发网上营销，加大泰康在线（www.taikang.com）的宣传力度。此外，泰康还通过电话、手机短信、信件直送的方式增进与客户的交流。在上海，泰康还与全市近900家便利店合作，代理销售泰康人寿的“世纪泰康抗击SARS保险计划”。

抗击SARS保险计划一推出，就出现了排队热购景象，一度出现了日最高承保34780件的记录。从5月2日到6月28日，SARS卡单累计实现保费收入6200余万元，其中有近43万新客户，泰康的品牌也在保险行业中脱颖而出。

“我们在全社会抗击SARS的热潮中找到、找准了自己的位置，我们知道自己该干什么、能干什么，而且踏踏实实、义无反顾地去干。非常时期，以非常速度，带来了非常荣誉，保险业的责任、爱心、诚信的形象在短时间内得到了很好的集中展现。”刘经纶说。

F1驶向泰康新生活

建立泰康的差异化品牌形象，准确针对泰康的目标客户群体进行有效沟通，选准点、抢得先机，有所为、有所不为。赞助F1应该划入“有所为”的行列。

2004年9月26日，F1赛事首次登陆中国上海赛场。其间泰康大出风头，700多人的车迷队伍组成的橙黄色方队、铺天盖地的300平方米的橙黄色旗帜——上书“驶向泰康新生活”，成为以F1为主题的“行为艺术”。此前，泰康赞助F1索伯车队，泰康的LOGO首次出现在索伯车队赛车的两个反视镜上，被外刊称为“中国汉字首次登陆F1”，赚足了眼球。据说在上海赛场，竟然出现了这样一幕：外国车迷把泰康的F1车迷看成了中国车迷的代表，非得要用自己的名牌T恤现场换泰康的橙黄色T恤。

“F1”中文叫做一级方程式赛车，与奥运会、世界杯足球赛并称为世界三大体育赛事。在F1这个全球体育界含金量最高的舞台上，泰康抢占先机，成为首个并唯一出资赞助世界一级方程式比赛车队的中国企业——在最合适的时机以最小的代价抢占最好的山头。

针对F1项目的推广，泰康打出了组合拳法。营销学4P要素中的“推广”（promotion）方式，包括广告、促销、公共关系和人员销售等，都运用得淋漓尽致。活动中，最值得一提的是“体验速度激情，感受泰康时尚”大型客户回馈活动。

3月10日，泰康举办了“首家赞助F1车队的中国企业”新闻发布会公布：从5月1日起连续3个月，凡是购买泰康“爱家之约”的人，就可以参加泰康“体验速度激情，感受泰康时尚”活动，免费到上海观看F1比赛。这个活动吸引了全国各地150多万泰康人寿客户的关注，全国共有7000余户家庭获奖，其中有700多人亲临F1上海赛场。这一活动带动了泰康业务的迅速提升，活动期间，“爱家之约”销售比上年度同期增长890万元，保单件数同比增长13668件。如果说营销市场上的收获是在“术”的层面，那么在“道”的层面上，在品牌文化层面上与目标受众的沟通层面，泰康更是大有收获。

泰康的另一大营销手笔是首都机场廊桥广告。在那之前，这条黄金通道没有一条广告，泰康乍着胆子、压着低价跳了进去，效果出奇的好，在遍布机场所有的36条廊桥里，中外旅客都能看到以跳跃的橘黄为底色的泰康广告，这给廊桥添了些许时尚和青春的气息。这引得各路好汉大感失落，纷纷向泰康索求。广告位期满后，泰康让出了一半的廊桥，接替者是中国人很熟悉的韦尔奇的GE——泰康偏选这么个黄金通道与世界企业强人并肩。

超级“三大件”

“三大件”承载着一代代中国人的财富梦想。社会主义建设初期老“三大件”：自行车、手表、缝纫机；改革开放初期新“三大件”：电视机、电冰箱、洗衣机；小康和谐社会时期超级“三大件”：住房、汽车、保险！

2005年，泰康与《经济观察报》联合举办了“品质生活——中产人群在中国”的巡演沙龙，分别在中国中产人群最集中的上海、深圳、北京三地举办了三场巡演，探讨中产人群的群落形成与发展、生活方式和消费理念。零点调查集团接受泰康和《经济观察报》委托，对北京、上海、广州等7大城市的中产人群的生存状态进行了专项调查。

“中国梦就是中产梦，中产人群的崛起是经济繁荣发展、社会文明进步的根基。中产人群买车买房买保险的新消费主张将成为消费时尚，保险将成为中产人群品质生活的标志之一。”陈东升说。

为什么要把保险列入“三大件”中，而不是一般概念里的教育或者旅游？陈东升认为，教育、旅游等是刺激消费，而保险有一定保值性；从支出结构来看，保险则和车、房一样都属于财产和投资。中产阶层重视家庭，保险无疑代表了一种良好的生活方式。

灵狮中国的副总经理伏虎对中国未来的保险业也非常看好，认为中国中产阶层在经过前几年的财富快速积累期后，今后的几年必然面临着薪资增长幅度变小的问题，企业高层人员饱和，升迁和加薪都变得比从前艰难，这给中产阶级带来了心理上的不安全感，而保险给这些在职场上打拚的中产们提供了一份经济保障和心理后盾，未来会有越来越多的人把钱花在买保险上。

泰康为北京一名逝世的企业家给付了820万保险理赔金，是当时国内最大赔付。2003年底，泰康董事长陈东升亲自带队来到死者家，将760万元身故保险金交到了他的妻儿手上，此前泰康已交付60万元理赔金。

财务稳健

要成为一家好的寿险公司，必须做三件事：财务稳健、信守诺言、优质服务。顾客买一张寿险保单，实际上是把未来的保障托付给了你，你的财务如果不稳健，顾客怎么能放心？

财务稳健说起来容易，做起来难。

陈东升举了一个例子：在保险业，委托证券公司理财出过一些问题，但是泰康没有这个问题。1997年泰康就确立一个原则，在任何情况下泰康的保费收入一分钱都不能在自己的控制之外。泰康曾经将5000万元资金委托给一家理财机构，其高管和泰康关系非常熟。但后来发现有风险的迹象，便硬是借助监管部门的力量把这个钱拿回来了。如果没有坚守当初确立的原则，囿于友情和面子，今天泰康人寿也要蒙受巨大损失。

泰康资产管理公司首席执行官段国圣有一个观点，“证券投资市场短期不可测，长期不可测，中期或可测。”段说：“每个人都不要认为自己比市场聪明，自己是先知先觉。这种想法是非常幼稚的，做投资的人很忌讳这一点。市场就是大海，个人的才智充其量是一杯水。我布置给手下员工的功课包括宏观研究、行业研究和企业研究。在资产管理中心，每个人分别负责某一领域数据和信息的搜集与分析，然后上传到部门内公共平台上，大家在此基础上进行沟通、达成共识。”

泰康的产品设计，同样融入了风险控制的理念。在泰康任首席精算师的王玲玲女士说，作为首席精算师有个很重要的责任，就是要保障公司长期风险在可控范围，长期偿付能力重组，不能为眼前的业绩而将包袱留给下一任管理者。保险公司要有社会责任，有责任教育社会大众，有责任对客户公平，只有诚信经营，对客户公平，保险公司才能留住长期的客户。保险一定要回归保障功能，投资只是附加给客户的增值服务。”

财务稳健已渗入泰康人骨髓。在投资文化和风险控制文化上，核心就是依法合规经营，不激进，不冒险。在制度上，财务收支两条线和全面预算是两项重要的制度。

艺术·11层

陈东升曾设想在北京建立自己的大都会博物馆。虽然这个计划一直没做起来，但从2003年开始，他把泰康大厦11层近1000平方米的多功能厅改造成专门展示前卫艺术的“顶层空间”，并请来资深策展人管控。

其实，做过嘉德的陈东升自己很少收藏艺术品，他更想让艺术品能展示给大家欣赏。有时，顶层空间一些另类奇特的行为艺术，陈东升自己也无法完全理解和接纳，但他肯定这些前卫艺术的存在，因为存在总是有道理的，就如同纽约大都会博物馆，里面不仅展出华丽的欧洲艺术品，还有来自埃及、印度、中国等世界各地的艺术品。

陈东升倾心艺术应在1980年。伦敦索斯比拍卖梵高的《向日葵》，创了天价，4280万英镑！据传被一个神秘买家买走，他来自日本！一个50开外的长者，穿着晚礼服，高高在上，下面坐着男男女女，一个个珠光宝气，都是社会顶级人物！这种情况在当时看来多么遥远，多么神秘，多么高贵！

“我现在年富力强，我选择泰康。我老了的时候，会回到嘉德。那是一个可以放置精神的地方。五千年中国的文化都经你的手，今天要拍宋徽宗的一幅画，你当然要研究宋徽宗；明天要拍八大山人的画，你就要研究八大山人。宋徽宗是宋朝人，八大山人是清朝人，相隔600年，但你感觉两人都在你旁边，这时候时空成为一个点，这很有趣。抽象地从书中了解历史上的艺术家，光看书是没用的，只有当你看到他的画，看到那些栩栩如生、精美绝伦的作品的时候，这个人仿佛仍然存在并且鲜活地站在你面前，你甚至感觉自己可以和他们对话。没有三维空间、四维空间、五维空间，没有历史和时间，时间和空间都被浓缩为一个点。时空在嘉德是个点。”陈东升说。

现今泰康开始建立基金，要建中国的智库，由顶级人物以民间方式研究制度和战略，帮助国家在发展中更加顺畅。“我退休后希望做这个智库的老板。”

有些官员退休后去学校任教，陈东升要自己搭建一个讲台。 （记者 诺晨）

中国金融家

■2006年10月

打造响当当的
"泰康"金字招牌

——泰康人寿保险股份有限公司董事长陈东升的执著和梦想

编者按：作为《保险法》颁布后成立的第一家专业化寿险公司，泰康人寿保险股份有限公司的十年之路，可谓是中国股份制保险企业乃至中国金融业发展的一个缩影。

打造响当当的"泰康"金字招牌

——泰康人寿保险股份有限公司董事长陈东升的执著和梦想

2006年8月22日下午，泰康人寿保险股份有限公司董事长兼首席执行官陈东升在一片掌声中大步走上人民大会堂的演讲台。在声情并茂地回顾公司十年历程，并豪情满怀地展望未来发展前景时，他的声音有些哽咽，眼睛里也似乎有泪光晶莹。

走过十年风雨岁月的泰康人寿在人民大会堂庆祝自己十周岁的生日。台下来自各分公司的6000多名员工代表，把他们对这位泰康创始人的尊敬、佩服、欣赏、感激，把他们身为泰康人的骄傲和自豪都化为最热烈的掌声，一次又一次地打断他的演讲。在热烈的气氛中，一种无言的感动和情谊在大会堂里交织、传递，相互感染……

"常言道'三十而立'，而泰康人寿是'十年而立'。"前不久，中国保险监督管理委员会主席吴定富在泰康人寿调研时对其发展作出了中肯的评价。

十年来，泰康紧抓历史发展机遇，业绩突飞猛进，保费年年攀升，无一笔呆坏账，始终保持市场最低客户投诉率；即使面对"投连热"、"集团热"、"上市热"等现象也没有盲目跟风。从十年前仅有11 张办公桌的筹备处，到如今的29家分公司、13万名员工、600多亿元总资产，泰康十年的成长之路，既是中国保险业快速发展的真实记录，也是中国经济和金融崛起的缩影。纵观其发展历程，那一串串坚实的足迹显示出，决定其成败的也就是那么紧要的几步。

“三化”战略

“专业化、规范化、国际化”发展战略是泰康核心的战略。

成立伊始，泰康就邀请台湾保险界精英为泰康员工培训，并聘请其为公司行销顾问。招收的第一批业务员学历基本上是大学本科以上。1996 年11 月，泰康的一位小朋友保户划破了手指，陈东升亲自将254 元赔款送到他手中。陈东升说，一个企业的发展离不开信誉的支撑，“自从我创建泰康人寿以来，一直深感如履薄冰，诚惶诚恐。我很清楚要做好一家保险公司，必须要诚信、守信，有高度责任感。”

泰康成立后不久，1997年亚洲金融危机爆发。这次席卷东南亚的金融危机带来的破坏性使陈东升对金融产业以及寿险事业有了更深刻的认识，更使他意识到了在金融保险企业经营过程中，稳健、规范、诚信的重要性。

1999 年9月，国务院和保监会批准了泰康的境外增资扩股申请。2000年11月21日，泰康和瑞士丰泰人寿保险公司建立了战略伙伴关系，签订了技术合作协议。同时，瑞士丰泰人寿保险公司、新政泰达投资有限公司、苏黎世洛易银行和日本软库银行集团成为泰康的新股东。外资入股为泰康发展提供了有力的资本支持，加速了泰康与国际接轨的进程。在业务、技术以及管理等方面，泰康积极借鉴国际保险企业的先进经验。

坚持“专业化、规范化、国际化”发展战略使泰康形成了稳健的发展风格。在市场上投连产品热卖之时，泰康人寿没有盲目跟风；在金融企业集团化浪潮面前，泰康人寿坚持专业化发展道路；1998 年，泰康人寿率先采用国际惯例进行信用评级，之后三年内从AA级升至AAA⁻的高信用等级。

2001年，中国加入WTO 使泰康迎来了全国机构建设的春天。为了铺开销售网络，泰康实施了“沿海发展战略”，在天津、山东、浙江和江苏等主要沿海经济发达省市筹建了18 家分公司及138家中心支公司，代理人队伍数量也达到了10 多万人。2003 年，泰康保费总额突破了133 亿元，实现了由小型保险公司向中大型保险公司转变的历史性飞跃。2004 年，泰康人寿提出转型的战略，将从外延式的增长转变为开始走内涵式的增长道路，当年实现了营销续期保费首次超越营销新契约保费。到2006年，泰康十年来共为国家贡献了8亿元税收，为13 万人创造了就业机会，提供了2 万亿元风险保额，累计赔款达20亿元，为500万人次提供了保险保障。

对于公司的稳健经营，陈东升毫不掩饰自己的自豪感，“十年来，公司发展没有一笔呆账、坏账。”他表示，“稳健经营，小步慢跑，不犯错误就是胜利。”

自主创新

在位于复兴门内大街的泰康人寿大厦的二楼，以暖色调主打的“新生活广场”，青春时尚，令人耳目一新。当全国各地的客户在当地的“泰康新生活广场”享受“一站式”服务时，泰康这种全新的保险文化理念也给客户留下了深刻的印象。这种“一站式”服务是泰康人寿率先在国内推出的服务创新。

“找最好的葫芦画最好的瓢”，这是泰康在创立初期选择的高起点“模仿创新”发展路径。对于创新这一概念，陈东升有一个非常独到的说法：“创新就是率先模仿”。

有人认为“创新就是率先模仿”的概念只是陈东升在寻求标新立异而已。对此，陈东升不以为然，他认为“这是一个时代浓缩的一个理论，是一个后进国家在向先进国家过渡时期企业后发优势理论，是一个发展中国家向先进国家过渡的必经阶段”。

1999年，泰康人寿在业界首推“100% 电话回访”，这一举措体现了对客户的“诚信服务”，中国保监会专门派出调研组，并将这一做法向全行业推广，使100% 电话回访成为寿险业界的服务标准。

2002 年，泰康引进国外保险新概念，别出新意地推出了“一张保单保全家”泰康家庭保障计划系列产品，2005年泰康又推出了涵盖保障、健康、教育、养老、投资等多种功能的升级“版本”：“爱家之约”。泰康独树一帜以家庭为中心开发新产品的模式，不仅引领了寿险产品创新的潮流，也赢得了市场的认同。截至2006 年上半年，泰康拥有了60多万家庭客户。

创新之举在泰康随处可见。尤其是一些产品营销和市场推广活动，泰康更是独领风骚。2002 年，泰康“爱家行动”市场推广活动，全面运用整合传播行销方式，以统一的麦当劳模式推广产品、服务和品牌的成功尝试，令保险业内外为之一震。2004 年春节，泰康人寿推出首都机场廊桥广告发布，1052块广告牌遍布机场36座廊桥，都把机场变成了“泰康画廊”，成为中国第一家，也是唯一一家在首都国际机场发布廊桥广告的企业。随后，泰康又举行了“驶向泰康新生活”F1 整合营销活动，成为国内首家赞助F1车队的中国企业，被外刊称为“中国汉字首次登陆F1”。

此外，泰康通过学习和借鉴国际保险经验，在保险业首家建立独立董事制度；首家采用了首席执行官、首席运营官、首席财务官等职位的设置；首次引入了“内含价值”的概念。2005 年，陈东升又适时提出了“买车、买房、买保险”的“新三大件”理论，并不余遗力地在全国开展宣传活动，使保险更加深入人心。

集团构想

泰康承保业务有声有色的另一面是其充足的偿付能力。

2000年，泰康完成了海外募股，2004年11月，泰康成为国内资本市场上首个发行次级债的保险企业，成功发行了总额13 亿元的次级债券，获得了更加充盈的资本实力。2005 年底，泰康人寿成立了泰康资产管理有限责任公司，近几年来，资金运用收益率一直名列行业前茅。2005 年，资金运用收益率超过5%，高于行业资金运用收益率平均水平。其中股票收益率超过20%，居行业之首。陈东升表示，2007 年泰康将全面进入资本运营阶段，并力争2008年进入上市阶段。

作为改革开放以来中国最早的企业家之一，研读经济管理类书籍，思考企业的生存与发展是陈东升每天的必修课。他常说："一个企业的成长，三年决定生死，五年打下基础，八年站稳脚跟，十年小有品牌，二十年才能成长为参天大树。"

10岁的泰康正如陈东升所期待的那样，已经在市场中树立了自己独特的品牌形象。那么，20 岁的泰康会长成什么样的"参天大树"呢？陈东升心中有一个清晰的形象——"最具亲和力、最受市场青睐的大型保险金融服务集团"。

陈东升说："2006年是泰康人寿'多喜临门'之年。这不仅是因为泰康成立十周年，更因为今年是实施'十一五'规划的开局之年，启动内需是'十一五'规划的核心。那么，'买车、买房、买保险'的消费潮流将为保险业带来一个重要的发展契机；此外，今年又恰逢《国务院关于保险业改革发展的若干意见》出台，保险业必将迎来一个发展的春天。"

陈东升对保险业有一份特殊的情感和执著。

80年代末，在国务院发展研究中心《管理世界》杂志社担任副总编的陈东升，向中国人民银行递上了专业寿险牌照的申请。1996 年，正当陈东升创办的中国嘉德国际拍卖有限公司发展如日中天时，申请得到了批准。他当即放弃舒适的条件，"跟大家一样到处去找房租房。忙到下午2点还没吃饭，花两块钱吃碗牛肉面，感觉还很好"。

如果没有十年前的执著，泰康不会横空出世，更不会有今天的健康活力。不过，这位以"大事要敢想，小事要一点点做"为座右铭的企业家，并没有沉醉在泰康的成绩里，在泰康十周年之际，他又为泰康描绘了新的战略蓝图。

"泰康人寿一定要抓住这个难得的历史机遇，保持一定的增长速度。我们要在十年后，打造一个响当当的泰康金字招牌!"8 月22日，当陈东升在人民大会堂的庆典仪式上豪情万丈地喊出这个目标时，台下掌声雷动，经久不息。

（记者 李霞）

中国保险
■2006年第10期

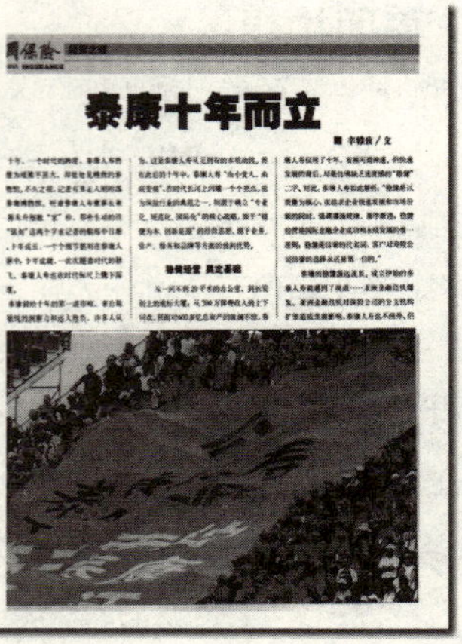
泰康十年而立

泰康十年而立

十年，一个时代的跨度，泰康人寿将之浓缩为规模不甚大，却处处见精致的泰康博物馆。不久前，记者有幸走入刚刚落成的泰康博物馆。听着泰康人寿董事长兼CEO陈东升细数“家”珍，那些生动的往事让“铭刻”这两个字在记者的脑海中日渐清晰。十年成长，一个个细节铭刻在泰康人的血脉中；十年成就，一次次随着时代的脉动腾飞，泰康人寿也在时代标尺上镌下深深刻度。

泰康留给十年的第一道印痕，来自陈东升敏锐的洞察力和远大抱负，许多人认为，这是泰康人寿从无到有的本质动因。而泰康人寿“由小变大，由弱变强”，在时代长河中闪耀一个个亮点，成为保险行业的典范之一，则源于确立“专业化、规范化、国际化”的核心战略，源于“稳健为本、创新是源”的经营思想，源于业务、资产、服务和品牌等方面的独到优势。

稳健经营 奠定基础

从一间办公室，到长安街上的地标大厦。从200万保费收入的上下同欢，到面对600多亿总资产的波澜不惊，泰康人寿仅用了十年，发展可谓神速。但快速发展的背后，却是仿佛缺乏速度感的“稳健”二字。对此泰康人寿如此解析：“稳健是以质量为核心，在追求企业快速发展和市场份额的同时，强调遵循规律、循序渐进；稳健经营是国际金融企业成功和永续发展的唯一准则。稳健是信誉的代名词，客户对寿险公司信誉的选择永远是第一位的。”

泰康的稳健源远流长。成立伊始，泰康人寿就遇到了挑战——亚洲金融危机爆发。亚洲金融危机对保险公司的分支机构扩张造成了负面影响，泰康人寿也不例外。但亚洲金融危机促使泰康人寿更加坚定“专业化、规范化、国际化”的核心经营理念。从“三化”战略的确立开始，深刻认识到“金融机构关系着千千万万家庭，关系着整个国民经济，其稳健至关重要”的泰康人，将他们的事业理解为马拉松，而不是百米冲刺。他们始终坚持专业化、规范化，稳健经营，树立了“稳健”的企业形象。“世界上死得最快的企业一定不是保守的企业，而是高速发展的企业，是过度扩张、过度发展的结果。”泰康人寿立于稳健，正是基于这一理念。在市场上投连产品热卖之时，泰康人寿没有盲目跟风，在金融企业集团化浪潮面前，泰康人寿坚持专业化发展的道路，在有些公司偿付能力不足之时， 泰康没有恶名；十年中，泰康人寿的投诉率一直是寿险公司中最低的；十年来，泰康人寿没有一笔呆坏账。1998年， 泰康人寿率先采用国际惯例进行信用评级，三年内从AA级跃升至AAA^{-}的高信用等级，这是泰康人寿坚持稳健经营、亲和诚信的最好答卷。

寿险企业经营的是风险，为防止出现风险管控不力、管理责任不清的现象，泰康人寿相继成立了投资委员会、预算委员会、核保核赔委员会、风险管理委员会。

2003年底泰康人寿全面推进贯标工作，成为国内首家全系统全面通过认证ISO9001的金融企业。经过近一年的流程再造和管理评审，重新制定了400多个流程、300多个质量目标，每个细节都有了明确规定。可贵的是，泰康人寿实施ISO9001不是就事论事地通过一个认证，而是将之作为形成完善的科学流程并严格执行的深化管理的契机。

公众评价泰康，其中最重要的特质之一就是稳健。陈东升说：“我们只要坚持不犯大的错误，别人犯错误就是我们的机会。稳健经营， 小步慢跑，不犯错误就是胜利。”

全面创新 快速发展

创新这一概念，在泰康有一个非常独到的说法——“创新就是率先模仿”。通俗地说，就是要善于率先找最好的对象模仿。这就是泰康在创立初期选择的“找最好的葫芦画最好的瓢”的高起点“模仿创新”发展路径。

泰康创立之初的一年多时间里， 陈东升走访了20多家国际知名的保险公司，小到饮水机、电梯牌，大到公司治理结构和与国际接轨，不断学习模仿。泰康用四年时间打下了一个规范、稳健、国际化的“底子”，此阶段泰康内部称为“ 百年基业初步奠定”。如果说在全球视野下，泰康人寿的举措带有模仿痕迹，那在国内、在保险业却带有非常明显的创新意义。比如在保险业首家引进独立董事，加强董事会专业化管理能力设立执行；审计、薪酬三大专业委员会，在经营管理层面设立管理委员会；在保险业界首家采用了首席执行官、首席运营官、首席财务官等职位设置，陈东升成为国内金融企业的首位CEO等一系列完善治理结构的举动。还有在业界首次引入“内含价值”的概念，将“内含价值”考核列入业务考核体系，采取诸多提升内含价值的措施提高期交保费比例、降低中短期两全险的比重等，使公司的业务结构更加优化等超前做法。这些跨国“ 模仿”的举措，无疑使得泰康人寿赢得了在国内市场发展的先机。

2002年，泰康人寿开始了从率先模仿到自主创新的飞跃。其标志就是，以“一张保单保全家”为基础的理念、产品、服务、技术全方位的创新。

“入世”前后，中国保险业达成的共识之一是，中外寿险的核心差距在于客户服务水平。但是，该如何缩短这种差距、摆脱目前各公司之间产品和服务同质化的低层次竞争局面，却是一个难解的巨大课题。围绕这一课题，泰康人寿提出“ 新生活理念”，树立了保险是一种生活态度和生活方式的文化理念，倡导青春、时尚、健康、充满活力的生活观、现代消费观和家庭价值观。泰康人寿认为，随着中国社会结构发生的深刻变化，“买车、买房、买保险”将成为一种潮流， 这就是“现代新三大件”由“新生活理念”和“现代新三大件”构成的理念创新，迅速赢得泰康人寿目标客户群体工薪白领阶层的高度认同。

在寿险市场激烈竞争的时代， 产品创新能力往往决定一个公司竞争的成败。因此，泰康人寿全面实施产品创新战略，建立产品创新机制，逐步实行产品差异化策略。在市场上取得“一张保单保全家”独特话语权的家庭保障计划，堪称泰康人寿产品自主创新的集中代表。“ 一张保单保全家”是泰康家庭保障计划系列产品的简称，指一张保单下可有多个被保险人，一个被保险人还可以投保多个险种。经过以后几年的版本升级，2005年推出的最新版本“爱家之约”已经涵盖了保障、健康、教育、养老、投资等多种功能，是真正意义上的“ 保险超市”。如果说传统的一对一的保险形式是“身份证”，这个面向全家的新产品就是“户口本”。但这个产品的精髓，不在于把一家人的“身份证”机械地订成“户口本”，而在于它切中了客户需求中“ 家”这个最具凝聚力的“中枢神经”，近距离通过家庭平台接触到几乎覆盖各类细分客户群的客户群体，同时也以片状而非点状为各类客户送去贴身服务。这种以“ 家庭”为中心开发新产品，在泰康是第一次，在国内也是首家创新。为实现家庭保单的系统开发，泰康人寿引进了具有国际一流水平的CSC系统， 实现了从“以保单为中心”向“以客户为中心”的根本转变。

品牌形象 时尚亮丽

2004年4月10日，北京展览馆剧场，“泰康爱家行动启动暨新生活广场揭牌仪式”路演，400人的掌声、呐喊声汇成一片，泰康人寿“爱家之约”产品问世。“爱家行动”市场推广活动是一次全面运用整合传播行销方式，以统一的麦当劳模式推广产品、服务和品牌的成功尝试，令当时的保险业内外为之一震。在这次全国范围的“路演”中，陈东升作为泰康“首席形象大使”，和总裁刘经纶兵分两路，带队在全国23个省市展开新理念、新产品、新服务的巡讲，掀起营销狂飙。客户直接感到扑面而来的泰康理念和泰康文化，但加深理解和认同的是新产品和新服务，最终感受到并回归的是家的温馨。

2004年，泰康人寿推出首都机场廊桥广告发布和“驶向泰康新生活”F1整合营销两项举措，开创了两个中国第一。一是成为中国第一家，也是唯一一家在首都国际机场发布廊桥广告的企业，二是成为国内首家赞助F1车队的中国企业。

2009年9月26日，F1赛事首次登陆中国。700多名客户组成橙黄色方队，300平方米的橙黄色旗帜——上书“驶向泰康新生活”，成为以F1为主题的“行为艺术”。泰康人寿赞助F1索伯车队，成为首家也是唯一赞助F1车队的中国企业。泰康人寿企业标识出现在索伯车队赛车的两个反视镜上，被外刊称为“中国汉字首次登陆F1”。

是年，泰康人寿面对国际、国内大型保险公司的强势广告攻势，开创性地推出了机场廊桥广告。2004年春节前一周，泰康首次亮相首都机场国际、国内36座廊桥，1052块广告牌使机场变成了“泰康画廊”。2005年，泰康开始在机场廊桥这个“黄金通道”与世界第一CEO杰克·韦尔奇领导的GE比肩而立，展现了中国企业的风采。

“追求差异化的品牌形象，注重准确针对目标客户群体进行有效沟通，选准点、抢得先机，有所为、有所不为。”2002年以来，泰康人寿的品牌推广屡创佳绩。

2004年，“驶向泰康新生活”F1整合营销活动，荣获“第三届中国杰出营销奖”的“最佳创新奖”，泰康人寿是唯一一家入选的金融企业。发布机场廊桥广告，进一步固化了泰康人寿创新、独有的品牌话语权。2005年，以“中国家庭保障研讨沙龙暨爱家之约升级新闻发布会”、“品质生活——中产人群在中国”为主题的上海、深圳、北京三地四场巡演活动，进一步巩固了“新生活”和“现代三大件”的话语权。

经过四年的完善和推广，泰康“爱家之约”在保险市场引起巨大反响。到2006年上半年，泰康拥有了60多万家庭客户。

资产管理 安全高效

是否具有充足的偿付能力，是评价一个保险公司优秀与否的基本指标。而要具备充足的偿付能力， 就必须拥有安全、高效的资产。

自开业之初起，泰康人寿就高度重视资本充足率问题，并采取了一系列卓有成效的举措。2004年11月，国内资本市场上首支由保险企业发行的次级债问世，泰康人寿成功发行13亿元次级债，使其资本实力更加充盈。

财务稳健是泰康人寿始终如一的基本原则。十年来，泰康人寿不断丰富和发展财务稳健的含义，形成了完善的投资文化和风险控制文化，其核心是依法合规经营，不激进，不冒险。在财务管理方面，引进具有国际先进水平的财务管理系统，完善资金管理和单证管理系统，实行全面预算管理和财务负责人委派制度。在投资管理方面，泰康人寿坚持资产负债匹配管理的总体策略，增强长期稳定的收益能力。

2005年底，泰康人寿成立了泰康资产管理有限责任公司，建立了一支专业化的投资管理团队，公司可投资资产达623亿元，在国内债券市场、存款市场、基金和股票市场均有涉足，取得了良好的投资业绩。

近几年来，资金运用收益率一直名列行业前茅。2005年，资金运用收益率超过20%，居行业之首。泰康人寿坚持资产负债管理的总体策略，针对不同性质的负债特征以及收益率的动态要求，按照优化配置的策略进行投资管理；着重资产匹配收益能力，坚持以固定收益投资为主，同时协调一部分长期预期收益好、短期波动性较大的权益投资的配合，争取提升收益的机会。

陈东升曾说，“金融的本质在于资金一定流向效益最高的地方。制约保险业发展的最大障碍是资金运用，推动保险业发展的核心命题也是资金运用，资本战略是头等大事”。泰康人寿通过实施基于稳健思想的资本战略，创造了开业十年没有一笔呆坏账的神奇业绩。

目前，在安全、高效的资产基础之上，泰康人寿进一步提出扩大海外投资业务范围，重点解决资本积累问题。而加快保险资金运用渠道的开放进程，实现保险资金的快速融通和国内外资源的配置，是《国务院关于保险业改革发展的若干意见》中最具有突破意义的亮点，泰康人寿又一次将历史机遇牢牢掌握在自己手中。

客户服务 亲和诚信

服务是寿险的生命，是寿险企业诚信的最佳体现。“投保”和“理赔”是消费者最为关心的服务问题。许多专家针对这两个问题的评价是：泰康人寿在系统的客服体系和高效的理赔服务基础上，构成了为客户提供高品质、高效率服务的专业化团队，以全方位的创新服务在寿险市场上树立了“亲和、诚信”的形象。

作为经营长期业务的寿险公司，首先要讲信誉，用良好的资产和偿付能力对客户负责；同时更要守信誉，履行对客户的承诺。泰康人寿坚定这一信念，使客户真切体会了保险的真谛。1996年11月，一位小朋友保户划破了手指，陈东升亲自将254元理赔金送到他手中。它透露出泰康人心底的愿望：以服务和信用为核心，成为专业、规范，重信誉、讲信用的企业。此后，客户感受到的是诚信服务一以贯之。1999年以来，泰康人寿先后遭遇两起全国最大的240万和820万个人寿险理赔案，都做到为客户及时赔付。

面对市场形势的发展变化，泰康人寿提出了以客户服务为先导的差异化竞争战略，提高服务品质和销售品质。本着这一战略构想，“100%电话回访制度”这一国内保险业重要的服务创新破土而出。1999年，泰康人寿在业界首推“100%电话回访”，这一举措体现了对客户的“诚信服务”。2003年，泰康人寿全系统推行“超百回访”工程，即在“100%电话回访”的基础上，总、分、支公司高级管理人员对以往回访过的客户做随机抽样，进行再次回访，使客户再一次感受到泰康人寿服务质量的提升。

2002年，为配合“新生活理念”和家庭保障计划的推广，体现全新服务理念的“泰康新生活广场”在全国29家分公司全面推出。四位一体的“新生活广场”将门店、95522、泰康在线、专业技术的员工服务有机整合，实现了现实与虚拟相结合互动式的综合服务，使客户从本质上认知了泰康人寿先进的服务理念，感受到了全面的服务效果。“泰康新生活广场”成为全方位客户服务体系的最佳诠释。

为客户提供差异化、个性化服务的泰康人寿新生活俱乐部，则成为泰康人寿和客户进行沟通互动的绿色通道，使“分享快乐、创造新生活”的服务理念在客户的切身体验中得以实现。

美国《商业周刊》曾将“诚信第一”列为25项新思维企业文化之首。泰康人寿坚持以客户为中心、诚信为本的经营之道，实实在在提高客户服务质量。

“常言道，三十而立。泰康人寿是十年而立。”2006年7月14日，距离泰康人寿十年司庆日不足40天，在正式落成仅仅七天的泰康博物馆，第四次赴泰康人寿调研的中国保险监督管理委员会主席吴定富对泰康作出如此评价。吴定富主席用“三个一”高度评价了泰康人寿十年发展的成就：形成了坚持稳健规范经营的理念，找准了中大型金融服务集团的定位，培养了艰苦创业的精神。而吴定富主席的十年题词“走创新发展之路，铸保险特色品牌”，对泰康人寿而言，既是对十年成绩的充分肯定，也是对未来发展的期许与激励。

漫漫十年路，有风雨更有阳光。泰康人寿走得豪迈，走得辉煌。从一个梦想走向中大型保险企业，从新的里程碑走向“最具亲和力、最受市场青睐的大型保险金融服务集团”。走过十载慨然岁月，泰康人寿走向更博大的时空，走向百年基业的巅峰。

（辛雅致）

南方都市報

■2008年11月17日

寿险公司绝不能有赌博式投资文化

寿险公司绝不能有赌博式投资文化

2008年，在全球资本市场一路狂跌中，无论作为资本市场最大的机构投资者，还是作为向社会提供“生老病死保障公众服务”的特殊企业，保险公司均处于舆情鼎沸的风暴眼中。

这一年，以平安保险为首的保险公司几乎成为险企集体投资失误的代名词，而三大上市中资险企不佳的三季报亦正成为市场诟病保险公司投资不当的有力证据。与此同时，严重依赖投资型保险收入而挤压核心业务的个人长期寿险业务被市场列入险企的第二宗罪。

而就在今年，资产规模位居国内寿险业第四的泰康人寿却屡屡被其竞争对手提及，似有效仿之意。吴定富更曾称：常言道，三十而立，泰康人寿是十年而立。

连续五年投资收益率位居行业之首，泰康人寿是如何做到的？泰康人寿董事长陈东升表示，稳健是寿险公司的最高灵魂，泰康人寿一直以偿付能力为核心调控保费规模等发展速度，坚决杜绝赌博式的投资文化。基于对市场的判断，该公司“目前在二级市场上仓位为历史最低”。

“绝不为上市而上市”

南都：你曾经说过，今年是泰康上市的最佳时机。眼下看来，恐怕明年上市亦无望了。你当时做出这种判断是基于对资本市场的研判，还是基于对泰康自身发展条件的判断？

陈东升：寿险公司绝不能为上市而上市，绝对要选择最佳时机上市，这个最佳时机主要看它是否已进入持续、稳定的盈利阶段。我所说的最佳上市时间指的是泰康本身。

南都：泰康本身在整个寿险行业里到底具备了怎么样的最佳上市条件呢？

陈东升：泰康人寿今年的保费收入比去年翻番。截至目前，保费收入530多个亿，争取年底达600亿。五年时间再造了一个泰康。最具核心竞争力的个人寿险长期保单业务方面，标准保费和代理人数均增长一倍，代理人数达31万多人。更重要的是，很多寿险公司在资本市场投资领域出现严重亏损，也有保险企业偿付能力不足。而我们今年大概会有16亿的税后利润。我们的偿付能力在200%以上。经过这两年，泰康已经跨上了年保费500亿以上、税后利润10亿以上的超级平台。

当保险公司出现较大规模的盈利时，才真正具备上市的底气。

南都：这是否意味着泰康自此步入稳健、持续盈利期？公司的死差、费差和利差三大要素均已表现为死差溢、费差溢和利差溢？

陈东升：较之其他历史较长的公司，泰康还未进入这样一个时期，但是已经接近了。严格而言，泰康这几年有那么好的利润，其核心在于我们有一支非常优秀的投资团队。我们连续五年保持投资收益率业内第一，因此，我们有非常优异的利差溢。与此同时，我们也有相当良好的死差溢。但是，我们的费差溢大概在后年才会出现。我们现在的新单收费与续期保费为1:1，这已到战略性拐点，但还是费差损。了解这个行业的人都知道，新单保费第一年的成本费用是很高的，只有当新保费与续期保费之比为1:2时，较高的费差溢才会出现。

“收益建立在资本市场是可怕的”

南都：上半年，泰康人寿规模保费增长128%，高于寿险业平均增速64个百分点。但保险界人士早对行业性的上半年狂增发出“盛世危言”，因为趸缴保费占比达90%以上。泰康的业务结构如何？投连险目前的情况怎样？

陈东升：我最早倡导保险公司要注重内涵价值，发展期交保单是对的。但现在银行保险是世界的风潮，这些客户多选择趸缴3~5年期保险产品。银行保险对于泰康今年利润贡献超过了个险，银行渠道已为我们积累了240万客户，保费收入占了60%，但是我们个险今年的增长也达到了100%。我们的投连险占整个市场的一半，因此我们必须确保不出现系统风险。值得安慰的是，目前我们投连险进取账户价格依然是行业中表现最佳的。

当然，资本市场波动、销售误导等种种原因引发了个别公司个别地区的一些事件。这需要加强监管。

南都：你谈及泰康投连险进取账户目前依然是行业表现最佳，亦谈及最近五年来投资收益率位居行业之首。在经历了熊市和牛市之后，这样的成绩确实不易。你们奉行的投资原则是什么？是否会因为投资收益不菲而轻视承保利润？

陈东升：全世界范围内，没有一家保险公司因为承保而倒闭（当然也有个别恶性销售的公司引起法律诉讼）。保险公司（包括这次AIG事件）皆因投资而出现问题。稳健是寿险公司经营的灵魂，它的核心就是偿付能力。而偿付能力在很大程度上取决于保险公司的投资领域。团队的建设、对宏观经济的研判，尤其是投资文化很重要。投资文化是审慎的还是赌博式的；是分散风险还是搏一把就走；决策体系是否透明。保险公司绝不能允许赌博式的投资文化，不能有私心，不能存在搏一把就走的想法。作为保险公司的董事长，他对宏观经济的研判很重要。

保险公司如果把收益完全建立在资本市场上是可怕的。这是因为资本市场是波动的。“三差”溢（死差、费差和利差）平衡发展是保险公司的原则，亦是我们的战略。

南都：在资本市场持续低迷之际，泰康是否会更关注PE领域？不少人认为，目前企业PE估值较低，待资本市场再热时，可以让它上市大赚一笔。

陈东升：在京沪铁路这个项目上，我们是走在前边的。我们会关注，亦会很谨慎。因为企业在经济不景气时经营亦不好。过多的三、五年投资品种，亦未必符合险资的投资久期组合。

“绝大部分利润留存保偿付能力”

南都：泰康在2000年完成首轮私募，2005年发行次级债后，再也没有进行过融资。但数年间，泰康人寿除了大规模的机构扩张外，业务规模亦将达600亿。如何保证目前高达200%的偿付能力充足率？

陈东升：这几年盈利非常好。我们从2003年之后连续五年都保证税后利润翻番。这几年的利润绝大部分都作为资本留存了。股东们都是理性、有实力且具战略眼光的中外股东。他们不看重短期内的分红所得。但去年，我们对股东进行了一定比例的分红，这是我作为董事长的责任。但绝大部分还是留存作为资本金。

南都：偿付能力确实成为外界关注险企的核心指标之一。传言目前约十家险企偿付能力未达标。对于寿险公司这样的特殊企业，你认为它最大的风险是什么？

陈东升：一个家庭、一个老百姓投保后，就等于把他的养老和医疗问题长期托付给寿险公司了。如果你经营不好，如何对得起人家？寿险公司是一个销售公众产品、提供公众服务的行业，所以它的责任最大。因此，它需要最严厉的监管，同时需要它自身树立稳健经营的原则。稳健经营是保险业经营的灵魂和最高原则。在经营领域，它体现为偿付能力是否充足。我们一直以偿付能力为核心控制保费规模及其他扩张速度，未出现过偿付能力不足。

"不涉足财险 专注寿险"

南都：很多保险公司都在构筑金融集团，但我们似乎看不到泰康在这方面的动作。缺乏资本支撑抑或时机不成熟？

陈东升：应该实事求是。成立集团之后，企业层次多了，效率就低了；企业集团官多了，成本也高了。我们应该是个准集团，泰康总公司事业部制实际上是个准集团。但我们不做财产险，我们现在走专业化寿险道路，坚持做一个专业化的寿险公司。这是我们坚定不移的战略。

（记者 谢艳霞）

陈东升考察美“养老社区”
泰康盯紧养老产业投资机会

21世纪经济报道

陈东升考察美“养老社区”
泰康盯紧养老产业投资机会

特派记者 王康 美国波士顿报道

PHOTOTEX

“这次我到美国来，还有一个很重要的目的就是考察美国人的‘养老社区’。泰康未来也会发展养老产业、医疗产业。”美东时间4月11日，在参加哈佛大学费正清东亚研究中心主办的“哈佛中国评论”论坛间隙，泰康人寿董事长兼首席执行官陈东升接受了本报记者专访，畅谈在中国新城乡一体化大背景下，泰康人寿的未来发展战略。

《21世纪》：你在论坛上提到，泰康正进入县域市场和农村市场，这块市场究竟有多大？

陈东升：其实很多人都没有意识到中国现在正在发生的深刻变化，那就是城乡一体化、新农村建设以及城市化。农村寿险市场是非常大的一个市场，简单估计，起码占了整个中国（寿险）市场的一半江山。

《21世纪》：你们进入最末端的农村市场，具体是如何构想的？

陈东升：这是我们的战略。农村市场一定要抓住，这是（保险公司）做大的必经之路。

不能以静态的眼光来看这个市场。之前很多的保险公司不做这块市场，觉得没有消费能力。前些年农村人口居住得比较分散，那时对保险需求不足，就算有保单，保额也比较低。

但这是静态的观点。中国工业化过程中，现在每年农村都有大量人口外出打工，赚到钱后，他们就寄回家里。这是巨大的财富再分配到农村。

另外，很多农村正在城镇化。中国人寿这些年在农村的保费，占到他们总保费40%多的比例。农村的保费占比跟城市是差不多的，农村市场上保险盈利的状况其实不亚于城市，甚至更好。

更重要的是，做为一个有责任的保险公司，特别是在中国现代化的进程中，服务经济的发展非常重要。当人们发生风险的时候，保险公司就在他们身边，那么这个公司的市场地位、口碑、信誉就完全不一样。

如果要做到这一点，保险公司的网点就一定要全国化。我们现在以每年500万客户的速度在增长，我觉得未来有5000万到1亿客户，不是梦想。

《21世纪》：这么大的市场销售，人力资源如何配置？

陈东升：中国人寿已经有一个很成功的模式了。我们现在也解决得很好。县城保险到乡一级，就已经有服务部了，村一级可以从乡一级得到支持。

有意思的是，农村市场的销售人员基本都是当地的能人，比如妇联主任、过去的党支部书记。

《21世纪》：现在泰康实际上在铺设的是一个渠道，有没有想过在这个渠道上销售更多的产品？

陈东升：我们的目标是做专业化的寿险公司，把寿险的产业链“深耕”。这次我到美国来，还有一个很重要的目的就是考察美国人的“养老社区”。泰康未来也会发展养老产业、医疗产业。

医疗产业方面，我们现在有健康险事业部，但我们打算卖很多医疗产品。此外，我们会过渡到一个非常专业性的“费用型的医疗保险”，比如（针对）门诊、住院这种发生费用的。

允许保险公司投资参股医疗设施或医院，这也是一个方向。所以养老产业上，我们准备向产业链的纵深发展，如养老院、养老社区等。

这次我到美国来，还有一个很重要的目的就是考察美国人的“养老社区”。允许保险公司投资参股医疗设施或医院是一个方向，我们准备向产业链的纵深发展，如养老院、养老社区等。

《21世纪》：目前给泰康设定的就是一个聚焦战略？

陈东升：我们前15年所设定的目标是，一个是成为公众公司。另外一个是在产业上，泰康要成为前三或者前四的公司。未来15年，我们也会走全球化的道路。我们现在也有做一些国际化人才的储备，这是这次来的目的之一。

《21世纪》：这次来美国有没有打算招聘一些金融人才？

陈东升：没想到这次的哈佛中国论坛，在美国东北部有这么大的影响力，所以我们明年可以在这里设一个招募站，寻找一些优秀的人才，回国加盟泰康。

■2009年4月16日

“这次我到美国来，还有一个很重要的目的就是考察美国人的‘养老社区’。泰康未来也会发展养老产业、医疗产业。”美国东部时间4月11日，在参加哈佛大学费正清东亚研究中心主办的“哈佛中国评论”论坛间隙，泰康人寿董事长兼首席执行官陈东升接受了本报记者专访，畅谈在中国新城乡一体化大背景下，泰康人寿的未来发展战略。

《21世纪》：你在论坛上提到，泰康正进入县域市场和农村市场，这个市场究竟有多大？

陈东升：其实很多人都没有意识到中国现在正在发生的深刻变化，那就是城乡一体化、新农村建设以及城市化。农村寿险市场是非常大的一个市场，简单估计，起码占了整个中国（寿险）市场的一半江山。

《21世纪》：你们进入最末端的农村市场，具体是如何构想的？

陈东升：这是我们的战略。农村市场一定要抓住，这是（保险公司）做大的必经之路。

不能以静态的眼光来看这个市场。之前很多的保险公司不做这块市场，觉得没有消费能力。前些年农村人口居住得比较分散，那时对保险需求不足，就算有保单，保额也比较低。

但这是静态的观点。在中国工业化过程中，现在每年农村都有大量人口外出打工，赚到钱后，他们就寄回家里。这是巨大的财富再分配到农村。

另外，很多农村正在城镇化。中国人寿这些年在农村的保费，占到他们总保费40%多的比例。农村的保费占比跟城市是差不多的，农村市场上保险盈利的状况其实不亚于城市，甚至更好。

更重要的是，作为一个有责任的保险公司，特别是在中国现代化的进程中，服务经济的发展非常重要。当人们发生风险的时候，保险公司就在他们身边，那么这个公司的市场地位、口碑、信誉就完全不一样。

如果要做到这一点，保险公司的网点就一定要全国化。我们现在以每年500万客户的速度在增长，我觉得未来有5000万到1亿客户，不是梦想。

《21世纪》：这么大的市场销售，人力资源如何配置？

陈东升：中国人寿已经有一个很成功的模式了。我们现在也解决得很好。县域保险到乡一级，就已经有服务部了，村一级可以从乡一级得到支持。

有意思的是，农村市场的销售人员基本都是当地的能人，比如妇联主任、过去的党支部书记。

《21世纪》：现在泰康实际上在铺设的是一个渠道，有没有想过在这个渠道上销售更多的产品？

陈东升：我们的目标是做专业化的寿险公司，把寿险的产业链“深耕”。这次我到美国来，还有一个很重要的目的就是考察美国人的“养老社区”。泰康未来也会发展养老产业、医疗产业。

医疗产业方面，我们现在有健康险事业部，但我们打算卖很多医疗产品。此外，我们会过渡到一个非常专业性的“费用型的医疗保险”，比如（针对）门诊、住院这种发生费用的。

允许保险公司投资参股医疗设施或医院，这也是一个方向。所以在养老产业上，我们准备向产业链的纵深发展，如养老院、养老社区等。

《21世纪》：目前给泰康设定的就是一个聚焦战略？

陈东升：我们前15年所设定的目标，一个是成为公众公司，另外一个是在产业上，泰康要成为前三或者前四的公司。未来15年，我们也会走全球化的道路。我们现在也在做一些国际化人才的储备，这是这次来的目的之一。

《21世纪》：这次来美国有没有打算招聘一些金融人才？

陈东升：没想到这次的哈佛中国论坛在美国东北部有这么大的影响力，所以我们明年可以在这里设一个招募站，寻找一些优秀的人才，回国加盟泰康。

（记者 王康）

金融时报 ■2009年2月2日

把握改革开放历史机遇 实现超常规跨越式发展

创新土地流转金融政策支持可行性分析

■ **点评:**

陈东升常说一句话："泰康人寿是改革开放的实践者、受益者、拥护者、呐喊者和讴歌者"。

在新中国迈入60周年之际，在改革开放30周年之际，陈东升作为泰康人寿的掌门人，从宏观的视角回顾了改革开放后保险业的发展，总结了泰康人寿成立12年来取得的成就。真挚的文字下，既流露着对过往的感恩和自豪，又包含着对未来的憧憬和坚定。

泰康人寿诞生于上世纪90年代保险业多元化竞争时期，快速发展于加入世贸组织前后，全面腾飞于中国资本和金融市场崛起的大好机遇期。泰康人寿是改革开放的实践者和受益者，12年成长历程，应和了中国改革开放和保险业做大做强、又好又快发展的历史节拍，印证了实事求是、与时俱进、抢抓机遇、勇于创新的"又好又快"的发展观。

把握改革开放历史机遇
实现超常规跨越式发展

金融作为一种制度安排，一直是现代经济的核心，是配置资源最有效率的工具。金融配置资源的方式和效率，决定了整个经济体系的竞争能力，决定了一个国家的核心竞争能力。同样，中国金融业在改革开放中也得到了长足发展。因为只有改革开放，才有真正现代意义上的中国金融业的发展。中国保险业作为金融业的重要组成部分，30年来也取得了辉煌成就。梳理和回顾中国保险业的发展历程，可以得出这样的结论：中国保险业伴随改革开放的进程不断做大做强；中国特色保险业的发展道路就是实事求是、与时俱进，把握机遇，实现超常规跨越式发展。

与时俱进，服务民生
中国保险业不断完善“又好又快”发展体系

中国保险业的发展，如果从开放程度、市场主体数量规模的变化来看，可划分为三个时期：一是恢复保险业务，国有独家经营时期；二是国有公司、股份制公司多元化竞争时期；三是加入世贸组织后国际化竞争时期。无论是对内开放还是对外开放，中国保险业在金融行业中都是最早的，可以说领“开放”风气之先。每一次开放，都通过引入竞争机制、扩大竞争领域，带来保险行业整体发展水平的快速提升。

对内开放方面，1979年，人保恢复经营，国有保险公司独占市场；上个世纪八九十年代，平安、太平洋、泰康、新华、华泰相继成立，股份制保险企业蓬勃兴起，成为保险市场最有活力的新生力量。

保险监管机构的变迁历史，也从一定程度上折射出保险行业的发展壮大。1990年，中国人民银行仅在非银行管理司下设立保险处；1995年，人民银行设立保险司；1998年，中国保监会成立，保险监管体系开始与银行监管体系、证券监管体系形成“三足鼎立”的格局。

中国保险业在监管部门的部署和领导下，坚持贯彻落实科学发展观，立足于中国保险业仍处于初级发展阶段这一现实，提出了保险业加快发展、又好又快、做大做强的发展目标。党的十六大以来的六年间，不仅是保险业发展速度最快的六年，而且在事关保险业发展的理论体系和监管体系上都有重大突破和建树，在服务改善民生方面正日益发挥重要作用。

首先，保险业形成了较为完善的理论体系和监管体系。在理论体系上，明确了保险具有经济补偿、资金融通和社会管理功能，是市场经济条件下风险管理的基本手段，是金融体系和社会保障体系的重要组成部分，在社会主义和谐社会建设中具有重要作用。这一定位为保险业的发展指明了方向。在监管体系上，建立和完善了以偿付能力监管、公司治理结构和市场行为监管三支柱的现代保险监管框架，构筑了以公司治理和内控为基础、以偿付能力监管为核心、以现场检查为重要手段、以资金运用监管为关键环节、以保险保障基金为屏障的防范风险五道防线，探索出了一条符合中国特色的保险业发展实际的监管之路。这些都为保险业的发展创造了良好的基础。

其次，保险业在改善民生方面日益发挥重要作用，全面参与了解决养老、教育、医疗等民生工程。改善民生包含了一系列的具体内容，如学有所教、劳有所获、病有所医、老有所养、住有所居等，这些需求为保险业的发展提供了广阔市场和用武之地。近五年来，中国保险业累计赔付达到7000多亿元，平均每年赔付超过1400亿元。

在抗击“非典”、抗冰救灾、抗震救灾中，保险业都紧急行动进行快速理赔；在完善社会保障方面，保险业为人民群众未来的养老和健康积累了准备金1.9万亿元，专业养老保险公司受托管理企业年金业务占全部法人受托业务的九成；在服务民生的同时，保险业在扩大消费、支持投资和保障出口等方面发挥了积极作用。保险业提供的风险保障有利于稳定人们未来的消费预期，具有长期性、稳定性优势的保险资金为经济建设提供了大量的资金来源，保险公司已经成为债券市场第二大机构投资者、股票市场的重要机构投资者。

抢抓机遇，乘势而为
泰康人寿实现超常规跨越式发展

12年来，泰康人寿奉行“快速发展不失稳健、稳健发展不乏创新”的经营方略，抓住了三次历史发展机遇，实现了超常规跨越式快速发展，创造了“泰康速度”。

第一次是获得寿险公司牌照，赢得发展先机。1996年，泰康人寿成为《保险法》颁布后首批股份制人寿保险公司，确立了专业化、规范化、国际化的发展战略，坚定不移地以专业化形象进入方兴未艾的人寿保险行业。2000年泰康人寿完成海外募股，并以此为契机，在中国金融业率先实现治理结构国际化，实行管理层首席制，引进独立董事，完善公司章程，使泰康人寿具有了长远发展的制度框架。

第二次是完成全国机构布局，建立业务网络优势。2000年，泰康人寿只有北京、武汉、广州、沈阳、成都、上海六家机构，保费规模只有16亿元，总资产也只有50多亿元。此时，泰康人寿仍徘徊在中小公司行列。加入世贸组织前后，泰康人寿迅速展开从“沿海发展战略”，到“三线决胜战略”，再到全国机构网络布局建设工程，机构布局从沿海向内陆腹地纵深发展，新建23家分公司近200家中心支公司，搭建起总分支三级营销服务网络，奠定了泰康人寿“做大做强”快速发展的物质基础。2002~2004年，即加入世贸组织后的三年，是泰康人寿发展最快的三年，当年规模保费接连突破50亿元、100亿元、150亿元；总资产从2002年的121亿元，到2003年的245亿元，再到2004年的逾400亿元，几乎连续三年翻番。

第三次是抓住资本市场回暖、全民理财时代到来、农村市场兴起的机遇，实现公司整体实力的快速提升。2006年《国务院关于保险业改革与发展的若干意见》出台，保险公司真正成为中国经济建设长期资金的重要提供者，成为资本市场最核心的机构投资者。泰康人寿积极参与基础设施建设，特别是通过参与一级市场的发行和作为机构投资者参与二级市场的流通，实现收益最大化。泰康人寿2006年、2007年两年的收益相当于过去九年的10倍。2008年在资本市场低迷的形势下，泰康人寿仍然取得较好的投资收益，

税后利润超过17亿元，创下了连续六年盈利、连续四年(2004~2007年)利润翻番的业绩。2006年以来，泰康人寿以银行保险为突破渠道，以投资理财型产品为拳头产品，实现保费规模、资本实力、客户数量和市场地位的快速提升。

1996年，泰康人寿成立的第一年，当年保费只有1.5亿元，资产总额不到8亿元。2008年底，泰康人寿实现保费收入578亿元，资产总额1800亿元，净资产近65亿元，内含价值210亿元，偿付能力充足率213%。泰康人寿以6亿资本，发展成为拥有1800万客户，累计为国家上缴30亿元利税，提供40万就业岗位的持续健康发展的现代大型企业。“泰康速度”是中国保险业快速发展的缩影，它不仅印证了一家民族保险企业的成长壮大，也印证了改革开放创造的“中国速度”和中国奇迹。

成立至今12年来，泰康人寿始终坚持专业化、规范化、国际化的发展战略；奉行快速发展不失稳健，稳健经营不乏创新的经营方略；严守不诋毁同业，不误导客户，诚信经营的经营“天条”；把握业务发展与价值管理平衡，业务发展与风险管理平衡的运营原则。公司的文化理念已经渗透到公司运营的方方面面。公司上下都充分认识到，品牌和服务是寿险业的生命线，财务稳健、信守承诺，打造百年老店，是赢得未来强大竞争力的关键。

在文化建设方面，2005年泰康人寿就提出建设执行文化、绩效文化、诚信文化、风险文化。随着公司的发展，四大文化建设又被赋予了更深更丰富的内涵。

执行文化的关键是战略与运营的结合。首先表现在公司战略思想、价值观清晰坚定；其次是战略思想经过反复酝酿形成管理层的统一决策；第三是公司运营要与公司战略接轨，要成为公司最高战略的具体体现。

绩效文化就是效率文化。绩效文化的关键是建立指标简洁、导向明确的KPI考核体系，KPI管理常态化，通过公正透明的激励机制和淘汰机制，营造为公司创造价值的绩效文化。

诚信文化和风险文化是密不可分的整体。诚信文化是风险文化的“软环境”，是防范风险的基础和前提。诚信以契约精神为根本，是市场经济之母，更是金融企业必须坚守的信条。风险文化则是企业的“纠偏”机制。在全球金融海啸引发金融危机的大背景下，风险文化的建设和完善，更是被泰康提到重要位置。从宏观的战略高度，到中观的资金配置和产品设计，再到微观的销售行为，泰康人寿已经形成了三层次风险管理框架，对偿付能力风险、资产负债匹配风险和业务经营风险进行全方位的监控和管理；建立了以运营中心为核心的品质管理体系，将风险管理指标纳入到KPI考核中。

在公司治理方面，以“股东价值最大化”为核心，建立国际化的公司治理结构。

泰康人寿以海外募股为契机，股权结构进一步分散，董事会结构更加完备，业内首家引进独立董事，强化了董事会的专业化管理能力和决策能力；经营管理机构的设置更加科学，形成了以首席执行官为核心的专家型管理团队，建立了自上而下的授权授信体系。泰康人寿并非上市公司，但是公司治理结构完全比照上市公司来构建。

鉴于寿险经营的长期性，泰康人寿早在2000年就在中资寿险公司中首家引入了内含价值体系，建立了内含价值评估系统，开始用其计算内含价值，使之成为衡量公司经营结果和内部管理的重要指标。内含价值管理使得公司的管理层与股东的利益最大化真正关联起来；内含价值管理考虑了资本成本的概念，在资本金有限的情况下，可以指导公司把有限的资本投入到最能增加公司价值的产品或业务线；内含价值增值从股东的角度重新定义了利润，使得管理层更接近于股东的环境，使得管理者像企业的所有者一样思考与决策。泰康人寿内含价值最近五年连续大幅度增长，特别是2007年达到99.8%的同比增长，表明公司真实的实力在增强，得到了股东的认可。

（陈东升）

北京青年报

■2010年12月21日

陈东升 十年计划招聘一万俊才

陈东升：十年计划招聘一万俊才

12月13日，泰康人寿董事长陈东升亲自率队，在北大百年纪念讲堂举行了泰康人寿规模最大的校园招聘宣讲会。这次招聘宣讲会同时还是泰康人寿未来十年人才储备计划的启动会。陈东升在现场表示，“打造丰富、一流的人力资源大公司是泰康人寿未来的战略目标之一。从今年起，泰康人寿将持续每年在全国范围内招聘1000名左右的优秀应届大学毕业生，为泰康人寿未来十年发展储备和培养人才。”

“站到一万米高空看这个世界”

据介绍，泰康人寿2011年度校园招聘涵盖总公司、分公司、泰康资产管理公司、泰康养老金公司及泰康不动产业务，涉及保险、投资、IT、市场、销售等近100个岗位，岗位分布从总公司、子公司到全国地方分支机构，总需求人数将超过1000人。

“要站到一万米的高空看这个世界，身处到一百年的时空观察这个世界，这样才能有远见与坚持。”陈东升又说，“一个企业的成长，三年决定生死，五年打下基础，八年站稳脚跟，十年小有品牌，20年才能成长为参天大树”。十年人才储备计划，每年招聘1000名优秀应届大学毕业生，泰康的“十年计划”正是基于远见，以及对未来趋势的判断。

陈东升相信，中国经济一定还有10~15年的快速增长。“未来中国东部将向发达经济转型，而中西部将继续城市化、工业化，这两部经济发展的引擎，还会持续拉动中国经济未来10~15年的发展。很多人想中国会不会出现日本的问题，会不会像日本的经济停滞不前？我相信，中国经济一定还有10~15年的增长，东部服务业转型，中产阶级的崛起，城乡一体化还会有10年。”陈东升表示，中国的经济发展极其不平衡，城市和乡村的差别很大，而其中就会有巨大的增长空间。

保险行业创新将走在世界前列

陈东升看好中国经济，更看好中国保险行业发展。他预言未来5~10年中国保险行业创新将走在世界前列。陈东升解释说，在多元行销方面，中国保险行业具有巨大的创新空间。新科技手段、新营销模式的运用，将成为传统保险营销模式的有益补充，甚至成为新的业务增长点。

陈东升率领的泰康团队还准备在养老社区这一新的领域大展身手。“养老社区的创新理念来自寿险对生命的尊重和‘从摇篮到天堂’的服务周期，我们构思养老社区已经四年，把生、老、病、死的寿险经营周期贯穿在一起，将会对泰康内部的经营机制产生影响。中国已经步入老龄化社会，养老社区将是中产家庭的全新养老方式。”

服务型企业也要“低碳”

西装领带，几乎成为保险公司的标志，然而，陈东升却号召自己的员工，在炎炎夏日“不穿西装不打领带”，以此降低能耗。陈东升表示，服务型的企业要“低碳”，最简单的事情，就是不穿西装。泰康设计了工作便装，从今年开始，员工都穿工作便装上班。

陈东升表示，经济增长方式和生活方式的转变过程可能会是潜移默化的转变过程，不是一天的事情。“我们现在在昌平建立了后援中心，是面向21世纪的建筑，专门请了德国的建筑事务所，未来的供水、照明基本上是太阳能，还有建筑顶上到处是绿色。”

陈东升如何解读自己的人生轨迹？他举了两个例子来解释自己的价值观。“大概在1992年的时候，我还没有创办企业，来深圳这里找过一个同学。他做股票投资当时已有了两千多万的身家，可能相当于现在的两个亿。我觉得他虽然有钱，可是没有事业，他对社会没有贡献，没有影响。我当时还认识一位在深圳办工厂的企业家，他从湖北天门老家带来了两百多号人，可谓浩浩荡荡！他虽然没有我那位搞股票的同学钱多，可是他对社会的贡献更大。”

历经14年发展，陈东升率领的泰康人寿已成功迈入中国大型保险金融服务集团，连续多年保持盈利，截至2009年已累计为国家解决近30余万人就业。

“服务型的企业要‘低碳’，最简单的事情，就是不穿西装。”

印象“艺术家教会我经商”

在北京金融街泰康人寿大厦宽敞的会议厅里，放着一张来自圆明园的紫檀木皇家条案，“当时我拍到的价格是3200万元人民币，今年春季索斯比一张龙椅拍卖了8000万元，这个条案目前的价格肯定超过龙椅”。在艺术品的价值方面，陈东升无疑具有公认的发言权。陈东升于1993年创办中国第一家具有国际概念的拍卖行——中国嘉德国际拍卖有限公司，并担任董事长兼总经理。1996年，陈东升离开嘉德，创办泰康人寿任董事长兼首席执行官至今。谈到这两次创业，陈东升总结，“我过去哪里懂商业，是艺术家教给我商业”。

“上世纪80年代末，像我们很关心时事的，每天看《新闻联播》，就等着最后五分钟的国际新闻。有个新闻我都能背出来——‘昨天，伦敦索斯比拍卖行，梵高的《向日葵》创了天价，最终价格4356万英镑，据说买家来自于日本。’当时的电视画面上是一个50岁开外的拍卖师，下面坐着的都是雍容华贵的有钱人。我就觉得神秘、高贵、刺激。我当时想，要是做这样一个拍卖行，如果做成了，我就是中国最大的古董拍卖交易商……”这就是陈东升创办嘉德的初衷。

而陈东升的另一个重要“作品”——泰康人寿，历经14年的发展也已成功迈入中国大型保险金融服务集团，连续多年保持盈利。明年是泰康成立的第15个年头，而陈东升的理想是，“山外有山，我想再有15年时间，把泰康做成全球十大保险公司”。

（记者 樊大彧）

M偶 像

Man of tide

在无数媒体眼里，陈东升或儒雅博学，或潇洒倜傥，或激情四射……他的魅力为泰康人寿的品牌加了不少分，而泰康的30万代理人更是发自内心地将他视为自己的偶像。

经济导刊

■1997年3月

金融世界

从学者到保险公司董事长

——访泰康人寿保险公司董事长陈东升

□ 本刊记者

■ **点评：**

从学者到商人，从创办嘉德国际拍卖到组建泰康人寿，一路上陈东升的角色在变，但他充满理想主义的气质却从未改变。

从学者到保险公司董事长

——访泰康人寿保险公司董事长陈东升

陈东升，一位毕业于武汉大学的经济学博士，曾在经济学杂志《管理世界》担任副主编。他温文尔雅的外表给人留下的印象是那么强烈，使你从中能读出当今世界的企业家流行的“型”。陈东升在事业上常常有惊人之举，从编辑出版一步跨到了嘉德拍卖，成功之后又转向国内第一家股份制人寿保险公司的创建，这么大的跨度，是一般人难以应付的，而他却游刃有余。有什么魔力使他介入哪个领域就能在短期内都取得斐然的成绩呢？

当我们提出问题时，陈东升却陷入了沉思，他用非常深沉的语调对我们坦言：“是的，我这几年做的事业跨度很大，但做起来并非像别人感觉的那么轻松，内心的压力是外人不能想象的。而每做一次选择，就体验一次生命的冲动。人的一生特别有冲动的心气只有一两次，那种身心力量的消耗，想起来是后怕的事情。但当时却犹如运动员会集中在一个点上爆发一样，那种对理想的追求，对成功的憧憬，同时，日日夜夜的压力，这种体验很难让我说清。恐怕做任何企业都是一样，都要经历这样一个过程，要有心理准备，要经历得了磨难。不经风雨，见不着彩虹！”陈东升的回忆让我们看到了一种刚毅、一种理性、一种对事业的执着追求。

陈东升认为，中国很多行业都是没人干过的，没有什么专家，你怕什么，谁先去尝试，谁将成为行家。好比你用市场经济运作的雷达去搜寻，一定会发现不少盲区或空白，你先去抢占了，赢家就可能是捷足先登的你。市场给你多样的选择同时也带给你风险，而往往敢于承担风险的人就是取得厚利的人。

陈东升在嘉德拍卖上可说是风头抢尽，一时间美国《华盛顿邮报》、《福布斯》、《纽约时报》、英国《伦敦金融时报》等报刊纷纷采访，国外一家电视台在《亚洲精英》栏目中第一次介绍中国人就选择了“嘉德”和陈东升。日本NHK电台和中央电视台的《东方之子》栏目对他和嘉德拍卖成功的报道、采访热络得很。

不过，我们的着眼点不仅仅是陈东升从学者转变为企业家的成长道路。保险业在新中国是一个年轻的行业，作为保险业的一员，人寿保险更像刚刚诞生的婴儿，而一家民营寿险公司如何在竞争中生存是很有意义的事情。

陈东升告诉我们，他筹建保险公司的设想始于1992年底。几十年的计划经济，使我国的保险业非常落后，老百姓没有保险观念，在老百姓中普及保险知识做得实在很差，整个保险特别是人寿保险，在中国可以说是空白。人们对保险的概念是很传统的，而在现代社会恰恰保险业已经成为资本市场中相当重要的组成部分，可以与银行、信托分半壁江山。

陈东升说：“从我个人来讲，对保险的理解和学习，也是刚开始，因为干企业很现实，我们所关注的问题，有些是理论上的，有些是实际的，有些还没有发展到那一步。”的确，很多人不大了解保险业的运作，而保险公司又应如何做好这种综合性的金融业务，同样是摆在接轨中的金融业者面前的课题。比如现在国外许多保险公司在进入现代金融市场之后，不光投资于一些安全的类似国债的金融工具，已开始向不够安全的汇率、期权等金融衍生工具操作的方向迈进。这样一些国际上已经运用的手法，一方面由于新兴的金融衍生工具的操作失误使投保人很容易受到伤害，另一方面作为尽量想办法使资产增值、避开风险的运作，本身要努力顺应现代经济的要求。中国面对一个开放的世界，必须迎接严峻的挑战，不能完全回避学会操作金融衍生工具。在这种情况下，泰康作为一家人寿保险公司，怎样才能做到降低自身所消耗的成本，怎样保证投保人资产的安全性，避免误操作，怎样才能与国有大保险公司和已经进入中国市场的国外大保险公司竞争，推销保单吸收新的资金来源，都是人们非常关注的问题。

问及泰康人寿的发展目标，陈东升告诉我们，泰康人寿在业务拓展上以“团体业务争规模，个体行销造声势，资金运用创效益”为发展战略。到2000年，泰康人寿在国内寿险市场保费收入要达40亿元左右。

陈东升认为，社会经济一定程度的发展必然会推动保险业的迅速发展，为此泰康人寿定会逐步专业化、规范化、国际化，公司的远景目标是达到一家国际标准的寿险公司。目前公司关注的是对市场的调查研究：一是国际上的横向比较，一个是市场潜力有多大，每个阶层对保险的需求、看法究竟是什么。陈东升介绍，在西方社会，保险、信托、基金的发展方向，投资的工具的确不像以前那样单一了。基金的分配方式已出现多元化，1/5做直接投资，1/5做房地产，1/5做银行，1/5做期货等。就保险公司而言，可以用保单抵押做贷款，国际惯例的规定是保险公司控股不能超过20%。房地产做得最多，特别是亚洲，人寿保险长期项目投资多数投在房地产。最安全的还是去银行买国债，另外就是投资期货和证券。

为什么要把保险业与社会保障的概念划清？陈东升认为，保险是一种风险产业，保险的核心就是对风险的控制。国外大的保险公司起码有100年历史，有100年的经历积累，积累最核心的内容就是风险性，核保理赔。核保又是最核心的，是专门的技术，控制风险。而作为人寿保险恰恰是其中最复杂的，需要把所有的职业按风险程度排列，风险越高的职业，保险费率就越高，这只是对职业的研究，还有是对医学、人的身体、病状的透彻研究。

人寿保险可以说是投资一个长期的项目，相当于“零存整取”。交款20年再返还，保险比银行的利率要高，保险公司把钱拿去再投资，利差就是主要来源。因此，投资的运用很重要，风险控制和合理成本是一样的，风险越大、赔付越多。

“成本”概念也是人寿保险公司最核心的概念，而成本的花费是否有效率，依靠的是“精算”。当人寿保险公司设计保险品种时，要考虑到一个保险品种卖出来一般要卖几十年。做这个工作的精算师主要是学习数量统计，然后再学习成本控制和会计，是非常专业化的专家。现有两个体系资格在国际上是公认的，一个是北美，一个是英国。培养一个精算师要八年时间，目前中国还没有合格的精算师，有些准精算师，从准精算师到精算师还要5~8年时间。决定成本的控制基本是由精算师来进行核算，对保险费率、利率、通货膨胀、对生命者等核算，保险的原理大同小异，只是包装不同，组合不同，侧重点不同。保险公司成本控制和利润控制来自于大数定律，它决定了保险公司用大家的钱来理赔。人寿保险公司的精算的物质基础是计算机，将来力争要达到千万张保单，遍布全国各地，采用电子信息化网络；还有一个费用是培训人才，人寿保险是靠单兵作战，上门推销，人的专业、服务意识的培训当然是非常重要的了。

对于未来，陈东升已有明确的目标和规划，“做企业还是要有理想主义，我只要做董事长，就要做一个国际概念的企业，作为中国人应该争口气，这就是我十年来的一种强烈的憧憬”。

上海證券報

■2001年2月18日

■ **点评：**

陈东升习惯在交流中回避“第一”，但他却擅长在行动上创造“第一”。在那国内金融业墨守成规的年代，陈东升又一次大胆地走在了行业前面——成为中国金融业第一位CEO。

陈东升 中国金融业第一位CEO

纹丝不乱的头发、充满微笑的眼神、一身倜傥的穿着以及名片上印的CEO，让人仍难以想象面前的人竟然是有“中国的索斯比”之称的中国嘉德国际拍卖公司及中国保监会委以最高入市比例的泰康人寿保险公司的创始人。

为了报纸上的一句话 有了“中国的索斯比”

“我在做《管理世界》杂志时，首创了‘中国500家最大企业’评价，当时在企业界颇具影响，也使我了解了不少中外企业，令我有建立一家未来跨国企业的梦想。”

梦想要变为现实，从哪里做起？1992年，报纸上的一句话使他有了灵感：“中国是一个五千年的文明古国，还没有自己的拍卖行。中国呼唤中国的‘索斯比’（国际顶级拍卖行）。”于是，他决定创建中国的“索斯比”。

陈东升通过搞股份公司，一下子筹集到了2000万元的资金，办起了中国第一家具有国际概念的拍卖公司——中国嘉德国际拍卖股份有限公司。而他天生企业家的智慧和灵气，又使他在一年多的时间里，将一家新入行的公司办成了一家拍卖品齐全、拍卖业绩卓越，在国内外享有较高声誉的拍卖行。

拥有了如此成功的一家企业，为何会想到涉足风马牛不相及的保险业呢？

为了一本书 办起了泰康人寿

其实搞保险业的念头，早在创办嘉德之前就有。“1990年，我随中国青年代表团到日本访问。在东京，我发现最高的大楼都是属于日本几家最大的保险公司的。我想，保险公司原来是可以做成企业巨擘的。”陈东升还发现，在欧美以及日本等国家，保险公司的保费收入是国民经济，特别是证券市场中长期投资资金的重要来源。在《财富》评出的500强中，有不少保险公司。一个天生企业家的嗅觉，使陈东升对这个行业发生了浓厚的兴趣。

“1992年创办嘉德时，我就开始利用周末时间筹备保险公司了。我买了许多保险书籍，所有能买到的保险书籍都看，看了书之后，对于未来将要建立的保险公司有了一个初步的轮廓。”

似乎，他要涉足哪个领域，哪个领域就会引起一场“地震”。办嘉德是这样，办泰康人寿也不例外。1996年的“泰康旋风”，至今业内还常有人提起。先是招聘要求高，保险代理人必须是正规院校大专以上文化水平。接着是高薪聘请台湾顾问团进行营销业务指导。泰康人的专业水准和高雅仪表，使当时的人们对保险代理人的印象有了巨大改变。

在保险业，他也有他的目标：美国的西北保险公司。它是一个完全本土化的公司，在全美盈利占第一名，效益是顶尖的，信誉也是最佳的，而且专做白领阶层人士的保险服务。于是“国际化、专业化、规范化”成为公司的座右铭。于是，泰康获得了第一家AA级保险公司的评级。于是，他用海外上市的程序来进行对外资的增资扩股工作，并且聘请国际一流中介机构做财务顾问、法律顾问、审计师、资产评估师，使完成增资扩股后的公司在扩大规模的同时，在专业化、国际化上朝跨国公司的梦想迈进了一大步。

在交谈中，他常常回避“第一”这个词，而他却是擅长创造“第一”的人。他的拍卖公司是国内第一个具有国际概念的艺术品拍卖公司，他的保险公司第一个获得AA评级、是新寿险公司中第一家设立分支机构的。而令媒体颇感兴趣的，则是有关他本人的一个第一：金融业第一位CEO。对此，他却一直保持低调。

为了用世界的语言交流 他成了中国金融业第一位CEO

“不了解的人认为你是炒作，实际上我们是为了自身未来发展建立了这样的机制。”

1998年政府有关部门同意泰康人寿引入外资。在长达一年的增资扩股过程中，陈东升最后决定引入国际通行的CEO制度。因为外资股东到公司考察，不找董事长，他们要找CEO。而此时，只有海尔的张瑞敏为了与国际接轨，当上了中国除网络业以外第一位CEO。一向保守的国内金融业还没有哪家老总敢称自己为CEO，一个入行时间如此之短，市场份额还很小的保险公司老总想做中国金融业第一个CEO，面临的压力可想而知。

但是，陈东升的个性从来不会静等别人做了再去做。他坦言，我们加入世界贸易组织，是为了追赶世界经济逐步一体化的浪潮，不适应发展的历史潮流，你就会被淘汰。对国际化的理解就是你和它交朋友，懂得它的语言。而所谓的“语言”一是讲信誉，二是了解国际上通行的商业制度、法律制度。比如CEO制度，世界500强企业几乎都设了CEO制度。中国也完全可以借鉴这种制度。

在这方面，他说他既是公司的头号推销员，也是企业的船长。

为了打造不沉的舰队 他拥有自己的管理理念

“我认为一条船往哪儿开，关键在船长。他决定着船的方向。但是这个船开得快不快，内部的保养好不好，是不是可以开10年、20年，是公司所有员工的事情。”

作为一名成功的企业家，陈东升认为他的秘诀是，从来不相信个人的魅力可以左右企业的成长。他认为，有时，企业的战略和方向，老板决定60%，团队决定40%。只有最后一瞬间的决策才100%是老板的。但在企业的经营中，老板只占20%，员工占80%。做老板的要清楚自己的位置。

他说，唯有创新，才能形成垄断利润，而创新就是率先模仿。把世界上最好的东西照葫芦画瓢模仿。在模仿过程中形成免疫能力或者说抗体，在建立抗体过程中形成自己的中国特色。

“其实未来评价企业成功与否非常简单：一是成本是否控制得好；二是是否能识人才，留人才；三是是否能获得创新的垄断利润；四是是否拥有扁平、开放的组织结构；五是财务预算系统是否严密；六是信息化程度是否高。每项指标都要做到行业领先，那么你就是最优秀的企业。”

这就是他向往打造20年后国际知名跨国公司的基石。

（记者 王晓峰）

北京青年周刊

■1998年9月1日

周刊人物

开创我们的时代

——访泰康人寿保险股份有限公司董事长陈东升

我们的时代到来了

开创我们的时代

——访泰康人寿保险股份有限公司董事长陈东升

采访泰康人寿，起因是那一天为去灾区采访的同事送行，在一番细细叮咛后，一向以勇猛著称的同事突然冒出一句：“我们有保险吗？”大家一愣，忽然想起她刚刚新婚不足一月。就在同事拎着老公跑了四处地方才买到的救生衣走上飞机后，我听说泰康人寿为赴抗洪一线采访的首都记者们每人提供了20万保额的意外伤害保险。我于是想去看看，这么一家有人情味的公司是什么样子，能做出这么有人情味的决定的又是什么人。

我们的时代到来了

在见到陈东升之前，我写了满满一页采访提纲，考虑到他所处的地位，大部分问题是关于“泰康”的。见面之后才发现，我错了。与中国很大一部分企业家不同，陈东升并不是因为被放置在某个特定的企业才被称之为“家”的，他本身就是一个独立的个体。在他身上折射的也绝不仅仅是一个企业，而是中国整整一批人的过去、现在和未来，这批人曾经有一个特别的称号——儒商。

记者：您是经济学博士，曾长期从事国家宏观经济工作，后来创建嘉德拍卖，再组建了“泰康”，可以谈谈您的“下海”经历吗？

陈东升：北京有一大批我这样的人。我们“下海”有三个优势。第一，受过高等教育。第二，长期在国家高层管理部门工作，说国家培养了我们是句大实话。第三，从事过宏观经济研究，和别人相比经验更多、眼界更开阔。我曾经把“下海”分为南方模式和北方模式，机关、研究部门人员“下海”是北方模式。南方“下海”是圈地风格，什么挣钱做什么。北方“下海”总保留一种理想主义的色彩，喜欢开拓一个行业。我的一个师兄做期货，带动了整个行业的理论研究与发展。在我做“嘉德”之前也有拍卖公司，但只是一种典当生意。是“嘉德”引发了中国对艺术的关注，使拍卖形成了产业，并引进国际专业的运作理念和文化，成为拍卖公司的示范和榜样。

“下海”也不是那么容易的。80年代初，挣钱靠胆子。最早“下海”的是一般社会不太重视的人，他们被生活所迫不得已大着胆子“下海”，结果发了。但他们不是社会的先进阶层。80年代末，挣钱靠路子。双轨制使一部分有某种特权的人，以及能够利用社会关系的人发了财。到90年代，挣钱靠脑子。经济改革越来越深入，市场趋于完善，竞争成为主体。企业的生存发展，真正要靠知识、靠管理、靠服务。

1992年，我去深圳开证券公司会议，印象最深的是，来开会的大老板们很多不过是偏远山区医专、师专的毕业生，为了摆脱旧的生存环境到深圳淘金，一下子发了。我当时感觉中国的企业太需要管理人才。

1993年，我就下海办了“嘉德”。

幸福是成功后的副产品

陈东升说末一句话时语调不高，却有排山倒海的气势，让我一下子屏住了气。后来他说：“你们可能觉得我狂妄。其实，是那种对成功的极度渴望与自信，迎面把我撞了个跟头。”我没有也没能开口，这时候的陈东升与其说是在接受我的访问，不如说是在探索自己的内心。

陈东升：说到做事业，毛主席那一代人才真正具有做一个事业的品格与意志。他们是世界上最伟大的理想主义者，为了理想随时会坐牢、杀头。我的理想是建设一个未来具有国际竞争能力的一流企业。根本用不着担心皮肉之苦，唯一的代价是精神压力，遇到困难时咬紧牙关。但我不怕困难。

前几天看一本书上为幸福下定义。什么是幸福？幸福是人们付出或战胜困难成功后的副产品。说得太好了！人是精神动物，身体上的欲望很容易满足，然后就会觉得无聊，只有精神上的满足才是长久的。

如果把在机关比作爬梯子，不管你有没有能力，上边人不动你就动不了。那么做企业就是搭舞台，庸才搭草台、人才搭木台、帅才能搭起一片任人驰骋的天地。人在企业里可以施展全部才华。当然做企业会遇到很多困难，而且无论是谁，遇到过困难也会痛苦，也会彷徨。但是当困难解决后，你会感到无比的幸福。

记者：那么您遇到过困难吗？

陈东升：初做“嘉德”的时候，公司定位为高品位，所以在长城饭店办公。那时候长城饭店一间房一天85美金，一开就是五间。而拍卖一年就只有两次，到底会不会成功谁也不知道，到现在我还清楚地记得，1993年3月12日开房，5月18日公司开张，直到1994年3月27日第一次拍卖，整整一年没有收成，每天眼睁睁看着400多美金的房费往外流，还不算工资和其他开销。那种压力，我都不知道怎么挺过来的。直到拍卖成功后，员工才敢对我说，整整一年没有见过我的笑脸。那不是人在冒冷汗，是心在冒冷汗。办“泰康”困难更多。市场在不断变化，做企业就是不断变化、不断抗争、不断开拓的过程，这非常痛苦，但成功后被社会承认，又非常幸福。

十年磨一剑

陈东升不太愿意谈泰康，他认为泰康成立不过两年时间，规模还不够大、效益还不够好，没有什么好谈。我却从侧面了解到，泰康是一家由16家股东投资组建，注册资本6亿元人民币的实力企业，截至1997年底，公司总资产达13.71亿元。目前公司近千名业务代表中，大专学历占91%。1996年12月，在全国保险代理人资格考试中，泰康代表及格率为95.6%，名列北京市寿险行业第一。它不是北京寿险业里做得最好的，但从来没有投诉，是北京唯一的一家。泰康现在或许不十分辉煌，却扎扎实实。

记者：您认为无须多谈泰康的现在，那能不能谈谈泰康的将来？

陈东升：我们要用十年的磨砺，把泰康做成一个专业化的好的保险公司，这需要真正的付出。在保险业，抓住历史机遇，占住先机的是平安。如今平安已有十年历史，是保险业的先锋派、领头羊。但是用十年，泰康将成为保险业最专业化、服务最好的公司。我们不求最大，只求最好，逐步向“专业化、规范化、国际化”迈进。有人说我这是阿Q精神，但是我不管，我的永远是我的，只有长距离的竞争才能真正看到优势。

中国的寿险是朝阳产业。首先市场巨大，其次在这次调整后，经济将从粗放转向精细。美国人消费中，汽车、住房、保险占50%。中国如果也靠近这个标准，国民经济要翻几倍。人民消费方式逐步向信用消费转化，也会造成保险市场需求增长。保险业作为金融机构会产生巨大作用，前途非常光明，但是我们现在还需要扎扎实实做起。

采访自始至终，陈东升都十分兴奋，他说是因为刚刚看过一篇采访联想总裁柳传志的文章，“写得太好了，特别是关于产权的问题，看来中国有这样一批人想到一起了！中国人里有没有企业家？王庆永是，柳传志也是。企业家应该是一种文化、一种精神”。说这话的时候，他眼睛望的不是我，而是某个高处。

陈东升评价自己是个典型的知识分子，思想活跃，行为胆小。他的雇员说他观念开放，作风稳健。我要说，他是浪漫主义与现实主义的完美结合。

（记者 乔颖）

陈东升
中国是最大的财富聚集地

21世纪经济报道

陈东升
中国是
最大的财富聚集地
□本报记者 王虎 北京报道

■2001年5月7日

陈东升风流蕴藉，恬淡儒雅。如果不是在国际金融大厦11层的小会客室初次谋面，很难让人相信这个学者模样的人居然肩负20亿人民币的价值。从学者到商人，从创办嘉德国际拍卖有限公司到最终建立中国泰康人寿保险股份有限公司，前后十余载，他完成了多重角色的转换。但是很早以前，他就已洞察到了中国乃至世界的财富之源、财富之道和财富的归宿。谈到他即将出席的香港财富论坛，他的眼睛一亮，一下子激起了极大的兴趣。

“我坚信21世纪世界最大的财富聚集地在中国。”陈东升的语气不容置疑，“过去人们常说，世界看亚太，亚太看中国。经过亚洲金融危机后，我仍然坚持这样的观点，但观察的角度和思路不一样了”。

这个判断应该是经过长期深思熟虑的结果。陈东升的出身是非常理性的经济学博士，酷爱读书，长于思辨。1988~1993年的五年间，他一直在国务院发展研究中心《管理世界》任常务副总编，开创一代学术风气之先。但不同于一般埋首于故纸堆的学者，他始终在寻找更多现实的商业发展机会。1993年他力排众议，创办中国嘉德国际拍卖有限公司，以此为契机，陈东升的事业像坐上了火箭，一发而不可收。1996年，在嘉德发展步入佳境之际，基于对中国保险市场开放与发展的良好预期，陈东升又创建了泰康人寿保险股份有限公司，并一直出任董事长兼CEO。经过五年的运作和去年的海外募股，泰康已经成长为国内最具实力的新兴保险机构之一。

“任何一个开放的经济体，如果能提供各种机会，就会吸引全球的投资者、冒险家和优秀人才前来淘金。显然，它带来了人的活跃、资本的活跃、企业的活跃和创新精神的活跃，共同推动市场的繁荣和财富创造。”

对中国来说，只要我们能够在较大的经济体中保持较高的增长，哪怕比其他的竞争者高出两个百分点，就意味着比其他竞争者更多的财富创造、聚集机会。历史证明，财富就会流向这个市场。目前中国人均GDP刚刚超过800美元，也就是说刚刚脱贫。但换个角度来看，却意味着巨大的市场潜力和投资机会。陈东升张开双手，慢慢由远及近作了一个“吸引”和“聚集”的手势，财富仿佛触手可及。

“从全球来看，欧盟、北美和日本早已过了全盛期，亚洲是唯一剩下的机会来源，特别是东北亚的发展还远未发挥出来。这其中，外界最看好中国。实际上，近年来中国吸引的外资是东南亚总额的三倍。为什么呢？资本是趋利的，它们在中国发现了最好的机会。”陈东升的一双大手激动地在会议桌上不断划来划去，最终把其他国家和地区都划了出去。

“在这个迅速增长、充满活力的市场中，我相信每一个行业都存在机会。”陈东升以自己当年创办嘉德为例现身说法，“1993年，我从机关出来创办嘉德，很多同学、同僚感到非常困惑：由一个清高的读书人变成一个商人，从求理到逐利，而且偏偏投身于当时还相当冷门的拍卖行业，能有多大作为？然而人们不久就看到，事实上嘉德很快就成为国内艺术品拍卖市场上的龙头。”陈东升不乏得意地告诉记者，在刚刚结束的艺术品春季拍卖会上，嘉德创出历史新高，成交了7000多万，目前已经占到整个市场的50%左右。“做到这么大，我们却只有40个员工。所以不论哪个行业，只要做到行业老大，一样会财源滚滚。”陈东升笑得很开心。

（记者 王虎）

中国企业家

■2002年4月

陈东升 顺风而行

陈东升无疑是那一拨人里面最出色的之一
他做大做强的欲望也许比谁都要强

陈东升 顺风而行

陈东升无疑是那一拨人里面最出色的之一，他做大做强的欲望也许比谁都要强

京城初春的晚风中，陈东升站在泰康人寿大厦11层董事长办公室外面那个巨大的露天平台上，面对着《中国企业家》杂志的摄影镜头。在他背后，是中国人民银行的办公大楼，下面是华灯装点、车流如织的长安街。

他突然又来了联想，不无兴奋地对着镜头这边的记者喊了起来："哈哈！真是太有意思了！一个idea，一个章子，一座楼，都聚在你这一个镜头里！当年正是有了我脑中的一个 idea，然后天天往人民银行跑审批，行长给我一个章子，我今日才能站在这座叫泰康人寿的大楼上！"

和很多中国企业家在镜头面前的紧张与无所适从不一样，泰康人寿董事长兼CEO陈东升在镜头前潇洒自如，巧妙地用各种肢体语言表现他的魅力与风度。

是的，如果不做企业家，如果不做《管理世界》杂志副总编，如果不做外经贸部和国务院发展研究中心的助理研究员，陈东升或许能做一个不错的演员。不仅因为他儒雅的外表，还因为他时不时冒出来的表现欲，以及他对一件事物的想象力和随处可见的灵感。

回头看看陈东升做成的每一件大事，1988年在中国首创五百大评选，1993年创建嘉德拍卖，1996年创立泰康人寿保险，陈东升的成功很大程度上源于他的全球和宏观视野。看看外国有什么，中国没有，就把外国的模式和创意搬到中国来，与中国的体制和资源嫁接。他是一个成功的学习者，也是一个内心骄傲的人。

当年和他差不多同时下海的人，有的现在在家里悔叹当初不该走下海这一步，有的人仍然在原地徘徊，没有大的飞跃，包括和他关系最密切的武大系友，田源和毛振华。陈东升无疑是那一拨人里面最出色的之一，他做大做强的欲望也许比谁都要强。他的商业灵感从他以一个副总编的身份搞中国500大评选的时候就开始了，在创业以来的这十年中，他没有受到任何大的挫折，他在成功地创办了嘉德拍卖的品牌之后，不失时机地投向了一个成长空间和市场影响力更大的行业——寿险。1992年年底，嘉德成立没多久，他就利用业余时间来钻研保险，开始筹办他想象中的寿险公司。他不否认作第二个选择的冲动源自进入经济主流的想法，金融业能让他驾驭更多的资源。不过，他之后也明白了一点，如果他当初一直在嘉德，未尝不会享受到成功的快感，“或许我今天就能收购eBay了！”他半开玩笑地说。

在武汉大学政治经济系读书期间，陈东升就俨然是个学生领袖。从本科到博士一直是他同学的毛振华还记得陈东升在学校组织多学科研究会、知识竞赛的情景。那时候陈东升发起成立了一个“蟾蜍社”，激励自己要抱着癞蛤蟆想吃天鹅肉的志向，或讨论国家大计，或探讨学术。陈东升甚至在宣言里明确表示：“如果我们班将来能出什么大人物的话，就是我们这几个人吧！”毛振华回忆说，在1979年上大学之前，陈东升在湖北天门下面的一个研究所工作过，“有社会经历的人知识面比一般的学生广，而且他有更强烈而明确的理想，知道往哪个方向塑造自己”。

实际上，等陈东升1988年到国务院发展研究中心下面的《管理世界》杂志做副总编，并一手策划了全国最大五百家企业评选活动后，他才明确了一生最终的方向：做企业。在这之前，他一直在外经贸部和国务院发展研究中心作宏观经济研究工作，甚至还参与了最初对关贸总协定的研究工作……

回忆到这里，陈东升不愿意再往下细说。整个采访过程不断被他“这个不许写，那个不能录”的提醒所打断。这个时候，他的潇洒和率性似乎在悄悄地消退，取而代之的是一个内心堆积了许多往事与思考，不断有表达的冲动，然而却不断要注意言行要迎合“身份”、将自己包裹得很紧的人，你会觉得在他盈盈的笑意下是严厉、不可抗拒和不可捉摸，这或许是陈东升在儒雅亲和外表下的另一半真实。

我不禁猜想，他强烈的自我约束有几分是源于金融企业老总的特质，有几分是源于他半官半学、对体制有诸多仰仗的出身背景？——这是个苛求细节和完美的人。

陈东升和他所领导的泰康现在正被很多人，包括他的企业家朋友看好。泰康人寿被视作国内资产质量最好的保险公司之一，经过2000年的增资扩股，公司净资产从8亿元增加到近20亿元。

事业快速上升的势头让陈东升保持着旺盛的斗志，有时他甚至表现得比新出道的后生还“狂”，半开玩笑地声称有一句话对他是适用的，那就是：“人有多大胆，地有多大产”。

至今，陈仍口口声声将全球五百大视为泰康追求的目标之一。但在他身边，中国企业家对500大的理解开始转变，对市值、利润、现金流量这些概念的关注在渐渐瓦解五百大的权威。但是陈东升以温和、淡淡的口气坚持他的梦想：“有人批评我有大的情结，其实他不了解，每个人的环境不一样。”

这仿佛是一个带着宿命意味的回环。陈东升做企业因500大而起，他势必强烈地希望在五百大队伍里印证一种价值。

《中国企业家》： 您在《管理世界》做副总编，搞五百大评选等活动，一切进行得如此顺利，可您出于什么动因没有在那个体系下继续往下走？

陈东升： 我在《管理世界》做五百大的评选改变了我的一生。我认为中国会进入一个经济复兴的时代，创办企业会成为社会价值主流。当时做五百大研究，美国有140多家、日本有110多家，德国第三，英国第四，法国第五，就是说跨国公司的多少，和这个国家国民经济在世界上的地位是成正相关的。所以，我觉得一个国家真正的强势有赖于建立有世界一流竞争能力的企业。后来，我发表了一番看法，我在这里再一字不漏地说一遍：西方近现代三百年的历史是财富创造的历史，财富创造的历史实际上是一个企业创新的历史，企业创新的灵魂是企业家，企业家的灵魂是企业家精神，所以企业家精神是现代社会的灵魂和根基。过去我们中国只知道有伟大的政治家、文学家、军事家，不知道有伟大的企业家，只有再加上伟大的企业家，才是一个完整、成熟的社会的标志。

《中国企业家》： 那就是说在1992年体改委下发那两个“规范意见”的文件之前，您早就有做企业的想法？

陈东升： 那当然！当时所有的报纸对这两份文件都是整版刊登，我一看，兴奋万分！时机成熟了！我那时有句名言：用计划经济的余威，抢占市场经济的滩头。在中国做企业，做纯粹的传统国有企业，永远长不大；全面信奉市场，没有政府资源又做不成；只有以市场经济为主，以中国国情的某些特殊条件为辅，才能成功。现在十年过去了，我这句名言也不讲了。

这两份文件对中国来说是划时代、里程碑式的。股份制和有限责任制是在马克思时代就出现在西方的企业制度，几百年后，它终于在中国合法化了。产权清晰、真正的股份制企业，是从这两个文件开始的，现代企业治理结构和运营机制，也是以这两个文件为基础的。但是很奇怪，很多人对这两份文件的感情不深。我当时做嘉德的企业章程、可行性报告、公司发起人合同，都是抄那两份文件的，在单位照着《人民日报》抄，回家对着《经济日报》抄，把报纸都摩挲得起毛了。

《中国企业家》：怎么会想到做拍卖生意呢？

陈东升：有一次我和董老师、毛振华等人到武汉出差，聊如果做企业的话能做什么。那时我最想办的是工业博物馆。我们当时选择的就是外国有什么，中国没有，就可以做起来。我们当时就想好了，几个人做不同的事。我模仿的起点是很高的。从前老是在《新闻联播》最后一条看见类似的消息：谁谁在伦敦索斯比拍卖行买了一幅梵高的名画。然后电视画面上是一位50岁左右的长者，站在拍卖台上，“啪”地敲一下锤子。我就知道我要做中国的索斯比。我想，中国也有五千年的文化，有丰富的文化遗产，这个一定能做起来。这也是我的一个观点，我认为在现在的中国，最好的创新就是模仿。

《中国企业家》：当时那两份文件刚刚出台，嘉德的筹建很困难吗？

陈东升：光有主意还不行，你还要有筹集资本的能力，人家要相信你，所以你这个人也要有点名气，不能有劣迹。我搞500大评选，搞40年工业展览，认识了一大批企业家，这些老板相信我，所以我去找他们，他们就投资了。我在一个星期里面就募齐了2000万元，主要就是靠过去的人脉关系。因为拍卖行要文化部批，就又找了文化部下面的一家单位，对它说“你不出钱，你帮我们申请，我们给你股份”。这样，文化部才能以上下级的名义受理我们的申请报告，同意成立中国国际文化珍品拍卖有限公司，后来改名叫中国嘉德国际拍卖有限公司。

《中国企业家》：讲讲这个中国索斯比的第一笔生意吧！

陈东升：一讲嘉德那真是一部书！我拉了2000万人民币，觉得自己是大老板了，又觉得公司是中国字头的，一定要租个好的地方，于是稀里糊涂就到长城饭店去租了四间房。现在说起来都是笑话，不知道拍卖的那些东西怎么来的，不知道怎么拍，就知道索斯比，就知道卖完后向双方各收10%佣金，剩下的都不知道了，我们就像进入这个行当的农民，每天在长城饭店租房的美金白花花地流。1993年5月18日正式开张，到1994年3月27日才正式拍卖，整整一年，嘉德颗粒无收，每天要付房租、工资、差旅费。我这个从未下过海的人，压力大到什么程度啊？——现在人们讲，一想到失败时冒一身冷汗。错了，我当时是心在冒冷汗，胸疼、紧张，我的家人和员工都受了很多难。后来他们告诉我，如果每天上班进来看见我在笑，他们也能笑，如果我阴着脸，他们就不敢抬头。因为我自己没本事，就使劲怪员工，好像周扒皮一样，拿着鞭子抽他们："出去干活，出去干活！"当时文物店看待我们就如同洪水猛兽，知道抢饭碗的来了，说我们卖古董是卖老祖宗！企业的前途都变得飘摇起来，花了很多力气去做政府公关。直到后来拍卖法出台，形势才稳定下来。

第一次拍卖，我们就成功了。要感谢很多人，比如我的同学田源、卢建、毛振华等人。其实第一次拍卖品基本一半就被朋友买走了。我们拍了1400万，提走20%的佣金，扣掉一年的房租和工资，还赚了几十万。那天我酬谢朋友，我和我的员工都喝醉了。我永远记得，我就那样在沙发上一动不动地坐了一夜，我的副总喝醉了在我旁边的地上睡了一夜……

我的人生最兴奋的是三件事。一是当爸爸，儿子给爸爸带来很大的想象力，他将来可能是一个流氓，也可能是一个总统；第二是成立嘉德公司；第三就是嘉德拍卖成功。第三件事是最让我兴奋的，因为一年的压抑、紧张全部发泄出来！那一年给我的压力，我永生永世不会忘记，就像农民辛辛苦苦种地，不知道最后老天爷给不给面子，会有什么样的收成。所以给你第一笔生意的人，不是给你一笔生意，而是你的救命恩人！

后来别人问我做了泰康是不是还要做别的，我说不做了，一辈子再不做别的什么了，因为创业就像一个年轻人去冲刺世界冠军，集人生所有的心力和体力去做一件事。

《中国企业家》：既然如此，为什么不继续在拍卖业里经营，又去做保险，创办泰康呢？

陈东升：我觉得那是金融企业，所以有那种冲动。我是在做嘉德时也在做泰康，做得下不来了。从1992年年底筹备泰康，白天在嘉德，休息时间又在忙泰康。其实如果我一直留在嘉德，今天那个eBay也许就被我收购了！（笑）

我的内弟从武大保险系毕业后分到化工进出口总公司保险处。有一天晚上，在我岳母家，他讲化工进出口、粮油进出口等四家筹集一家联合保险公司，做财险，但是人行非银行金融司保险处的领导说，现在国家在鼓励寿险发展，结果他们公司研究了半天说寿险一点都不懂，决定还是做财险。我一听，心里就想，这么好的机会，你们不做，我来做！当晚我一夜睡不着，第二天就到新华书店翻看所有关于保险的书，买回高高的一摞，自己感觉仿佛这个寿险公司已经存在了。当时嘉德还没有成立，我还是《管理世界》副总编，周围的人都觉得我不可能。1992年12月底，我去上海出差，住新锦江宾馆，晚上没事我把我的寿险公司方案拿出来，在注册资本那里，我铆足劲儿写了一个1500万美元，这在我脑子里是个天文数字，而今天呢，我们的净资产是两亿五千万美元！所以我脑子里有一句话，这句话不知对别人对不对？对我是对的，就是人有多大胆，地有多大产！（大笑）

中国证券报

■2002年4月15日

特 写

本报记者 曹海菁

董事长做起推销员

——泰康董事长陈东升要重塑保险信用

记者怎么也不敢相信，刚刚在中央电视台"对话"栏目中畅谈未来保险业发展的泰康人寿保险公司董事长陈东升，摇身一变做起了保险推销员。正巧泰康人寿目前在北京举行新产品发布会，记者赶忙去看个究竟。

见到陈东升，感觉还真是不一样——一改往日打深色领带、着深色西服而给人的那种老练与沉稳，鲜艳的衬衣外面一件乳白色外套，透着一种时尚而又亲和的味道。记者还在惊讶于他这身"新奇"的打扮，陈东升已把他的新名片递了过来，在"陈东升"三个字上面赫然写着"泰康人寿首席推销员"的字样。记者这才相信，这位国内有名的保险公司的老总真的要自己卖保险了。好像看出了记者的疑惑，陈东升解释说："不光是我，公司在全国各地的分公司老总现在也都以当地首席推销员的身份面对客户，这样做并不是为了摆样子，目的是通过本次公司新产品的推出，确立保险业全新的市场推广方式，塑造保险业全新的企业形象和品牌精神。"

"那么，上述工作您为什么以一个保险推销员的身份去做呢？"记者问道。陈东升回答说："近年来，社会公众对保险业反应最强烈的就是保险从业人员特别是营销人员的素质问题。许多人都认为保险推销员是那些找不到别的工作，才去干的事。公众这样的看法带给保险业的创伤将是长远的，今天我们整个社会的信誉体系正在建设过程之中，作为一个合格的保险推销员，在具备职业道德的同时，还要掌握各种专业技能，不仅要懂保险，还要懂金融、懂股票、甚至要懂医学，否则你就无法满足客户对你的各种要求。这次我本人及分公司的一把手从保险推销员做起，就是为了扭转部分人对这一职业的偏见与误解，重塑保险信用。""除了身体力行外，您认为还有什么办法来解决目前日益严重的保险信用问题？"记者问道。陈东升说："首先，全社会要形成一个氛围来约束和监督保险推销员的行为；另外就是要把保险代理职业化，比如说对保险推销员的利益机制，就不能像过去那样，每张保单很高的佣金在很短的时间提完，只有长时期都有一个利益在那儿牵制推销员，这样才能保证对客户有一个长期的服务。"

记者了解到，泰康人寿保险公司近期还将在全国推出包括服务门店、服务电话、服务网络及专业诚信的员工队伍在内的四位一体的全方位综合服务项目，而陈东升下一阶段将以"泰康首席推销员"的身份与公司专业宣讲团一道奔赴全国各地进行巡回路演，推广其新产品、新服务与新理念。

■ **点评：**

经常会有人提出疑问："为什么泰康人寿不请代言人？"其实，泰康人寿一直有着最佳代言人——陈东升。他儒雅的气质、深厚的内涵、和蔼的为人、务实的作风、创新的思维就是对泰康人寿形象最好的诠释。

董事长做起推销员

——泰康董事长陈东升要重塑保险信用

记者怎么也不敢相信，刚刚在中央电视台《对话》栏目畅谈未来保险业发展的泰康人寿董事长陈东升，摇身一变做起了保险推销员。

见到陈东升，感觉还真是不一样：一改往日着深色西装时的老练与沉稳，鲜艳的衬衣外面一件乳白色外套，透着一种时尚而又亲和的味道。记者还在惊讶于他这身打扮，陈东升已把新名片递了过来，在"陈东升"三个字上霍然写着"泰康人寿首席推销员"。记者这才相信，这位国内有名的保险公司的老总真的要自己卖保险了。好像看出了记者的疑惑，陈东升解释说："不光是我，公司在全国各地的分公司老总现在也都以当地首席推销员的身份面对客户，这样做并不是为了摆样子，是通过本次新产品的推出，塑造保险业全新的企业形象和品牌精神。"

"您为什么以保险推销员的身份去做呢？"陈东升说，近年来，社会公众对保险业反应最强烈的就是保险从业人员的素质问题。许多人都认为，保险推销员是那些找不到工作才去干的事。公众这样的看法带给保险业的创伤将是长远的，今天我们整个社会的信誉体系正在建设过程中，作为一个合格的保险推销员，在具备职业道德的同时，还要掌握各种专业技能，不仅要懂保险，还要懂金融、股票，甚至要懂医学，否则你就无法满足客户对你的各种要求。这次我本人及分公司一把手从推销员做起，就是为了扭转部分人对这一职业的偏见与误解，重塑保险信用。

“除此，您认为还有什么办法来解决目前日益严重的保险信用问题？”记者问道。陈东升说，首先，全社会要形成一个氛围来约束和监督保险推销员的行为；另外就是要把保险代理职业化，比如对保险推销员的利益机制，就不能像过去那样，每张保单很高的佣金在很短时间提完，只有长时期都有一个利益牵制推销员，这样才能保证对客户有一个长期的服务。

（记者 曹海菁）

互联网周刊
■2004年1月

找"葫芦"的陈东升

历经十余载，陈东升完成了多重角色的转换，而如今在别人眼中已大获成功的他，仍把自己的生活形容为"如履薄冰，如临深渊"

找"葫芦"的陈东升

从学者到商人，从创办嘉德国际拍卖到建立泰康人寿，前后十余载，陈东升完成了多重角色的转换。他曾是非常理性的经济学博士，酷爱读书。1988~1993年，陈一直在国务院发展研究中心《管理世界》任常务副总编，在中国推出世界企业500强评选获得成功的同时，他也始终在寻找更多现实的商业发展机会。1993年，他创办了中国嘉德国际拍卖有限公司。而正当嘉德发展如日中天之际，他又基于对保险市场的良好预期，看好金融业所富有的更大挑战性，于1996年创建了泰康人寿，放弃已经取得的成就，从零开始。

现在，嘉德已成为国内艺术品拍卖市场上的龙头，占国内市场50%左右的份额。而扩张速度惊人的泰康，经过七年的运作和海外募股，也已成为国内最具实力的新兴保险机构之一。

嘉德拍卖的创业历程让陈东升成功地从学者转型为商人，但具体到保险业，1996年的他还只是个没有任何实践经验的学生。为此，陈东升找到了这样一条捷径——把国外保险巨头数百年累积的经验照搬过来。按他的话说，也就是要"找最好的葫芦画最好的瓢"。他经常说："在中国现阶段，最好的创新就是模仿，我们先找世界上最好的葫芦，把它画下来，这之间一定会有不太符合现实和实际的情况，你就会修改，而这个修改的过程就是中国化或者现实化的过程，实际上也就是创新和克服水土不服的过程。”陈东升十分善于总结经验并将其上升为理论——“最好的创新就是率先模仿”，“率先模仿”是后发理论的核心”，这样的名言早已在业内流传开来。

所以，在创办泰康后的5年时间里，陈东升先后走访了21个世界顶尖级的跨国保险金融集团，大到公司架构、营销模式、人才管理，小到公司的装修风格、服务设施，陈东升对这些世界顶级保险公司进行了全方位的模仿，并提出了“左眼看平安、右眼看友邦，两只眼睛看世界”的新口号。自创业以来泰康就一直像一块巨大的海绵，吸纳着重大国内外同行的先进理念和管理手段，泰康人寿的营销体制来自东南亚、中国台湾、中国香港，借鉴国泰、安泰、南山模式，而信息技术、精算、管理、财务和投资等内务方面则向欧美学习，精算师和财务总监是在全球招募的，中文版寿险管理软件则是“克隆”的。

率先模仿让泰康站在了较高的起点，但不断创新才是陈东升所真正追求的。2002年4月，陈东升一举打破保险业“一张保单只能保一人”的传统做法，在全国率先推出“一张保单保全家”的组合式保单系列，两个月即令这项产品的保费收入突破2200万元。

陈东升的梦想是20年后，将泰康人寿塑造成具有国际竞争力的跨国保险企业，并最终成为一个大型金融服务企业。为实现这样的目标，如今的陈东升依然每天忙忙碌碌，奔走于全国各大城市之间，并乐观地把自己的生活形容为——“如履薄冰、如临深渊”。

精品購物指南
■2004年6月14日

陈东升
保险业新偶像

模仿有理

陈东升：保险业新偶像

在众多寿险公司中，泰康的风格有点与众不同——在分享时代发展赋予中国保险业特有的机遇中，总能旗帜鲜明地提出自己的目标和口号，而这些口号细想来又恰恰是这个时代趋势最精确的特点概括。

比如在中国小康社会的战略目标确定之后，泰康立即不失时机地将白领定位为目标客户，这一定位的确带动了泰康业绩的突飞猛进；再向前追溯，泰康在业内第一个提出“创新就是率先模仿”的理论，事实证明，这一理论是带动泰康甚至中国寿险业快速发展并向国际化大跨步的最重要特点之一。

除了伟大变革时代的历史因素外，泰康人寿的诞生，显然是源于陈东升这样一代人中有心者独特敏锐的眼光，而公司的高速增长，则源于陈东升对宏观经济环境准确的把握，以及这样一个朴素的简单判断：“中国能够产生伟大的企业，我认为未来大家最相信的一定会是本土的公司，最大的一定是本土的公司”。

从学者到商人，从创办嘉德拍卖到建立泰康人寿，前后十余载，陈东升完成了多重角色的转换。他曾是理性的经济学博士，酷爱读书，长于思辨；从1988年到1993年的五年间，陈一直在国务院发展研究中心《管理世界》任常务副总编，在此期间他始终在寻找更多现实的商业发展机会；1993年，他创办了中国嘉德；正当嘉德发展如日中天之际，他又于1996年创建了泰康人寿，放弃已经取得的成就，从零开始。而今，泰康被评为国内资产质量最好的保险公司之一。

经历成就思想

不管竞争者们愿不愿意，也不管媒体如何惊异，2003年陈东升的确以行动证明了他不仅是一个保险业内新锐的思想者、鼓动家，还是一个相当扎实的实干者。2003年，泰康分公司数量达到29家，寿险营销队伍发展到超过15万人，当年保费收入突破133亿元，较上年收入增长超过一倍，税前盈利超过一亿元。

这些对于理论上尚处于大投入阶段的泰康人寿来说具有极其重大的意义，在目前保险业大发展的环境下，这样的业绩意味着该公司巨大的现金流增长潜力和不可估量的融资潜力。陈东升和他的公司前景很是光明。

今年46岁的陈东升，在中学时代喜欢研究马克思是如何成为青年黑格尔主义，如何走向社会主义，最后到共产主义的。20世纪七八十年代，当这位从一个湖北小县城出来的中学生走进都市，在大学里一下子进入了一个更广阔的世界。这时，陈东升开始真正接触和吸收西方各种各样他认为有趣和有用的内容，在那个充满矛盾和希望的学习过程中，他第一次感受到了中国和世界的差距。激荡、多彩的大学生活后，他进入外经贸部国际贸易研究所做研究，每天研究大量西方的最新动态，随着接触外界，追踪先进，“师夷长技以制夷”的强国之梦随之根深蒂固地植根于他的脑海中。这些经历对他后来创办企业产生了极大的影响。

放弃头等舱 重吃快餐面

上世纪80年代末期，在国务院研究发展中心《管理世界》杂志社担任副总编的陈东升，一直就喜欢研究《财富》世界500强企业，在一个极偶然的机会，陈东升听说国家将要鼓励发展寿险业。嗅觉敏锐的陈东升察觉到，他的机会来了。

“第二天一大早，我记得很清楚是冬天也是阴天，好像下着毛毛细雨。我就去王府井书店，那时候关于保险的书寥寥无几，只要是跟保险有关我都买回来，好像我已经成为保险专家，好像这保险公司已经存在。”

一个月后，陈东升向中国人民银行递上了专业寿险牌照的申请。泰康，我国夏商时代一个皇帝的年号，是“国泰民康”的意思，陈东升为他的新公司选中了这个名。四年后的1996年8月，泰康终于获准成为《保险法》颁布后的中国第一批股份制保险公司，而此时陈东升掌管的中国嘉德国际拍卖有限公司正如日中天。这是陈东升下海后创办的第一家公司，在业内被誉为中国首家与国际接轨的拍卖行。但陈东升决定，放弃成功，从零开始。

“我在嘉德的时候，出差都可以坐头等舱全世界跑了。在泰康刚开始的时候，我跟大家一样到处去找房子租房子。两点钟还没吃饭，到旁边牛肉面面馆，两块钱吃碗牛肉面，我感觉很好。”

放弃头等舱、重吃快餐面，因为在陈东升眼里，作为一个国家经济命脉的金融业更具挑战性。

成功缘自专业

这个挤进龙虎遍地的保险地盘的新贵，会很坦然地承认泰康是小公司、新公司。虽然小，但从他的“施政”方向上却能看出他的野心勃勃，泰康一开始就提专业化、规范化、国际化，他的眼光直接越过国内保险公司层层叠叠的脑袋，从延请外援做技术、营销顾问到建设高素质队伍，再到塑造以服务和信用为核心的富有亲和力的企业形象，无不体现了格局宏大、气度不凡的长远气象，他要做的就是国际一流的保险公司，在汽车、住房、人寿保险构成的消费“三大件”中抢占市场。

创办企业多年，陈东升最大的收获，就是要做好一个企业，一定要专业化。

陈东升还喜欢向泰康员工讲一句话：稳健是本，创新是源。“稳健不是保守，不是故步自封，是科学，核心是规避风险、规范经营，强调专业化，强调专业化的目的是提高经营管理能力，专注一项事情的时候，容易提高水平。最专业的企业就具备了成为所在行业NO.1的潜质，专业化再加上规范经营，企业就一定会成功。专业和规范这两个词是相辅相成的。”

模仿有理

在业界，陈东升有一句名言：创新就是率先模仿。

尽管怀揣着武汉大学经济学博士的文凭，尽管嘉德拍卖三年的创业历程，已经使他从一个学者成功地转型为了一个商人。但1996年当他站在保险业的大门口，陈东升还只是一个没有任何实践经验的学生。陈东升找到的一条捷径是，把国外保险巨头数百年积累的先进做法先照搬过来。

陈东升说：“很多人把违背规律，按照自己的意志行事标榜为创新，结果是头破血流，这种案例太多了。所以我觉得还不如老老实实地照葫芦画瓢，找最好的葫芦画瓢。”

几年时间里，陈东升先后走访了21个世界顶级的跨国保险金融集团。大到公司架构、营销模式、高级管理人才，小到公司的装修风格、服务设施等等，都被陈东升从国外带了回来。

率先模仿让泰康站在了高的起点上，但是不断创新才是陈东升所真正追求的。2002年4月，陈东升一举打破保险业“一张保单只能保一人”的传统做法，率先在全国推出“一张保单保全家”的组合式保单系列。仅仅两个月的时间，这项产品的保费收入就突破了2200万元。他还曾以泰康“首席推销员、首席形象大使”的形象在公众面前亮相。

（记者 赵冰 殷莉）

中国经济时報

■2004年10月27日

陈东升：无法模仿的事业人生

做事业不做生意

■ **点评：**

陈东升是一个怎样的人？他是企业家，创办了两家业内翘楚的企业；他是理论家，他的“创新就是率先模仿”理论被广为传播；他是思想家，他的“92派”概念总结了一个时代潮流的变迁。陈东升是……

陈东升：无法模仿的事业人生

我是在十年前中国经济时报招聘第一批记者的模拟新闻发布会上第一次见到陈东升的，那是在1994年的八九月份，那时的陈东升是中国嘉德拍卖公司的掌门人，三十出头，意气风发，在几十位记者面前沉稳老练，谈笑自如。十年后再见面，陈东升风采依然，岁月打在他身上的烙印是更多的成熟、自信，却又不失活力与青春。

这种感觉使我把材料中的陈东升印象终于整合起来了。采访前我在网上查到了上千条与陈东升有关的报道，除了他的一句名言“创新就是率先模仿”这个题目相对集中外，其他的报道面相当地宽泛，使我很难做出一个判断：这样一个成功人士到底会是怎样一个人？

陈东升是个干什么就能成什么的人吧。看他的履历，我最先得出的就是这个结论。在把握时代赋予人同样的机遇过程中，他总能干出一番事业。比如：办杂志，他首创中国500家最大企业评价，在企业界影响深远；办企业，他在1993年创办了全国第一家股份制拍卖行、如今已是拍卖行的老大——中国嘉德，之后他又创办了泰康人寿，成为《保险法》颁布后诞生的第一批专业寿险公司，并且这家公司连续三年保持三位数增长，创下多项第一。如今，每天他在中国最黄金地段的长安街边自己公司的办公楼里上班，他是16万员工的老板，拥有360亿元资产，所创建的泰康人寿成为中国最值得信赖的五大寿险公司之一，而他本人屡屡被评为“最具创新精神的企业家”和“最具价值的经理人”、“新经济年度人物”。

他是如何做到这一点的呢？他为什么能够在过去10年这个中国经济迅速发展的时代里始终把握时代脉搏，屹立潮头呢？这个萦绕我心头许久的疑问就成为采访的核心问题。

“人需要有非常精准的方向感。”他说。无论干什么事情，眼光是最重要的，要看到事物发展的方向。品格、志向、知识的积累最后形成个人的判断力。很多人的不成功是因为他没有这种方向感，虽然他也很投入，但是最开始的方向就是错的。

陈东升具有很精准的方向感，他敢于放弃已经获得的成功，把成为行业龙头的嘉德拍卖交给别人打理，从头开始做“在世界500强里有很多的”保险公司。今天回想起筹备泰康时的种种艰辛“心里仍是酸酸的”，但是，与泰康今天的成功和可以预见的光明前景相比，过去的艰辛不过是种调味品罢了。

陈东升是个善于学习而且会学习的人。他的“创新就是率先模仿”的理论被媒体广泛传播。这个理论是说，在现阶段中国与发达国家经济发展水平仍然存在巨大差距的情况下，与其标榜创新不如“老老实实地照葫芦画瓢，找最好的葫芦画瓢”。模仿是为了超越，是为了有一天把这个葫芦打破——争取在学习中找到超越的机会，这是一个企业后发优势理论，像经济学里的其他理论一样可以在实践中得到验证。在嘉德拍卖和泰康人寿这两个陈东升所创办的企业里，人们都能看到这种理论指导的痕迹，而且是成功的验证。

陈东升是个果断的行动者。采访中他告诉我，他的人生最大的格言，就是把毛主席说知识分子的一句话“大事做不来，小事又不做”改成“大事要敢想，小事要一点点做”。有想法的人很多，但真正能付诸行动的有几个？成功的自然就少之又少。在泰康，小到公司电梯间里的一个告示牌也是学习了国际上最好的公司方式，这也算是陈氏理论的又一次实践。

陈东升还应该说是一个学者。武汉大学四年经济学专业的学习和多年外贸部研究所的研究生涯，不仅使他曾把教授作为人生目标，也使他具有了学者的思维能力和学者看问题的深度。在听他对社会、文化进行分析的时候，我甚至怀疑他学过社会学。在读到他对保险的理念——随着中国社会结构的变迁，中产阶级的崛起将给保险业带来巨大商机，保险将成为21世纪人们消费的“新三大件”之一，保险将会是新的生活方式……这些观念无不透露出一个学者的素养。

所有这些判断都是我的粗浅印象，在采访中陈东升强调他的人生是做事业的人生而不仅仅是做生意。作为一个企业家，他认为：必须要摆好做事业与做生意的区别，要有不仅是赚钱而是做事业的态度。他说，做事业就是要把一个企业做好，解决社会的就业问题，成为品牌，对社会有贡献，只有实现了社会的价值才能最终体现自己的人生价值。

陈东升身上的这些素质也许不仅对一个搞企业的人有用，对其他行业的人也不无参考价值。但是，即便你掌握了所有这些成功的诀窍，你也无法复制出另一个陈东升来。

要承认历史。

要深入了解一个像陈东升这样的人来讲，一两次见面，两三个小时的采访，四五个星期的调查是远远不够的，一万多字的篇幅是无法概括全的，而且我的这种印象可能会有所偏差，因此，让我们来品味陈东升的原话吧。

■对话

做事业不做生意

人的方向感要很精准

《中国经济时报》：在把握时代赋予大家同样的机遇过程中，您总能干出一番事业。而这些事业又恰恰最符合这个时代的趋势。您认为一个成功者需要具备的那些个人素质与时代需求的关系是怎样的？或者说一个人应该如何做才能成为时代的领跑者？

陈东升：这个问题回答起来很简单，用我们现在的一句话：“与时俱进”（笑）。

《中国经济时报》：说起来简单，但成功者很少，我们想知道，为什么您能成功而其他人没有？

陈东升：我做企业有一个心得：要敢想，会做。我认为眼光最重要，要看到事物发展的方向。

《中国经济时报》：你是怎样有这个眼光的？

陈东升：这与个人的分析判断能力有关，与你的知识有关。远见不是天生的，是后天积累的。它太复杂了，与你的品格、志向、知识的积累等最后形成你的判断力都关系密切。再说得透一点，就是人的方向感要很精准。认准的事情一定要去做。很多人是没有这种方向感的，你看他很投入的事情，其实他并没有认准。我的同学圈里都知道我的几句有名的话：东升说过，美国今天火的，就是明天中国火的。因为我搞世界500强研究时发现，世界500强企业里有很多保险公司。

《中国经济时报》：所以你搞了泰康。

陈东升：对呀，判断要有参照物。

《中国经济时报》：判断来自于——

陈东升：这个判断来自于你的知识。我有几个判断，一个是美国今天火的，一定是明天中国要火的；第二个很重要的判断是坚持专业化的道路。不能说这赚钱就干这个，那赚钱就干那个，像狗熊掰棒子。过去市场信息不发达的时候还有一些机会，但是当市场进入完全开放、信息对等的时期，就需要走专业化的道路。

《中国经济时报》：但是我也听到有人说，你选择的行业都是有门槛的，所以只要进入就容易成功。

陈东升：应该说，我是抓住了时代发展机遇的人，当然多年的研究工作使我对事物的把握有更高的位势，对如何来看待经济的发展和时代的机遇有更准确的把握，1992年颁布的《股份公司暂行条例》、《有限责任公司暂行条例》也给了我创业的机会。

做一个有事业的人

《中国经济时报》：有了远见，有了专业化就够了吗？

陈东升：不够，还要有“你不是来赚钱的，是来做事业的”这样的思想。只有做事业的人才能有做百年老店的想法。做企业就是要做事业，而不是做生意，做生意与做事业的概念是不一样的。

《中国经济时报》：这话怎么理解？

陈东升：在我还没有创办企业的时候，大概在1992年、1993年，我看到过一个在深圳的同学，做股票，有2000多万的身价，相当于今天的2~3个亿吧，但他身边只有七八个人，我觉得，他虽然有钱，但他没有事业，他对社会没有贡献、没有影响。当时我还认识一个民营企业家在深圳办工厂，他从湖北天门老家带去了200多号人，浩浩荡荡，他的钱虽不如我的那个同学多，但他有企业，有四五百号人，他对社会的贡献也更大。通过他们两个我得出一个结论：有钱不等于有事业，有事业一定不会缺钱。这就是我经常讲的富和贵的关系。富不一定贵，但贵一定是富的。所以我坚定要做事业，做事业就是要把一个企业做好，解决庞大的就业，成为一个品牌，对社会有贡献，这样才能体现个人的价值。

关于竞争法则：模仿——后发优势理论

《中国经济时报》：我们知道您有一个至理名言："最好的创新就是率先模仿"。也有很多人模仿，为什么他们失败了或者说没有您这么成功，为什么？

陈东升：创新就是率先模仿这个理论，是我提出来的，有人说陈东升标新立异，错的，这是一个时代浓缩的一个理论，是一个后进国家在向先进国家过渡时期企业后发优势理论，是一个落后国家向先进国家过渡的必经阶段。我们讲，经济有后发优势理论，例如有雁形理论，出口替代理论，企业也一样的，怎么来赶超，提升中国经济，就是要找世界上最优秀的企业做标杆来进行模仿，尽快地让中国的企业接近世界水平。

《中国经济时报》：在您的人生记录中，有很多创新，很多第一，既然有第一，就会有第二、第三，您仍然会免不了与他人竞争。您是如何处理与竞争者的关系的？或者说您遵循怎样的竞争法则？

陈东升：关于竞争的法则，第一，还是模仿，为什么说模仿就是最好的创新，我加了三个定语，第一，要善于模仿，就是说你是主动的。第二，要率先，就是说你必须是第一个模仿者；第三，还要找最好的模仿。合起来就是善于、率先找最好的模仿。这个概念就是中国企业赶超世界先进企业的一个企业后发优势理论。

在一个行业里，一定要有自己的竞争对手，没有竞争对手你是不能进步的。

人生设计：回到时空成为一个点的地方

《中国经济时报》：您对自己的人生有怎样的设计？

陈东升：我一生最美妙的时光就是读大学那四年，有些同学围在我身边，我们经常一起散步聊天，人称逍遥学派。学孔老二，在武大当个教授，有七十二弟子，自己有一个皮划艇，在月光下荡漾在东湖的湖心，谈天说地，我觉得那是我人生最大的梦想。但是很难实现我的这一梦想了。

《中国经济时报》：你现在的梦想是什么？

陈东升：把泰康做成（思考）……

《中国经济时报》：百年老店？

陈东升：不是，把泰康做成一个以寿险为核心的、真正具有国际竞争能力的金融服务集团，这就是我最大的梦想。

《中国经济时报》：你觉得这个梦想能占你这一生中的多少时光？

陈东升：未来最起码还要十年，目前泰康已有八年历史，我过去讲过，做企业三年决定生死，五年打下基础，八年开始起飞，十年小有品牌，20年成就大事业。这是企业发展的一般规律。20年才能够造就一个企业王国。十年不行，十年只是小有成就，有品牌，在起飞阶段。

《中国经济时报》：你现在觉得保险是你要终生从事的事业吗？

陈东升：这不是由你来选择。人就像一驾战车，上了战场，只许进，不许退。

《中国经济时报》：假如你可以选择呢？

陈东升：没有选择。

《中国经济时报》：假如有这种可能呢？

陈东升：我现在年富力强，我选择泰康，我老了的时候，会回到嘉德。那是一个可以放置精神的地方。五千年中国的文化都经你的手，今天要拍宋徽宗的一幅画，你当然要研究宋徽宗；明天要拍八大山人的画，你就要研究八大山人。宋徽宗是宋朝人，八大山人是清朝人，相隔600年，但你感觉两人都在你旁边，这时候时空成为一个点，这很有趣。要了解历史上的艺术家，光看书是没用的，只有当你看到他的画，看到那些栩栩如生、精美绝伦的作品的时候，这个人仿佛仍然存在并且鲜活地站在你面前，你甚至感觉自己可以和他们对话，时空在嘉德是个点。没有三维空间四维空间五维空间，没有历史和时间，时间和空间都被浓缩为一个点。

《中国经济时报》：你更追求那种精神世界的享受？

陈东升：那是很陶冶人的，也是很挑战的。当然在今天的位置上对社会的贡献更大，你解决了16万人的就业，对1000万个家庭承担责任，精神上的感觉是不一样的。

《中国经济时报》：我想起你说的一个观念转变，职业排序从教授到政治家变成政治家到教授，你有没有想过去从政？

陈东升：不是没有，这是我人生的梦想。但人一生不可能做很多事情，也不能脱离中国的现实，所以把企业做好是根本的。但是关心政治、议论政治，这是我们的天性，也是一种责任。

■自述

时代造就了“92派”

不同时代造就不同企业家

我觉得与时代发展相对应，企业家也有不同的类型。中国经济改革在上世纪80年代初开始，随着逐步开放市场，社会中出现了一股下海浪潮。在第一批“下海”的人中，有一些是通常被人所说的“出身不好”的，过去叫“地、富、反、坏”，有的是劳改释放，有的是犯过错误，也有一些是无业游民，这些人由于生活所迫，处于社会的底层，决定了他们的冒险精神和做事的胆量。他们从南到北倒买倒卖，这些人里开始产生了第一批万元户。他们对中国历史和社会最大的贡献之一是搞活了流通，而且大部分人也是在流通领域赚到了钱；同时这些人致富后，树立了成功者的样本，也开始改变社会、人们的观念。

80年代中期时，价格改革成为中国经济改革的枢纽，价格改革带动中国经济从计划经济转向市场经济，在这一转变的过程中出现了双轨制，于是出现寻租现象，这个时期有一批高干子弟或有丰富社会核心资源的人“下海”，造就了又一批富人。这批人有些有关系、有门路。因此可以说这批人是靠体制的转型来获得财富。

1992年邓小平南巡后，活跃的青年群体当中有一些人开始经商，我把他们叫“92派”。1992年体改委出台了《股份公司暂行条例》、《有限责任公司暂行条例》，这是中国企业发生真正变革的转折点。这两个文件在中国具有划时代的意义，现在人们很少纪念它，但我记得它，因为我是最敏感的，是这两个条例的受益者。当年想创立企业可是不知道资本从哪儿来，有了这两个文件后，就可以去募集资金，可以去依据一种商业模式来寻找投资人来投资。嘉德、泰康，都是在这两个暂行条例后成立的。对这两个文件我记忆深刻，当时天天把它们揣在怀里，办嘉德时，我要起草公司的章程、治理结构，基本上是按那两个文件来起草的。所以，从1992年开始在中国才有了真正意义上企业的创新。

我把1992年开始创业的企业家们分为南北两派，南方派企业家大多以房地产起家，靠圈地运动，走综合化、多元化的道路，基本上是什么赚钱投资什么。北方派的企业家更多的是寻找一个行业的空白点，迅速创造行业的先锋企业，然后带动行业的发展。有人说，北方派基本上是靠制度发展带动一个好的企业和行业的发展。像今天田源的中国国际期货公司是期货业的领导者，我当年创立的中国嘉德拍卖公司是中国拍卖业的领导者。它们率先在行业里走专业化的道路，是这个行业的先驱。

在1997年、1998年，西方的高科技革命浪潮、网络经济的热潮掀起了第四次经商浪潮，出现了人们常说的海归派，海归派对中国企业最大的贡献是，他们把新的企业家价值和精神用一种制度来保证。有了“创始人”和“期权”这两个重要的概念，张朝阳、丁磊成为干干净净、白手起家的财富英雄。他们没有所谓的原罪。

社会上一直对企业家有一种“原罪”说，但事实并非都如此。从1992年企业制度规范条例出台后出现的企业家和海归派应该不存在“原罪”二字，为什么过去的很多企业家有原罪现在没有了呢？这就是一个制度演变的过程，当年企业家的原罪是因为没有相应的企业家的制度，没有企业家价值的评估制度，到了第四代企业家的时候，有了创始人的概念，有了期权的概念，这就解决了企业家的价值问题，解决了如何承认企业家对企业的贡献问题。

今天，不管是靠胆子的，靠老子的，靠脑子的，海归派，都开始走规范化、专业化、国际化道路，如果不具备这三点，就无法取得长期的竞争优势。尤其是要进入到一个新的领域，你不是这个行业的前五位，未来的生存就要受到严峻挑战。规模也成了今天竞争的一个重要因素。另外不和国际接轨，就无法打赢在家门口的这场国际化的竞争。

“92派”产生
思想转变的社会、文化基础

可以说，我们这一代人是毛主席的好孩子、邓小平的好学生、江泽民的好战士。我们成长在三个时代，青少年时代受革命的教育，激情、激进，大我的意识很强。为什么说是邓小平的好学生呢？我们是在改革开放后上大学，参加工作后赶上中国改革最波澜壮阔的时期——80年代。这种文化制造了一种很强的集体意识、国家意识和民族意识，具有这种神圣的历史责任感成了这一代人极鲜明的特征。所以这一代人的思想可以用范仲淹的两句话来概括：先天下之忧而忧，后天下之乐而乐。我举一个最简单的例子，我大学毕业分到外贸部经济研究所工作，当时湖北有一个学术刊物叫《青年论坛》，我被委任为青年论坛北京记者站站长。那时我骑着一辆女式小自行车，穿梭于北大、人大、清华、中央党校、北师大之间，经常凌晨三四点钟回到宿舍，很累但乐呵呵的。这些工作都是业余做，一分钱报酬都没有，甚至连公共汽车费都不报销，完全无私地工作和奉献，就觉得能为国家为社会做事情就很好。现在的人是很难理解这些的。

所以说“92派”是很特殊的一代人，这批人，经历过激情革命的红色年代，经历过80年代激动人心的改革洗礼，从过去那种极左的思想一下子转到改革开放的思想，有痛苦有失落。邓小平南巡后经历了思想转型，觉得要实业救国，经济救国，有很多

人开始投身创办新型企业的浪潮中。正是这个时期的历史、文化、经济、社会的积淀造就了“92制度派”。

我为什么会办企业

上大学时，我最崇尚的职业是科学家和教授，第二是企业家，对政治家是最看不上的。现在倒过来了（笑），我觉得对一个男人来讲，政治抱负应该是第一位的。做不了政治应该做企业。因为要成为一个成功的企业家，需要非常多的素质，需要非常多的约束力，要把各种能掌控的因素、不能掌控的因素进行调和。一个成功的政治家比一个成功的企业家所需要的特质更高，它成功的概率也更低，更不容易。学者的生活相对要简单得多，因为他可以掌控自己。我认为我自己的这种思想转变，其实也代表了这样一个时代的发展过程。

我办企业还有两个因素，动力是来自于评比中国500强企业。

过去在外贸部经济所做研究时，是在发达国家研究室，有一种很强的优越感。在这里可以看到大量的外文期刊，像《财富》、《商业周刊》、美国的外交季刊、国际货币基金组织的统计年报、世界银行的发展报告，还有每天国际上各类通讯社的消息，等等，那是一个丰富的营养库，所以我才知道有世界500强、《时代》封面人物。这些对我影响很大。后来到《管理世界》当副总编，是出于一种很纯朴的考虑，那时还不到30岁，有快成长的想法。现在看，有些投机，到杂志社根本没想长干，觉得它是个跳板。但是到《管理世界》的经历的确改变了我的一生。当时我对编辑们说，《管理世界》应该办出特色，像《财富》有500强，《时代》有时代人物，我们《管理世界》能不能搞个什么东西？于是就决定搞中国500家企业评比。就是这样一个动议，后来我们在中国第一家推出500家的企业评价。中国企业500家评比一举获得巨大成功，《管理世界》杂志也获得了成功，成为非常具有影响力的媒体。

当时我把中国500家与世界500家进行对比，很惊讶地发现一个现象：世界经济强国的排序与世界500强企业的数量的排序有高度的吻合。就是说美国是头号强国，世界500强企业中它的公司一定是最多的；日本是第二号经济强国，在500强里它的企业也是第二多；德国第三号，它就第三多。这个发现给我很深的印象。我当时记得毛主席语录里有一句“中华民族要自立于世界民族之林”，我想，要让中华民族自立于世界民族之林，一定要拥有一大批世界性的跨国公司。这是我真正的改变。

于是开始有很强烈的愿望，有朝一日自己创办企业，如果能办一家世界500强的企业，那才是我人生的最高梦想。

第二个因素，缘于一个今天看来也是非常正确的判断：对于创业者来说，凭借关系可以获得一个进入市场比较高的起点，但是进入市场后一定要学习西方企业走市场的道路，不能把企业的发展依靠、维系在和政府的关系上，靠政府的资源来挣钱，这条路会越走越窄。我在1993年说的一句话，今天仍然有很多人引用，就是“利用计划经济的余威，抢占市场经济的滩头。”是什么意思呢？就是要利用计划经济时期的人脉关系、社会资源关系获得一个好的起点，但是要清楚地知道这样做的目的是走市场经济的路子。嘉德就是这样的路子，泰康也是这样的例子。

（记者 李慧莲）

财富

■2005年1月

■ **点评：**

2004年是陈东升难忘的一年，他被《财富》杂志评选为“2004年度中国商人”。作为全球最具影响力的财经杂志之一，《财富》如此评价这位叱咤风云的商界新偶像：陈东升——2004年度中国商人，富有激情但不失稳健，立志将泰康人寿带进世界500强。

陈东升：2004年度中国商人

去年中国保险业的增长不足一成，但泰康人寿的收入却增加了30%，达到近180亿元。

上个世纪70年代，湖北天门有一位对世界各地的信息如饥似渴的初中生陈东升，他每天都要看新华通讯社出版的一份报纸——《参考消息》，因为该报纸的内容大多是转载世界各地媒体的文章。当时陈东升还经常听到一句话：“中华民族要屹立于世界民族之林”，但并不了解其含义。1983年，大学毕业的陈东升被分配到中国对外经济贸易合作部的研究室工作，开始接触到大量的国外刊物，他最感兴趣的是《财富》500强排行榜。他发现每个国家的世界500强企业数量与其国家的整体实力呈正相关的关系，因此坚信国家强盛一定会表现为企业的强盛，中华民族要屹立于世界民族之林，就必须有世界级的企业，这也成为他日后创办泰康人寿保险股份有限公司（以下简称“泰康人寿”）的主要动力。“不研究500 强，我也许就不会选择保险业。”泰康人寿董事长兼CEO陈东升对《财富》（中文版）记者说。

当然，陈东升对当初的选择丝毫不会后悔。短短八年，泰康人寿已成长为年收入175亿元的大型企业。虽然其规模尚不及三家传统的大型寿险公司（中国人寿、平安保险和太平

洋保险)，但在其细分市场崛起的中国中产阶级增长速度惊人。2004年，中国保险行业的增长率只有9%，但泰康人寿的增长率高达 32%。与此同时，泰康成功发行 13亿元的次级债，为未来的扩张奠定了基础，陈东升也由此获得《财富》(中文版)年度中国商人的荣誉。

1988年，一个朋友邀请陈东升到国务院发展研究中心下属的《管理世界》杂志任副总编辑，级别是正处级，陈东升觉得这是一个新的平台，而且还升了半级(那时，陈在外贸部任助理研究员，只能“靠”副处级)，因此欣然应允。到了《管理世界》后，陈东升做的第一件事就是参考《财富》500强排序的方法，对中国最大的企业进行排序。陈东升告诉记者，这是中国第一次按照国际惯例对企业进行评级，主要媒体都对此进行了报道，而且“国际惯例”从此也成为一个流行语。“有时一个词可以改变一个国家、一个民族。”陈东升说。我们很难评价《管理世界》中国企业排行榜对中国的影响有多大，但它确实改变了陈东升的人生，因为做中国大企业排序的时候，他结识了许多中国大型国有企业的领导人，为日后创办企业筹措资金打下了基础。

1992年，发生了两件大事：邓小平南巡讲话和政府允许成立股份公司，这让陈东升等一大批嗅觉敏锐的人激动不已，他决定下海从商。当时，陈东升创业的概念很朴素：“美国今天火的，中国明天一定会火。”在《管理世界》工作的时候，陈东升有机会去日本、美国等发达国家访问，他发现，“这些国家街头最醒目的广告是保险公司的，最高的楼也是属于保险公司的”，因此他首先想到的是创办保险公司。于是，他申请成立寿险公司，然而等到批准下来已经是四年以后的事了。其间，陈东升成立拍卖公司的申请倒是先得到了批准，这家1993年5月成立的公司名为“中国嘉德国际拍卖有限公司”，主要股东是燕山石化、中外运和中国国旅等大型国有企业，都是陈东升在《管理世界》所“积累资源的再利用”。嘉德现在是中国最大的拍卖公司，2004年收入近11亿元。虽然陈东升早已不再参与嘉德的日常经营，但对嘉德的方向性问题仍有举足轻重的影响。嘉德的迅速成功，不仅让股东们对陈东升的管理才能有了信心，而且也为他申请泰康人寿增加了不少筹码。最终，陈东升在30多家寿险公司申请人中脱颖而出，泰康人寿于1996年成为《中国保险法》颁布后首批获准的几家股份制保险公司之一。

1992年是中国创业较为集中的一年。然而，能将企业维持到今天的人并不多，像陈东升这样坚持将企业逐步做大，而不是热衷于寻找“生意”机会的人更是罕见。这很大程度上得益于他在政府机关工作时期对企业经营思路的思考。

1996年，亚洲金融界的风险意识还很淡薄，而且中国的商界历来就有一种风气，认为靠关系就能“搞定”一切，所以经营极不规范。但陈东升认为，“包括关系在内的一切都是暂时的”。在泰康人寿创办的时候，他就提出要走“专业化、规范化、国际化”之路。他下海属于典型的学者创业，陈东升解释说，自己发现多元化经营成功的企业很少，而专业化经营成功则比比皆是，世界的发展趋势也是分工越来越细。“而且，中国企业早晚有一天也要学会规范经营，与其将来被迫去规范，不如一开始就规范。”而他所说的“国际化”，不是通常人们理解的把生意做到国外去，而是在标准、体系和公司规范上与国际接轨，使企业具有国际竞争力。

泰康人寿规范化的具体表现之一，就是“遵纪守法”。1997年的亚洲金融危机，中国由于资本市场还没有开放，波及较小，但也让金融监管部门惊出一身冷汗，因此不仅在批准泰康人寿这一批保险公司之后较长的时间里没有再批准成立新的保险公司，而且对这些新保险公司开设分支机构也作了限制。当时，有的保险公司为实现增长，出现了违反监管规定开设分支机构的情况，而泰康人寿则坚持不为所动。因此，2000年之前公司的增长并不快。

保险咨询公司怡达国际有限公司总裁蓝岚认为，泰康人寿的经营比较稳健，作为寿险公司，这一点难能可贵。对此，陈东升的解释是：寿险是公众性很强的行业。泰康人寿有1000万客户，泰康的稳定关系到近千万家庭的幸福美满，因此稳健是本。他甚至建议消费者远离那些投资政策激进的人寿保险公司。他说：“到现在，（在中国）我们是唯一可以公开讲（自己是）资产没有一分钱呆账或者坏账的寿险公司。”作为规范化经营的另一个明证是，在中国寿险业中，泰康人寿一直保持着客户投诉率最低。

陈东升坚持“稳健为本”，同时也相信“创新是源”。关于创新，他有一个广为流传的理论：“创新，就是率先找最好的模仿对象。”当初，创办嘉德拍卖时，陈东升称自己效仿的就是世界最大、历史最悠久的拍卖行索斯比。从嘉德拍卖的机构和流程设置到外部形象，甚至从公司装资料的手提袋，都可以看到索斯比的影子。创办泰康人寿时，陈东升走访了20多家国际知名的寿险公司，他说：“我并不是走马观花，而是真正去请教、学习、研究。它们的资产结构、经营模式和管理方式，让我对把握泰康人寿的未来有了直观的感受。”这种学习的回报是惊人的，1998年，泰康在武汉和广州成立分公司的成本高达2000万元；而两年后，在天津、南京、杭州等地成立五家分公司，费用则降为400万元。原因在于，公司向丰泰人寿香港分公司取得了开设分支机构的“真经”：开设分公司，五年必须盈亏平衡，在当地市场必须进入前五名，应该像麦当劳开新店一样。

那么，泰康人寿现在到底在模仿谁？这是许多人关心的问题。陈东升的经典回答是：左眼看平安，右眼看友邦，两只眼睛看世界。而他最近的回答是：两只眼睛都要看友邦，因为平安保险也在学友邦。友邦保险的母公司AIG（名列2004年《财富》世界500强排行榜第20位）是全球市值最高的保险公司，达1900亿美元，是第二名的四倍多。陈东升认为，友邦有两点值得学习：一是经营体系成熟，有规律，做事情考虑长远；第二点是抢占先机，如友邦是第一个进入中国大陆的外资保险公司，在台湾限制外资进入的时候，友邦通过华侨投资了南山人寿，目前也是台湾最成功的人寿保险公司之一。如果换一个角度来理解，第一点其实就是泰康人寿目前所坚持的稳健经营；第二点，陈东升也算占得了先机，因为泰康人寿是中国大陆第一批通过定向募集成立的寿险公司。

陈东升认为，随着中国向高水平小康社会的迈进，社会结构将从金字塔型转变为橄榄型，将出现一个占社会主体的中间人群工薪白领群体，这个群体在西方又称“中产阶级”，他们追求体面的职业、稳定的收入、美满的家庭、健康的体魄、充足的闲暇和周游世界。陈东升把中国社会的发展具象化为三个“三大件”：“老三件”是手表、自行车和缝纫机；“新三件”是彩电、冰箱和洗衣机；而随着中产阶级的兴起，他预测中国将会出现“新新三大件”，即汽车、住房和保险，保险在未来将成为一种生活方式。根据上述分析，陈东升确定了泰康人寿的客户定位，即中国的中产阶级人群，并倡导一种新生活理念“健康幸福美满的新生活”。因为这种理念，陈东升把金融公司传统的“四平八稳、财大气粗”的企业文化改为“青春、健康、时尚”，把公司的体检中心称为“健康测试中心”。

2002年4月，泰康推出了家庭保障计划，即“一张保单保全家”，发起名为“爱家行动”的市场推广活动，开始全面推广新生活理念和爱家理念，家庭保障计划取得了巨大的成功。截至2004年10月底，有36万个家庭投保。2004年，其新契约标准保费占个险总保费额的30%。现在，泰康人寿进入新的区域市场时，都会启动“爱家行动”的市场活动，以迅速建立品牌。也是在2002年，泰康人寿将客户服务中心的名称改为“新生活广场”，新生活广场改变了寿险客户服务中心严肃、古板和功能单一的老面孔，能够为客户提供投保咨询、理赔报案、健康测试等“一站式”服务。

陈东升的另一得意之举，是在客户服务上推行“100%电话回访”。该创意来自于中国一家著名家电企业的售后服务体系，但一开始在泰康人寿实施并不顺利，因为它打破了旧有的作业流程和模式，工作量增加了，短期也看不到效果。2000年，泰康人寿成都分公司成立，这成为试验“100%电话回访”的契机。成都分公司首先要求所有保险代理人签署“服务承诺书”，内容包括如实告知、不代签名、不阻挠客户犹豫期退保等，同时对客户进行100% 新契约回访。电话回访中，客户如果对保单条款或投保过程产生疑问，可无条件退保；如果发现代理人存在误导、代签字的行为，马上开除相应的代理人。不到一年，泰康人寿在成都寿险市场上业绩稳居第三（中国有三家传统大型保险公司，作为后来者，泰康能够挤进前三已经是不错的成绩）。总结成都的成功经验之后，泰康人寿开始在全公司推广100%电话回访，也同样取得了成功。2001年8月，中国保监会专程到泰康人寿成都分公司调研，之后将泰康人寿100%电话回访的经验在国内所有保险公司推广，并最终形成了一条全国性的监管规定。“泰康人寿很年轻，规模也不大，但对保险业也有些小的贡献。”陈东升说。

今年，中国保险业增长放缓，增长率估计只有9%左右，但泰康人寿的增长率仍然超过30%，收入近180亿元。原来，泰康人寿在五年前就开始调整保费结构，期交保费（即分期交纳的保费）的比例从40%逐渐上升到2004年的90%，降低了趸交保费（一次交清保费）的比例，因此2004年虽然新增契约保费收入的增长并不多，但大量续期保费仍然保证公司以远远高于市场平均的速度增长。与公司快速增长相伴的是偿付能力不足，这是任何保险公司不能回避的问题，也是保险监管机构监管的要点。2004年，中国保监会对三家中国保险公司的偿付能力不足下发了监管意见。泰康人寿近几年的高速增长，也使其偿付能力从2001年的736%下降到2003年的114%，而早在两年前，陈东升就开始考虑如何应对偿付能力不足。经过与董事会沟通之后，最终决定通过发次级债来解决。2004年11月，泰康人寿成功发行了13亿元的次级债，这也是中国保险企业第一只次级债。此前，中国保监会还没有关于次级债的规定，可以说泰康人寿是在等着相关规定的出台。在陈东升管理嘉德拍卖的时候，中国还没有拍卖法，许多拍卖规定都是嘉德与相关部门一起研究确定的。此次次级债也一样，发放之前陈东升实际上与保监会已经沟通了一年之久，最终在中国银监会发布次级债条例的促进之下，保监会也颁布了相关的条例。为什么每次陈东升都能走到法规的前面呢？面对记者的疑问，陈东升说："我坚信，国际上通行的做法，中国政府最终会接受、会支持。可能因为在政府部门工作过的原因吧，我从来不埋怨政府，而是提倡企业与政府共同学习、互相促进。市场经济，企业在学，政府也在学嘛。"

陈东升称自己是"比较透明"的企业家，至少针对记者的问题有问必答。就今年一家南方报纸有关其家族控股一家即将成立的人寿保险公司的报道（目前，中国还不允许私人直接投资金融企业），虽然陈东升对该报道的一些明显的事实性错误很愤怒，但他仍反复进行了解释，同时，还表示今后会更注意自己的一言一行，"作为一家大型股份制企业的领导人，责任太大，容不得半点闪失"。采访中，陈东升多次感叹，如果自己只经营嘉德拍卖，会是多么潇洒自由，不会像经营泰康人寿有这么多的约束。

陈东升的稳健、透明和善于与政府沟通也引起了跨国公司的注意，在记者因为写作本文第二次与其沟通的时候，他向记者透露，一家全球排名前五位的保险公司想请他去出任大中华区的CEO。虽然作为一位"民族主义"者，陈东升答应的可能性微乎其微，但他仍然很高兴，毕竟得到国际的认可一直是他的梦想。

今年47岁的陈东升曾经获得武汉大学经济学博士，拥有深厚的经济学功底，而作为拍卖公司的创始人，他有自己的艺术品味。陈东升的办公室位于泰康人寿大厦11层，外面是一个不规则的大厅，墙壁上挂着台湾"故宫博物院"仿制的中国古代字画，他自己的办公室里有一幅傅抱石的山水人物画真迹；就在我们采访的会议室，有一个陈东升通过嘉德在线拍卖来的冰箱，在冰箱四周，画家绘上了五角星等图案。采访之余，陈东升带记者去参观泰康的 VIP 会议室，因为里面有乾隆"开泰说"的真迹，这幅书法因为内容与泰康人寿的名称契合，所以也是陈东升的最爱。事实上，泰康人寿的总部大楼每两个月都要举办一次小型艺术展，据说人气蛮旺。

采访那天，陈东升刚从外地出差回来，头天晚上只睡了四五个小时，因此开始时略显疲惫，但随着采访的进行，他逐渐变得意气风发："中国保险业在相当长的时间里都将保持高于GDP的发展速度，我们只要不犯历史性错误，那么成为国际一流企业、进入世界500强就是必然的结果。"依据可预见的行业开放程度，以及邻国日、韩的经验，进入中国市场不久的外国寿险公司占据的市场份额恐怕并不会太多，这对一心一意做大做强的泰康人寿来说十分有利。陈东升说，"如果我还是在经营嘉德的话，规模就没有那么重要，但对于保险公司而言，没有规模就谈不上强"。八年来，泰康人寿的增长速度从未低于30%。虽然陈东升说泰康跻身500强会在15年以后，你相信吗？

（记者 周展宏）

沈阳日报

陈东升：通理的发现与辩护者

学界鸿儒风范与商界智者身份相得益彰的陈东升。

本报记者 叶青

8月12日，陈东升如期而至。他来沈阳参加第五届东北寿险高峰论坛，这次论坛由泰康人寿辽宁分公司和沈阳日报联合举办。这使我们有机会对话这位商界传奇人物。

论断：外资保险是"披着羊皮的狼"

理由：中国企业国际化进程要快于跨国企业本土化

记者：外资保险进入中国市场一直被视为"狼来了"。最近一年，沈阳也开始出现外资保险的身影。请问泰康有何对策？

陈东升：关于外资保险的进入，我一直有过这样的比喻，没来的时候以为是"狼来了"，来了发现狼来……

……内拍卖业的巨头，被誉为中国的索斯比。辽宁的艺术品经营市场正在起步阶段，对这块市场，嘉德是否有兴趣？

陈东升：艺术品拍卖其实是个很复杂的行业，搜集拍品的难度且不说，要有大量的高级专家进行真伪的鉴别、分级，工作难度是非常大的。而且嘉德一场拍卖能成交价值几个亿的拍品，因此要考虑市场容量的问题。

拍卖业总体来说还是一个比较集中的行业，像辽宁等地方的拍卖市场有其地方的特点，有一些当地艺术家的作品在当地很受欢迎，但无法在国际市场上找到买家。拍卖公司只要抓住几个开放的国际化城市就可以了。因此，嘉德目前还不会向辽宁地区进军。嘉德已经将中国香港地区、新加坡列为了下一步业务扩展的目标。

……商，讨论国家大计，或探讨学术。）在宴席里就表示："如果我们将来能出什么大人物的话，就是我们这几个人吧！"如今您已经成为一个名副其实的大人物。现在的大学生创业被看成为强烈，您对他们有什么建议？

陈东升：李嘉诚没读过大学，像他这样的人可能50年出一个；比尔·盖茨中途辍学，这样的人可能100年出一个。我不鼓励大学生像他们那样选择创业的方式。还是应该读大学、读研究生，积累知识，这是一个非常重要的过程，使自己的综合能力得到提高，形成良好的世界观和价值观，对于日后的创业是一个水到渠成的过程。

记者：您也说过"我们当时是用计划经济的余威，抢占市场经济的滩头。"，处于中国由计划经济向市场经济转型的特殊时期，您抓住了……

论断：保险推销员的挫折感需要一种励志氛围

理由：目前，世界顶级的保险公司也在采用这种类似军事化的管理模式

记者：在论坛中，我们看到泰康人寿的员工要经常做下面这个动作——在喊一句"我爱泰康"之后，整齐划一地鼓三下掌，形成了一种模式。我们知道，不只是泰康，许多保险公司也都有类似的模式。如您所说，泰康的核心文化之一就是主张激发员工的个性和创造力，这种类似军事化的管理模式能否体现泰康的企业文化？会不会在未来反过来阻碍泰康的进一步发展？

陈东升：你们不了解保险行业的人，乍一看到这种情形，会以为是什么运动或革命时期吧！（笑）其实这种模式并不是国内独有的，而是由日本等地传过来的。因为推销保险是一个挫折感很强的职业，保险推销员不只会被人经常说"NO"，甚至会遭到侮辱。因此，他们比常人更需要鼓励，更需要意志。这种模式就是在帮助他们树立一种团队精神，给他们创造一种有团体在背后支撑他们的氛围。目前，世界顶级的保险公司也在采用这种模式，毕竟它比较有效。当然，我们也在积极地寻求更好的模式。

■2005年8月17日

陈东升：通理的发现与辩护者

陈东升是谁？

陈东升是谁？在经济界问这个问题，就好像在电影圈问张艺谋是谁一样。

他在中国由计划经济向市场经济转型时期，接连创造了两家“中国”字头的企业，分别抢占了各自行业的制高点。“现代企业制度试水者”这个标志性身份与他的个人魅力可谓相得益彰。

陈东升，湖北人，1957年12月27日生，毕业于武汉大学经济系，获经济学博士学位。曾长期在对外经济贸易部、国务院发展研究中心等国家宏观经济研究部门从事经济研究工作，首创“中国500家最大企业”评价，在企业界影响深远。

1993年，陈东升下海创建了中国第一家全国性的股份制拍卖行——中国嘉德国际拍卖有限公司，该公司被国际拍卖行家称为“中国的索斯比”。

1996年，陈东升组建泰康人寿保险股份有限公司，是国内在《保险法》颁布后诞生的第一批专业化的寿险公司，并任董事长兼CEO至今。作为第一家获准对外资募股的股份制寿险公司，泰康去年成功完成海外募股，目前资本金达到20亿元人民币。泰康是国内五家全国性人寿保险公司之一，是国内第一家获得AAA⁻级信用等级的寿险公司。

《财富》作为全球最具影响力的财经杂志之一，每年都有评选年度商人的传统。而每年一位的年度中国商人也都是在国内最叱咤风云的商界传奇人物。

陈东升荣膺“2004年度中国商人”，成了2005年《财富》（中文版）第一期的封面人物。《财富》杂志用这样一句话推出了这位“中国商人”：“陈东升——2004年度中国商人，富有激情但不失稳健的陈东升立志将泰康人寿带进世界500强”。

8月12日，陈东升如期而至。他来沈阳参加第五届东北寿险高峰论坛，这次论坛由泰康人寿辽宁分公司和《沈阳日报》联合举办。这使我们有机会对话这位商界传奇人物。

论断：外资保险是“披着羊皮的狼”

理由：中国企业国际化进程要快于跨国企业本土化

记者：外资保险进入中国市场一直被视为“狼来了”。请问泰康有何对策？

陈东升：关于外资保险的进入，我一直有这样的比喻，没来的时候以为是“狼”来了，来了发现狼来了不咬人，很乖啊，很温顺，是“羊”不是“狼”，最后等他们强大了，形成威胁了才知道原来是“披着羊皮的狼”。

外资从13年前就开始进入中国，大规模进入是近五年的事。但从外资保险进入中国后的情况来看，能对本土企业构成威胁和有竞争力的企业并不多。事实上，只有两三家经营得比较好。

并不是进来了的外资就一定是好的。美国有一家寿险公司叫西北人寿，这个名字对中国大多数人来说都比较陌生，而这个公司却是美国最好的一家寿险公司，它在国外没有一家分公司。不过许多中国人知道友邦，却不知道西北。

外资保险来了，需要有一个适应水土的本土化过程，本国企业有一个向跨国企业学习、完善自己的过程。看谁能抓住这个时间。财务管理、精算制度等应该是本土企业向跨国公司学习的重点。我个人认为，中国企业国际化的过程要快于跨国企业本土化的进程。

论断：我是专业化的顶礼膜拜者

理由：近5~8年泰康做专业寿险公司的路不会变

记者：您给泰康设定的目标是“建设现代化的、具有国际概念的金融帝国”，您用了“金融帝国”四个字，而不是“保险公司”。尤其是目前混业经营已经成为不少保险公司的选择，比如平安保险已经有了平安银行，作为一个资本运作的高手，您是否会尝试再进入其他领域？

陈东升：泰康人寿要一直走专业化的道路，主要积累寿险能力。即使将来会走资本运营的道路，可以通过收购、兼并等方式向金融帝国发展。太远的不能讲，但近5~8年泰康人寿做专业寿险公司的路不会变。

论断：拍卖公司只要抓住几个国际化城市就可以了

理由：如果要扩展疆土，嘉德拍卖会将中国香港地区、新加坡作为下一步目标

记者：您的嘉德拍卖已经是国内拍卖业的巨头，被誉为“中国的索斯比”。辽宁的艺术品投资市场正在起步阶段，对这块市场，嘉德是否有兴趣？

陈东升：艺术品拍卖其实是个很复杂的行业，搜集拍品的难度且不说，要有大量的高级专家进行真伪的鉴别、分级，工作难度是非常大的。而且嘉德一场拍卖能成交价值几个亿的拍品，因此要考虑市场容量的问题。

拍卖业总体来说还是一个比较集中的行业，像辽宁等地方的拍卖市场有其地方的特点，有一些当地艺术家的作品在当地很受欢迎，但无法在国际市场上找到买家。拍卖公司只要抓住几个开放的国际化城市就可以了。因此，嘉德目前还不会向辽宁地区进军。嘉德已经将中国香港地区、新加坡列为下一步业务扩展的目标。

论断：如果是现在创业，我就不会选择拍卖和保险

理由：创业有两个选择标准，一个是别人从未涉足过的行业，另一个是虽然已有人涉足但还处于发展初期的行业

记者：在您大学期间，成立了一个叫“蟾蜍社”的学生组织（意思是要抱着癞蛤蟆吃天鹅肉的志向，讨论国家大计），在宣言里就表示：“如果我们班将来能出什么大人物的话，就是我们这几个人吧！”如今您已经成为一个名副其实的大人物。现在的大学生创业欲望更为强烈，您对他们有什么建议？

陈东升：李嘉诚没读过大学，像他这样的人可能50年出一个；比尔·盖茨中途辍学，这样的人可能100年出一个。我不鼓励大学生像他们那样选择创业的方式，还是应该读大学、读研究生，积累知识，这是一个非常重要的过程，使自己的综合能力得到提高，形成良好的世界观和价值观，对于日后的创业是一个水到渠成的过程。

记者：您也说过“我们当时是用计划经济的余威，抢占市场经济的滩头”，处于中国由计

划经济向市场经济转型的特殊时期，您抓住了这个时机。如果是现在这个时期创业，您还会选择拍卖业和保险业吗?

陈东升：一个时代有一个时代的机会，这个机会为能敏锐地最先发现的人所准备。比如网络的崛起，我们那时哪里知道网络这个东西？王志东、陈天桥、张朝阳，现在还有一个百度的李彦宏，他们就抓住了这个时期的机会。

现在这个时期，跟十几年前已经发生巨大变化，如果是现在，我就不会选择拍卖和保险了。创业有两个选择，一个是别人从未涉足过的行业，另一个是虽然已有人涉足、但还处于发展初期的行业。

论断：保险推销员的挫折感需要一种励志氛围

理由：目前，世界顶级的保险公司也在采用这种类似军事化的管理模式

记者：在论坛中，我们看到泰康人寿的员工要经常做下面这个动作——在喊一句“我爱泰康”之后，整齐划一地鼓三下掌，形成了一种模式。我们知道，不只是泰康，许多保险公司也都有类似的模式。如您所说，泰康的核心文化之一就是主张激发员工的个性和创造力，这种类似军事化的管理模式能否体现泰康的企业文化？会不会在未来反过来阻碍泰康的进一步发展?

陈东升：你们不了解保险行业的人，乍一看到这种情形，会以为是什么运动或革命时期吧！（笑）其实这种模式并不是国内独有的，而是由日本等地传过来的。因为推销保险是一个挫折感很强的职业，保险推销员不只会被人经常说“NO”，甚至会遭到侮辱，因此，他们比常人更需要鼓励，更需要意志。这种模式就是在帮助他们树立一种团队精神，给他们创造一种有团体在背后支撑他们的氛围。目前，世界顶级的保险公司也在采用这种模式，毕竟它比较有效，当然，我们也在积极地寻求更好的模式。

■ 陈东升饰演的N个角色

“偶像”陈东升

“偶像派老总”，是陈东升曾被多次冠以的称号。这次沈阳之行，陈东升才真正让人感受到此名何以得来。他的偶像气质不只有外表的潇洒儒雅，更在于他谦和稳健的个人魅力。在所有泰康人的心中，陈东升绝对是一个当之无愧的“偶像”，其号召力和受拥戴的程度不逊于任何明星。

【细节表现】论坛会场，陈东升坐在第一排。总有两人一组或三人一组的员工拿着照相机从后排跑下来，与他合影。你照我拍，然后我照你拍，显然事先已经过“周密安排”，以便迅速与“偶像”成功合影。这种情形与在电视里看到的追星族多么相似。由于合影的人一拨接一拨，负责会场秩序的工作人员不得不坐到前排，将“入口”堵住。

“演说家”陈东升

陈东升语出惊人。他说过的许多话如今已成为“名言”，被广为传播。比如，“我们当时是用计划经济的余威，抢占市场经济的滩头。只有以市场经济为主，以中国某些条件为辅，才能成功”；比如“创新就是率先模仿”；比如“别人没做的，你做了，你就是最专业的”。

陈东升是一个出色的演说家。一个出色的演说家，不只在于滔滔不绝的口才，更重要的是他的话可以打动你、鼓舞你。这一点从他创业之初就有了最佳体现：刚下海时，既无权又无钱的陈东升，用自己的演说魅力游说来了创业的最初资本金。

【细节表现】陈东升讲话被安排在上午论坛的最后位置。不带讲话稿的陈东升，站在讲台上开讲。掐表算来，40多分钟，他思维连贯、妙语连珠，听者不厌。记者悄悄地问其一位下属：“他讲话从来不带稿的吗？”下属说：“陈董一般都这样，有稿子反倒不如他自己发挥得好。”在国务院发展研究中心工作多年的他，已将理论和实践结合得炉火纯青。

“姓国”的陈东升

陈东升有很强的“中国情结”。他立足的往往不是一个嘉德拍卖，一个泰康人寿，而是中国的企业界。在这次论坛中，也一样可以感受得到“姓国”的陈东升。

【细节表现】陈东升说：“提到三菱，你就会想到日本；提到大众，你就会想到德国……一个成功的企业会作为一个国家的标志。目前我们中国缺少这样的企业。”陈东升的话传递了一个信息：企业做到一定程度会带有一种国家的魂魄，泰康人寿要做这样的企业。

陈东升具有一种能将“党史”、“三个代表”、“保持共产党员先进性教育”与经济、企业融会贯通的特殊能力。他熟悉它们中间的真正通理，这使陈东升显得与其他许多中国企业家不同。

“光鲜背后”的陈东升

陈东升是疲惫的。身兼两个高端企业的掌门人，他的24小时严重“超载”。

【细节表现】陈东升的沈阳之行时间表排得满满的，当他终于抽出一点时间接受记者采访时，声音已经有些嘶哑。记者对此致以问候，他笑着说：“人们光看到企业家光鲜的外表，谁知道背后的苦啊！”笑里带着几分无奈。

陈东升多年形成的习惯就是白天处理公司事务，晚上看书、考虑问题。事业的大成功让他丧失了平常人都能拥有的小快乐。“这次来沈阳，原本计划10时40分下飞机，结果12时才下飞机，但第二天早上8时就要到论坛，不能因为我是领导人，我睡觉少，很疲倦，就让好几百人等着我。其实上帝是最公平的，所谓成功人士，表面上看着很风光，实际上牺牲了很多每个人都能拥有的东西。有句话说‘总统是世界上最大的囚犯’，这句话一点不为过。”

泰康人寿在为“爱家之约”系列产品做营销广告时，营造了一幅三口之家的温馨场景。但这样的场景对于陈东升来说能享受到的时间并不多。就在记者和陈东升谈到家庭的话题时，工作人员与陈东升耳语了几句，随后，一大束粉红色的玫瑰花被送到了他的手上。原来，这一天正是陈东升与爱妻结婚20周年的日子，他的妻子特意为他订了这份浪漫的礼物。抱着这束花，陈东升忽然对本报摄影记者说：“帮我拍一张我和花的合影吧！”

“SHIFT”陈东升

“SHIFT”，电脑语言意为“转换”。陈东升是一个能随时随地“转换角色”的人。

【细节表现】在论坛会场，舟车劳顿以及睡眠不足使他难掩倦态，或支颐休息，或闭目养神稍许。但到他上台讲话时，他马上就会变成一个精神奕奕的陈东升，始终带给人朝气和向上的情绪。

在与他的员工“追星族”们合影时，他又会“SHIFT”成一个上镜的、谦和的“超级巨星”。与记者面对面时，他又会“SHIFT”成一个深谋远虑、稳健进取、应对自如的企业领袖。

（记者 叶青）

齐鲁周刊

■2005年10月

陈东升：把泰康带进世界 500 强

陈东升：
把泰康带进世界500强

2005年10月18日上午。

陈东升走进北京机场，当天的日程表早安排好了：9:40~10:30 北京至济南。

“人生无价 泰康有情”，他的目光很自然地落在了登机回廊乳白色的墙壁上。他知道，那是泰康人寿最新推出的宣传语。这样的品牌广告有1000多块，它们布满了首都机场的36座登机廊桥。

“我相信，只要在北京坐飞机的人都能看到它们，这些中产阶级们只要略微一偏头，就能体会到泰康的营销理念。”

“昨天晚上刚从外地回京。已经好几年了，有一半的时间都是这样，在出差，在飞机上、火车上、汽车上，忙碌地奔走在全国各大城市之间，清晨醒来在祖国各地的酒店里。”他笑着说。

这似乎已经成了陈东升生活中的一种常态。

一个高中生眼中的马克思主义

20世纪70年代，陈东升只是湖北天门某中学一个普通的初中生。

“我每天都要看新华通讯社出版的《参考消息》，因为该报纸的内容大多是转载世界各地媒体的文章。”陈东升说，“那时，我没有别的报刊可选择。”

由此，陈东升的性格特质表露无遗。

“改变我一生的是我在高一的时候读的《马克思传》，作者梅林是马克思的女婿。”陈东升说，当时他在煤油灯下读了五章，“合上书，脑子里一片空白。”

在当时那个小县城，任何知识的信息都没有，他就是崇拜马克思，渴望自己成为一个未来对社会有贡献的人。

“我现在都还能背出马克思是如何从一个激进的青年黑格尔学派，后来成为社会主义和共产主义的创始人。”他说，那时梦想将来做一名大学教授，根本不曾想过会成为一名企业家。

20世纪70年代末，这位湖北小县城出来的中学生走进都市，在大学里一下子进入了一个更广阔的世界。这时，陈东升开始真正接触和吸收西方各种各样他认为有趣和有用的内容，在那个充满矛盾和希望的学习过程中，他第一次感受到了中国和世界的差距。

在武汉大学政治经济系读书期间，“陈东升表现得很张扬，俨然就是个学生领袖。”他当年的同学曾这样评价。

“上大学时，我最崇尚的职业是科学家和教授，第二是企业家，对政治家是最看不上的。”他说。

那时候，陈东升发起成立了一个“蟾蜍社”，激励自己要抱着癞蛤蟆想吃天鹅肉的志向，或讨论国家大计，或探讨学术。陈东升甚至在宣言里明确表示：“如果我们班将来能出什么大人物的话，就是我们这几个人吧！”

“为什么我来北京呢，因为从小就唱着‘我爱北京天安门’，那是很纯的一种激情。”小时候的北京对陈东升来说是“红太阳升起的地方”，他的名字正是取其义。

于是，1982年武汉大学毕业后，“到北京去”成为陈东升不可动摇的选择。

大学毕业的陈东升被分配到中国对外经济贸易合作部的研究室工作，那时，他开始接触到大量的国外刊物，当时他最感兴趣的是《财富》搞的世界500强排行榜。

在那种环境中，他每天研究大量西方的最新动态，随着接触外界，追踪先进，“师夷长技以制夷”的强国之愿随之根深蒂固地植根于他的脑海中。

陈东升每天都要保持阅读财经杂志的习惯，无论在家里还是在去公司的路上。天长日久，这些经历使他具有了学者的思维能力和看问题的深度，也对他后来创办企业产生了极大的影响。

“男人的野心在金融业里实现”

时间回到1992年，那年中国发生了两件大事：邓小平南巡讲话和政府允许成立股份公司。这让陈东升等一大批嗅觉敏锐的人激动不已，他决定下海从商。

为什么会想到做保险公司?

“日本，是日本。”陈东升说，“有一次随中国青年代表团去日本访问，我在东京看到最高的摩天大楼都是保险公司的大楼，当时我想，保险公司原来可以做成一个企业巨擘”。

这是一次对“泰康人寿”历史发生重大影响的旅行。

“我去王府井书店，那时候关于保险的书寥寥无几，只要是跟保险有关我都买回来。”在外人看来，好像他已成为了保险专家，而且好像这公司已经存在了。“有一本书对我启发很大，书名叫《谁在控制日本?》，答案是人寿保险公司。”他说。

于是，陈东升申请成立寿险公司，然而等到批准下来已经是1996年的事了。

那年 8 月，泰康终于获准成为保险法颁布后的中国第一批股份制保险公司。而此时陈东升掌管的中国嘉德国际拍卖有限公司正如日中天。但陈东升决定，放弃成功，从零开始。

“我在嘉德时出差都可以坐头等舱了。在泰康刚开始时，我跟大家一样到处去找房子。两点钟还没吃饭，到旁边面馆两块钱吃碗牛肉面，我感觉很好。”在陈东升眼里，作为国家经济命脉的金融业更具挑战性。

尽管怀揣着武汉大学经济学博士的文凭，尽管嘉德拍卖3年的创业历程，已经使他从一个学者成功地转型为了一个商人，但1996年当他站在保险业的大门口，陈东升还只是一个没有任何实践经验的学生。

陈东升找到的一条捷径是，把国外保险巨头数百年积累的先进做法先照搬过来——创新就是率先模仿。

创办嘉德拍卖时，陈东升称自己效仿的就是世界最大、历史最悠久的拍卖行索斯比。从嘉德拍卖的机构和流程设置到外部形象，甚至从公司装资料的手提袋，都可以看到索斯比的影子。

“很多人把违背规律，按照自己的意志行事标榜为创新，结果是头破血流，这种案例太多了。所以我觉得还不如老老实实地照葫芦画瓢，找最好的葫芦画瓢。”

几年时间里，陈东升先后走访了21个世界顶级的跨国保险金融集团。大到公司架构、营销模式、高级管理人才，小到公司的装修风格、服务设施等等，陈东升对它们进行了全方位的模仿，并提出了“左眼看平安，右眼看友邦，两只眼睛看世界”的口号。

率先模仿让泰康站在了高的起点上，但是不断创新才是陈东升所真正追求的。2002年4月，陈东升一举打破保险业“一张保单只能保一人”的传统做法，率先在全国推出“一张保单保全家”的家庭保单系列。

“男人的野心只有在金融业里才能得到最淋漓尽致的发挥。”他始终这样认为，“当初不研究500强，我也许就不会选择保险业。”陈东升对《齐鲁周刊》说。

（记者 詹敏）

保险家

■2007年第10期

保险家陈东升：远见者稳进

儒商陈东升

1988年，当陈东升参考《财富》500强，首创“中国500家最大企业”评价时，他还没想到过，有朝一日他所领导的企业会进入“中国企业500强”。2004年、2005年、2006年泰康人寿连续三年荣登中国企业500强。不仅如此，2007年1月27日，泰康人寿还荣获最受信赖的寿险公司称号。陈东升就是泰康人寿的董事长兼CEO。但进入中国企业500强显然并非他的目标，他在不同场合都强调他要带领泰康进入“世界500强”。

现在已经没人敢对陈东升的梦想表示怀疑。从1996年创建泰康起，他用11年时间，把泰康从0带到867亿元的总资产（截至2006年底）。他敢于宣称，“（在中国）我们是唯一可以公开讲（自己是）没有一笔呆坏账的寿险公司”，并且连续保持三位数的增长速度，成为业内增长速度最快的公司之一。

陈东升的远大理想让他至今满怀激情。只不过他的激情是掩藏在他温文尔雅的外表下。他像大部分成功的企业家一样，承担着巨大的工作压力。所以，在他接受记者的采访中，我会感觉到他的疲惫，但他显然已经习以为常。那个在中学时代就喜欢翻阅《参考消息》的湖北天门的少年，把每天阅读的习惯保持了几十年，压力再大，也从未改变。不管有没有应酬或会议，不管早晚，他每天回到家中都会拿出一个小时来翻阅订阅的大量报刊杂志，以财经类居多。他会把感兴趣的文章剪下，在第二天早上上班途中仔细阅读。他拥有财富，但他必须承担压力和社会责任，并且少有个人时间和空间。“上帝对人总是公平的。”他说。

陈东升有着比大部分企业家更丰富的精神世界。在谈到他的经历时，他会在某个瞬间回到他“一生最美妙的时光中”去，那是他在武汉大学求学的四年，风华正茂、书生意气，那时候他觉得人生最大的梦想，是在武大当教授，有一艘小艇，“在月光下荡漾在东湖的湖心”。许多年后，他距离这个梦想已经越来越远，但这，却不可替代地成为他精神世界的重要组成部分。陈东升自我评价是一个书生气的人，他也强调自己的这种书生气在他的经历中、在商海中不断被磨砺，但本色未改。

采访中，陈东升被真正吸引的话题，是关于艺术的。这似乎是一个与保险毫不相关的话题，但如果你知道他是当今中国最大的拍卖公司嘉德拍卖的创始人、并至今担任董事长的话，那你对此就不会有丝毫惊讶了。当我提到嘉德时，他立刻陷入其中。“五千年中国的文化都经你手……”他眼中流露出的光彩显示出他对艺术的热爱。“当你站在一幅作品前，看到那些栩栩如生、精美绝伦的作品时，不管它的作者是八大山人还是宋徽宗，这个人仿佛仍然存在并且鲜活地站在你面前，不管它已经存在500年或者1000年或者更久远，那一刻，已经没有了历史和时间，时间和空间被浓缩成一个点，你就在那个时空交叉点上和古人交流……”“太愉快了，太美妙了……”当沉浸其中时，面对记者他几乎在喃喃自语。

一个可以让自己的精神肆意徜徉的艺术品世界，这就是陈东升的精神世界。艺术的熏陶以及他对艺术的感悟，让他身上显现出更多的儒雅之气。他说在自己老了时，也许会回到嘉德，因为“那是一个可以放置精神的地方”，但现在，在年富力强时，他选择了泰康。“我在今天的位置上对社会的贡献更大，你解决了16万人的就业，对1000多万个家庭承担责任，精神上的感觉是不一样的。”这是一个真正的企业家的事业和人生追求。

陈东升是一个对“事业”有着独到见解的人。他在以前接受媒体采访时就说过：“在我还没有创办企业的时候，大概在1992年、1993年，我看到过一个在深圳的同学，做股票，有2000多万的身价，相当于今天的2~3个亿吧，但他身边只有七八个人，我觉得，他虽然有钱，但他没有事业，他对社会没有贡献、没有影响。我还认识一个民营企业家在深圳办工厂，他从老家带去了200多号人，浩浩荡荡，他的钱虽不如我的同学多，但他有企业，有四五百号人，他对社会的贡献也更大。通过他们我得出一个结论：有钱不等于有事业，有事业一定不会缺钱。所以我坚定要做事业，做事业就是要把一个企业做好，解决庞大的就业，成为一个品牌，对社会有贡献，这样才能体现个人的价值。”

今天，他正是抱着这样一种“坚定要做事业”的信念，领导着这样一个16万多员工、860多亿资产的企业，向着更高的目标前进。

把能量蓄积下来

中国要强盛就必须有世界级企业

记者：您在1988年任《管理世界》杂志副总编辑时，就参考美国《财富》500强的排序方法，首创“中国500家最大企业”评价，在企业界影响深远；现在又领导泰康以进入“世界500强”作为企业的目标，在您身上似乎存在一种浓厚的“500强情结”？

陈东升：当年我在研究世界500强时发现，每个国家的世界500强企业数量与其国家的整体实力呈正比，我坚信一个国家的强盛就必定会表现为企业的强盛，中国要强盛，就必须有世界级的企业。我进行“中国500家最大企业”评价是中国第一次按照国际惯例对企业进行评级，“国际惯例”从此也成为一个流行语。有时一个词可以改变一个国家、一个民族。应该说从那时候起，500强就成为我的一个梦想，一种信念。

记者：您在2004年被美国《财富》中文版评为“年度中国商人”，您在接受其采访时，说实现“世界500强”的目标所需要的时间是15年，现在是否还这样认为？

陈东升：是，15年是一个大概的时间段，但并非没有根据，泰康依现在的方向走下去，按照行业规律和它的发展速度，会在10~15年的时间内达到世界500强企业的规模，乐观一些是10年，保守一些是15年。这基于两个判断，一个是有机会，这一点是对保险行业的判断，这个行业是高成长性的，有巨大的发展空间，如果我现在一直在经营嘉德，我就不会这样提；另一个是有信心，中国正在向一个消费型社会发展，政府现在提出的“建设和谐社会”的概念，其实是一个从“先富”到“共富”的转变，这种转变的结果，就是“中产阶级”的不断扩大，他们追求体面的职业、稳定的收入、美满的家庭、健康的体魄、充足的闲暇和周游世界，将成为这个消费型社会的主体。

记者：在消费特征上，您曾经提出过“新新三件”的概念?

陈东升：对。“老三件”是手表、自行车和缝纫机；“新三件”是彩电、冰箱和洗衣机；而随着中产阶级的兴起，中国已经出现“新新三件”，即汽车、住房和保险，保险在未来将成为一种生活方式。正是基于这样的判断，泰康人寿的客户定位于中国的中产人群，并倡导一种新生活理念。

不为上市而上市 利润达到10亿元是个指标

记者：您曾宣称“泰康是中国唯一敢于公开说自己没有呆、坏账的寿险公司”？

陈东升：这是一句公正话，也是一个得罪人的宣言（笑），我有必要做一个平反。应该说在1993年以前成立的金融公司都或多或少存在一些问题，这与企业机制有关，但在1992年允许成立股份制公司之后，很多问题都得到很好的解决和遏制，只要把握好就不应该出现类似呆、坏账问题，从1996年泰康成立开始，我们就坚持“专业化、规范化、国际化”之路，我们的宣言只证明我们在发展中把握得比较好。

记者：您在2002年的时候曾经组织自己的管理团队进入北大国际MBA班学习，这是否也是您追求国际化、规范化管理的一个举措？

陈东升：对，不仅仅那一批，至今我们已经举办了很多期MBA、EMBA学习，并且会一直搞下去，这已经成为泰康企业文化的一部分。

记者：现在是否有所受益？

陈东升：当然。现在在我们的管理团队中就形成了泰康特有的话语体系，就是“泰康文化+保险知识+MBA管理即专业化管理知识”，我的观点是，保险公司不仅仅是一个专业的金融公司，它还应该是和自来水公司一样是一个公共服务行业，所以这个行业需要的是高素质、高责任感、高专业化的人才，而我们的这些培训对于塑造这样一支队伍是非常必要的。

人才战略一直是我们泰康的核心竞争力所在。现在外资保险公司大批进入中国，他们第一个盯着要挖人的就是我们泰康（笑）。前些年，保险公司开始成立时，人寿被称为保险公司的黄埔军校，后来股份制公司并起，平安又被称为股份制保险公司的黄埔军校，现在我们很害怕泰康会成为外资保险公司的黄埔军校（笑）。

记者：也就是说泰康人寿利润再翻一番才可能达到你们的上市指标。除了利润，您认为让投资者认可保险公司最核心的价值是什么？

陈东升：股东组成的董事会，他们考核我们的核心价值，第一是总保费，第二是内含价值，第三是税后利润。而我们在业务管理中则会关注公司的资产结构、内涵价值、偿付能力水平和经济资本水平；内涵价值水平是保险公司上市股价的一个重要衡量标准，泰康人寿在业务结构上注重增加内涵价值高的资产，比如我们大力发展个险业务，关注保费总量、人力指标、内涵价值的协调发展。我们也是在保险企业里全面引进经济资本的风险管理，并引进经济资本参与业务战略规划的。

我一向的观点就是“不为上市而上市”，现在还是这个观点。上市的目的是什么？一是缺钱，二是要把企业变成公众企业，要成为一个真正的现代化公司。我们一直在按照一个现代化公司的标准来发展企业，在中国的金融业第一个引进独立董事制度，第一个引进外资等等，都在向一个国际化的现代化的公司靠拢。

记者：泰康人寿与同时成立的其他保险公司相比，抓住了哪些机会？

陈东升：泰康人寿十年前率先进入保险市场，我们抓住了低成本扩张的机会。随后泰康人寿坚持稳健经营和专业化的发展，没有进行多元化发展，目前我们仍是一家专业的人寿保险公司。资产管理业务是现代保险业的生命线，保险资金的负债性质决定了资产配置，我们抵挡了多元投资的诱惑和带来的风险性，我们认为一个在债券市场做得成功的保险公司才是明智的，所以泰康人寿投资债券的比例相对较高，从已实现投资收益加上账面浮盈收益看，泰康人寿投资水平一直在业内名列前茅。

泰康人寿在不同发展时期推出不同市场营销观念，今年泰康人寿已转变观念，准备拓展西部地区和农村市场。2006年末、2007年初，我们在内蒙古、甘肃、贵州的三家分公司相继开业，表明对西部地区的保险机遇充满信心。

赢利后要把能量蓄积下来

记者：从1996年到今年，泰康人寿正好走过了11年。860亿资产，1300万客户，这两个庞大的数字，换成谁都很受用。

陈东升：在金融企业里，这样的规模还只能算“小弟弟”级别。资本短缺是每一个金融家永久的痛。金融企业是做钱生意的，没有大本钱做不了大生意，对于保险公司来说，偿付能力是前提，其意义相当于银行的资本充足率。假设一家保险公司做到10000亿的规模，他就必须对应至少400亿的资本，否则偿付能力就有问题。

记者：连续几年，您不断地说服泰康人寿的股东，虽然赢利，但先别分红。

陈东升：我想把能量蓄积下来。没有办法，做企业，就是一个“不归路”的游戏。不过，现在握在股东们手中的股份，显然越来越值钱，谁都愿意和我一起把这个游戏“玩”下去。

平均保费含量合理最重要

记者：炒股的人都知道“市盈率”。听说您对市盈率有一个自己的理解？

陈东升：我的理解简单得不能再简单——如果一个上市公司有20倍的市盈率，你愿意买它的股票，这就意味着，你先把它20年的赢利“买”回来了。市盈率越高，只要你愿意持有，就说明你对这个企业的未来越有信心。但对企业来说，越高的市盈率，应该意味着越沉重的压力。如果是50倍市盈率，企业就要为投资者打50年的工。所以，我在泰康人寿已经提出的一个概念就是做“资本节约型”公司。我认为这是一个综合效率的概念——人家一个月卖两张保单，你才卖一张，可是你卖的这一张是

3000元保费，人家两张加起来才2000元，那么你的保单成本就比别人低，“件均”保费含量就更合理。

还不止这些，保险公司的投资回报、管理能力都对“资本节约”有重大意义。其实保险公司风险最大的并不在偿付，而是在投资这一块。如果投资水平不高，再怎么“节约”都无济于事。而我手下的投资团队，确实也对得起我的这个理论，多年来泰康的投资回报率一直处于领先地位。

用六个职业解决就业问题

记者：有时候，一些保险公司的头面人物动不动爱把“提高营销员地位”挂在嘴上，您好像对此一直很客观？

陈东升：不一定要把保险营销员定位得太高，发展需要一个过程。西方社会刚有保险那会儿，营销员也像卖萝卜、白菜一样卖保险，卖到一定阶段“卡”住了，熟人都卖完了，他却不知道怎么服务陌生人。但现在，美国社会判断中产阶级的标准之一，就是有没有“六个人”为他服务，其中一个就是保险代理人，成功的保险代理人已经成为一个高收入群体。

除了保险代理人，我说的“六个人”还包括律师、会计师、医师、汽车销售代理人和房屋销售代理人。十年后，这六个职业会成为中国就业量最大的职业。换句话说，怎么解决就业问题，国家要让这六个职业的从业人数扩大化。所以，如果你有朋友担心以后就业难，让他赶快挑这几个职业来做吧（笑）。

商业是一个了不起的学科

记者：一个比较私人的问题，如果有一天您不再从事保险行业，您会选择做什么呢？

陈东升：教书，或者社会公益事业。

记者：回到你大学时代的梦想中去？

陈东升：（笑）其实我现在对商业有许多思考，我觉得商业是一个了不起的学科，它应该和哲学、文学等学科一样重要。

事实上，真正的商业开始于300多年前的工业革命之后，此前，在世界历史的范围内都只有哲学家、文学家、政治家等家，独独没有企业家。

从这个角度我们去看待现代文明的历史，其实就是一部经济发展史，而经济发展的历史其实就是一部企业史，企业的历史就是一部企业家史，这部企业家史的核心就是企业家精神，而这个精神的核心呢？就是创新精神。我经常会做这样一些思考，并希望与人分享，所以我希望站到讲台上去（笑）。

（记者 李强）

楚天金报

■2010年3月10日

他是具有时代意义的企业家，他是公认的"鄂商领袖"——

陈东升：从评500强到创500强

最早践行现代企业制度

湖北泰康有"特殊地位"

"找最好的葫芦画最好的瓢"

陈东升：
从评500强到创500强

在北京，1957年生于天门的陈东升，是大家公认的鄂商领袖。他是中国现代企业制度的最早实践者之一，他创办了泰康人寿等几家中国一流的大企业，长期以来，他一直活跃在中国经济的最高舞台上……因此，陈东升也顺理成章地成为首届北京湖北企业商会会长。

最早践行现代企业制度

2月底，在亚布力中国企业论坛上，陈东升与马云、柳传志、王石等十人一道被评为"中国最具思想力企业家"。这一荣誉对于陈东升来说是实至名归，他从来就是公认的学院派企业家。

早年，他的理想是做一名学者，而不是商人。上个世纪70年代，当陈东升还是湖北天门的一名初中生时，他就对外面的世界充满了兴趣。恢复高考后，陈东升于1979年考上武汉大学，就读政治经济学专业。

武汉大学毕业后，陈东升分配到北京，如愿就职于当时的对外经济贸易合作部国际贸易研究所。在研究所工作时，陈东升大量阅读西方书籍和杂志，开拓了自己的视野。在国外刊物中，当时他最感兴趣的是《财富》搞的世界500强排行榜。

1988年，陈东升到国务院发展研究中心下属的《管理世界》杂志任副总编辑。他上任后，做的第一件事就是参考《财富》500强排序的方法，在国内进行500家大企业评选，这是陈东升开创的一个全国第一。

通过“500强”排序，陈东升的心头已经开始燃起创业的激情。

那时候陈东升就已经意识到，中国会进入一个经济复兴的时代，办企业、开公司会成为一股巨大的经济浪潮。他梦想自己也能创办一家“500强”企业。

1992年，是中国经济发展中划时代的一年。在陈东升眼里，那一年中国发生了两件大事：邓小平南巡讲话和政府允许成立股份公司。这让陈东升等一大批嗅觉敏锐的人激动不已，他决定下海从商。

后来陈东升发明了一个词：“92派”，指的是当年受南巡讲话影响从政府机构、科研院所下海的企业家群体。其中的代表人物有陈东升、田源、毛振华、冯仑、潘石屹、易小迪等，他们是中国现代企业制度的最早实践者。

“找最好的葫芦画最好的瓢”

1992年，当时35岁的陈东升同时递交了两份申请，一个是申请创办嘉德拍卖行，另一个是申请经营人寿保险业务的执照。

之所以创办拍卖行，是因为当时陈东升从报纸上看到一则消息，说“中国5000年的文化悠久灿烂，却没有一家艺术品拍卖行”，而他经常从电视新闻看到国外大拍卖行举行拍卖的场景，那让他很神往。

1993年5月，陈东升如愿以偿，中国嘉德国际拍卖有限公司顺利获准创立。这是中国第一家有国际拍卖概念的拍卖公司。后来，嘉德成为中国最大的艺术品拍卖公司。

然而，真正让陈东升充满激情并全身心投入的事业是人寿保险公司。不过，保险公司获批已经是1996年的事情了。

在研究“财富500强”时，他发现其中有不少保险公司；他出国访问时，也看到不少摩天大楼是保险公司的。因而陈东升当时想，保险公司可以做成一个企业巨擘。

1996年8月，泰康人寿终于获准成为《保险法》颁布后的中国第一批股份制保险公司。从那时起，人寿保险就成为陈东升的事业中心。

尽管创办保险公司前，嘉德拍卖3年的创业历程，已经让陈东升从一个学者转型为一个商人，但当他拿到保险牌照时，发现自己仍然是一个没有任何实践经验的学生。

陈东升找到一个捷径——学习并模仿国外保险巨头上百年积累的先进做法。几年时间里，陈东升先后走访了数十个世界顶级的跨国保险金融集团。从公司架构、营销模式等，陈东升都引进了国际一流公司的经验。

由此，他的两句经典名言也在中国管理界广为流传：“创新就是率先模仿”、“找最好的葫芦画最好的瓢”。

泰康站在了高起点上。与此同时，陈东升并没有放弃创新。2002年，他一举打破保险业“一张保单只能保一人”的传统做法，率先在全国推出“一张保单保全家”的家庭保单。

努力创办世界500强企业

在中国寿险市场，泰康人寿市场占有率已经连续多年稳居第四位。而且现在，泰康人寿正在“坐四望三”。

陈东升指出，2009年对于泰康是很艰难的一年。在这一年泰康顽强地实现了结构调整，目前，泰康人寿个险万能产品占比已下降到25%，银保产品成功实现从投连到分红产品的转型，分红险占比为76%。在加快转型的同时，继续保持业务稳健发展，个险、法人、银保、续期、创新和健康险等各业务线均全面实现正增长。

在中国寿险市场，中国人寿、平安人寿两家巨无霸公司属于第一梯队，2009年它们的市场占有率分别为36.23%、16.24%。排在第三位的太保寿险市场占有率为8.3%，保费规模为675.76亿元；泰康人寿紧追其后，2009年保费规模为670.11亿元。

另外，在2009中国企业500强名单中，泰康人寿已跻身前100名。陈东升说：“泰康人寿已经是一家大型保险公司。”

陈东升正朝着他“世界500强”的梦想一步一步迈进。他说，中国保险业在相当长时间里将保持高于GDP的发展速度，我们只要不犯历史性错误，那么成为国际一流企业，进入世界500强就是必然的结果。

坚守寿险“金融窄带”

稳健是陈东升的另一个特点。在大企业争先恐后上市融资的时候，陈东升不慌不忙，静待最佳时机；在保险公司纷纷集团化，或者涉足其他金融产业的时候，陈东升坚持专注于人寿保险。

近年来，陈东升将给市场带来的最大悬念是：什么时候带领泰康人寿上市？然而他似乎并没有急切上市以迅速膨胀的欲望。

外界普遍认为，泰康的上市进程相比其他同时期成立的公司会较快一些。陈东升也显得颇为自信：“如果要上市，我们的条件是最好的，连续5年盈利，且盈利的规模也非常好。”

但他同时称，上市一定是一个理性的行为，泰康目前的偿付能力很充足，没有资本上的压力。“在公司更成熟、更有力量时上市会更好些。”

在“金融宽带”已成流行的趋势下，陈东升则有一种执拗，他要坚守“金融窄带”，坚持泰康以寿险为核心的纯粹专业化经营，未来十年的新战略是深耕寿险产业链，发展养老产业和医疗产业。

陈东升表示：“进入养老领域，是泰康人寿未来发展的核心战略之一。”

为了建成中国最好的养老社区，陈东升已连续三年出国考察，考察地区从美国市场直到欧洲小镇。他认为，养老事业是最适合人寿保险公司延伸产业链的一项业务，也是中国未来老龄化社会问题日趋严重时最有价值的商业机构。“随着中国老龄化社会的到来，以及对和谐社会和民生的关注，养老将成为未来社会的大问题，而商业保险作为社会保障体系的三大支柱之一，应该发挥积极的作用。泰康要走专业化道路，就是要走延伸寿险产业的产业链。”陈东升说。泰康人寿已经成立了一家泰康之家管理有限公司，将为养老院提供管理服务。

对于人寿保险市场的发展，陈东升一直充满坚定信心，因为在他眼里，保险业不仅是金融业，也是消费业。他认为，现代社会的“三大件”，是买车、买房、买保险，保险业满足消费者对于安全和健康的消费需求。

（记者 张阳春 李昌建 乔奇）

A 艺术·感悟

Artist of mind

艺术，是陈东升的浓厚兴趣和爱好，也是他心灵的“归宿地”。陈东升说，每每做企业比较疲倦或不开心的时候，他都会来到嘉德，在艺术的汪洋大海中任思绪纵横驰骋。

在这里，我们看到了一个金融企业家感性、率真的一面。

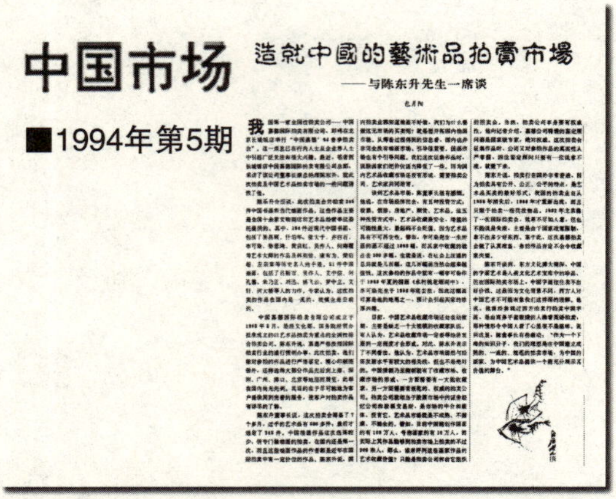
中国市场

■1994年第5期

造就中國的藝術品拍賣市場

——与陈东升先生一席谈

■ 点评：

初创嘉德拍卖之时，陈东升对艺术的了解或许还很模糊，但他的艺术理想却无比清晰：在中国建立成熟、一流、规范的拍卖市场，为中国的艺术家、艺术品提供充分展示价值的舞台。

造就中国的艺术品拍卖市场

——与陈东升先生一席谈

我国第一家全国性拍卖公司——中国嘉德国际拍卖有限公司，即将在北京长城饭店举行“中国嘉德94春季拍卖会”。这一消息已在行内人士及企业界人士中引起广泛关注和很大兴趣。最近，笔者到长城饭店中国嘉德国际拍卖有限公司总部，采访了该公司董事长兼总经理陈东升，就此次拍卖及中国艺术品拍卖市场的一席问题请教了他。

陈东升介绍说，此次拍卖会共拍卖245件中国书画和当代油画作品，主要由全国十余家文物商店和艺术品经营单位委托提供。其中，194件近现代中国书画，包括了吴昌硕、任伯年、张大千、齐白石、李可染、徐悲鸿、黄宾虹、吴作人、何海霞等艺术大师的作品，及林则徐、康有为、梁启超、左宗棠等历史名人的手迹。51件中国油画，包括了吕斯百、吴作人、艾中信、何孔德、朱乃正、刘迅、杨飞云、罗中立、艾轩、何大桥等人的力作。专家认为，这次拍卖的作品在国内是一流的，规模也是空前的。

中国嘉德国际拍卖有限公司成立于1993年5月，是经文化部、国务院经贸办批准成立的以艺术品拍卖为重点的全国性综合拍卖公司。

陈东升说，嘉德严格按照国际拍卖行业惯例办事，此次拍卖除对参拍的作品进行严格鉴定、精心印制图册外，还将选择大部分作品到上海、深圳、广州、海口、北京等地巡回展览，此举在国内尚无先例，目的在于尽可能地为客户提供周到完善的服务，使客户对拍卖作品有详尽了解。

陈东升董事长说，这次拍卖会筹备了七个多月，过手的艺术品有500多件，最后才选定了245件，中国油画作品这次选得较少，但专门做油画的拍卖在国内还是第一次，而且这些油画作品的作者由于近年在国际拍卖中有一定价位的作品。

陈东升说，国内拍卖业都知道油画不好做，我们为什么要做这无市场的买卖呢？就是想开拓国内油画市场，从筹备过程得到的信息看，国内也并非完全没有油画市场，引导很重要，国画市场也有个引导问题，我们这次征集作品时，说服画家们把价位适当降低了一些。因为国内艺术品收藏市场还没有形成，需要拍卖公司、艺术家共同培育。

谈到艺术品市场，陈董事长很有感慨，他说，在市场经济社会，有五种投资方式，股票、债券、房地产、期货、艺术品。这五种投资方式中，艺术品收藏最安全，增值的可能性最大，最起码不会贬值。因为艺术品具有不可再生性。譬如，李可染先生一生所画的画不超过1000幅，而其家中收藏的就占去300多幅，也就是说，在社会上流通的总共就是几百幅，这几百幅画当然会越来越值钱。这次参拍的作品就有一幅李可染作于1989年夏的国画《水村桃花烟雨中》，李可染先生于1989年底去世，因此这幅画可算是他的绝笔之一，预计会引起买家的浓厚兴趣。

目前，中国艺术品收藏市场还处在幼稚期，主要是缺乏一个大规模的收藏家队伍。有人认为，艺术品收藏市场一定要等经济发展到一定程度才会形成。对此，陈东升表示了不同看法，他认为，艺术品市场固然与经济发展水平有较大的相关性，但也不是绝对的。中国清朝乃至隋朝就有了收藏市场。

收藏市场的形成，一方面需要有一大批收藏家，另一方面需要有规范的、权威的拍卖公司，拍卖公司就相当于股票市场中的证券经纪公司和股票交易所，是市场的中介和载体，没有它，艺术品市场就是不成熟、不健康、不健全的。譬如，目前中国能创作国画的有100万人，号称画家的有10万人，而实际上其作品能够到拍卖市场上拍卖的不过200来人，那么，谁来评判这些画家作品的艺术收藏价值？只能是拍卖公司和由它组织的拍卖会。

当然，拍卖公司本身要有权威性，他向记者介绍，嘉德公司聘请的鉴定顾问都是国家级专家，绝对权威。这次拍卖会征集作品时，公司又对参拍作品的真实性从严掌握。四位鉴定顾问只要有一位说拿不准，就撤下来。

陈东升说，拍卖行在国外非常普遍，因为拍卖具有公开、公正、公平的特点，是艺术品买卖的最好形式。我国的拍卖业自从1955年消失后，1988年才重新出现，而且只限于拍卖一些罚没物品。1992年北京搞了一次国际拍卖会，效果不尽如人意，但也不能说是失败，主要是由于国家政策限制，拿不出多少好东西。鉴于此，这次嘉德拍卖会做了认真准备，参拍作品肯定不会令收藏家失望。

陈东升谈到，东方文化博大精深，中国的字画艺术是人类文化艺术宝库中的珍品。但在国际拍卖市场上，中国字画往往卖不出好价钱。这是因为文化背景不同，西方人对中国艺术不可能有像我们这样深的理解。他说，他曾经参观过西方拍卖行的拍卖中国字画，是由高鼻子蓝眼睛的人操着英语拍卖，那种情形让中国人看了心里很不是滋味。

说到这里，陈董事长有些激动：“作为一个下海的知识分子，我们的理想是在中国建立成熟的、一流的、规范的拍卖市场，为中国的画家、为中国艺术品提供一个能充分展示其价值的舞台。”

（记者 包月阳）

创中国在世画家作品最高拍价

——嘉德公司创办人陈东升专访

中国嘉德国际拍卖有限公司的起步在一定程度上代表了中国艺术品市场发展的缩影。尤其令人瞩目的是：他们对当代在世画家的关注。1994年陈逸飞的《山地风》被拍到286万元，1995年秋季刘春华的《毛主席去安源》拍到605万元。为了使广大读者了解拍卖过程，本刊社长专程访问了嘉德总经理陈东升先生。

邵忠（简称“邵”）：我想先请您介绍几家在中国较有影响、有地位的拍卖行；其次，谈谈这些拍卖行各自有些什么样的不同特点。

陈东升（简称“陈”）：中国艺术品市场是从1990年代起步，1992年北京搞了一次文物拍卖节。第一次尝试，市场很沉寂。1993年底朵云轩做了第一次书画拍卖，成交额大约是五六百万港币，感到很成功。1994年春天嘉德搞了一次拍卖，这一年我们的成交额在7000多万元，对中国艺术市场的启动起到很大的推动作用。当时中央电视台的一位记者这样说：嘉德的一声槌响，意味着将形成北京、纽约、香港三大中国艺术品拍卖中心。当时还以为这个预言太理想化，谁知短短两三年时间，中国的拍卖行竟有上千家，约有70多家初具规模。主要集中在北京的有：中国嘉德国际拍卖有限公司、北京瀚海艺术品拍卖公司、荣宝艺术品拍卖公司和盛佳艺术品拍卖公司以及其他地方如上海的朵云和四川的翰雅。它们的特点有两类：第一类是作为企业自身形成的风格。比如嘉德的特点是主要由年轻人组成，管理很规范、品种丰富、创新意识强，在中国拍卖业有很多创新，如拍卖善本书、举办大收藏家个人专场拍卖会，珠宝拍卖在国内也由嘉德首创。第二类型拍卖业的风格是政府以政策管理形式定位形成的特点。国家文物局今年批准的六家有文物拍卖权的拍卖行是瀚海、嘉德、翰雅、盛佳、朵云、荣宝。综合性的拍卖行有三家，即瀚海、嘉德和翰雅。这就是政策上的定位形成的不同特点。

邵：中国的文物可谓丰富之极，里边的学问也非常艰深，即使某一位专家深入其中也是仅仅针对某一项，比如古董专家、瓷器专家等等。您作为一位学经济出身的，怎么想起来做这一行业？

陈：说来话长，改革开放的浪潮，使得人们开始分流。有的人继续做官，有的人出国留学，还有的人按自己的概念办企业。我当时的一句话是：我们用市场经济的雷达，去扫描计划经济的大地，去看看哪儿有网点，率先抢占制高点。我们多年来的计划经济把很多产业从根子上给消灭了，就别说找人才了。我大学毕业分配到经贸部，然后又到国务院农业发展研究中心。记得是1991年，有个朋友拿了份《羊城晚报》，上边有个小社论，标题是“中国呼唤首饰品”，我浏览过后，他说“搞一个拍卖公司”吧！我想，虽然我不懂，但别人也不懂。创办嘉德就这么个概念。1991年开始筹办，到1993年批下来，我只知道傅抱石、潘天寿。世界上有佳士德和苏富比，并且知道他们拍卖只收卖方买方10%的佣金。这其中走了很多弯路，也吃了不少苦头。

邵：“嘉德”这个名字很好，您是怎么想起来起这样一个名字？

陈：这有一些偶然性。当时拟定的名称是“中国文化艺术品拍卖公司”，英文缩写拼成汉语的谐音就是“嘉德”。一天晚上，我和一个从哈佛毕业的博士（后在国外的一家银行做高级职员），相邀在东单的一个酒馆喝酒，由英文缩写到找汉语的谐音，就这样“嘉德”就出来了。后来有人说是不是抄袭“佳士德”，可对天发誓，我那时只知道“克里斯蒂”而不知道香港译为“佳士德”。

邵：那么，您从对艺术品所知无几到成为一家拍卖公司的总经理，给您最深的感受是什么？您是不是要花很多时间去研究呢？

陈：这是一种很富于挑战性的活动，每天和艺术家打交道，和新贵旧僚谈艺术收藏，通过对艺术品的征集，看到很多家庭文化的积累。接触大量的艺术品，不懂就去问去查书。这真是一个教会人懂艺术的大学校。

邵：我看你们很注意地址的选择，如北京、广州拍址都是高级酒店，是不是试图做一些很高雅的气氛？

陈：搞艺术品拍卖，选址很重要，嘉德在北京，真是得天独厚，若是放在外地就会很差。不仅北京是中国的心脏，有深厚的文化基础，更重要的是有一大批鉴定专家，为艺术品的鉴定提供了坚实的学术保证。

邵：每一批拍品选择的流程是怎样的？

陈：一般分为三个层次：第一步是文物鉴定员看，第二步是拍卖行的集体成员看，第三步是由专家看。

邵：这样是不是就避免造假和赝品进入流通呢？

陈：各个行业都有假。哪个行业敢说自己这个行业假冒伪劣消逝了！就艺术品来说，杜绝赝品的最好办法没有，但最优的办法就是拍卖行。拍卖行的所有过程都是透明的，一举一动都为人们盯着。拍品在拍卖前一个半月必须印出来，送到世界各地的收藏家手里，接着再拿拍品去巡展，最后在拍卖前展览三天，让各类型的人来品头论足。这种高透明的方式，不是最有效的杜绝赝品的方法吗？近200多年来国际上的拍卖业那么红火，就是因为它是最优的杜假方式。

邵：杜绝赝品和拍卖业的信誉密切相关，和做别的中介生意是一样的。那么，艺术品的价值往往不同于一般的商品价值。拍主把作品放在你们这儿不怕遗失、损坏、替换吗？

陈：这就说到艺术品拍卖业的高度信誉垄断问题。我们信誉一旦树立起来，就是一笔巨大的财富。它反映了拍卖业的鲜明特征。看起来拍卖业是玩空手道，无本万利，实际上是很难的，让买家卖家都信任你，让做伪做假者永远待在拍卖之外，是很不容易的。

邵：刚才您说了，谁也不敢说绝对没有赝品，那么假如你们拍了赝品怎么办？

陈：这涉及谁来鉴定某幅作品是真是假的问题。我们的处理方法是：第一，在拍出去一个月之内；第二，证明此作为假必须有国家文物局鉴定委员会的委员出具的书面证明。两个条件都符合，我们准予退件。这也是嘉德率先采取的措施。

邵：最后，我想请陈先生介绍一下拍价怎样进行的。

陈：第一步是底价的确定，这是核心，一般由拍卖行与拍主共同商定，这方面拍卖行是很有发言权的，我们知道市场状况；同时，底价也是保密的。然后是起叫价。起叫价一般在底价的下边，低于底价的20%~40%。如果某幅作品的底价是10万元，那么一般起叫价是6万或8万元。最后一个叫价叫做落槌价。这还不是成交价。成交价还包括落槌价加上落槌价的10%的佣金。

（记者 邵忠 达方）

IT经理世界

■2004年6月

■ **点评:**

在798艺术街区老建筑是否拆除的争论中，陈东升在北京市政协会议上，大声呼吁保护798，是推动政府保留这一艺术区的关键人物之一。当该提案被通过后，陈东升笑了，带着他平日一贯的儒雅内敛，也带着一丝纯真。从生意到内心深处的初衷，艺术已经成为基因沉淀在他的身体里、思想里，无法抹去。

陈东升的艺术自白

我不是贵族出身，但却可以整日和高贵的艺术藏品打交道，这不是造化又是什么？

从1996年创办泰康人寿保险股份有限公司以来，为了全神贯注地做好泰康，嘉德拍卖行的创办者陈东升在公开场合一般只谈保险和金融，不再谈艺术。直到最近，他忽然又来了精神，开始极力谈艺术谈文化，谈北京市文化产业的定位和发展。而最让陈东升有表达激情的，就是他努力保留下的798艺术街区。

超乎商人的意义

名噪一时、被《纽约时报》称为中国SOHO的798艺术街区，是位于北京市东北角大山子地区的原代号798厂的建筑群。政府起初想把这片旧建筑群拆掉后建成现代化的大型电子城，而在这里生活和工作的艺术家、设计师、画廊和公司老板们当初签下的租住协议到2005年底就到期了，798以后的命运一直都没有明朗。

2003年“非典”期间，陈东升在798与时态空间画廊老板、被公认为798最具代表性的商人徐勇第一次会面。“非典”的特殊性，使人们开始用一种缺失已久的心态去关注周边事物——陈东升被798巨大的德式厂房建筑所吸引，也看到了这片见证了建国50多年历史的文物的价值。“比起我钟爱的中国书画，我对前卫艺术相当陌生，但我明白这种集聚人气的厂房仓库从一个层面印刻了中国当代艺术文化的发展轨迹。”他本来想在这里凑热闹租间仓库做办公室，没想到徐勇无奈又绝望地说没地方了，因为798就快拆迁了。

比徐勇更加失望的是2003年刚被选为北京市政协委员的陈东升，就在“非典”前召开的政协会议上，他还提过加强北京市文化产业建设的议案，但没什么反响。在2004年3月召开的政协会议上，他再次提交了一份提案，这一次明确倡议保留798艺术街区。

终于，经有关部门确认，798厂建于1953年，至今已经有超过50年的历史，属于文物，798艺术街区终于逃离了被拆迁的命运。虽然这片街区还存在着产权、租赁等一系列敏感问题，但起码有一点可以确定，就是这里将继续演绎着它历史与前卫、厂房与文化兼容的传奇。

798这件事让近年来一心一意做企业的陈东升有点兴奋，“798的保留表明我在影响社会，这种影响是脱离商人意义的影响。”仿佛在追求内心初衷的陈东升笑了，这笑有着他平日一贯的儒雅内敛，也带着一丝纯真。

陈东升认为，政府之所以改变规划保留798街区，他在今年政协会议上的精彩发言功不可没。陈东升说话一向简洁，当年办嘉德时只说了一句话：“要做中国的索斯比。”嘉德争做中国最规范最大的拍卖行的形象就树立起来了，这次发言他依然只围绕一句：“北京要做东方的巴黎和中国的百老汇。”要成为博物馆、文艺演出、影视制作、艺术品拍卖四大中心，并把798建设成现代艺术家和前卫艺术的集散地。

陈东升的发言得到了热烈的掌声，会议一结束，几十名委员跟着他去798转了一圈，实实在在地感受到保留北京的历史尤其是文化历史的重要性。

他的办公室里挂着一幅绘于1912年的北京内外城地图，他常常站在这幅图前遐思。20多年的京城生活已经使他变为一个地道的北京人，他怀念西单的熙熙攘攘和王府井的叫卖吆喝，现在宽大的马路和高耸的楼房让他觉得“号称有3000庙宇的北京城已经丧失了很多独属于它的韵味”。

生意改变生活

陈东升坦言，艺术是他一生都无法割舍的东西。“我不是贵族出身，但却可以整日和高贵的艺术藏品打交道，这不是造化又是什么？”

陈东升毕业于武汉大学，是个经济学博士，做过研究员，当过杂志副总编。一切都顺风顺水时，他辞职不干了，靠着人脉关系拉来了2000万元赞助成立了嘉德公司，做起了艺术品拍卖。与此同时，他也一直抽时间研究国内的寿险市场。艺术品拍卖和人寿保险都是国际市场成熟而国内市场空白的产业，完全因为生意而起的对艺术的关注却从此改变了他的生活。

泰康大厦11层空间充裕，两面墙壁上挂着绘画作品，前台背后的大片空间只摆放着一架考究的古董钢琴。站在这个楼层，人们会误以为自己来到了艺术展。

和很多人猜想的不同，靠着嘉德的便利条件的陈东升自己很少收藏艺术品，他更想让艺术品能落落大方地展示给大家欣赏。

在陈东升看来，"最不和谐的就是最和谐的"，所以他欣赏798里徐勇的创意——完全保留东德风格的建筑，保留工厂原有的机床、刨床、石磨盘，这些东西和标语、烟囱、鼓风机相配合，再在其中开设前卫艺术的画廊，别有一番感觉。

陈东升工作和生活的地方都会留出足够大的空间，在最现代的家具当中突出中国艺术的重心。他的办公室里摆的是意大利家具，也挂着傅抱石黑白相间的《晋贤酒德》。他家里有着和办公室一样的白色围墙和木色地板，很高很空旷，就像展厅，为的是能挂起一幅当代画家的油画作品。

陈东升有一幅当年用44万元竞拍得来的陈逸飞的《周庄情怀》，他对这件作品很得意："陈逸飞每年都有新作，靠买他的油画赚钱并不容易，但这幅作品画出了水乡复杂的层次，今天最保守的估算，底价也该有80万元。"

陈东升为了在内地推出画人物肖像出身的陈逸飞，建议他更换题材，正好画家本人也有这个想法，于是1994年嘉德秋拍上，陈逸飞描绘西藏人民生活的《山地风》以286万元人民币成交，当时创下了陈逸飞油画作品的最高价。有意思的是，当年合资购买此画的是四名券商，其中一位没能抵挡住艺术的吸引力，改行开了家画廊，现在几个价位渐长的年轻画家都出自他的包装。

陈东升从这个券商身上看到了自己的影子，和此人一样，艺术已经成为基因沉淀在他的身体里、思想里，抛也抛不掉。每次去国外出差，只要有一点空闲，他首先想到的就是去参观当地的博物馆。

大都会博物馆之梦

陈东升最喜欢的除了百老汇的经典剧目外，就是纽约大都会博物馆"呈现着五千年世界文化"的艺术品。

当陈东升第五次来到大都会博物馆时，依然能够感受到它的巨大吸引力。做拍卖之前，他和北京国际艺苑美术基金会主席、画家刘讯及两名房地产商曾讨论过要建立北京自己的大都会博物馆。因为各种原因这个计划一直没做起来，但陈东升却一直坚持着类似的高起点，比如他在嘉德设置了由故宫著名鉴定专家组成的鉴定委员会和由知名画家、评论家组成的艺术委员会，让一般的拍卖行难以望其项背。

陈东升对一些好心的企业家不定时不定期地资助各类画展的做法不置可否，他认为善良成就不了品牌。从2003年开始，他把泰康大厦11层近1000平方米的多功能厅改造成专门展示前卫艺术的“顶层空间”，并请来资深策展人进行管控。

做生意深谙一步一个脚印的陈东升，做博物馆也晓得从树立品牌做起，他规定顶层空间一年只做六次展览，并只展出当代最新的前卫艺术作品。

陈东升在顶层空间“神游六人摄影展”上溜达着，看到冯海镜头前的才子佳人，他认为这是“中国艺术中古典气质在当代艺术中的自然流露”；而在孙红宾一组名为《夜景》的作品前，听到策展人讲述作者采用了两秒钟曝光时间才使画面明亮如昼时，他有些自嘲地笑了。他说，他以前一直都把这“夜景”看成是白天！他给自己下了一个台阶：“其实艺术家就是传达感受。”

陈东升笑着抱怨道，他自己的感受一点也不比艺术家少，可惜无法以作品的形式表达出来。“我第一次乘飞机经过芝加哥时，本来坐在窗口一直都看着外面黑乎乎的，忽然天就亮了，原来是芝加哥的辉煌灯火把云都照透了。那景象非常奇妙，我要是艺术家一定会找到灵感创作出一幅了不起的作品。”

说到感受，陈东升最难忘的是1984年的一次经历。那年他27岁，还是个浪漫的年轻人。国庆那天，他和10万名年轻人一起参加了天安门广场的庆祝舞蹈活动。“10万人啊，下午4点进场，晚上12点开始退场，我是凌晨3点最后一个离开的。突然起风了，一瞬间非常多细密的白纸屑在一米高的空间内飞舞、翻滚，那场面甚至可以用壮观来形容。如若体现在作品里，可以是狂欢后的静谧，也可以是喧嚣后的沉静。”陈东升一直纳闷怎么没有人画天安门，大概是想通过别人的感受来对比自己的感受吧。

有时，顶层空间一些另类奇特的行为艺术甚至连陈东升自己也无法完全理解和接纳，但他肯定这些前卫艺术的存在，因为存在总是有其存在的理由，就如同大都会博物馆，里面不仅展出华丽的欧洲艺术品，还有来自埃及、印度、中国等世界各地的艺术品，自豪地供游人观赏。

承认并欣赏艺术的多样性是大都会博物馆的特色，肯定并保留从古至今中国的每一种艺术形式是陈东升的追求，也许大都会博物馆永远是他内心最深处的梦想，其中包含着他在生意之外最重要、最无法割舍的艺术情结。

（记者 闫文健）

经济观察报

■2006年5月8日

陈东升：嘉德之后，顶层空间

经济观察报增刊

■ **点评：**

尽管陈东升多年来一直畅游在保险业，但他却从未真正离开过嘉德，顶层空间就是他“嘉德情怀”停靠的港湾。他不止一次的说过：老了会回到嘉德去，那里是能让他内心平静的地方。

陈东升：嘉德之后，顶层空间

“见画如见人。左边是宋徽宗，右边是八大山人，前面是文徵明，自己在中间跟他们对话。没有三维空间四维空间五维空间，没有历史和时间，时间和空间都在你身上被浓缩为一个点。有这样三位不同朝代的人物陪着你，你的感觉会是什么？”陈东升问记者。在泰康人寿保险公司大楼顶层空间的会客室里，记者的左边是陈逸飞，右边是边平山，前面的窗外则是黄色浮尘中的北京城。

又是宋徽宗又是八大山人又是文徵明的场景其实常人很少会遇见，倒可把它作为嘉德这家中国最著名的传统和现代艺术品拍卖公司创办人的夫子自道。当然也可以把宋徽宗、八大山人、文徵明等人换作莫奈、梵高或者伦勃朗之辈，但对陈东升来说，“就没有那种感觉了。作为中国人，肯定是和中国文化更接近。西方的东西，总是隔了一层。”

这些话很好地解释了陈东升离开嘉德、创办泰康人寿保险公司后，在泰康大厦11层开设顶层空间的动机。顶层空间专营中国当代艺术，目前共做了十多次展览，现在展出的是洪浩和颜磊的《泰康计划》，这幅大型作品由大幅油画和两份人寿保险单原件两部分组成，其中画面左面2/3是放大的梵高的《阿尔的医院病房》，作为再创作的作品，艺术家洪浩和颜磊头缠纱布的身影也出现在画面中。这种表达方式跟陈东升本人的审美趣味相去甚远，但陈东升反复强调顶层空间的建立更多出于对当代艺术的责任感和对泰康这家金融企业的形象提升。

嘉德的拍品以传统和现代书画见长，对当代作品也有很深的涉猎。陈东升特别提到栗宪庭、殷双喜等人组成的专家委员会，这些都是最早在中国倡导当代艺术的批评家。受他们影响，陈东升很早就对中国当代艺术留下很深的印象。但他在嘉德之时，当代艺术在国内还相当边缘化，大量优秀作品被外国藏家买走，仅时任瑞士驻华大使的乌利·希克一个人的藏品便足以开设一家中国当代艺术博物馆。虽然希克出身富豪，极富实力，但真正促使希克大量收购中国当代艺术作品的原因仍在于他的预见性眼光。陈东升是“92派”（指1992年从体制内向商界移动的那一批人），理想主义色彩浓厚，对中国作品大量被境内外藏家低价收购不免耿耿于怀。恰巧当时北京最早的画廊开在皇冠假日酒店，由于没有明确的主题和定位，渐渐沦为场地提供者，失去画廊自身应具备的个性特征。诸多因素，促使陈东升决意要开设一家专业画廊，把贯穿嘉德的中国传统和现代艺术源流厘清至当代。加上以中产阶层为主要客户目标的泰康寿险成立后，业务发展迅猛，亟须一个艺术机构来提升企业形象，成立顶层空间也就自然而然了。

至于未来的发展空间，习惯做大的陈东升表示，博物馆应该是自己的梦想。他曾经五次考察过纽约的大都会博物馆，在采访中他不断地提到纽约大都会美术馆和MOMA，在他眼中，一个理想的当代艺术品博物馆必须具有宽广的世界性眼光。目前要在中国做一个大都会或者MOMA很渺茫，但他有一个比较现实的提议，就是把前门附近的老北京火车站改建成当代艺术博物馆，巴黎也有一个可参照的样本，就是同样由老火车站改建的奥塞美术馆。这个火车站博物馆梦想也许仍是他“创新就是率先模仿”理论的实践。

提到自己的“模仿说”时，陈东升委托本报做个说明，嘉德名称的由来并非模仿世界著名的艺术品拍卖公司嘉士德。嘉德在工商局的登记名称为“中国国际艺术珍品拍卖有限公司”，名称的英文缩写为GUARDIAN，他的朋友、经济学家邹恒甫译为“嘉德”，遂成为公司的商业名称。尽管“模仿说”是陈东升最著名的口号，但当初创办嘉德时，陈氏只知道Christie译作“克里斯蒂”，Sotheby译为“索斯比”，尚未听说过港译的“嘉士德”和“苏富比”之类。“模仿的只是人家的操作，名称模仿它做什么。”

“老了以后回嘉德去。”陈东升不止一次说到，“我更喜欢中国传统的东西，让人能静下心来。”“翁氏藏书”、“宋徽宗写生珍禽图”、“唐摹怀素食鱼帖”、“宋高宗手书养论”、“朱熹春雨帖”和“出师颂”都是嘉德曾经创造出的拍卖纪录，这些拍品的名称带着让人沉醉的古意，勾勒着与现实完全不同的一个世界。“但是好东西藏多了，人就会对自己产生怀疑，因为那些珍品流传了那么久，有那么多的积淀，而我们，作为个体来说，太过渺小。这就是藏家所具有的心态。”

“就是在这样的背景下，我放弃了做科学家的理想，决定下海做企业，希望有朝一日也领导一家世界500强企业。”

（记者 刘彤）

新京报

北京市人大代表、嘉德拍卖公司创建者提议规划北京的"百老汇"

陈东升：释放北京被压抑的魅力

■2008年1月25日

陈东升：释放北京被压抑的魅力

正在出席北京市第13届人大一次会议的泰康人寿保险公司董事长陈东升，虽然是金融界的代表，但是15年前创立了国内最大的艺术品拍卖公司嘉德的他一直关注的是文化产业发展议题——2003年他就在北京市政协会议上提案发展文化产业，2004年在798艺术区老建筑是否拆除的争论中，他在北京市政协会议上大声呼吁保护798，是推动政府保留这一艺术区的关键人物之一。日前，他向本报独家披露了他对北京市发展文化产业的观察：北京应该是“魅力之都”——国际性文化中心，不过，目前北京的文化产业发展的某些潜力还被压抑着。

798和故宫长城构成了整体

新京报：你倡议北京应该成为“魅力之都”，主要的参照点是什么？

陈东升：人们去巴黎，看的就是埃菲尔铁塔、塞纳河、卢浮宫；北京也一样，大家来首先要看的也是故宫、长城、颐和园。可以说北京也充满了魅力，但是我觉得还是有一些问题把它应该有的魅力压抑了。北京已经是全国的文化中心，但是要成为国际化的文化娱乐中心，还需要努力。

新京报：2004年在是否拆除798艺术区的争论中，你在政协的发言和提案对促成政府决策保护艺术区发挥了重要作用，现在回过头来，你觉得798艺术区、当代艺术对北京有什么意义？

陈东升：798代表的当代艺术是当代文化的组成部分之一，和故宫、长城这样的传统文化构成了丰富的整体。我在上世纪90年代中期认识栗宪庭等人才了解当代艺术的，也知道了有希克这样的外国收藏家在收藏中国当代艺术，那时候张晓刚他们的作品也就几千美元，没人想到能成为今天这样，但是当时我就觉得应该关注这个事。我第一次去798还是“非典”之前，当时很清净。我也没料到798发展这么快。当然，这两年当代艺术市场很热，我看这个泡沫也快到了破的时候了，但仍然会有一些有价值的作品留下来。

新京报：这是因为你本人特别喜欢当代艺术吗？

陈东升：其实我自己更喜欢古代书画这样有历史感的艺术品，但是我的心态比较开放，我觉得当代艺术是国际化的语言，也是我们多种文化形态中的一极，有它的价值所在。不管对哪个国际化的大城市来说，它都要有这一块，比如巴黎的左岸、纽约的soho区。

“人艺”还没有积极走向市场

新京报：据说你曾经建议把前门的老北京火车站改造成北京当代艺术博物馆？

陈东升：那是前几年，我找过北京市有关部门问过。但是前门火车站的产权属于铁道部门，他们出租做了商场，听说租约满了以后要改成铁道博物馆。

新京报：以前你在政协提出北京要建成中国的“百老汇”、“好莱坞”，那目前的北京和他们的差距在哪里？

陈东升：比如首都人民剧院、中国美术馆、中央戏剧学院这一块，我一直觉得应该好好规划，成为纽约的百老汇那样的区域。现在的问题是，一方面没有一个区域的概念，另一方面“人艺”本身还没有完全走向市场，在营销体系上还是在用传统的方式做演出。在纽约天天有《猫》、《狮子王》演出，那北京的一些经典的京剧剧目和人艺的《茶馆》为什么不能天天演呢？北京每年有八九千万国内外游客，足以支持这个市场。

新京报：在这个过程中到底是哪个环节出了问题？

陈东升：我觉得政府应该推动它市场化，也要提供一些综合的基础服务，然后，剧院本身应该改变营销体系，比如和国内外的旅游团建立这样的一个旅游网络。所以我以前开玩笑说我敢去承包人艺，而且一定能做得很好。谈文化问题不能光从作品本身去看，也要关注市场、商业，要传播中国文化。京剧、《茶馆》天天演出就是最好的传播，又比如张艺谋在故宫做《图兰朵》演出，还有之前的“三高演唱会”，做一次就算了，但是如果文物保护条件允许的话，其实应该坚持做下去。

（记者 周文翰）

中国企业家 ■2010年7月5日

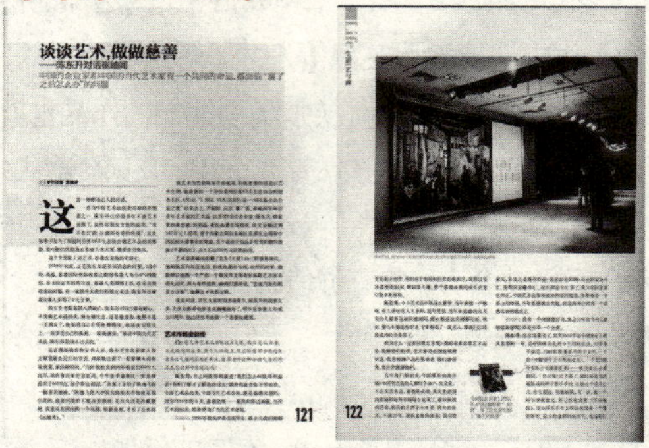

■ **点评:**

陈东升是当代艺术市场的开创者之一，是当代艺术的推动者和拥护者。从嘉德拍卖到泰康空间，陈东升在艺术时空中享受、分享着内心深处的那份孤独的境界，他不说也不辩驳，他相信当代艺术历史会给他一个位置。

谈谈艺术，做做慈善

——陈东升对话崔岫闻

这是一场暌违已久的对话。

作为中国艺术品拍卖市场的开创者之一，陈东升已经很多年不谈艺术话题了。虽然有朋友开他的玩笑，“哥不在江湖，江湖却有哥的传说”，这次如果不是为了帮助阿拉善SEE生态协会做艺术品拍卖筹款，他可能仍然隐逸在泰康人寿大厦，惯看秋月春风。

这个节骨眼上谈艺术，好像在说他的史前史。

2010年初夏，这是陈东升最春风得意的时候。5月中旬，高盛、嘉德国际和新政泰达购得泰康人寿15.6%的股份。有未经证实的传言说，泰康人寿即将上市。在采访快结束的时候，有一家国外大投行的朋友来访，陈东升还硬是让客人多等了十几分钟。

陈东升考验着别人的耐心。陈东升对自己很有耐心。不管做艺术品拍卖，做金融生意，还是做慈善，他都不是一天两天了。他觉得自己有资格慢慢来。他站在宝塔尖上，一面享受自己的孤独，一面强调说：“要讲中国当代艺术品，陈东升是绕不过去的。”

这话现场就有物证和人证。陈东升坐在泰康人寿大厦宽敞会议厅的堂首，对面墙边放了一张紫檀木的皇家条案，来自圆明园。“当时我拍卖到的价格是3200万人民币，现在拿出来肯定更高。今年春季索斯比一张龙椅拍卖了8000万，这个肯定超过。”条案上方挂了陈逸飞的一幅著名油画。“陈逸飞进入中国大陆拍卖市场就是我引进的。他来问我要不要改变题材，是仕女还是西藏题材，我建议在国内换一个风格，崭新亮相，才有了后来的《山地风》。”

谈艺术当然是陈东升的强项，但他更强的还是以艺术生财。他最新的一个身份是阿拉善SEE生态协会的财务主任。6月5日，“I SEE YOU共同行动——SEE基金会公益之夜”拍卖会上，尹朝阳、向京、瞿广慈、崔岫闻等36位青年艺术家的艺术品，以及3件会员企业家（陈东升、韩家寰和黄怒波）的捐品，委托嘉德在线拍卖，成交金额达到547万元人民币，用于内蒙古阿拉善地区荒漠化治理和中国民间环保事业的资助。其中最高价拍品是管勇捐赠的油画《平静的红》，由王石以100万元价格拍得。

艺术家崔岫闻捐赠了名为《天使》的三联摄影图片。她和陈东升从没见过，但彼此都有耳闻。拍照的时候，摄影师让他俩一个严肃一个微笑作美第奇家族跟艺术家亲密无间状，两人有些扭捏，编辑打圆场说，“您就当是在跟美女合影”，他俩这才欣然定格。

说是对谈，其实大家听得多说得少。陈东升的故事太多，大伙总盼着他要是说漏嘴就好了。明年是泰康人寿成立15周年，他已经在考虑做一个泰康收藏展。

艺术市场史前传

记者：这几年艺术品市场这么火爆，两位是从业者，又是既得利益者。在个人兴趣上，陈董好像对古典的或者男性气质的东西更关注，像崔老师这种女性气质的作品在您视野中出现过吗?

陈东升：什么叫既得利益者？我们怎么叫既得利益者？你们了解不了解我的过去？既得利益者是不劳而获。中国艺术品拍卖，中国当代艺术市场，就是嘉德开创的。因为1994年到今天，嘉德是唯一一家没有停过油画、当代艺术的拍卖，培育带动了当代艺术市场。

崔岫闻：1996年我从中央美院毕业，那会儿我们刚刚开始独立创作，所以对于市场和拍卖也很关注。我看过很多嘉德的拍卖，现场很火爆。整个嘉德在我的成长史里印象非常深刻。

陈东升：今天艺术品市场这么繁荣，当年嘉德一声槌响，有人看好有人不看好。说句笑话，当年来嘉德拍卖的人都是这胡同那胡同，现在都是这花园那花园。现在，像马未都这些学者、专家都成了一流名人，像我们已经是成功的企业家了。

我为什么一定要回馈艺术呢？我的事业是靠艺术起步，我赚他们的钱。艺术家是在创造精神财富，我是精神产品的推动者，他们感谢我，我也更感谢他们。

当年我们做拍卖，中国哪有拍卖市场？中国有点钱的人那叫个体户，没文化，不会买艺术品。嘉德的成功，其实是把国内市场和海外市场结合起来了。那时候国内还穷，国内的东西拿出来卖，国外的来买。不到20年，现在是海外来卖，国内的来买。你说这是既得利益？那是好是坏啊？过去国家缺外汇，我帮国家赚外汇。现在国家外汇多了，我又帮国家消化外汇。中国艺术品市场成功的原因就是，如果要是一个孤立的市场，当年嘉德就会失败，但是海外已经有一个成熟市场的依托了。

崔岫闻：我有一个问题很好奇，陈董当年你为什么要创建嘉德呢？那是你第一个企业。

陈东升：这话说来长了。其实1992年是中国历史上极其重要的一年，是中国社会走到今天的转折点。1992年小平南巡，当时有很重要的两个文件，一个是《有限责任公司规范意见》，一个是《股份有限公司规范意见》……机会来了，企业救国。干什么呢？点子多了。那时候我看西苑饭店的牌子黑乎乎的，还想办个清洁公司，给它刷洗，找他收钱。有一次，我一个同学拿张报纸，我记得很清楚，《羊城晚报》，说中国五千年文明居然没有一个像索斯比这样的拍卖行。他说咱们搞拍卖行怎么样？我说行啊，就是这样来的。

上世纪80年代末，像我们很关心时事的，每天看《新闻联播》，就等着最后五分钟的国际新闻。有个新闻我都能背出来——“昨天，伦敦索斯比拍卖行，梵高的《向日葵》创了天价，最终价格4356万英镑，听说买家来自于日本，是一位神秘客人。”画面上是一个50岁开外指点江山的拍卖师，下面坐着都是雍容华贵的有钱人。我就觉得神秘、高贵、刺激，我当时想，要是做这样一个拍卖行，在中国就是上流社会了。如果我要是做成了，我就是中国最大的古董拍卖交易商……

所以讲一代人的创业史，创新就是率先模仿。我到香港索斯比去学习，颤巍巍地拍别人的东西，索斯比要知道来了强劲对手，才不会让我拍呢。嘉德当年那么小，如今不说是掘墓人，也差不多了。你看今年春季嘉德拍了21亿，索斯比最多十几个亿。嘉德是中国和香港大中华区连续三年艺术品拍卖总成交量的冠军。

崔岫闻：创建嘉德之前，你没有接触过艺术吗？

陈东升：我在大学里读过《徐悲鸿传》，读过《梵高传》，读过一本小册子《什么叫印象派》。毕加索我知道，齐白石我知道，张大千我真不知道。改革开放的时候，各种思潮涌进来，我们跟艺术界一点关系都没有，一个人都不认识，但我们很自信。我们有一个判断，中国没有的，我们第一个做就是行家里手，所以办了艺术品拍卖行。当初天天往外跑，去见靳尚谊、朱乃正等美院教授，那会他们都住在米家胡同的小两居室里。对当代艺术的了解，真正起步是从认识栗宪庭开始的，他1992年组织画家去参加威尼斯双年展，捧出了张晓刚、方力钧这批人。从栗宪庭这条线，我才知道了星星画派、85新潮、89现代大展。那时候这些艺术真是很不入流，当代艺术被另类看待。

崔岫闻: 后来支持798艺术节和赞助泰康顶层空间,您的最初想法?

陈东升： 我做当代艺术，最初就是一个简单的动因。我记得一个故事。上世纪30年代俄国革命的时候，有个美国人很聪明，收了很多康定斯基的作品。这些作品当时不值钱，后来战争结束了，他把东西全弄出来，发了大财。其实那时候我看不懂当代艺术，画得血淋淋的，我也不喜欢。但是我联想到，中国当代艺术是另类，是反叛，但是我坚信，这些艺术终究会被社会接受和承认，但重要作品全流到海外，这是我们的遗憾和失败。所以我就坚定参与、支持和收藏当代艺术。

我做泰康顶层空间，提供场地，一年做六个展，就是支持这些年轻画家。你现在算是成功的艺术家了，还有更成功的，像曾梵志，他也是武汉人，嘉德成立，给了他一张票，他拿了些礼物，高兴得不得了。现在他还经常说，陈老板，我那时候最好的画给你卖8万块还流标了，现在起码得2000万……

富了之后怎么办

记者： 您不觉得中国企业家和中国当代艺术家有一个共同的命运，他们现在都面临“富了之后怎么办”的问题?

崔岫闻: 我不觉得富是一个标准,财富是个市场标准,艺术不仅要有市场价值,更要有精神含量。在中国当代艺术家中,我算是中间代,吃过一些苦,但比起王广义、张晓刚他们有所不同,当年他们非常苦,他们是中国当代艺术的开创者。

陈东升： 比如说我，讲财富都是一个符号，没意义了。为什么你还拼命呢？我想再有15年时间，山外有山，把泰康做成全球十大保险公司，这个理想大不大?

不过这要说到另外一个问题，就是买艺术品，你买什么样的艺术家的艺术品？我觉得这艺术家像我做企业，人家为什么买我的股票？就是你兢兢业业把这个企业当一辈子来做。其实画家一样的，我们是做你的收藏，过两年你去拍电影了，你去开服装店、搞模特队了，买他画的人就受伤害了。你不创作，你的艺术品（价钱）会掉，我投资你投错了，就是这个道理。所以艺术家最大风险就是怕他们半途而废。

还有，艺术家是不是一辈子孜孜不倦追求他心目中的终极的东西。现在这些成名的艺术家，唯一要解决的就是这个问题，说起来容易，理论上很简单，但不是很容易解决的。

记者：很多艺术家都是一夜暴富。

陈东升：当年他们都是流落街头，被赶来赶去的，现在这是社会对他们的回报，让他们太惊喜了，没有想到回报会这么大。一年前，我去见张晓刚，他已经搬了，租了大仓库，雇了不少人。艺术家追求艺术还是追求财富，说不清了。不过这也不是坏事。

崔岫闻：这两年金融危机之后，很多当代艺术家也面临这个问题，原来市场份额占得很大，拍卖份额也很大，突然间没有人买他的东西，原来是几百万，变成几十万甚至几万了。

陈东升：可能新艺术家被大家接受的速度会推慢。我们也是和艺术家一起成长，不是说像西方家族，已经有基础了再来做的。西方艺术品市场有近300年了，我们因为社会革命，把这根线断掉了，残余都去了香港、台湾，没有他们，会更难。

记者：中国的艺术品商业，好像发育得比主流商业更早。

陈东升：你这话问得很对。外国艺术市场是先有一级市场，画廊繁荣，再有二级市场，拍卖行就是二级市场。中国由于改革开放，倒过来了，整个艺术品市场最先发达于拍卖，拍卖市场过分强大，把别的生意都吃了。现在慢慢开始有了画廊，但还是不够繁荣。在西方，拍卖行交易只占整个艺术品交易的10%~15%。中国拍卖行太多了，交易额一年200亿，这是一个畸形的后发市场，一个早产儿。艺术品市场也是一个江湖。没有江湖成不了气候，登不了大雅之堂。这就是商业的价值。我过去哪里懂商业，是艺术家教给我的。

记者：艺术圈里为什么没有反映企业家形象的作品？政治波普可以做，商人波普为什么不行？

崔岫闻：艺术家和企业家是并行的关系，两条轨道很少有交集。像政治波普，政治人物统治天下，体制对艺术家会有一个切身感受和体验，你的生活或者说心灵是否舒服，如果不舒服会有一个矛盾的交集点，就会有对抗或者是对立，从而产生作品。但是我们跟企业家不是这样的关系。

记者：如果说你们还有个共同点的话，是孤独吗？

崔岫闻：孤独是一种境界，一种别人无法体会的愉悦感。

陈东升：当一个人越来越成功，越来越成名，实际上他在走向孤独，走向了宝塔尖，这种孤独是存在的。孤独的时刻也是一种美。什么是孤独？孤独就是自我。

我跟你如实讲，年龄暗示是很重要的，五十知天命，我们不像年轻人死皮赖脸不达目的不罢休，现在事业很成功，也比较坦途，还有持续潜力。我们这时候有点顺其自然了，做事更轻松，也能达到目的，这叫成熟（年轻的时候欲速则不达，速成愿望强一些）。这就是淡泊名利了。

记者：艺术家在面对商人的时候有优越感吗？

崔岫闻：不会，艺术家和企业家有不同的价值观和衡量标准。

陈东升：你不要说客气话，我估计多少还是有的。我做这一行久了，认得人多。不能说他们不行，但是顶尖精英还是少数。

（记者 雷晓宇）

商务周刊

20年造就
一个成功企业

陈东升

■2004年12月

首创“中国500家最大企业”评价，创建中国第一家具有国际概念的拍卖公司——中国嘉德国际拍卖有限公司，创建国内第一家股份制保险公司——泰康人寿……陈东升似乎一直比较喜欢开创一些新鲜的事物，但是他现在更希望在退休前把泰康人寿当成自己唯一的事业，因为他相信20年可以造就一个成功的企业。

20年造就一个成功企业

我常说：“理想和现实之间隔着万里长城。”人生是很难设定的，当年刚毕业的时候我曾经想过做学问，但是现在却从商了，走上一条自己从没想过的路。

把泰康做成一个具有国际竞争能力的保险公司，这就是我现在的职业梦想。这个梦想应该是在创立泰康时就建立的。那时我就想，做就要做一个好企业。

对我来说，如果要谈这个职业梦想，很重要的一点是要吃透这个行业。保险业是金融业的重要组成部分，但同时也是服务业。保险业销售的是一种无形商品，用来分散企业、个人和家庭的风险，虽然无形但却是有用的、具体的，个人和家庭可以把未来安全保障托付给保险公司。因此，保险业是一个具有高度责任感的行业，牵涉到千家万户。

信誉对保险公司非常重要。一个好的保险公司，必须要在财务方面和公司运营方面保持稳健，并做到诚实、守信，这样才能构筑良好的信誉。所以自从我创建泰康人寿以来，一直深感如履薄冰，诚惶诚恐。我很清楚要做好一家保险公司，必须要有高度责任感和极强的学习精神。

我一直认为对现在的中国企业，所谓创新就是率先模仿，因为现在中国做的很多事情国外早已经有成熟的经验，所以谁先把国外的经验模仿进中国，谁就有可能成功。以保险行业的发展来说，国外已经有了很多非常成功的、非常具有实力的保险企业，研究他们的发展历程和模式，通过对他们的学习，特别要模仿他们的成功经验，我们才可以用10年、20年的时间接近、赶上、甚至部分超越这些世界最顶级的保险企业。

而且我认为，做企业三年决定生死，五年打下基础，八年开始起飞，十年小有品牌，20年成就大事业。泰康人寿已经创立了八年，八年里泰康人寿迅速地成长起来，是国内增长速度最快的寿险公司之一。从现在来看，要把泰康做成具有国际竞争力的保险公司所缺少的内外部条件还有很多，各项机制还有待于建立和完善。但我相信，只要坚持专业化、规范化、国际化的道路，也许再过十几年，我的梦想就可以实现了。

对于个人来说，要实现这个目标，最大的挑战来自自己，要不断超越自己，突破自己的想法，吸收新的东西进来，丰富自己。而对保险业来说，最大的挑战在于建立持续发展的能力，这需要丰富的管理经验、先进的技术和充裕的人力资源。

国外企业的发展经历过一次又一次的经济危机，那些度过了一次次经济危机的幸存者，成为现在这批成熟的企业。而中国改革开放的时间还短，大多数企业都还没有经历过严重的危机，只有经受得住风吹浪打，才能成为一个真正成功的企业。做好一个企业，要有耐心，要耐得住寂寞，尊重科学，尊重知识，按照科学规律来经营企业，进行理性竞争，把基础打扎实，使企业一段时期的高速发展转化为常态活动。

中国自改革开放以后，才出现了包括我在内的第一批真正的企业家，这批企业家还在成长，还没有成型，也还谈不上成功。中国真正有企业家只有12年的历史。因为是第一批，很多事情都处于创立的过程中，因此这一代企业家承受的重担要比未来中国的企业家多很多，这也注定了这一代企业家不得不比未来中国的企业家付出更多，比如不得不放弃休闲时间，这是这样一个历史进程所决定的。

如果说我以前还有什么职业方面的梦想没有机会去实现的话，我想应该是建立一个工业技术博物馆。当初我在做中国500强企业评选的时候有很多感触，见到了很多见证中国工业化进程发展的设备、技术，当时就希望能够建立一个工业技术博物馆。但现在一幢幢高楼拔地而起，旧的工厂正在不断被新建的工厂取代，没有人想过要去保存这些正在消失的东西，历史的痕迹就此荡然无存。

（陈东升）

生活报 ■2005年2月23日

陈东升：我立志做亚布力的义工

陈东升：我立志做亚布力的义工

2月22日9时40分许，正在中国企业家论坛参会人员陆续报到时，泰康人寿董事长兼首席执行官，同时还担任中国企业家论坛组委会理事长职务的陈东升先生，已经出现在亚布力中站的双桥雪具店里，与他同行的还有他的爱子。

当日，亚布力滑雪场阳光明媚，气候宜人。伴着悦耳动听的音乐，乘坐高空索道上到山顶后，陈东升便直奔那条被称为“幸福大道”的6号中级雪道滑去。

滑行中，陈东升告诉记者，尽管亚布力建滑雪场时，他就来过这里滑雪，但是他不“发烧”。平时假期里他常去北京市郊的滑雪场，但是那里的自然条件跟亚布力没法比。

作为中国企业家论坛年会的理事长，他已经连续参加了五次论坛。他开心地告诉记者，与北京的论坛不同的是，这里的企业家论坛不是穿西装而是穿休闲装，是企业家自己的论坛，论坛的气氛比较轻松，大家都挺开心。21日，就在来亚布力的火车站里，他遇到了王维嘉、潘石屹等企业家，大家都非常高兴，在一起喝酒、聊天。他感到论坛开办至今已非常有影响和意义，他感言立志要做亚布力论坛的义工。

在乘坐高空索道上山的间隙，记者向他祝贺摘取“2004年度中国商人”的桂冠时，他却认真地说，其实现在中国企业家的心态都已经走向成熟，不会有人因为得到什么奖项而发生改变。此次来亚布力的企业家都是国内重量级的人物，大家都是“武林高手”，谁都不会比谁差多少。不过，他表示能够得到全球最具影响力的《财富》杂志的青睐，还是蛮高兴的。其实，社会是很公平的，你为社会做出几分贡献，社会就会回报几分，他相信他的队伍还会做得更好。

陈东升是个果断的行动者。采访中他告诉记者，他人生最大的格言，就是把毛主席说知识分子的一句话“大事做不来，小事又不做”改成“大事要敢想，小事要一点点做”。有想法的人很多，但真正能付诸行动的有几个？成功的自然就少之又少。据其讲，在泰康，小到公司电梯间里的一个告示牌也是学习了国际上最好的公司方式。

陈东升称，泰康人寿虽然是寿险公司，但泰康人寿推销的不仅仅是保险产品，更是倡导一种新的生活方式。随着社会的进步，每个人都希望拥有体面的职业、稳定的收入、健康的体魄、充足的闲暇和美满的家庭，而保险正是帮助人们实现这种新生活的必要手段，也正因如此，保险已经逐渐成为一种生活态度和生活方式，与住房、汽车一起构成21世纪人们生活中的“新三大件”。

（记者 郭春燕）

大河报

■2008年11月7日

陈东升：责任二字需要铭记

国际金融危机蔓延，全球数万亿美元财富瞬间灰飞烟灭，在震惊世界的同时，也让世人对金融业的重要性有了深一层的认知。

企业安全是最低要求

问：这么严重的国际性金融危机对很多人来说，也是第一次真正经历，有专家认为，受其蔓延、冲击，目前实体经济已处于衰退阶段。你曾长期从事经济研究，进入金融业后又一直担任泰康人寿的掌门人，那么，陈总对这次危机有何看法和感受？

答：由金融危机引发的全球性经济发展衰退影响刚刚显现，现在还不知道其对中国经济的影响到底会有多大。我的看法是，由于全球经济一体化和进入互联网时代，这次危机蔓延速度快，同时，世界各国经济是连在一起的，很难有谁躲得过去。

最开始大家觉得，我国金融行业尚未完全开放，就像1997年、1998年一样，能抵御这场危机。但实际上，我们的实体经济是和世界经济紧密联系在一起的，比如出口；同时我们还持有大量美国国债等，面临财富缩水的风险。所以，在“全球村”时代，一旦爆发危机，谁都难以躲过，这是我最大的感想。

还有一点，我国改革开放30年，也有过经济调整，但这次是中国的经济周期第一次与世界同步，叠加到一块了。每个成熟的经济体都要经历无数次经济周期，中国经济也不例外。当然，我们有庞大的内需市场，有足够的信心从容应对。

问：这次危机的一个令人震惊之处便是国际金融巨头的纷纷倒下，保险巨头AIG也基本被国有化，从这些曾被国内金融业视为学习对象的庞然大物的倒地，我们应如何反思？

答：这次金融危机发源地是美国，原因很多，但华尔街对利润的狂热追逐导致金融创新过度，尤其是衍生金融工具满天飞，导致泡沫越吹越大，终于引发系统性风险，这是一个非常重要的原因。

覆巢之下，难有完卵。这场国际金融危机目前给世人带来的直接财富损失已达数万亿美元，间接损失更大，很多投资人损失惨重，包括国内一些“走出去”比较靠前的公司。

这就引发了一个思考，即企业为何而存在？通常，为股东创造利润是一个最普通的理由，但华尔街为追逐利润而借金融创新为所欲为，最终导致了股东、债权人利益，乃至整个经济体的严重损失。

因而，“雷曼们”的倒下极具警示意义。它提醒国内金融机构，发展需在安全基础之上，不能为创新而创新，为挣钱而挣钱。把企业做好，是对企业家们最低的要求，也是本分，否则，不但自身垮台，还会引发社会经济问题，因为金融企业是特殊的企业。

当然，要做到基业常青，我们必须学会有所敬畏，有所为有所不为。反观几家存活了一百多年的大公司此番破产，其实正是其忘了生存的戒条，太过贪婪，在衍生金融产品上押的“宝”过大所致。

问：这确是国内金融业一堂鲜活的MBA案例课，不过我们也注意到一种声音，即正是由于我国金融业开放不够，才与金融海啸擦肩而过，因而，国内金融业改革要慢慢来。

答：这样的观点我不赞同，更不能有“开倒车”的想法。

目前，中国金融业还处在初级发展阶段，基本特征是金融与实体经济贴得很近，也不复杂、不发达。这不见得是好事，因为金融实际上是全社会的经济效率机制的重要基础，不能因国外金融业出了大事，而把板子都打在金融创新上。

就国内而言，我觉得金融改革还远没到位。首先，金融改革的市场化改革，比如利率、费率等市场化，要坚持，没有定价由市场决定这个核心机制，金融市场的效率难以真正提高。

其次，金融主体的多元化方向也要坚持，更重要的则是要在金融领域里呼唤一种企业家精神。

社会责任要自觉践行

问：你所说的金融领域的企业家精神，核心一点应是管理者对企业高度的责任意识。

答：是的，必须要有这种责任意识，要有将企业做成“百年老店”的长远眼光和战略，这是金融家们更大的责任。

尤其对上市公司而言，人家愿意溢价买你的股票，看好你，你一定要让投资者持续赚到钱，这才是好公司，社会才会认可你。

特别是对于经营人寿保险的企业而言，本身作为社会“稳定器”的一部分，尤要强调责任二字，不仅对股东、员工负责，更要对客户、对社会负责。也就是说，保险业其实肩负着很大的社会责任。

问：谈及企业社会责任，我们注意到，泰康提出建设“最具亲和力、最受市场青睐的大型保险金融服务集团”，要做到这一点，恐怕需将履行社会责任作为整体发展战略的一部分。

答：承担社会责任是企业发展更高层次的内涵，就是你的所作所为不仅只顾及企业本身，还要关注社会对企业的期许。

实际上，从1996年成立，泰康就一直在以自己的方式来履行社会责任，当然，重点还在社会公益事业方面，比如，向劳模赠送保险、向地震灾区捐款，目前累计捐款已超过3000万元。

我们期待客户认可泰康，更期待获得社会各界源于内心深处的认同，因而，也在积极探索如何更好与社会融为一体，如何在更大范围内担当社会责任。

问：我们知道，泰康对发展县域保险也比较重视，而实际上，出于盈利等考虑，真正在县域进行拓展的保险公司并不多，泰康此举是出于何种考量？

答：没有农村现代化，就没有中国的现代化，不论社会主义新农村建设，还是党的十七届三中全会，实质都在探索解决长期的二元经济结构问题。而解决农村问题的核心，一在土地流转，二在大力发展、建设农村金融体系。

我认为，县域保险是农村金融体系不可或缺的一部分，农民不仅是获取了小额贷款富起来，也应该得到保险保障，使他们老有所养，病有所医。因此，我觉得泰康应自觉承担起这方面的社会责任，同时县域保险未来也有很大潜力，这是我们近两年将发展县域保险作为一个重要战略的原因。

目前，我们已在国内建立了近2000个县域保险营业网点，发展速度还是比较快的，也很健康，我们正在进一步总结经验，巩固基础。河南是泰康的第二大市场，县域保险方面做得也很出色，事实上，我本次来郑州的核心内容之一，便是推进县域保险市场的发展。

中国经营报

■2010年12月3日

五十年悟出平常心

陈东升自述创业心路

五十年悟出平常心

——陈东升自述创业心路

我跟冯仑都是上世纪50年代中后期的人，那时候我们都是毛主席的好孩子，每个人都有抱负，都有理想。我小时候做梦都想做科学家，像牛顿、爱因斯坦、华罗庚那样。

后来上大学，毕业了，别人让我留校、考研究生，我都没有。我觉得北京是红太阳的中心，所以我一定要去北京，不考研、不留校也要进北京。

我们大学毕业的时候是上世纪80年代初，那时候大学生是天之骄子。我们那时候是计划分配，可以选择去很多机构。但我想做研究，就去了对外经济贸易研究所，一待就是五年。那时候我被分到研究发达国家的研究所，特别骄傲，专门研究美国、西欧，研究室的老教授都是从美国留学回来的。

80年代整个北京都很活跃，尤其是年轻人，我们学经济的就组织了对外经济组。当时有一件事对我影响很大，1985年湖北办了一个很有名的杂志《青年论坛》，我是《青年论坛》北京站站长，在做《青年论坛》的过程中开始和一些思想者打交道，自己的思想就开始变了，开始思考民主、自由这些话题。

1988年我刚30岁出头，在《管理世界》杂志社主办了“中国企业500强”评选，把世界500强和中国500强做对比，这个活动改变了我的人生。

那时候，世界500强美国占第一位，有160家企业，日本有110家，英、法、德各有56家、57家、58家，经济强弱和本国跨国公司的多少直接成正比。那时说我们要做世界上最优秀的民族，我觉得最优秀的民族也是跟跨国公司多少成正比的，连家跨国公司都没有怎么能叫最优秀的民族？

就是在这样的背景下，我放弃了做科学家的理想，决定下海做企业，希望有朝一日也领导一家世界500强企业。

那一年我33岁，已经是副局级。当时可以选择做官，但我选择了下海经商。那时也很迷茫，不知下海钱从哪儿来，做什么。

有一些媒体写过，我最早想办一个清洁公司，还想办一个工业博物馆。我当年做中国500强走访了很多大国有企业。去重庆钢铁厂，发现蒸汽机是慈禧太后时代的。看到那些机器我受了启发，就想建一个中国工业博物馆，把这些东西收藏起来教育我们的后代，但是后来放弃了。

工业博物馆没办成，我一个同学拿了张报纸来找我，说中国五千年文化竟然没有拍卖行，做个拍卖行怎么样？我说行啊!那时候张大千是谁我都不知道，拍卖行怎么办更不知道，就觉得这个点子不错。

在想着做拍卖行的时候我去了一次日本，又有一个同学和我提到人寿保险，回来后我想人寿保险也可以做。1992年我开始办泰康人寿，很多人不了解我的历史，说我是高干子弟，花了很多钱买了这个牌子，其实我是苦干了四年才成功的，是怀着伟大理想做一件伟大的事情。

今年泰康人寿的员工和代理人加起来30万，客户3500万。大家都说我现在赚大钱了。但是我八年不赚钱的时候，被人看不起的时候，又有谁知道呢？因为当初很清楚自己的商业模式、未来方向，所以能够耐得住寂寞。今天回头看，我就是这么走过来的，抱负是一点一点实现的。

我现在已经年过半百了，我想把泰康人寿打造成一个世界品牌。专注做好一件事情，我现在就是这个心态。

三十而立、四十不惑，我当初其实都没感觉到。三四十岁都是在拼命，办嘉德拍卖的时候我36岁，办泰康人寿39岁了，实际上是人到中年下海创办企业。但是50岁后我的体会太深了，知天命——冥冥中告诉我，知天命什么感觉？就是把一切看得很平淡，天塌下来你也很平静。

五十知天命，我学会了用平常心对待一切。没成功的时候你恨不得明天就成功，到了今天就是顺势而为了。

（根据陈东升在第八届中国企业竞争力年会上演讲整理而成）

社会荣誉

2002年	泰康人寿董事长兼CEO陈东升被评为“2002年中国十大金融人物”
2003年12月	泰康人寿董事长兼CEO陈东升当选“2003中国新经济年度人物”，并获“最具远见奖”
2004年6月2日	泰康人寿董事长兼CEO陈东升当选“中国十大创新企业家”
2004年底	泰康人寿董事长兼CEO陈东升被评为《财富》（中文版）“2004年度中国商人”，并成为《财富》封面人物
2005年5月23日	泰康人寿董事长兼CEO陈东升荣膺“中国十大创业领袖”
2009年10月27日	泰康人寿董事长兼CEO陈东升荣获“2009年度保险业风云人物奖”
2009年12月18日	泰康人寿董事长兼CEO陈东升入选“建国60年60位功勋品牌人物”
2010年2月28日	泰康人寿董事长兼CEO陈东升荣获“最具思想力企业家”
2010年9月16日	泰康人寿董事长兼CEO陈东升荣获“中国最受尊敬企业家”称号
2010年12月5日	泰康人寿董事长兼CEO陈东升连续三年入选“最具影响力的25位企业领袖”

图书在版编目（CIP）数据

梦想与通往梦想的道路/泰康人寿保险股份有限公司编著.—北京：中国财政经济出版社，2011.8

（泰康人寿企业文化丛书）

ISBN 978-7-5095-3026-9

Ⅰ.①梦…　Ⅱ.①泰…　Ⅲ.①人寿保险-保险公司-企业管理-中国-文集　Ⅳ.①F842.62-62

中国版本图书馆 CIP 数据核字（2011）第 156455 号

中国财政经济出版社出版

URL：http：//www.cfeph.cn

E-mail：cfeph@cfeph.cn

社址：北京市海淀区阜成路甲 28 号　　邮政编码：100142

营销中心电话：88190406　北京财经书店电话：64033436

北京牛山世兴印刷厂印刷　各地新华书店经销

710×1000 毫米 16 开 23.5 印张 436 000 字

2011 年 8 月第 1 版　2011 年 8 月北京第 2 次印刷

定价：58.00 元

ISBN 978-7-5095-3026-9/F·2565

（图书出现印装问题，本社负责调换）

本社质量投诉电话：010-88190744